T0343818

Hartmut Stenzel

Einführung in die spanische Literaturwissenschaft

Mit Beiträgen von Wilfried Floeck und Herbert Fritz

Mit 57 Abbildungen

3., aktualisierte und erweiterte Auflage

Verlag J. B. Metzler Stuttgart · Weimar

Der Autor
Hartmut Stenzel, geb. 1949, ist Professor für französische und spanische Literatur an der Universität Gießen; zahlreiche Veröffentlichungen zur französischen und spanischen Literatur, zur vergleichenden Literaturwissenschaft sowie zu Fragen der Literaturtheorie. Bei J.B. Metzler ist erschienen: »Einführung in die französische Literatur- und Kulturwissenschaft«, 2007 (mit Susanne Hartwig)

Bibliografische Information der Deutschen Nationalbibliothek
Die Deutsche Nationalbibliothek verzeichnet diese Publikation in der Deutschen Nationalbibliografie; detaillierte bibliografische Daten sind im Internet über <http://dnb.d-nb.de> abrufbar.

Gedruckt auf säure- und chlorfreiem, alterungsbeständigem Papier

ISBN 978-3-476-02284-4

© 2010 J. B. Metzler'sche Verlagsbuchhandlung
und Carl Ernst Poeschel Verlag GmbH in Stuttgart
www.metzlerverlag.de
info@metzlerverlag.de

Umschlaggestaltung und Layout: Ingrid Gnoth | www.gd90.de
Satz: DTP + TEXT Eva Burri, Stuttgart · www.dtp-text.de
Druck und Bindung: CPI – Ebner & Spiegel, Ulm
Printed in Germany
September 2010

Verlag J. B. Metzler Stuttgart · Weimar

Inhaltsverzeichnis

Vorwort zur dritten Auflage

Diese »Einführung in die spanische Literaturwissenschaft« verfolgt ein doppeltes Ziel. Zum einen bietet sie einen Überblick über grundsätzliche Probleme und Verfahrensweisen der Literaturwissenschaft sowie über allgemeine Grundlagen der Textinterpretation. Zum anderen ermöglicht sie den mit der spanischen Geschichte, Literaturgeschichte und Kultur anfangs in der Regel nur wenig vertrauten Studierenden eine erste Orientierung in diesen für die spanische Literaturwissenschaft grundlegenden Gegenstandsbereichen. Wichtige Aspekte literaturwissenschaftlicher Theoriebildung und Analyseverfahren werden dabei ebenso wie die Grundzüge einer Geschichte der spanischen Literatur an konkreten Beispielen erläutert und vermittelt, wo immer dies möglich und sinnvoll erschien. Dazu wurde eine Vielzahl von Ausschnitten aus literarischen Texten in die literaturtheoretischen Kapitel und in den literaturgeschichtlichen Überblick über die Epochen der spanischen Literatur integriert. Diese Beispiele vermitteln einen konkreten Einblick in Textstrukturen verschiedener literarischer Epochen. Exemplarische Textinterpretationen vertiefen zudem deren Verständnis und konkretisieren die Ausführungen über die Verfahren literaturwissenschaftlicher Textanalyse.

Für die dritte Auflage wurde die Einführung grundlegend überarbeitet, aktualisiert und erweitert. Insbesondere wurde ein neues Kapitel zur Geschichte Spaniens und zu den wichtigsten Grundlagen und Problemen der spanischen Kultur eingefügt, das die Überlegungen zur historischen und kulturellen Bedeutung der spanischen Literatur bündelt und damit die kulturwissenschaftliche Akzentuierung dieser Einführung verdeutlichen und konkretisieren soll. Der Text wurde entsprechend dem Layout der Metzler-Einführungsbände neu gestaltet, wodurch die Struktur der Darstellung anschaulich hervorgehoben und klar akzentuiert werden konnte. Damit wird die Einführung insbesondere den Bedürfnissen der Studierenden in den neuen B.A.-Studiengängen gerecht.

Es liegt in der Natur einer solchen Einführung, dass die mit den Fragen literaturwissenschaftlicher Methodik und mit der spanischen Literatur und Kultur vertrauten Kenner/innen oder Fachleute bei ihrer Lektüre immer wieder auf – vielleicht unverzeihlich erscheinende – Lücken und Verkürzungen stoßen werden. Sie kann weder eine Literaturgeschichte noch systematische Darstellungen von Methoden und Analyseverfahren der Literaturwissenschaft noch einschlägige Lexika zu deren Terminologie ersetzen. Ihr Ziel ist es allein, in einer in sich kohärenten Argumentation Informationen, Einsichten, Orientierungen und Anregungen für ein eingehendes Studium der einführend und überblicksartig behandelten Gegenstände zu vermitteln. Statt einer ohnehin illusorischen Vollständigkeit kam es mir darauf an, Grundlagen darzustellen und Denkanstöße zu vermitteln, die zu eigenständiger Weiterarbeit anregen sollen.

Ausgangspunkt der Konzeption dieser Einführung waren Bestrebungen in der Hispanistik der Universität Gießen, Grundlagen für die Einführung in die spanische Literaturwissenschaft zu erstellen, um deren inhaltliche und didaktische Struktur zu verbessern. Daraus ist eine Konzeption hervorgegangen, die ich zunächst gemeinsam mit Andrea Hüttmann entworfen habe und die dann in Zusammenarbeit mit Wilfried Floeck, Herbert Fritz, Ana García Martínez und Sabine Fritz ergänzt und überarbeitet worden ist.

Wilfried Floeck und Herbert Fritz bin ich nicht nur für ihre Unterstützung und Diskussionsbereitschaft bei der Konzeption des jetzt vorliegenden Buchs zu Dank verpflichtet, sondern vor allem auch dafür, dass sie sich bereit erklärt haben, die Ausarbeitung einiger Abschnitte zu übernehmen. Wilfried Floeck hat die Abschnitte 2.2, 4.4 und 4.5 verfasst, Herbert Fritz die Abschnitte 2.3 und 4.9. Ana García Martínez und Sabine Fritz danke ich für eine Reihe von Grafiken, die sie entworfen haben und die in Kapitel 2.2, 4.6, 4.7 und 5.1 zur Illustration der Darstellung eingefügt worden sind.

Zu danken habe ich erneut Leser/innen und Kommentator/innen, die dazu beigetragen haben, dass die Überarbeitung in der vorliegenden Form fertig gestellt werden konnte. Neben anderen haben Ana García Martínez, Herbert Fritz und Esther Suzanne Pabst Entwürfe der Überarbeitung verschiedener Kapitel kritisch gelesen und mir viele hilfreiche und wichtige Hinweise und Anregungen gegeben. Jennifer Roger hat die gesamte Überarbeitung ebenso kompetent wie konstruktiv kommentiert und korrigiert sowie die Erstellung des Registers vorbereitet.

Und *last but not least* gilt mein Dank ›meiner‹ Lektorin Ute Hechtfischer, die die Entwicklung dieses Bandes in allen Auflagen mit hilfreicher Kritik, Anregungen und Ermutigung intensiv begleitet hat. Ohne die Unterstützung aller hier Genannten wäre diese Einführung nicht zustande gekommen: Für ihre dennoch verbliebenen Mängel bin ich natürlich allein verantwortlich.

Gießen, im Mai 2010   Hartmut Stenzel

1. Allgemeine Fragen: Literatur und Literaturwissenschaft

Die spanische Literatur als Gegenstand sowie literaturwissenschaftliche Methoden zu ihrer Erforschung werden in diesem Buch im Zusammenhang behandelt. Die Darstellung geht von der Einsicht aus, dass die Literaturwissenschaft, ebenso wie ihre Gegenstände selbst, ein Resultat historischer Entwicklungen ist. Schon seit dem Ende des 19. Jh.s hat sich eine Sichtweise durchgesetzt, der zufolge Natur- und Geisteswissenschaften sich nicht nur in ihren Gegenstandsbereichen, sondern auch in ihren Verfahren grundsätzlich voneinander unterscheiden (s. Kap. 1.2.1). Im Gegensatz zu der vor allem auf die Erklärung durch Gesetzmäßigkeiten ausgerichteten Erforschung der Natur sind die Geisteswissenschaften am **Verstehen von historischen, gesellschaftlichen und kulturellen Gegenständen oder Zusammenhängen** interessiert.

Der Begriff des Verstehens ist für die Verfahren aller Geisteswissenschaften und damit auch für die Literaturwissenschaft grundlegend (s. S. 16 ff.). Damit wird die Position des Wissenschaftlers zu einem wesentlichen Bestandteil der Begriffsbildung und des daraus resultierenden Erkenntnisprozesses. Die Aneignung der Literatur selbst wie auch die unterschiedlichen Methoden und Verfahren, die zu ihrer Analyse entwickelt worden sind und werden, sind als **Produkte und Bestandteil kultureller Praxis** historischen Veränderungen unterworfen. Diese bestimmen auch die unterschiedlichen Standpunkte der Wissenschaftler und die daraus resultierenden Versuche, verallgemeinerbare Kriterien für eine Abgrenzung des Gegenstandsbereichs ›Literatur‹ zu entwickeln.

In diesem Kapitel werden die folgenden allgemeinen Fragen dargestellt und erörtert:

Leitfragen

- Wie ist der Gegenstand ›Literatur‹ historisch entstanden und welche Funktionen erfüllt er?
- Wie kann die Literaturwissenschaft ihren Gegenstandsbereich bestimmen?
- Welche Bedeutung hat der sogenannte **hermeneutische Zirkel** für literaturwissenschaftliche Analysen?
- Mit welchen Fragestellungen und Methoden konstruiert und untersucht die Literaturwissenschaft ihre Gegenstände?

- In welcher Weise ordnet und verallgemeinert die Literaturwissenschaft ihre Erkenntnisse?
- Welche Bedeutung haben kulturwissenschaftliche Fragestellungen an den Gegenstand ›Literatur‹?

1.1 | Was ist Literatur? Literaturbegriffe und Literaturwissenschaft

1.1.1 | Der Begriff ›Literatur‹: Entstehung und Verwendung

Einen ersten Einblick in die Bedeutungsmöglichkeiten des Begriffs ›Literatur‹ gibt die heutige Bedeutung und die Geschichte des Wortes im Spanischen. Der einschlägige Artikel eines maßgeblichen Wörterbuchs lautet folgendermaßen:

Literatura
Del lat[ín]. litteratura.
1. [f.] Arte que emplea como instrumento la palabra. Comprende no solo las producciones poéticas, sino también las obras en que caben elementos estéticos, como las oratorias, históricas y didácticas.
2. [f.] Teoría de las composiciones literarias.
3. [f.] Conjunto de las producciones literarias de una nación, de una época o de un género. La LITERATURA griega; la LITERATURA del siglo XVI.
4. [f.] Por ext[ensión], conjunto de obras que versan sobre un arte o ciencia. LITERATURA médica. LITERATURA jurídica. (*Diccionario de la lengua española* der *Real Academia Española*).

Das heutige Verständnis des Gegenstandsbereichs ›Literatur‹ wird in dieser Definition in mehreren Schritten umrissen. Sie gibt zunächst als Kern der Wortbedeutung den **Kunstcharakter** an, der den als ›Literatur‹ bezeichneten Texten zu Eigen sei (»arte«, »elementos estéticos«). Diese Begriffsbestimmung wird dann auf eine theoretische (2) und (national-)historische Dimension (3) übertragen. Als Ausweitung (»por extensión«) dieser Bedeutung wird schließlich eine verallgemeinernde Definition angeführt (4). Sie überträgt den Begriff ohne die Implikation ästhetischer Qualität auf eine größere Menge von Texten, die inhaltlich vage bestimmten künstlerischen oder wissenschaftlichen Bereichen angehören.

Das lateinische Wort *litteratura* bezeichnet ursprünglich entsprechend seiner Herkunft (abgeleitet aus *littera*: der Buchstabe) **alle in der römischen Gesellschaft verbreiteten Texte**. Es wird im Spanischen erst spät, etwa seit dem Ende des 17. Jh.s wieder aufgegriffen. In der ersten Auflage des Wörterbuchs der *Real Academia Española*, dem sogenannten *Diccionario de autoridades* (1726–1739, s. Kap. 4.4.1) erscheint es erstmals mit der Definition »conocimiento y ciencia de las letras«. Der Begriff **letras**, auf den diese Definition von *literatura* verweist, wird im *Diccionario de autoridades* als »las ciencias, artes y erudición« erläutert. Diese seit dem 16. Jh. für **Texte aus allen Wissensbereichen** verwendete Bezeichnung bezieht sich auf eine aus dem Humanismus der Renaissance (s. Kap. 4.3.1) stammende Konzeption von Gelehrsamkeit und Bildung. In dieser kommt den heute als ›literarisch‹ gewerteten Texten keine Sonderstellung zu. Vielmehr werden sie in ein allgemeines Feld des Wissens eingeordnet, in dem weitere Grenzziehungen nicht erforderlich erscheinen.

Wort- und Begriffsgeschichte

Die Geschichte der Bedeutungsentwicklung von *literatura* zeigt, dass das Wort erst seit dem 18. Jh. nach und nach in einer Weise verwendet wird, die den eingangs zitierten Definitionen entspricht. Die darin zum Ausdruck kommende Sicht des Gegenstands ›Literatur‹ hat sich dann im 19. Jh. in Spanien wie in allen europäischen Ländern durchgesetzt. In dieser Bedeutungsentwicklung wird eine **Eingrenzung der Bedeutung** die Voraussetzung für den heute vorherrschenden Gebrauch des Begriffs. Die zunächst unspezifische Bezeichnung für Texte aller Art verändert ihre Bedeutung durch eine Auswahl aus der Gesamtmenge der Texte. Damit entsteht die begriffliche Abgrenzung von ›Literatur‹ aus einer historischen Entwicklung, die für die Gegenstandsbestimmung der Literaturwissenschaft bis heute grundlegend ist.

Poesía und *literatura*

Allerdings gibt es in Spanien bereits seit dem 15. Jh. eine traditionelle Begrifflichkeit, die dieser Gegenstandsbestimmung vergleichbar ist, nämlich die der **Dichtung**. Es handelt sich dabei um ein Wortfeld, in dessen Zentrum mit *poesía* oder *poema* Begriffe stehen, die bis zum 18. Jh. als Bezeichnungen für alle Formen der Dichtung verwendet wurden. Dieses Wortfeld bezieht sich jedoch ausschließlich auf Texte in Versform (der *Diccionario de autoridades* definiert *poesía* als »obra o escrito compuesto en versos«). Es verliert seit dem 16. Jh. dadurch seine allgemeine Reichweite, dass es eine Vielfalt neu entstehender ›literarischer‹ Texte in Prosa (vor allem den Roman) nicht erfassen kann.

Ein Wandel der Textproduktion und deren wachsende kulturelle Bedeutung führt zu einer Neuordnung der Bezeichnungen für die Art von Texten, die nun zunehmend als ›literarisch‹ bewertet werden. Das Wort *literatura* und das zugehörige Wortfeld bezeichnen mit ihrer **Einschränkung auf als ästhetisch bedeutsam eingestufte Texte** nun ein Feld von Texten, das dasjenige der *poesía* in seiner traditionellen Bedeutung einschließt, es gleichzeitig aber ausweitet. In dieser Entwicklung verliert dann der Begriff *poesía* weitgehend seine Funktion, Verstexte aller Art zu bezeichnen und wird in seiner Bedeutung auf den Bereich der Lyrik eingeschränkt. Was Literatur sein soll, wird in diesem kulturellen Wandel nun dadurch bestimmt, dass bestimmten Texten besondere ästhetische Qualitäten zugeschrieben werden. Damit wird eine Ausgrenzung der Literatur aus der Menge all der Texte vorgenommen, die zwar (entsprechend der Definition des *Diccionario de autoridades*) zu Wissen und Bildung beitragen, denen aber keine ästhetische Qualitäten zuerkannt werden.

Beispiele

Funktionen ›literarischer‹ Texte in der frühen Neuzeit
Lope de Vega (s. Kap. 4.3.2) widmet eine Gedichtsammlung von *Rimas sacras* (1614) seinem Beichtvater, die mythologische Dichtung *La Filomena* (1621) einer adligen Gönnerin. Solche in jener Zeit gängigen Widmungen weisen den Texten eine gesellschaftliche bzw. religiöse Funktion zu.

Der Begriff
›Literatur‹

Das sogenannte *auto sacramental,* eine religiöse Form des Dramas (s. Kap.4.3.4), wird im 16. und 17. Jh. als geistige Vorbereitung auf die Feier der Kommunion verstanden. In dieser ursprünglichen Funktion spielen die gesellschaftliche und religiöse Bedeutung der Dramen eine entscheidende Rolle und nicht ihre ›literarische‹ Dimension, nach der die heutige Forschung zumeist fragt.

In der Gesellschaft der frühen Neuzeit gibt es, wie diese Beispiele zeigen, noch nicht jene **Trennung zwischen ›literarischen‹ Texten und Lebenswelt**, die der moderne Gebrauch des Begriffs ›Literatur‹ voraussetzt.

Die Einordnung bestimmter Texte als ›Literatur‹ hängt allgemein einerseits von der **gesellschaftlichen Funktion** ab, die ihnen zugeschrieben wird, andererseits von **Anforderungen** an diese Texte und **Werturteilen** über sie, die sich aus dieser Funktion ergeben. Die Abgrenzung von literarischen und nichtliterarischen Texten, in der den literarischen Texten wegen ihrer ästhetischen Qualitäten eine Sonderstellung zugewiesen wird, ist das Resultat eines bestimmten gesellschaftlichen Umgangs mit diesen kulturellen Produkten.

Grundlagen des modernen Begriffs ›Literatur‹

›Literatur‹ und gesellschaftliche Grenzziehungen

Zur Vertiefung

Stephen Greenblatt, ein Vertreter des **New Historicism** (s. Kap. 1.2.2), hat darauf verwiesen, dass die Verwendung unseres heutigen Begriffs ›Literatur‹ eine sozialgeschichtlich bedeutsame Vorgeschichte hat. In dieser werden durch den Umgang mit Texten begründete allgemeine gesellschaftliche Grenzziehungen errichtet. Anhaltspunkte für diese Vorgeschichte des Begriffs ›Literatur‹ finden sich im Mittelalter und in der frühen Neuzeit. Dort wird bei der **Bildung und Abgrenzung einer gesellschaftlichen Elite** der kulturellen Fertigkeit des Lesens und Schreibens sowie der Beherrschung des Lateinischen, der damals universellen Sprache der Gebildeten, eine besondere Bedeutung zugeschrieben. Dabei geht es jedoch nicht um den Inhalt der Texte, sondern um die grundsätzliche Fähigkeit, »Zugang zu einem besonderen, das Leben verändernden Korpus geschriebener Texte« zu haben (Greenblatt 2000, S. 24). Wer die hierzu nötigen Kenntnisse besaß, so Greenblatt, galt als »litteratus« (man muss hier wohl übersetzen:»schriftkundig«) und hatte damit die Grenze zwischen dem gemeinen Volk und der gebildeten Elite überschritten.

Am Anfang des modernen Literaturbegriffs, so könnte man dieses Beispiel verallgemeinern, stehen **gesellschaftlich sanktionierte Auswahlverfahren**, die mit der Eignung zum Umgang mit Texten operieren. Natürlich gibt es in dem von Greenblatt untersuchten kulturellen Kontext sehr unterschiedliche Grade der Lese- und Schreibfähigkeit, die weiter zu unterscheiden wären. Dennoch verweist die mit der Bezeichnung »litteratus« vorgenomme Abgrenzung auf eine gesellschaftliche Hierarchie, die mit der Kenntnis von Texten als grundlegender kultureller Fähigkeit begründet wird und die auch in dem modernen Begriff ›Bildung‹ noch wirksam ist.

Der moderne Literaturbegriff wie die damit verbundenen Wertungen sind im 19. und 20. Jh. kaum noch grundsätzlich reflektiert worden. Dies liegt vor allem daran, dass der Literatur seit dem Beginn nationaler Literaturgeschichtsschreibung eine zentrale Bedeutung für das kulturelle Selbstverständnis der Gesellschaft sowie für die **Begründung und Aufwertung nationaler Identität** zukommt. Deren Grundlage ist eine Konstruktion der Besonderheit von Literatur, die auch für die Bedeutung der jeweiligen Nationalliteratur grundlegend ist. Seit den letzten Jahrzehnten des 20. Jh.s geht mit der medialen Revolution der Informationsgesellschaft allerdings ein Bedeutungsverlust von Texten insgesamt wie auch eine Relativierung des besonderen Geltungsanspruchs der literarischen Tradition einher.

Die Zuordnung eines Textes zum Bereich der Literatur kann man zusammenfassend als **Resultat einer Konstruktion** verstehen, die von gesellschaftlichen wie von individuellen Bewertungen abhängt. Dass eine bestimmte Textmenge seit dem 18. Jh. als ›Literatur‹ abgegrenzt wird, hängt u. a. von folgenden Faktoren ab:

Was macht einen Text zu ›Literatur‹?

- Bestimmte **Funktionsweisen**, die ihm zugeschrieben werden.
- Gesellschaftliche und kulturelle **Traditionen**, in denen Texten als ›Literatur‹ eine besondere Bedeutung zugeschrieben wird (etwa in der **Bildung** des Individuums).
- **Gesellschaftliche Institutionen** (Akademien, Schule etc.) oder **soziale Mechanismen** (etwa der Buchmarkt), die Texte selektieren und werten.
- Bestimmte **Merkmale formaler oder inhaltlicher Art**, mit denen er unterschiedliche Erwartungen erfüllt, beispielsweise ästhetische, philosophische oder moralische.
- Die historischen und individuellen Bedingungen der **Rezeptionssituation**, in der er aufgenommen wird.

Das grundsätzliche Problem der Verwendung des Begriffs ›Literatur‹ besteht darin, dass der **kulturelle Sinn eines Textes durch seinen Verwendungszusammenhang** erzeugt wird. Dies hat Terry Eagleton mit einem zugespitzten Beispiel verdeutlicht, das die Bewertung eines Fahrplans als Literatur aus den Erwartungen begründet, mit denen er rezipiert wird:

Auch ein Fahrplan kann ›Literatur‹ sein

»Wenn ich über einem Fahrplan brüte, nicht um irgendeine Zugverbindung ausfindig zu machen, sondern um mich zu allgemeinen Überlegungen über die Geschwindigkeit und Komplexität des modernen Lebens anzuregen, könnte man sagen, dass ich ihn als Literatur lese.« (Eagleton 1994, S. 10)

Auch wenn dies sicherlich alles andere als die gängige Form des Umgangs mit einem Fahrplan ist, verdeutlicht der mögliche Sonderfall einer ›literarischen‹ Fahrplanlektüre, dass es keine konstanten und objektivierbaren Faktoren gibt, die einen Text in jedem Fall zu Literatur oder Nicht-Literatur im modernen Sinne des Begriffs machen. Diese Bewertung hängt vielmehr von den Erwartungen seiner Leser sowie Annahmen über das, was Literatur ist (oder sein soll) ab.

1.1.2 | Literaturbegriffe

Da es keine allgemein gültige Definition des Gegenstands ›Literatur‹ gibt, wird er auch in verschiedenen Literaturbegriffen unterschiedlich abgegrenzt. Die Annahmen, mit denen diese Literaturbegriffe begründet werden, werden im Folgenden in zwei Gegensatzpaaren dargestellt.

> Der **wertende Literaturbegriff** geht von der Annahme aus, dass bestimmte inhaltliche oder geistige Qualitäten Texte zu besonders wertvollen Texten (und damit zu ›Literatur‹) machen. Der Sinn oder die Zulässigkeit solcher Kriterien wird im **relativistischen Literaturbegriff** in Frage gestellt.
> Der **intensive Literaturbegriff** klassifiziert Texte aufgrund einer Beschreibung ihrer Merkmale und arbeitet dabei vor allem die besonderen Merkmale heraus, die als Kennzeichen von ›Literatur‹ gelten sollen. Im **extensiven Literaturbegriff** wird die Möglichkeit in Frage gestellt, eine Menge von sinnvoll abgrenzbaren Merkmalen zusammenzustellen, die nur literarischen Texten zu Eigen wäre.

Der Begriff ›Literatur‹

Relativistischer und wertender Literaturbegriff: Da die Literaturwissenschaft keinen historisch einheitlichen und objektiv definierbaren Gegenstandsbereich hat, kann man die Konsequenz ziehen, eine Bestimmung ihres Gegenstands durch Grenzziehungen zwischen unterschiedlichen Texten sei überhaupt nicht möglich oder sinnvoll. Daher wird bisweilen die Position vertreten, Literatur sei das, »was jeder dafür hält« (Hess u. a. 1989, S. 208). Ein solcher Standpunkt, den man als radikalste Form eines **relativistischen Literaturbegriffs** ansehen kann, lässt jedoch die historische und kulturelle Bedeutung außer Acht, die dem Begriff ›Literatur‹ bis heute zukommt. Auch wenn man heute die Relativität der mit der Entwicklung dieses Begriffs verbundenen Grenzziehungen erkennen kann, hat der kulturelle Konsens über die Besonderheit von ›Literatur‹ im Grundsatz noch Bestand. Die Wertungen, die den Begriff begründen, bestimmen auch die Bandbreite individueller Vorlieben, auf die sich das oben angeführte Zitat beruft.

Die Auseinandersetzung der Literaturwissenschaft mit ihrem Gegenstandsbereich bleibt bis in die jüngste Zeit bestimmt von einem **werten-**

den Literaturbegriff, der die besondere Geltung der Literatur mit ästhetischen und moralischen, lange Zeit auch mit nationalistisch motivierten Kriterien begründet (s. S. 156 f.). In dieser Hinsicht ist die Geschichte der Erforschung der Literatur immer auch eine Geschichte der Grenzziehungen und Hierarchien, die zu wertenden Rangordnungen von Texten führen. In allen europäischen Literaturen sind im Laufe der letzten zwei Jahrhunderte Gipfelpunkte der literarischen Entwicklung konstruiert worden. Meisterwerke, Genies und Blütezeiten sollen einen literarischen **Kanon** bilden. Damit wird eine **literarische Wertordnung** begründet, die zugleich nationale Bedeutung hat (so in Spanien mit den *Siglos de oro*, s. Kap. 4.3.1). Die Begründung, Verteidigung und Revision solcher Hierarchien hat die Literaturwissenschaft lange Zeit vorrangig beschäftigt.

Die Legitimität dieser hierarchischen Ordnungen im Feld der Literatur ist im Laufe des 20. Jh.s immer wieder in Frage gestellt worden (so etwa im Kontext der literarischen Avantgarden des 20. Jh.s, s. Kap. 4.7.3). Damit ist es überhaupt erst möglich geworden, der wertenden Ordnung der Literatur eine relativistische entgegenzusetzen. Dieser liegt die Überzeugung zu Grunde, dass es **keine kulturell verbindliche oder wissenschaftlich akzeptable Begründung der Hierarchie von Texten** geben kann, zumal keine, die überzeitlich gültig wäre.

Extensiver und intensiver Literaturbegriff: Deshalb ist immer wieder versucht worden, **die Besonderheit literarischer Texte deskriptiv zu begründen**, mit der Analyse bestimmter sprachlicher und inhaltlicher Merkmale der Texte selbst. Die Abgrenzung der Textmenge ›Literatur‹ wird dann anhand bestimmter Eigenschaften der Texte vorgenommen. Sie hat zum Ziel, die für literarische Texte charakteristischen Strukturen nicht wertend, sondern durch eine Beschreibung ihrer Unterschiede zu nichtliterarischen Texten zu erforschen. Einer solchen Sichtweise literarischer Texte liegt ein **intensiver Literaturbegriff** zu Grunde. Dieser steht im Gegensatz zu einem **extensiven Literaturbegriff**, der solche Grenzziehungen anhand von Textmerkmalen innerhalb der Menge unterschiedlicher Texte nicht für sinnvoll oder plausibel begründbar hält.

Wegen der Nähe des Begriffspaars intensiv/extensiv zu dem weiter oben eingeführten Gegensatz relativistisch/wertend ist es wichtig, sich ihre unterschiedlichen Voraussetzungen vor Augen zu führen. Der eine geht von **Normen** aus, die er an die Texte heranträgt, der andere von einer **Klassifikation** von deren Merkmalen.

Eine eindeutige Unterscheidung ist in der Praxis kaum möglich. Die deskriptive Klassifikation von Texten als ›literarisch‹ ist zumeist auch mit Wertungen verbunden. Und auch eine Untersuchung, die mit einem normativen Literaturbegriff arbeitet, stützt sich in der Regel auf die Beschreibung von Textmerkmalen. Wissenschaftlich sinnvoll für eine Abgrenzung des Gegenstands ›Literatur‹ ist jedoch allein eine Argumentation, die diesen deskriptiv zu erfassen versucht.

1.1.3 | Abgrenzungen des Gegenstands ›Literatur‹: Fiktionalität und Poetizität

Bei der Begründung eines intensiven Literaturbegriffs lassen sich zwei miteinander verbundene Argumentationsebenen unterscheiden. Im Zentrum der folgenden Darstellung stehen die beiden Begriffe Fiktionalität und Poetizität.

> → Fiktionalität: Mit diesem Begriff soll eine besondere Art des Wirklichkeitsbezugs literarischer Texte erfasst werden.
> → Poetizität: Mit diesem Begriff oder auch dem der »poetischen Funktion« (so Roman Jakobson, einer der Begründer des literaturwissenschaftlichen Strukturalismus) sollen Merkmale bezeichnet werden, die für die besondere Sprachverwendung literarischer Texte charakteristisch sind.

Zu den Begriffen

Es handelt sich in beiden Fällen um Begriffe, mit denen strukturelle und inhaltliche Besonderheiten der Literatur bestimmt werden; sie hängen daher eng miteinander zusammen. Mit beiden sollen literarische Texte von nichtliterarischen durch Merkmale der Textstruktur unterschieden werden (vgl. Arnold/Detering 1996, S. 25–51).

Fiktionalität: Der Begriff der **Fiktionalität** bezeichnet die Eigenständigkeit von Texten gegenüber der außersprachlichen Wirklichkeit (s. auch Kap. 2.4.1). Literarische Texte entwerfen eine erfundene (**fiktive**) Wirklichkeit und **verweisen nicht auf außersprachliche (faktuale) Wirklichkeit**. Sie können deshalb auch nicht mit dem Kriterium wahr/falsch bewertet werden, das man zumeist bei der Beurteilung sprachlicher Äußerungen anwendet. Anders als faktuale sprachliche Äußerungen erhebt ein fiktionaler Text keinen Wahrheitsanspruch in Bezug auf die außersprachliche Wirklichkeit.

Der Wirklichkeitsbezug literarischer Texte

Bei der Verwendung der eben angeführten Begriffe muss unterschieden werden zwischen dem Wirklichkeitsstatus von im Text gemachten Aussagen einerseits und dem der Inhalte selbst, die darin entworfen werden andererseits: »*Fiktional* **steht im Gegensatz zu** ›faktual‹ bzw. ›authentisch‹ und bezeichnet den Status einer Rede. *Fiktiv* **steht im Gegensatz zu** ›real‹ und bezeichnet den ontologischen Status des in der Rede Ausgesagten« (Martinez/Scheffel 2007, S. 13).

Fiktionalität ist ein grundlegendes Charakteristikum literarischer Texte. Das Problem des **fehlenden Wirklichkeitsbezugs literarischer Texte** wird schon seit der Antike in der (positiv oder auch kritisch gemeinten) Bewertung der Dichtung als Illusion oder Täuschung reflektiert, vor allem wegen der in den Dichtungslehren lange Zeit vorherrschenden Forderung nach einer Nachahmung der Wirklichkeit in der Dichtung (griech. *mimesis*). Dass es eine Form von Texten gibt, die nicht die außersprachliche

Wirklichkeit abbilden, sondern eine sprachliche Wirklichkeit eigener Art entwerfen, ist bei der Frage nach der Bedeutung literarischer Texte schon immer thematisiert worden.

Die Unterscheidung zwischen alltäglicher und dichterischer Sprachverwendung findet sich bereits in der *Poetik* **von Aristoteles** (4. Jh. v. Chr.). Dort wird die Dichtung dadurch von der Geschichtsschreibung unterschieden, dass sie nicht das, was »wirklich geschehen ist«, sondern das, was »geschehen könnte«, auszudrücken vermöge (*Poetik* 1451b). Mit dieser Unterscheidung begründet Aristoteles seine Ansicht, dass die Dichtung einen höheren philosophischen Gehalt als die Geschichtsschreibung habe. Er verweist darauf, dass das Vergnügen an der Dichtung gerade dadurch entsteht, dass wir in ihr nicht mit der Wirklichkeit selbst, sondern mit einer Nachahmung möglicher Wirklichkeiten konfrontiert werden.

Referentialität: Solche Unterscheidungen kann man systematisieren, wenn man den Wirklichkeitsbezug von Texten mit dem Begriff der Referentialität erfasst. Dieser linguistische Begriff bezeichnet die Beziehung zwischen einem sprachlichen Zeichen und dem außersprachlichen Objekt, auf das es verweist.

Fiktionale und faktuale Texte

- **Fiktionale Texte** können nicht auf eine außersprachlich gegebene Welt referentialisiert werden, da sie eine fiktive Wirklichkeit darstellen. Sie entwerfen eine nur sprachlich gegebene Welt, die ihre eigenen Gesetzmäßigkeiten hat. Diese begründet auch dann eine Wirklichkeit eigener Art, wenn sie beispielsweise Elemente der erfahrbaren Lebenswelt enthält oder auf diese verweist (s. S. 74 f.).
- **Faktuale Texte** hingegen können auf eine Realität außerhalb des Textes bezogen (referentialisiert) werden, weil sie Phänomene oder Zusammenhänge behandeln, die in der außersprachlichen Wirklichkeit vorhanden sind. Dies kann durch im Text enthaltene sprachliche und inhaltliche Elemente aller Art geschehen, z. B. durch Hinweise, Aussagen, Informationen, Handlungsanweisungen, Aufrufe etc.
- **Faktuale** Texte werden auch als **pragmatisch** bezeichnet, da sie meist in Handlungskontexte integriert sind, sich auf Handlungen verschiedener Art beziehen bzw. diese zur Folge haben können. Dies gilt für ein Flugblatt ebenso wie für eine Gebrauchsanweisung, für Schulbuchtexte wie für den uns schon bekannten Fahrplan.

Autoreferentialität und Polysemie: Da jedoch durchaus auch Texte eine fiktive Wirklichkeit entwerfen, die (wie etwa juristische Fallbeispiele, Werbebotschaften, Witze oder Lügen etc.) in der Regel nicht der Literatur zugerechnet werden, wird das Kriterium der Fiktionalität für literarische Texte meist mit den zusätzlichen Aspekten der **Mehrdeutigkeit (Polysemie)** und der **Selbstbezüglichkeit (Autoreferentialität)** verbunden. Literarische Texte, so könnte man dann argumentieren, erhalten ihre Besonderheit durch eine sie bestimmende **Intensität der Verwendung sprachlicher Mittel**. Diese erzeugen einerseits eine Mehrdeutigkeit der in den Texten entworfenen Sinnstrukturen und tragen andererseits dazu bei, dass das Beziehungsgefüge des Textes vor allem auf sich selbst verweist.

Abgrenzungen
des Gegenstands
›Literatur‹

Poetizität: Die eigene Logik der Strukturen literarischer Texte kann man mit dem bereits angeführten Begriff der Poetizität erfassen. Dieser Begriff bezeichnet eine Besonderheit literarischer Texte, die darin besteht, dass in ihnen nicht allein die Aussagen im Vordergrund stehen, die sie möglicherweise formulieren, sondern auch die Wirkung ihrer sprachlichen Mittel Bedeutung hat:

Die besondere
Sprachverwen-
dung literarischer
Texte

»Während die meisten anderen Mitteilungen von der referentiellen Funktion dominiert sind, welche die Wahrnehmung der Mitteilung auf den Kontext richtet, lenkt – Jakobson zufolge – in der schönen Literatur die vorherrschende *poetische Funktion* die Aufmerksamkeit des Rezipienten auf die Mitteilung *in ihrer Ausdrucksgestalt* (z. B. ihre Lautung, Diktion, Syntax) und bringt so ihre *Selbstbezüglichkeit* zur Geltung.« (Arnold/Detering 1996, S. 398)

Die Dominanz der Ausdrucksfunktion über die Mitteilungsfunktion kann man dieser Darstellung zufolge als Grundcharakteristikum der Poetizität von Texten begreifen. Die intensive Verwendung sprachlicher Mittel hat die Funktion, das Interesse der Leser/innen stärker auf die Textstrukturen selbst (ihre Poetizität) zu lenken als auf ihre Beziehung zur außersprachlichen Wirklichkeit (ihre Referentialität). Literarisch sind Texte demnach, wenn sie zum einen eine auf sich selbst verweisende sprachliche Wirklichkeit eigener Art entwerfen und wenn diese Wirklichkeit zum anderen sprachlich so strukturiert wird, dass sie unterschiedliche Möglichkeiten des Verstehens eröffnet (zur Frage der »Vieldeutigkeit« von Texten vgl. Kurz 1999, S. 85 ff.).

Eine solche Abgrenzung von Literatur muss allerdings notwendigerweise die Leser/innen in die Analyse der Textstrukturen mit einbeziehen. Denn das Urteil über die **Nicht-Referentialisierbarkeit**, die **Polysemie** und die **Autoreferentialität** von Texten hängt von der Art ihrer Wahrnehmung und Rezeption ab. Die daraus resultierende Mehrdeutigkeit ist ein Charakteristikum, das nur in der Rezeption eines Textes (den unterschiedlichen Verstehensweisen und Deutungen, die er ermöglicht) zu Tage treten kann. Ein Fahrplan zum Beispiel ist zunächst zweifellos ein faktualer Text, da er aus Informationen über Zugverbindungen besteht. Man kann ihn aber auch so lesen, dass er mehrdeutig und autoreferentiell wird (s. S. 6 f.). Texte als literarische zu lesen eröffnet in dieser Sicht ein **Spiel möglicher Bedeutungen**, das nicht praktischen Zwecken dient. Gerade deshalb kann die Literatur Vergnügen bereiten, sie kann aber auch im Entwurf möglicher Welten Erwartungen und Selbstverständnis der Leser/innen herausfordern, in Frage stellen und erweitern.

1.1.4 | Bedeutung und Funktionen des Gegenstands ›Literatur‹: Rezeption, Produktion, Wirkung

Literarische Texte kann man aus zwei Perspektiven untersuchen: zum einen hinsichtlich der Verstehensmöglichkeiten, die sie in der Lektüre ermöglichen (der **Rezeption**), zum anderen hinsichtlich der Voraussetzungen und Bedingungen ihrer Entstehung (der **Produktion**). Diese beiden Untersuchungsperspektiven gehen von unterschiedlichen Annahmen darüber aus, was die Bedeutung, die Funktion und die Wirkungsmöglichkeiten des Gegenstands ›Literatur‹ ausmacht.

Rezeptionsästhetische Sicht der Literatur: Die Frage nach den Verstehensmöglichkeiten, die durch literarische Texte eröffnet werden, ist in der Theorie der **Rezeptionsästhetik** systematisiert worden (vgl. Iser 1976 und Warning 1975). Die Bedeutung, die einem Text zugeschrieben werden kann, wird nicht allgemein bestimmt, sondern als Ergebnis einer Kommunikation zwischen Text und Leser/innen gedacht. Literarische Texte eröffnen in dieser Perspektive die Möglichkeit, in der Rezeption **verschiedene Verstehensmöglichkeiten** zu entwickeln. Diese sind dann das Resultat je unterschiedlicher Wahrnehmung und Aneignung von Texten und nicht deren objektivierbare Eigenschaft.

Die Offenheit für unterschiedliche Möglichkeiten des Verstehens (ein von Umberto Eco [1973] vorgeschlagener Begriff für die Polysemie literarischer Texte) wird damit zu einem wichtigen Kriterium für die Einordnung eines Textes als ›Literatur‹. Diese Offenheit kann man im Text etwa durch die Analyse von darin angelegten ›Unbestimmtheitsstellen‹ nachweisen (zu diesem Begriff vgl. Iser 1976, S. 271 ff.), die unterschiedlich verstanden und gedeutet werden können. Der strukturellen Dimension literarischer Texte, die im vorhergehenden Abschnitt mit der Kategorie der Poetizität bezeichnet worden ist, wird damit eine grundlegende Bedeutung für deren Rezeption als Literatur zugewiesen. Sie ermöglicht ihre Abgrenzung von anderen Texten durch das Kriterium einer Offenheit ihrer Verstehensmöglichkeiten.

Produktionsästhetische Sicht der Literatur: Für produktionsästhetische Auffassungen von Literatur haben literarische Texte hingegen eine Bedeutung, die in ihrer **Produktion** in ihnen angelegt worden ist. Für die Literaturwissenschaft galt es lange Zeit als selbstverständlich, dass ein literarisches Werk zwar komplexe sprachliche und inhaltliche Strukturen aufweist, die eine Analyse vor schwierige Aufgaben stellt. Letztlich aber erschien es ihr gleichwohl möglich, den **Sinn des Werks eindeutig zu erschließen**. Er ergibt sich der produktionsästhetischen Perspektive zufolge etwa aus einer Untersuchung der Entstehungsbedingungen und Kontexte eines Werks sowie der Absichten und Ziele seines Autors.

Möglichkeiten der Wirkung: *prodesse* und *delectare*: Ein produktionsästhetisches Literaturverständnis sieht die ästhetischen Qualitäten eines Texts zumeist als eine Voraussetzung für seine (vom Autor beabsichtigte) **Wirkung** an. In einer bis auf die Antike zurück reichenden Tradition ist die Wirkung von Literatur und ihr (gesellschaftlicher oder individueller)

Nutzen immer wieder diskutiert worden. Ein wichtiger Bezugspunkt für diese Frage sind die berühmten Verse aus der *Ars poetica* (Dichtkunst) von **Horaz** (65–8 v. Chr.), nach denen dieser Nutzen nur durch das Vergnügen zur Geltung kommen kann, das die Dichtung bereitet.

»Aut prodesse volunt aut delectare poetae
aut simul et iucunda et idonea dicere vitae.«
(Entweder nützen wollen die Dichter oder erfreuen, oder zugleich das sagen, was
vergnüglich, und das, was nützlich für das Leben ist.)
(Horaz: *Ars poetica*, V. 133 f.)

Für Horaz hängen also ästhetische Wirkung und moralischer Nutzen der Dichtung als Autorintentionen zusammen, auch wenn er den Zusammenhang beider Funktionen nicht so eng fasst (»entweder ... oder«), wie er in vielen Dichtungslehren postuliert wird, die auf diese Formulierung zurückgreifen.

Die gesellschaftliche Funktion der Literatur: Zumindest seit der Zeit der Aufklärung (s. Kap. 4.4) wird die Vorstellung entwickelt, die Literatur habe nicht nur eine besondere moralische Bedeutung, sondern auch eine gesellschaftliche Aufgabe. Sie könne (oder müsse) nämlich Aussagen oder Einsichten formulieren, die zum **gesellschaftlichen Fortschritt** beitragen. Die Literatur solle ein »faro [...] del porvenir« sein, »apostólica y de propaganda«, heißt es beispielsweise 1835 bei José Mariano de Larra, einem der bedeutendsten Vertreter der spanischen Romantik (s. Kap. 4.5.2). In der Zeit der Franco-Diktatur bezeichnete Juan Goytisolo (s. Kap. 4.8.2) den Schriftsteller als »portavoz de las fuerzas que combaten en silencio contra la opresión«. Die besondere Bedeutung von Literatur wird damit durch ihre gesellschaftliche Funktion begründet, durch einen Auftrag, den sie erfüllt.

Literatur und Engagement: Der französische Philosoph und Schriftsteller Jean-Paul Sartre (1905–1980) begründet als Antwort auf die Frage »Was ist Literatur?« eine solche **aufklärerisch-engagierte Funktionsbestimmung von Literatur** philosophisch. Sartre geht bei seiner Konzeption von einer produktionsästhetischen Sicht der Literatur aus. Die Wirkung von Literatur bestehe in der Aneignung eines im Text vom Autor intendierten Gehaltes, letztlich einer Botschaft, durch den Leser. Nur dieses Wirkungspotential von Literatur vermag für Sartre ihre besondere Bedeutung zu begründen.

Sartre: Das literarische Werk soll den Leser zum Handeln aufrufen *Zur Vertiefung*

»Da das Schaffen [des Schriftstellers] seine Erfüllung nur im Lesen finden kann, da der Künstler einem anderen die Aufgabe überlassen muss, zu vollenden, was er begonnen hat, da er einzig durch das Bewusstsein seiner Leser sich selbst und sein Werk als wesentlich begreifen kann, ist jedes literarische Werk ein Appell. Schreiben heißt: einen Appell an den Leser richten, er möge der Enthüllung, die ich durch das Mittel der Sprache vorgenommen habe, zu objektiver Existenz verhelfen.« (Sartre 1981, S. 31)

Diese Überlegungen Sartres gehen von einer kommunikativen Funktion des literarischen Textes aus. In der Kommunikationssituation zwischen Autor, Text und Leser soll der Leser sich die kritischen und utopischen Impulse, die der Autor im Text entwirft, zu eigen machen und verwirklichen. Sartre postuliert damit als entscheidende Funktion des Schriftstellers wie der Literatur ein **Engagement**, das in Spanien wie in ganz Europa in der Zeit vor und nach dem Zweiten Weltkrieg (so etwa im spanischen Bürgerkrieg oder in der Zeit der Diktatur, s. Kap. 4.7.4 und 4.8) weit verbreitet war.

Wie können Texte wirken? In der Auffassung vom Wirkungspotential literarischer Texte unterscheiden sich rezeptionsästhetische und produktionsästhetische Auffassungen von Literatur. Um die Möglichkeiten der Wirkung literarischer Texte näher zu bestimmen, muss die mit dem Begriff der **Poetizität** (s. Kap. 1.1.3) angesprochene Unterscheidung zwischen ihrer Art der Verwendung von Sprache und deren alltäglichen, wirkungsorientierten Funktionen weiter differenziert werden. Danach wären literarische Texte vor allem deshalb nicht auf einen eindeutigen Sinn festlegbar, weil sie durch ihren besonderen **Stil**, ihre in der Bedeutung offene, bildliche oder uneindeutige, daher oft nur assoziativ verstehbare Verwendung sprachlicher Mittel gekennzeichnet sind (s. Kap. 2.1). Wenn aber die Bedeutung von Textelementen nicht eindeutig ist, muss es im Akt der Rezeption einen Spielraum geben, den auch der Verfasser des Textes nicht einschränken kann (oder eben allenfalls, indem er auf uneindeutige, unterschiedlich verstehbare sprachliche Mittel verzichtet).

Die Wirkung literarischer Texte kann man nun genauer fassen, indem man auf die bereits eingeführten Begriffe **Autoreferentialität** und **Polysemie** zurückgreift (s. Kap. 1.1.3). Diese Begriffe sind nicht nur auf der Ebene der sprachlichen Strukturen von Bedeutung, sondern auch für die Verstehensmöglichkeiten, die die Texte erzeugen. Die uneindeutige Beziehung zwischen sprachlichen Zeichen und außersprachlicher Wirklichkeit in literarischen Texten wird durch sprachliche Strukturen erzeugt, in denen die Zeichen untereinander in eine Beziehung gesetzt werden (durch Wiederholung, Steigerung, Gegensatz etc.). Diese Eigenschaft intensiviert die Wirkung ihrer Sprachstrukturen, stellt zugleich aber ihre referentielle Funktion in Frage, damit auch die Möglichkeit, Textstrukturen auf die außersprachliche Wirklichkeit zu beziehen. **Autoreferentielle Stilfiguren** (in der Beziehung zwischen Lauten, Wörtern wie auch zwischen syntaktischen Strukturen) verleihen dem Text durch die besondere Art der Sprachverwendung eine **eigene Logik**, die sie von den gängigen referentiellen und kommunikativen Funktionen von Texten unterscheidet. Indem diese Figuren die Poetizität des literarischen Textes intensivieren, durchkreuzen sie zugleich auch die Möglichkeit, den Text referentiell zu vereindeutigen.

Don Quijotes Romanlektüre

Der berühmteste spanische Roman, Cervantes' *Don Quijote* (s. Kap. 4.3.3 und 4.3.5), präsentiert sich im Vorwort als ein in den Archiven der Mancha festgehaltener Bericht (der demnach faktual wäre). Er stellt einen Helden dar, der die fiktive Welt des Ritterromans als wirklichkeitsgetreue Beschreibung versteht und daraus bis ins Detail Wertvorstellungen und Vorbilder für sein Handeln zu finden meint. Man könnte also sagen, dass Don Quijote den Ritterroman wie einen faktualen Text liest, der mehr über die Wirklichkeit aussagt als seine eigenen Erfahrungen, und der sein Handeln bestimmt (für ihn also eine pragmatische Bedeutung hat). Dies ist eine Handlungskonstruktion, die auch die Interpreten des Romans zu unterschiedlichen und einander widersprechenden Deutungen der für die Titelgestalt entscheidenden Verkehrung der Beziehungen zwischen literarischem Text und außersprachlicher Wirklichkeit veranlasst hat. Dieses Beispiel zeigt in doppelter Weise, dass von einer mit ihren Wirklichkeitsbezügen spielenden Textstruktur unterschiedliche Möglichkeiten des Textverstehens und Perspektiven der Rezeption eröffnet werden.

Eine Definition von Literatur: Die oben eingeführten Kriterien **Fiktionalität und Poetizität** sowie die daraus abgeleiteten Begriffe bilden insgesamt eine sinnvolle literaturwissenschaftliche Grundlage für eine Bestimmung des Gegenstands Literatur ebenso wie für Textanalysen. Die Abgrenzung der Textsorte ›Literatur‹ wird dann mit der Besonderheit ihres Wirklichkeitsbezugs und ihrer Sprachverwendung begründet. Diese Definition betont die ästhetische Autonomie literarischer Texte; ihre Experimente mit den komplexen Verstehensmöglichkeiten sprachlicher Strukturen. Sie ist wie der Gegenstand ›Literatur‹ selbst **historisch entstanden und relativierbar**, wie die aktuelle Debatte um eine kulturwissenschaftliche Orientierung der Literaturwissenschaft zeigt (s. Kap. 1.3).

1.2 | Grundfragen literaturwissenschaftlicher Theoriebildung und Methoden

→ ›Literaturwissenschaft‹ ist eine auf den deutschen Sprachraum beschränkte Begriffsbildung, die schon seit der Mitte des 19. Jh.s gelegentlich verwendet wird. Die Verwendung des Begriffs richtet sich gegen den lange Zeit vorherrschenden Begriff der (National-) **Philologie**, der für eine – für die ältere Forschung noch selbstverständliche – Einheit der sprach- und literaturwissenschaftlichen Analyse von Texten steht. In Gebrauch kommt der Begriff ›Literaturwissenschaft‹ um die Wende zum 20. Jh. »als Programmwort für die Verwissenschaftlichung des Faches ›Literaturgeschichte‹ [...] bzw. ›Philologie‹« (Weimar 2000, S. 486). Er setzt sich nach dem Zweiten Weltkrieg allgemein als Bezeichnung der Disziplin durch.

Der Begriff ›Literaturwissenschaft‹ gewinnt seine Bedeutung durch die von Wilhelm Dilthey (1833–1911) begründete Unterscheidung zwischen Natur- und Geisteswissenschaften (s. S. 1), die neue Ansprüche an die Wissenschaftlichkeit der Philologien zur Folge hatte. Zugleich ermöglicht er auch eine **Spezialisierung und Abgrenzung der Erforschung der Literatur** gegenüber dem sich ebenfalls aus der Philologie ausdifferenzierenden Bereich der Sprachforschung und zu dem ebenfalls neu entstehenden Terminus ›Sprachwissenschaft‹ (der Begriff ›Linguistik‹ verbreitet sich erst in den 1960er Jahren). Diese Entwicklung verbindet sich mit einer ersten literaturwissenschaftlichen Methodendiskussion. In dieser geht es in **philosophischer und geistesgeschichtlicher Perspektive** darum, mit welchen Verfahren die sprachliche Eigenheit und der geistige Gehalt der Literatur untersucht werden sollen (vgl. König/Lämmert 1993 und 1999).

Die wissenschaftliche Spezialisierung wie die Teilung in Einzeldisziplinen, die der begriffliche Wechsel von der Philologie zur Sprach- und Literaturwissenschaft anzeigt, bringt bereits einen Prozess stärkerer theoretischer Reflexion der Verfahren der Textanalyse mit sich. In Spanien entspricht dem Wandel der Disziplin – mit einer deutlichen zeitlichen Verspätung gegenüber der deutschen Entwicklung – der terminologische Wechsel von der *filología románica* (oder *hispánica*) zur *crítica literaria* (nicht aber *ciencia* o.Ä.). Die spanische Bezeichnung für die Literaturwissenschaft nimmt (ähnlich wie auch die französische oder englische) nicht explizit Bezug auf ihren Wissenschaftscharakter und betont mit dem Begriff ›crítica‹ eher ihren wertenden Anspruch. Dieser Umstand verweist auf Unterschiede in den Wissenschaftstraditionen beider Länder.

Methoden der Literaturwissenschaft reflektieren die wissenschaftliche Analyse von Literatur und begründen die Annahmen, die ihr zu Grunde liegen. Wie die Kategorie ›Literatur‹ selbst sind auch die Methoden der Literaturwissenschaft und ihr Geltungsanspruch Resultate kultureller und wissenschaftlicher Entwicklungen. Aus ihrer historischen Bedingtheit folgt auch, **dass es nicht ›richtige‹ und ›falsche‹ Methoden geben kann**. Ihre Unterschiede und Gegensätze ergeben sich aus unterschiedlichen wissenschaftlichen Annahmen über den Gegenstand ›Literatur‹. Aus diesen Annahmen entwickeln Methoden die Grundlagen für eine Analyse dieses Gegenstandsbereichs, seine Eigenschaften und die für ihn relevanten Kontexte.

Intensive Theoriediskussionen sind in der Literaturwissenschaft ein relativ neues Phänomen. Erst **seit den 1960er Jahren** wird die Auseinandersetzung um literaturwissenschaftliche Analysen nachhaltig von Fragen nach der Begründung und Systematik ihrer Hypothesen und ihres Vorgehens bestimmt. Diese Konjunktur theoretischer Fragestellungen antwortet auf eine Entwicklung, in der in den letzten Jahrzehnten die kulturelle Bedeutung der Literatur, die Wertungen und Hierarchien mit denen die Literaturwissenschaft arbeitet, relativiert worden sind. Die Entfaltung und Differenzierung der Methoden der Literaturwissenschaft kann man als eine Reaktion auf den Geltungsverlust ihrer Gegenstände verstehen. Angesichts der medialen Vielfalt und Konkurrenz in der Informationsgesellschaft muss die kulturelle Funktion der Literatur neu begründet werden. Dennoch bleibt die Methodendiskussion an grundlegende Voraussetzungen und Annahmen der Hermeneutik gebunden, die seit ihren Anfängen zu Beginn des 20. Jh.s entwickelt werden.

1.2.1 | Grundfragen der Hermeneutik und des hermeneutischen Zirkels

Zum Begriff

Die → Hermeneutik (Lehre von der Auslegung oder Deutung, von griech. *hermeneuein*: deuten, auslegen) entwickelt grundsätzliche Überlegungen über die Voraussetzungen, Verfahren und Grenzen der verstehenden Aneignung von Texten. Sie beschäftigt sich mit **Theorie und Praxis des Verstehens und Interpretierens** von Texten und der dafür grundlegenden Beziehung zwischen erkennendem Subjekt (Leser/in, Kritiker/in etc.) und zu erkennendem Objekt (dem/den Texten).

Historische Aspekte: Die moderne Theorie der Hermeneutik (vgl. Arnold/Detering 1996, S. 101–136) steht in einer langen Entwicklung von Überlegungen zur Deutung von Texten (zunächst vor allem von aus älteren Zeiten überlieferten). Bereits in der **Bibelauslegung** des Mittelalters findet sich die Annahme, dass die Heilige Schrift über die bloße Darstellung von Geschehen hinaus eine mehrfache und deshalb erklärungsbedürftige Bedeutung habe. Die Bibelexegese wie auch die gelehrte **Antikerezeption** seit der Renaissance haben Verfahren entwickelt, die die Fremdheit der alten Texte überwinden sollen, indem sie beispielsweise die Bedeutung einzelner Begriffe oder Passagen durch Vergleiche mit ähnlichen Stellen erläutert, um sie über die historische Distanz hinweg verständlich zu machen. Diese Verfahren werden in der Theologie und Philosophie des 19. Jh.s weiter entwickelt und grundsätzlich reflektiert.

Wilhelm Dilthey baut um die Wende zum 20. Jh. auf dieser Entwicklung auf. Die Verfahren der Texterklärung, die sie bereitstellt, gewinnen bei ihm dadurch eine neue Bedeutung, dass er davon ausgehend ein verändertes Verständnis von Interpretation begründet. Interpretation ist bei Dilthey nicht die Erschließung und Aneignung eines im Text immer schon vorhandenen Sinns (wie er ja für die Bibelexegese meist selbstverständlich war), sondern ein **Kommunikationsprozess, an dem Text wie Interpret Anteil haben** und in dessen Verlauf beide sich wechselseitig annähern.

Der Begriff des Verstehens, der bei Dilthey die Grundstruktur geisteswissenschaftlicher Forschung bezeichnet, spielt in dieser Annäherung eine wichtige Rolle. Jedes Verstehen von Texten als Erschließen eines Sinns hängt danach von den Annahmen und Erfahrungen des Interpreten genauso ab wie von den Besonderheiten des Gegenstands. Das Verstehen kann damit letztlich als eine **dialektische Beziehung** gedacht werden, in der die Voraussetzungen des Verstehenden und die (zunächst bestehende, dann allmählich überwundene) Fremdheit des Gegenstands in einem Prozess der wechselseitigen Annäherung die Herstellung von Sinn ermöglichen. Dieser Sinn kann nur aus den Annahmen des Verstehenden entstehen; diese werden jedoch zugleich korrigiert und differenziert durch die Erfahrungen, die er im Text macht.

Der Philosoph Hans-Georg Gadamer (1900–2003), an dessen Begründung des hermeneutischen Zirkels in seinem Werk *Wahrheit und Methode* (1960) die neuere Diskussion anknüpft, hat diesen Begriff als Bezeichnung für eine grundlegende Struktur des Weltverstehens eingeführt. Historisches Verstehen ist nur eine Form hiervon, allerdings eine in besonderer Weise sinnstiftende, insofern es hier um das Verhältnis von Gegenwart und Vergangenheit geht. Gadamer fasst Verstehen als die Integration von etwas Fremdem (dem Text) in die Welterfahrung des Verstehenden. Im Prozess des Verstehens können die Gegenwart und die Vergangenheit miteinander in Beziehung treten.

Aus diesen Grundannahmen folgt, dass auch literaturwissenschaftliche Erkenntnis in einer Art Kreisbewegung zustande kommt, die als **hermeneutischer Zirkel** bezeichnet wird. Fragen an den Text (die ein Vorverständnis des Interpreten in dessen Aneignung einbringen) und dadurch gewonnene Antworten (mit denen das fortschreitende Verstehen des Textes das Vorverständnis des Interpreten verändert) führen dazu, dass nach und nach der **Sinnhorizont des Textes** und der **Verstehenshorizont des Interpreten** sich gegenseitig annähern. Beide Seiten des hermeneutischen Zirkels sind dadurch in vielfältiger Weise an der Erzeugung von Sinn beteiligt.

Im Prozess von Frage und Antwort können so Strukturen des Textes (oder der Texte) ebenso dem Verstehen zugänglich gemacht werden, wie auch der historische Horizont des Textes, in dem er historisch selbst einmal entstanden ist. Das folgende Schema verdeutlicht diese Wechselbeziehung zwischen Interpret oder Leser und Text (Subjekt und Objekt):

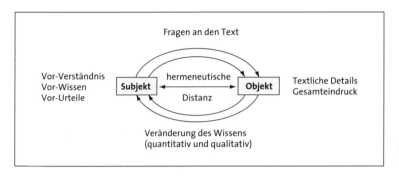

Der hermeneutische Zirkel

Das in dem Schema dargestellte Wechselspiel von Subjekt und Objekt kann man als einen **Zirkel von Fragen und Antworten** verstehen. Das lesende (oder den Text analysierende) Subjekt stellt an sein Objekt, den Text, Fragen, auf die die Lektüre Antworten gibt, die dann neue Fragen hervorrufen etc. Dieser Kreislauf zwischen Leser und Text ist prinzipiell unabschließbar, eigentlich **eher eine Spirale als ein Zirkel**, da Fragen und Veränderung des Wissens aufeinander aufbauen und sich immer weiter entwickeln können.

Verstehen als Dialog mit der Geschichte: Daher kann der Prozess des Verstehens für Gadamer keinen Endpunkt haben, und der Text kann auch keine objektiv gültige Bedeutung erhalten – schon gar nicht eine möglicherweise vom Autor intendierte. Wohl aber entsteht eine Annäherung der Horizonte von Text und Interpret (Gadamer spricht von »**Horizontverschmelzung**«), in der ein Textverständnis möglich wird. Dieser Annäherung kommt nach Gadamer dadurch eine grundsätzliche Bedeutung zu, dass sie das Vergangene in die Gegenwartssituation des Interpreten zu integrieren vermag:

»Nach Gadamer ist die Geschichte ein Gespräch, in dem wir uns befinden. Die Hermeneutik betrachtet Geschichte als einen lebendigen Dialog zwischen Vergangenheit, Gegenwart und Zukunft und versucht, die Hindernisse für diese endlose gegenseitige Verständigung geduldig aus dem Weg zu räumen.« (Eagleton 1994, S. 39)

Das hermeneutische Verstehen soll also ein Dialog mit der Geschichte sein. Im **Vertrauen auf die Möglichkeit des Verstehens** entwirft Gadamer mit der Konzeption des hermeneutischen Zirkels Grundlagen der Textinterpretation, die auf literaturwissenschaftliche Methoden und Analysen einen wichtigen Einfluss ausüben.

Grundfragen lite-
raturwissenschaft-
licher Theoriebildung

Ein Beispiel

Eine hermeneutische Analyse von Miguel Delibes: *Cinco horas con Mario*

Um die grundlegenden Annahmen der Hermeneutik im Sinne Ga-
damers zu veranschaulichen, soll hier an einem Beispiel skizziert
werden, wie der mit dem hermeneutischen Zirkel entworfene Verste-
hensprozess verlaufen kann. Der Roman *Cinco horas con Mario* von
Miguel Delibes (erschienen 1966, s. Kap. 4.8.3) besteht im Wesentlichen aus den Gedanken Carmens, der Ehefrau der Titelgestalt, während der Totenwache für ihren Mann. Sie erinnert sich an ihn, indem
sie zugleich eine ebenso einseitige und verbissene wie sprunghafte
Auseinandersetzung mit seinen Einstellungen und Verhaltensweisen
führt. Ihrem Unverständnis und ihrer teils scharfen Kritik kann der
Tote ja nun nichts mehr entgegnen. Im Erzählmodus des **inneren
Monologs** (s. Kap. 2.4.3) präsentiert der Text das Bewusstsein einer
Angehörigen der spanischen Mittelschicht, die sich den Lebensver-
hältnissen unter der Diktatur wie deren Ideologie angepasst und
unter der Ehe mit dem liberal und kritisch eingestellten Intellektuellen Mario gelitten hat. Dies hatte sie aber zu seinen Lebzeiten nie
zu artikulieren vermocht, da ihr Mann für ihre Anpassungs- und
Aufstiegswünsche wie für ihr konformistisches Denken nur Verachtung übrig hatte.

Eine Untersuchung des Werks könnte davon ausgehen, dass die
Gattung Roman in der Zeit der Franco-Diktatur eine sozialkritische
und oppositionelle Funktion einnimmt. Diese geht in den 1960er
Jahren, der Entstehungszeit von Delibes' Roman, mit zunehmend
komplexeren Formen der erzählerischen Vermittlung einher (s.
Kap. 4.8.3). Aus diesem Vorverständnis lässt sich die **Frage an den
Text** stellen, ob und wie Inhalt und erzählerische Vermittlung des
Romans eine solche kritische Funktion erfüllen.

Aus der Untersuchung des Textes ergibt sich als erste **Antwort** auf
diese Frage eine kritische Lektüre des Textes, in der die Gedanken
Carmens gegen die affirmative Sicht der Diktatur gedeutet werden,
die sie artikulieren. Die nur indirekt, aus dem Redestrom Carmens
erschließbare Position Marios erscheint nämlich wegen ihrer verzerr-
ten Darstellung durch seine Frau glaubwürdiger. Von diesem ersten
Verstehen ausgehend könnte man den **Modus des Erzählens**, den
ununterbrochenen Monolog Carmens, als aufschlussreich für eine
gesellschaftliche Situation verstehen, in der nur affirmative Positionen
explizit geäußert werden können. Mit weiteren Fragen des Interpreten
könnte es dann in der **Bewegung des hermeneutischen Zirkels** zu
einer genaueren Textlektüre kommen, die untersucht, wie einzelne
Passagen des Textes die Fragwürdigkeit von Carmens Position verdeutlichen (etwa durch die Analyse von Übertreibungen, Vorurteilen,
argumentativen Widersprüchen etc., die für ihren Monolog charakteristisch sind). Das Wechselspiel von Fragen und Antworten führt

zu einem Verstehen, das den Text nicht als Affirmation des unter der Diktatur dominanten Weltbilds liest, sondern als dessen implizite Kritik (vgl. dazu die Interpretation H.-J. Neuschäfers in Roloff/Wentzlaff-Eggebert 1995, S. 365–378).

Das Textverstehen, das durch solche Annahmen entworfen werden kann, könnte dann darin bestehen, die Raffinesse der erzählerischen Konstruktion des Romans herauszustellen. Durch den inneren Monolog, so könnte man interpretieren, wird hier indirekt eine Kritik verstehbar gemacht, die den Intentionen der Gestalt zuwiderläuft, die in der fiktiven Redesituation alleine das Wort hat. Es liegt auf der Hand, dass ein solches Verstehen und die daraus resultierende Interpretation auf einem Vorverständnis aufbauen, das von der kritischen Funktion des Romans in der Zeit der Diktatur ausgeht.

Der Text selbst bleibt schon wegen seiner erzählerischen Struktur uneindeutig, in der nur der Standpunkt Carmens zu Wort kommt. Um die **Standpunktgebundenheit der hier skizzierten Interpretation** zu verdeutlichen, sei darauf verwiesen, dass wir aus den Zensurakten der Diktatur eine genau entgegengesetzte Lektüre kennen (s. Abb. S. 22). Der offizielle Zensor las das Werk als moralisch wertvolle, realistische Bewusstseinsdarstellung einer ihm sympathisch erscheinenden konformistischen Frau, weshalb er seine Publikation uneingeschränkt empfahl. Dieses Urteil verdeutlicht, dass die Bedeutung, die man diesem Text zuschreibt, keine eindeutige sein kann. Sie hängt von dem Vorverständnis und den daraus resultierenden Fragen ab, die der Interpret in den Prozess des hermeneutischen Verstehens einbringt.

1.2.2 | Methoden der Literaturwissenschaft

Hermeneutisches Verstehen und Methoden: An dem im hermeneutischen Zirkel schematisch dargestellten Prozess des Verstehens sind vielfältige Faktoren beteiligt. Diese Faktoren können alle in das Verfahren von Fragen und Antworten integriert werden, das im vorhergehenden Abschnitt umrissen worden ist. In dem oben erläuterten Beispiel werden etwa allgemeine Annahmen (die Funktion des Romans in der Zeit der Diktatur) vorhergehende Deutungen des Textes (die Interpretation von H.-J. Neuschäfer) oder **Annahmen über die Bedeutung von Textelementen oder -strukturen** (Übertreibungen oder Widersprüche als ein Indiz für die Unglaubwürdigkeit des Monologs) als Voraussetzungen des Verstehens herangezogen. Daraus können dann **Grundlagen des Verstehens** entwickelt werden (etwa: der Text ist gegen die expliziten Intentionen seiner fiktiven Erzählinstanz zu lesen), die bis hin zu einer Einordnung des Werks in den historischen Kontext und einer Funktionsbestimmung der Gattung (etwa: kritische Position des Romans in der Zeit der Franco-Diktatur) führen.

Grundfragen lite-
raturwissenschaft-
licher Theoriebildung

⑤

I N F O R M E

¿Ataca al Dogma?　　　　Páginas
¿A la moral?　　　　　　Páginas
¿A la Iglesia o a sus Ministros?　　Páginas
¿Al Régimen y a sus instituciones?　　Páginas
¿A las personas que colaboran o han colaborado con el
Régimen?　ı Páginas
Los pasajes censurables ¿califican el contenido total de
la obra?

Informe y otras observaciones. (I)

　　Mario Díez Collado,intelectual y catedrático de Instituto,muere re-
pentinamente cuando contaba 49 años de edad.Las clásicas manifestaciones
de condolencia de conocidos y allegados llenan el primer cap de la novela.
El resto,hasta el cap XXVII,queda sintetizado en el monólogo (de la viuda,
quien,durante la noche,ante el cadaver,evoca la personalidad de su marido
—un intelectual insobornable,despistado e idealista—,su vida con él,el
ambiente que les ha rodeado en lo personal y en lo histórico —el del últi
mo medio siglo—,los agobios y las penurias,las miserias y las contradiccio
nes que rodean a los mortales,etc.
　　El monólogo resulta realmente interesante por traducir la mentalidad
de una española proviuciana,la de Carmen Sotillo,casada con un Profesor,
que representa la conciencia de su clase social modesta y sana,con refe-
rencias a la actualidad en que vive inserta y a las circunstancias que la
ha rodeado. Predomina el humorismo crítico en labios de una mujer española corriente,que tiene buen sentido y que no es o no sabe ser corrosiva.
　　Este humorismo sano y chispeante,sin dejar de tener base constructi-
va,a veces adapta un tono irónico,como,por ejemplo,cuando se refiere al
Papa Juan XXIII y a los criterios trasnochados de los beatos y beatas asus
tados por la apertura del Pontífice.O cuando la referencia se proyecta a
la exclusiva vigencia para muchos de la justicia social con los obreros,
mientras la sociedad se olvida de otros imperativos. No faltan,en el dis-
currir ininterrumpido de la viuda,la actitud y postura de tantos españoles
ante las relaciones postconciliares entre católicos,protestantes y judíos.
　　La novela esta de Miguel Delibes nos parece de intención moralizado-
ra,dentro de una prosa dificilísima y magnífica por su sencille z y simpli
cidad para apresar el discurso de una mujer en momentos como
estar velando el cadaver de su marido,mientras repasa todo el cuadro de
su vida y deja aflorar sus sentimientos y pensamientos,hasta que llega la
hora de conducirlo al ce-　　Madrid,23　de Julio　　de 196 6
menterio

PUEDE AUTORIZARSE　　　　　　　　El Lector,

*Puede aceptarse el
Depósito.
25-i-67*

Die Einschätzung
des Zensors:
Carmens Monolog
»representa la
conciencia de su
clase social
modesta y sana«

Methoden begründen, welche Kontexte des/der Text/e für den hermeneutischen Prozess des Verstehens unabdingbar sind: »Im Gebrauch des Ausdrucks ›Methoden der Interpretation‹ wird weniger eine Verschiedenheit
von Verfahren gemeint [...], sondern eine Verschiedenheit von Kontexten«
(Kurz 2000, S. 216). Man kann daher Methoden danach gruppieren, welche **Kontexte** innerhalb und außerhalb der Texte sie in die Analyse einbeziehen, wie sie also die Zusammenhänge entwerfen, die für einen Text
oder eine Menge von Texten jeweils als bestimmend angesehen werden.
Ausführliche Darstellungen bzw. Überblicke über die im Folgenden aufgeführten Methoden finden sich u. a. bei Arnold/Detering (1996), Eagleton (1994), Kurz (2000), Nünning (1998 und 2008) sowie Köppe/Winko
(2008). – Summarisch kann man die Methoden der Literaturwissenschaft
in **zwei große Gruppen** einteilen:

Methoden
der Literatur-
wissenschaft

Die erste Gruppe bilden Methoden, die sich auf die Analyse von Strukturen, Zusammenhängen, Beziehungen oder Widersprüchen etc. innerhalb von Texten selbst und auf die Bedeutungs- und Verstehensmöglichkeiten konzentrieren, die sich daraus ergeben.

Text- oder
werkimmanente
Methoden

- **Ebenen der textimmanenten Analyse:** Die Analyse kann textimmanent **mikrostrukturelle Aspekte des Textes** (Einzelelemente wie z.B. Wort- und Stilfiguren, Wortfelder, Zusammenhänge oder Widersprüche zwischen solchen Elementen und sich daraus ergebende Strukturen etc.) oder **makrostrukturelle Probleme** (Aufbau des Textes, Beziehung einzelner Teile des Textes untereinander, Fragen der Form oder des Gattungszusammenhangs) untersuchen. Diese Aspekte der Textstruktur können in den einzelnen Methoden in sehr verschiedener Weise miteinander in Verbindung gebracht werden.
- **Strukturalismus, Formalismus, New Criticism:** Die Verfahren der textimmanenten Analyse sind insbesondere durch die Annahmen über die sprachlichen Besonderheiten der Struktur literarischer Texte präzisiert worden, die im Strukturalismus sowie im Russischen Formalismus und dem amerikanischen New Criticism formuliert worden sind (vgl. Lotman 1973 und Titzmann 1977). Sie beziehen aber auch traditionelle Überlegungen und Vorbilder (etwa aus der **Rhetorik** und **Stilistik**) zur Funktion und den besonderen Möglichkeiten sprachlicher Figuren ein (vgl. Arnold/Detering 1996, S. 365–408; Kurz 2004 und Köppe/Winko 2008, Kap. 3 und 4). In der Regel unterstellen textimmanente Methoden mehr oder weniger explizit eine (relative) **Autonomie des literarischen Textes**. Sie gehen davon aus, dass die Analyse von Texten dadurch ein Verstehen erreichen kann, dass sie deren sprachliche und inhaltliche Strukturen unabhängig von ihren Kontexten untersucht. Solche Methoden verstehen literarische Texte als vorrangig auf die **Kommunikation zwischen Text und Leser** ausgerichtete Strukturen.
- **Dekonstruktion:** Im Verfahren der Dekonstruktion wird nicht mehr das Verstehen von Bedeutungen als Ergebnis der Untersuchung von Texten angestrebt. Die Dekonstruktion geht vielmehr davon aus, dass Bedeutungen nicht nur uneindeutig bleiben, sondern gar nicht festlegbar sind (vgl. Arnold/Detering 1996, S. 409–429; Eagleton 1994, S. 110–118; Engelmann 1990 und Köppe/Winko 2008, Kap. 7). Indem die Auseinandersetzung mit den Texten zu einem **Durchspielen möglicher Bedeutungen** wird, die sich wechselseitig durchkreuzen und aufheben, wird hier der Verstehensanspruch der hermeneutischen Tradition selbst in Frage gestellt (s. S. 25 f.).

Die zweite Gruppe umfasst Methoden, die die untersuchten Texte oder einzelne Aspekte in **Beziehung zu den unterschiedlichsten Kontexten** setzen, die außerhalb des Textes selbst liegen. Sie untersuchen also Faktoren und Zusammenhänge, die sich nicht aus den Strukturen des Textes selbst ergeben. Bei allen Unterschieden ist ihnen die Annahme gemeinsam, dass ein Textverstehen nur durch die Einbeziehung solcher textübergreifender Kontexte sinnvoll möglich wird:

Textübergreifende
Methoden

- **Intertextualität:** Nach den Annahmen der Intertextualitätstheorie (s. S. 38) werden die Struktur oder einzelne Elemente von Texten hinsichtlich ihrer Beziehung zu anderen Texten analysiert, auf die sie sich beziehen (s. Kap. 2.1.2; vgl. Arnold/Detering 1996, S. 430–445; Nünning 2008, S. 241–243). Entstehung, Inhalt und Strukturen des oder der untersuchten Werke werden dabei in der einen oder anderen Weise als ein **dialogischer Zusammenhang zwischen Texten** verstanden, in dem sie sich in Fortführung, Distanz oder auch im bewussten Gegensatz zu vorhergehenden oder zeitgenössischen Texttraditionen konstituieren. Vor allem in neueren Konzeptionen geht diese Theorie dabei zwar bei der Textanalyse über die Textimmanenz hinaus, bezieht jedoch die Instanz des Autors (seine Intentionen etc.) nicht mit ein (s. S. 12 f.).
- **Biographische und psychoanalytische Methoden:** Hier stehen hingegen der Autor und dessen **Lebensgeschichte als Kontext** im Vordergrund. Der literarische Text wird in erster Linie als deren Darstellung, Reflexion oder Analyse verstanden. Traditionelle biographische Fragestellungen, die sich auf eine mehr oder weniger eindeutige Beziehung zwischen Autor und Textbedeutung richten, werden durch psychoanalytische Methoden der Interpretation genauer begründet. Diese situieren den Text im **Kontext individueller psychischer Strukturen, Probleme oder Krisen**, mit denen der Sinnhorizont des Textes dadurch bestimmt werden soll, dass er als Ausdruck oder Aufarbeitung verdrängter, unbewusst wirksamer lebensgeschichtlicher Krisen und der daraus resultierender Phantasmen, Wünsche oder Probleme verstanden wird (vgl. Pietzcker 1983; Arnold/Detering 1996, S. 479–497 sowie Köppe/Winko 2008, Kap. 5).
- **Literatursoziologie:** Aspekte vor allem des sozialen Ortes und der intellektuellen Lebenssituation des Autors werden auch in literatursoziologischen Methoden als für die Analyse literarischer Texte wesentliche Faktoren angesehen (vgl. Arnold/Detering 1996, S. 446–462; Krauss 1968; Bürger 1978; Nünning 1998 sowie Köppe/Winko 2008, Kap. 9). In literatursoziologischer Sicht geht es um **die gesellschaftliche Position oder den geschichtlichen Ort des Autors** sowie um seine Intentionen in literarischer, politischer oder ideologischer Hinsicht. Die Annahme solcher Kontexte führt zu einem Textverstehen, das (auch jenseits der bewussten Intentionen des Autors) Einsichten in die Auseinandersetzung mit oder die Aufarbeitung von historischen und gesellschaftlichen Problembeständen als grundlegend für eine Textanalyse ansieht.
- **Sozialgeschichtliche Fragestellungen:** Diese Ansätze entwickeln Fragestellungen, die sich auf die gesellschaftlichen Mechanismen der Rezeption und Zirkulation von Texten richten. Dazu gehören etwa Ansätze der Rezeptionsästhetik (s. S. 12) oder des New Historicism (s. S. 5 f.; vgl. Greenblatt 2000 sowie Köppe/Winko 2008, Kap. 11.2). Insofern sie soziale oder kulturelle Probleme als Kontexte der Textanalyse einbeziehen, gehören sie zu dem breiten Feld sozialgeschichtlicher Methoden.
- **Gendertheoretische Methoden:** In den Kontext sozialgeschichtlicher Fragestellungen kann man auch die Methoden der feministischen Li-

teraturwissenschaft einordnen (vgl. Lindhoff 2003). Sie situiert sich im Horizont der Ansätze der Geschlechterforschung (»**gender studies**«), die in allen Bereichen der Geistes- und Sozialwissenschaften derzeit viel diskutiert werden. Als Kontext für die Textanalyse setzt sie die historisch und gesellschaftlich wirksamen Konstruktionen und Zuschreibungen von **Geschlechterdifferenzen** und **Geschlechtsrollen** an. Sie fragt etwa nach der literarischen Konstruktion gesellschaftlich dominanter, zumeist männlicher Bilder von Weiblichkeit, aber auch nach Gegenentwürfen zur Hierarchie der Geschlechter in patriarchalischen Gesellschaften und nach alternativen Frauenbildern, schließlich allgemein nach geschlechtsspezifisch bedingten Formen des Schreibens und der Rezeption von Texten selbst.

- **Diskursanalyse:** Auch die Diskursanalyse argumentiert aus einer historischen Perspektive. Ihre Fragestellungen richten sich jedoch nicht auf den Inhalt der Texte, sondern auf die Untersuchung der gesellschaftlichen Funktionen ihrer sprachlichen Strukturen (vgl. Arnold/Detering 1996, S. 463–478; Fohrmann/Müller 1988 sowie Köppe/Winko 2008, Kap. 7.2). Statt Bedeutungen und letztlich ein Verstehen von Texten zu rekonstruieren, fragt sie nach den Voraussetzungen, unter denen gesellschaftlich legitimierte oder akzeptierte Formen des Sprechens (die ›**Diskurse**‹) möglich werden. In der Diskursanalyse verliert die Literatur ihren besonderen Status und wird zu *einem* Untersuchungsgegenstand innerhalb von Textbeispielen aus ganz verschiedenen Bereichen. Diese Sichtweise des Gegenstandes ›Literatur‹ wird auch von einer **kulturwissenschaftlich orientierten Literaturwissenschaft** geteilt (s. Kap. 1.3).

Auch Methoden, die textübergreifende Kontexte in den Prozess des Verstehens integrieren, können deren Bedeutung für die Interpretation in vielfältiger Weise kombinieren. Die Grenzen zwischen den verschiedenen Ansätzen und deren Annahmen sind bei textübergreifenden ebenso wie bei textimmanenten Verfahren der Textanalyse fließend. Trotz der oben vorgenommenen Unterteilung kommt keine Methode einerseits ohne den Rückgriff auf Kontexte (zumindest innerhalb eines Textes), andererseits ohne die immanente Analyse einzelner Textstrukturen aus.

1.2.3 | Probleme des hermeneutischen Verstehens

In diesem Abschnitt sollen **zwei Kritikpunkte** angesprochen werden, die insbesondere aus ideologiekritischen und poststrukturalistischen Positionen gegen die Verstehensvoraussetzungen formuliert worden sind, die hermeneutisch begründeten Methoden zu Grunde liegen (vgl. Arnold/Detering 1996, S. 137–178 sowie Eagleton 1994, S. 35–40).

Ein ideologiekritischer Einwand gegen die Position der Hermeneutik zielt darauf, dass in ihr das Problem von Macht und Herrschaft für die Konstitution historischer Überlieferung ausgeblendet wird. Im hermeneutischen Verständnis wird Geschichte als für den Bewusstseinshorizont

Erster Kritikpunkt:
das Verhältnis von
Gegenwart und
Vergangenheit

der Gegenwart selbstverständlich zur Verfügung stehend begriffen. Gegen diese Vorstellung von einer Möglichkeit umfassender Aneignung der Vergangenheit kann man die Frage aufwerfen, inwieweit **die literarischen Traditionen** (und vielleicht sogar die spezifische Konstruktion der Literatur selbst) schon dadurch (auch) bestimmt werden, dass sie uns nur **als Bestandteil, Legitimation oder Sicherung von Herrschaftsausübung** zugänglich wird: »Die Geschichte und die Tradition werden [bei Gadamer] so gut wie nicht als repressive oder auch als befreiende Kräfte wahrgenommen, als konflikt- und herrschaftsbesetzte Bereiche« (Eagleton 1994, S. 38 f.).

Denkt man solche Einwände weiter, so wird es wichtig, in die hermeneutische Aneignung der Geschichte eine kritische Dimension einzuführen, die auch die **Widersprüche und Brüche ihrer Konstruktion der Tradition** einbezieht, letztlich sogar die Möglichkeit einer Abwendung von ihr. Gadamer würde die Möglichkeit von Traditionsbrüchen grundsätzlich wohl nicht ausschließen. Er begreift jedoch die Tradition als einen Zusammenhang, der uns trotz seiner Widersprüche und Brüche immer zugänglich und verfügbar sein soll.

Die poststrukturalistische Kritik richtet sich gegen die der Hermeneutik zugrundeliegende Überzeugung, dass Verstehen prinzipiell immer möglich ist. Es ist in hermeneutischer Sicht eine schwerlich akzeptierbare Vorstellung, dass einzelne Werke im Prozess des Verstehens uneindeutig, widersprüchlich, fragmentarisch oder gar unverständlich bleiben könnten. Ebenso wenig vermag sie anzunehmen, dass einzelne Texte oder gar ganze Phasen der Literaturgeschichte möglicherweise unserer Gegenwart fremd oder gleichgültig bleiben können.

Die Verfahren der Dekonstruktion und der Diskursanalyse, die solche Einwände zugespitzt haben, **bestreiten die Möglichkeit eines Sinn und Kohärenz stiftenden Dialogs** mit der Vergangenheit oder mit Texten. Für dekonstruktivistische Ansätze sind Analyse und Interpretation eines Textes auf eine kohärente Bedeutung hin schon deshalb nicht sinnvoll, weil sie davon ausgehen, dass Texte (und vor allem literarische Texte) die Verstehensmöglichkeiten, die sie entwerfen, zugleich auch immer unterlaufen. Die Diskursanalyse wiederum stellt grundsätzlich die Kategorien in Frage, mit denen literaturwissenschaftliche Verfahren die Vergangenheit so ordnen, dass sie einem Verstehen zugänglich werden.

Delibes: *Cinco horas con Mario*:
Diskursanalytische und dekonstruktivistische Deutungsansätze
Wenn man das Beispiel von Delibes' Roman *Cinco horas con Mario* noch einmal aufgreift, mit dem oben das Verfahren einer hermeneutisch vorgehenden Analyse illustriert worden ist (s. S. 20 f.), so würde eine **diskursanalytische Untersuchung** dieses Textes bereits die literarhistorischen Verstehensvoraussetzungen in Frage stellen (also: Funktion des Romans in der Franco-Ära), mit denen diese Analyse

ihren Gegenstand einordnet. Sie würde bestreiten, dass es sinnvoll ist, die Gattung ›Roman‹ als ein in sich abgeschlossenes Textfeld zu behandeln, getrennt von vergleichbaren gesellschaftlich bedeutsamen Diskursen, die in nichtliterarischen Texten nachweisbar sind.

Der Roman würde daher in eine Untersuchungsreihe eingeordnet, die kulturell aufschlussreiche Texte ganz unterschiedlicher Art umfasst (etwa Briefe, Lebensbeschreibungen, Illustriertenartikel o. Ä.). An die Stelle der – nur durch einen intensiven Literaturbegriff begründbaren – Einordnung in den Gattungszusammenhang des Romans tritt in der Diskursanalyse beispielsweise die **Frage nach den sprachlichen Strukturen** (den Diskursen), in denen Frauen ihre Lebens- und Ehesituation in jener Zeit überhaupt artikulieren konnten, oder die Frage danach, wie das Reden und Schreiben über Probleme der alltäglichen Lebenssituation von Frauen in der Zeit der Franco-Diktatur zulässig war bzw. möglich wurde. Es fänden sich darin vielleicht ganz unterschiedliche Strategien, mit den ideologischen und moralischen Restriktionen umzugehen, denen solche Diskurse unterliegen. Jedenfalls käme dem Roman in dieser Untersuchungsreihe keine privilegierte Stellung oder herausgehobene Bedeutung zu.

In einer dekonstruktivistischen Analyse würde zudem die Frage gestellt, welche inhaltlichen Oppositionen die oben skizzierte Deutung konstruiert (s. S. 20 f.), um Verstehen möglich zu machen. Diese arbeitet mit dem **Gegensatzpaar kritisch-oppositionell versus traditionalistisch-affirmativ**, um die Positionen von Mario und Carmen verstehend und wertend zu ordnen. Eine dekonstruktivistische Sicht könnte dagegen einwenden, dass diese Opposition von zumindest einem weiteren **Gegensatz** durchkreuzt wird, nämlich dem **des Geschlechterverhältnisses.** Mario kann nur deshalb seine – im Roman implizit entworfene – Position als überlegener Intellektueller einnehmen, weil er seine Frau unterdrückt. Diese wiederum rebelliert perspektivlos gegen diese Unterdrückung, weil sie nur ideologisch affirmativ gegen ihn opponieren kann.

In einer solchen dekonstruktivistischen Lektüre ginge es nicht nur um den Nachweis, dass die im Text konstruierbaren Verstehensmöglichkeiten uneindeutig bleiben, sondern vor allem darum, die **Fixierung von Bedeutungen** überhaupt **in Frage zu stellen**. In unserem Fall heißt dies, dass die in die Konstruktion der Romangestalten eingeschriebenen Verstehensmöglichkeiten aus den politisch-ideologischen Positionen einerseits und dem Geschlechterverhältnis andererseits sich gegenseitig relativieren und ein vereindeutigendes Verstehen verhindern.

Auch **eine feministisch orientierte Literaturwissenschaft** würde zu der in dem Beispiel skizzierten Interpretation neigen. Deshalb ist es auch kein Zufall, dass – wie in der zuletzt skizzierten Interpretationsmöglichkeit

– feministische Ansätze eng an diskursanalytische und dekonstruktivistische Verfahren anschließen. Vielleicht drückt Verstehen im hermeneutischen Zugriff auf Vergangenheit auch **eine geschlechtsspezifische Art des Umgangs mit der Geschichte** aus – den (männlich konnotierten) Willen, über die Vergangenheit in eindeutigen Deutungen zu verfügen. Mit solchen Einwänden ist die hermeneutische Reflexion natürlich nicht abgetan. Sie geben jedoch Anlass dazu, genauer über die Annahmen nachzudenken, die den hermeneutischen Zirkel begründen, wie auch über das Ziel des Verstehens, das in ihm verfolgt wird.

1.3 | Literaturwissenschaft und Kulturwissenschaft

Aus den Diskussionen um die Methoden der Literaturwissenschaft und um die Probleme des hermeneutischen Verstehens haben sich seit den 1990er Jahren vielfältige Bestrebungen entwickelt, die Fragestellungen und Gegenstände der Literaturwissenschaft **auf kulturwissenschaftlich relevante Zusammenhänge und Prozesse** zu öffnen (allgemeine Darstellungen dieser Entwicklung wie ihrer theoretischen Grundlagen finden sich in Böhme/Scherpe 1996; Engel 2001; Nünning/Sommer 2004; Nünning/Nünning 2008; Köppe/Winko 2008, Kap. 11). Diese Ansätze gehen von dem bereits mehrfach angesprochenen Geltungsverlust literarischer Texte wie auch allgemeiner von der Skepsis gegenüber traditionellen literaturwissenschaftlichen Fragestellungen aus, die ihre Gegenstände weitgehend isoliert von ihren kulturellen Funktionen konstruiert und analysiert haben.

In kulturwissenschaftlicher Perspektive wird die Literatur als *ein* Bestandteil kultureller Prozesse gedacht, an denen Individuen als Mitglieder einer Gesellschaft beteiligt sind und von denen sie geprägt werden. In diesen Prozessen werden die Wertvorstellungen und Leitbilder entworfen, die ihnen Möglichkeiten der **Orientierung, der Erinnerung und der Identitätsbildung** bieten und den Zusammenhalt des Kollektivs gewährleisten sollen. Dass literarische Texte in solchen Prozessen eine wichtige Funktion haben, wird bereits in verschiedenen Methoden der Literaturwissenschaft reflektiert (etwa in sozialgeschichtlichen oder diskursanalytischen Ansätzen, s. S. 24 f.).

Die kulturelle
Bedeutung
der Literatur

Kulturwissenschaftliche Fragestellungen begreifen die Literatur nicht als ein in sich geschlossenes Feld von Texten besonderer Art. Im Sinn des extensiven Literaturbegriffs (s. S. 8 f.) werden **literarische Texte** vielmehr im Kontext eines breiten Feldes von Texten aller Art untersucht, in dem **kulturell bedeutsame Sinnbildungsleistungen** konstruiert werden. Grundsätzlich gilt daher, dass eine kulturwissenschaftliche Sicht der Literatur »auf jede wertbestimmte Eingrenzung des Literaturbegriffs verzichet« (Nünning 1998, S. 181). Mit dieser Relativierung des besonderen Status' literarischer Texte werden Ansätze der Diskursanalyse und des *New Historicism* (s. S. 25) aufgegriffen, die eine kulturwissenschaftliche Öffnung und Neuorientierung der Literaturwissenschaft in den letzten Jahren entscheidend geprägt haben (vgl. dazu die Beiträge von Baßler und Posner in Nünning/Nünning 2008 sowie von Neumeyer in Nünning/Sommer 2004).

Diese Entwicklung wird bestimmt durch die Begründung eines Begriffs von Kultur, der dem jüngsten Boom kulturwissenschaftlicher Ansätze nicht nur im Bereich der Literaturwissenschaft zugrunde liegt. Die **Geschichte des Kulturbegriffs** war lange Zeit von einer wertenden Perspektive bestimmt, die auf den traditionsreichen Gegensatz ›Natur‹ versus ›Kultur‹ zurückgeht (zu Geschichte, Funktionen und theoretischen Begründungen des Kulturbegriffs vgl. den Beitrag von Ort in Nünning/Nünning 2008). Vor allem in Deutschland hat ein **wertender Kulturbegriff**

Der Begriff
›Kultur‹

Literaturwissen-
schaft und Kultur-
wissenschaft

eine lange Tradition, in der mit dem Begriff ›Kultur‹ gegenüber Begriffen wie ›Zivilisation‹ oder ›Gesellschaft‹ ein besonders wertvoller Bereich menschlicher Selbstverständigung und Sinnkonstruktion abgegrenzt wurde.

Ein Kulturbegriff ohne wertende Ausgrenzungen bildet hingegen die Grundlage der aktuellen kulturwissenschaftlichen Forschung. Diese beschränkt sich weder auf eine ›Hochkultur‹ noch sieht sie die Kultur als ein unveränderliches Bedeutungs- oder Wertsystem an. Der Begriff ›Kultur‹ kann vielmehr immer nur im Plural verwendet werden, als historisch und national verschiedene (und auch umstrittene) **Gesamtheit der Institutionen, Praktiken, Denkweisen, Symbole und Leitbilder**, die die Handlungen und Wertorientierungen in einer Gesellschaft bestimmen.

Der auf diese Zusammenhänge reflektierende **semiotische Kulturbegriff** konstruiert die Kultur als ein System von Bedeutungen auf verschiedenen Ebenen. Er umfasst folgende drei Bereiche (vgl. Nünning/Sommer 2004, S. 17 ff.):

Dimensionen des
Kulturbegriffs

- eine **soziale Dimension** (die individuelle und institutionelle Verwendung kultureller Phänomene),
- eine **mentale Dimension** (die kulturell produzierten Mentalitäten, Wertvorstellungen, Selbst- und Fremdbilder),
- eine **materiale Dimension** (die Bilder, Texte etc., in denen die Bestandteile kultureller Identitätsbildung entworfen werden).

Kulturwissenschaftliche Fragestellungen richten sich daher in diesem umfassenden Sinn auf die Beschreibung, Analyse und theoretische Konzeptualisierung kultureller Phänomene. Sie untersuchen als ›**Kultur‹ die Orientierungs- und Handlungsmuster**, die als gemeinsame Leitbegriffe, Symbole und Wertvorstellungen den Zusammenhalt einer Gesellschaft ermöglichen. Gegenstände der Kulturwissenschaft sind Institutionen ebenso wie Praktiken und kulturspezifische Wertsysteme:

»Kulturwissenschaft erforscht die von Menschen hervorgebrachten Einrichtungen, die zwischenmenschlichen, insbesondere medial vermittelten Handlungs- und Konfliktformen sowie deren Werte- und Normenhorizonte. Sie entwickelt dabei Theorien der Kultur(en) und materiale Arbeitsfelder, die systematisch wie historisch untersucht werden.« (Böhme u. a. 2000, S. 104)

Damit begründet die Kulturwissenschaft ein Forschungsfeld, dessen unterschiedliche Aspekte beispielsweise Soziologie, Psychologie oder Ethnologie, aber auch Geschichts- und Literaturwissenschaften gemeinsam bearbeiten. Angesichts dieser **Ausdehnung und Differenzierung der Gegenstände** kann die Kulturwissenschaft sinnvollerweise kaum eine Art Globalwissenschaft sein, die alle genannten wissenschaftlichen Teilbereiche zu integrieren beansprucht (vgl. Engel 2001). Wohl aber bietet sie ein innovatives Paradigma für die genannten Disziplinen und damit auch für die Fragestellungen der Literaturwissenschaft.

Kultur als Text: Für die Entwicklung der Literaturwissenschaft hat diese Neuorientierung vor allem dann Bedeutung, wenn man bedenkt, wie wesentlich die **Funktion von Texten für das Verständnis von ›Kultur‹** ist. Die Sinnkonstruktionen und Leitbilder, an denen sich eine Gesellschaft orientiert und die ihren Zusammenhalt ermöglichen, werden weithin in Texten (darüber hinaus natürlich auch in Bildern oder Symbolen etc.) konstruiert und fixiert, aber auch kritisiert und in Frage gestellt. Das viel zitierte Schlagwort von der »Kultur als Text« (es geht auf den amerikanischen Anthropologen Clifford Geertz zurück) vermag zumindest deutlich zu machen, dass ›Kultur‹ ein Zusammenhang ist, der über die Konstruktion von Bedeutungen (in Texten wie in Bildern oder Symbolen) hergestellt und stabilisiert wird (vgl. Bachmann-Medick in Nünning/Nünning 2008 sowie Baßler 2005).

›**Literatur‹,** der traditionelle Gegenstand der Literaturwissenschaft, wird in dieser Perspektive als *ein* **Medium der Herstellung, der Sicherung, aber auch der Dekonstruktion von ›Kultur‹** gedacht. Sie kann als eines der Medien begriffen werden, vermittels derer sich die Individuen mit dem kulturellen Zusammenhang auseinandersetzen können, dem sie angehören:

> »Aus kulturwissenschaftlicher Sicht handelt es sich bei Literatur um eine der materialen Formen bzw. textuellen Medien, in denen sich das mentale Programm ›Kultur‹ niederschlägt. Dabei stellt sich nicht die Frage, was Literatur ›ihrem Wesen nach ist‹, sondern in welchem Verhältnis sie zu den Diskursen ihrer Zeit steht, wie sie das soziokulturelle Wissen ihrer Entstehungszeit verarbeitet und welche gesellschaftlichen Funktionen sie erfüllt.« (Nünning 1998, S. 104)

In das Zentrum von kontext- und funktionsorientierten kulturwissenschaftlichen Fragestellungen treten in Hinblick auf die Literatur Begriffe wie ›**kulturelles Gedächtnis‹,** ›**Erinnerung‹** oder (kollektive) ›**Identität‹.** Die damit bezeichneten Funktionen von Literatur spielen in Prozessen kultureller Sinnbildung eine wesentliche Rolle (vgl. dazu die theoretischen Beiträge und die Fallstudien in Erll u. a. 2003 und Erll 2005).

- **Kulturelles Gedächtnis:** Literarische Texte sind Bestandteil der kulturellen Traditionen einer Gesellschaft, die deren Gegenwart prägen. Sie sind zugleich Orte, in denen diese Traditionen konstruiert, überliefert und damit zugänglich gemacht werden, wie auch Bezugspunkte, die eine Auseinandersetzung mit der Vergangenheit ermöglichen.

- **Erinnerung und Identitätsbildung:** Erinnerung bedeutet in kulturwissenschaftlicher Sicht die Orientierung an prägenden Traditionen und die Auseinandersetzung mit ihnen. Erinnerung ist in diesem Sinn eine wesentliche Voraussetzung für die Ausbildung, die Sicherung und den Wandel der Identität eines Individuums. Literarische Texte sind Medien, an denen den Individuen Prozesse der kulturellen Erinnerung zugänglich und damit für ihre Identitätsbildung verfügbar gemacht werden.

- **Nationale und kulturelle Identität:** Ein wesentlicher Bestandteil individueller Identitätsbildung ist ihre Orientierung an der Konstruktion, der Überlieferung und Sicherung kollektiver Identitäten. Literarische Texte tragen dazu bei, diese Identitäten zu konstruieren und zu bewahren, sie können sie aber auch in Frage stellen und ermöglichen eine kritische Auseinandersetzung mit ihnen.

In dieser funktionsorientierten Sicht kann man literarischen Texten eine kulturelle Bedeutung zuschreiben, die traditionelle Fragestellungen der Literaturwissenschaft kaum adäquat zu erfassen vermögen. Die kulturwissenschaftliche Perspektive eröffnet Möglichkeiten, die gesellschaftlichen Funktionen von Literatur umfassend zu (re)konstruieren und damit auch die disziplinäre Einengung zu überwinden, die die Fragestellungen der Literaturwissenschaft lange Zeit geprägt hat.

Ein Beispiel | **Die kulturelle Funktion von Delibes' *Cinco horas con Mario***
Welche Konsequenzen diese Entwicklung kulturwissenschaftlicher Fragestellungen praktisch hat, lässt sich an der weiter oben skizzierten Möglichkeit einer diskursanalytischen Analyse von Delibes' *Cinco horas con Mario* erläutern (s. S. 26 f.). Deren entscheidender **Unterschied zu gängigen literaturwissenschaftlichen Verfahren** besteht darin, dass die darin intendierte Erkenntnis sich nicht auf Verstehensmöglichkeiten des literarischen Textes selbst, seiner Strukturen und seines Sinnpotentials beschränkt. Die Diskursanalyse unterscheidet sich gerade dadurch von den meisten Methoden der Literaturwissenschaft, dass ihr Ziel nicht ein Textverstehen an sich ist, sondern die **Untersuchung textübergreifender Strukturen** (der ›Diskurse‹), für die der Text ein mögliches Beispiel darstellt. Zwar wird im Fall unseres Beispiels der Roman natürlich zunächst hinsichtlich der möglichen Bedeutungen untersucht, die seinen sprachlichen und inhaltlichen Strukturen zugeschrieben werden können. Diese Textanalyse jedoch wird in einen übergreifenden Verstehenszusammenhang integriert, in eine **Analyse kulturspezifischer Diskurse**, in deren Kontext der Roman steht.

Im Roman werden Möglichkeiten einer Identitätsbildung verhandelt; die systemkonforme Carmens wie die oppositionelle Marios. Er wird damit zu einem der kulturellen Medien, deren Analyse Aufschluss über die systemstabilisierenden wie die oppositionellen **Tendenzen der Kultur im Spanien der Franco-Diktatur** bietet. Er kann in kulturwissenschaftlicher Perspektive als ein Beispiel dafür untersucht werden, in welcher Weise kulturelle Traditionen und diskursive Zwänge die Möglichkeiten begrenzen, in dieser Zeit über lebensgeschichtliche Erfahrungen, über oppositionelle Lebensentwürfe oder das Selbstverständnis oder die Hoffnungen und Wünsche von Frauen zu sprechen. Mit solchen Fragestellungen wird der Roman zugleich zu einem Teil des **kulturellen Gedächtnisses**, da er eine **Erinnerung** an zwischenmenschliche, kulturelle und gesellschaftliche Problembestände (an die Zwänge der Diktatur, aber auch an Beziehungsprobleme) überliefert und zugänglich macht. Auch wenn diese als historisch überwunden erscheinen, werden sie doch auch noch um die Jahrtausendwende intensiv diskutiert (s. Kap. 3.2.4 und 4.9.2).

Die Einordnung des Romans in ein Feld von kulturspezifischen Texten (sowie gegebenenfalls auch von Filmen oder Bildern), dessen Zusammenstellung von den genannten Leitfragen bestimmt wird, lässt seine **Bedeutung in literaturgeschichtlichen Zusammenhängen** (etwa in der Gattungsgeschichte des Romans oder im Kontext der literarischen Produktion der Nachkriegszeit) gegenüber seiner **kulturellen Funktion** in den Hintergrund treten. Auch in der Untersuchungsreihe, die mit dieser Fragestellung konstruiert wird, käme dem Roman aufgrund seiner spezifischen Strukturen natürlich eine eigene Position zu. Diese wird jedoch mit einem extensiven Literaturbegriff begründet, für den nicht die Besonderheit literarischer Texte, sondern die skizzierte kulturwissenschaftlich relevante Problematik ausschlaggebend ist, die ihr Material in unterschiedlichen Textsorten sucht.

Kulturwissenschaft und spanische Literatur: Einer kulturwissenschaftlich begründeten Orientierung eröffnen sich, wie dieses Beispiel verdeutlicht, auch in der spanischen Literaturwissenschaft wichtige Perspektiven. Die Kulturwissenschaft kann einen wesentlichen Beitrag für das **Verständnis der nationalen Besonderheiten und Alteritäten** leisten, die das Selbstverständnis wie die Fremdwahrnehmung Spaniens bis heute bestimmen (s. Kap. 3.2.1).

Die Entstehung zentraler Bezugspunkte der spanischen Erinnerungskultur wird nur dadurch verständlich, dass man die komplexen gesellschaftlichen Zirkulationsprozesse analysiert, in denen lange Zeit dominante Vorstellungen – etwa die von der geistigen Einheit der Nation mit der katholischen Kirche (s. Kap. 3.2.2) oder ein bestimmtes **Bild von Kastilien** (s. Kap. 3.2.3) – als **Kern spanischer nationaler Identität** in Texten oder Bildern konstruiert worden sind. Diese beiden nationale Identität stiftenden Mythen greifen auf historische Prozesse im Spanien des Mittelalters und der frühen Neuzeit zurück (Altkastilien als Ausgangspunkt der *Reconquista* bzw. die Verbindung von politischer und religiöser Repression nach deren Abschluss).

In vielfältigem Austausch zwischen literarischen, philosophischen und politischen Texten werden diese Mythen seit dem 19. Jh. verfestigt (vgl. García de Cortazar 2003, S. 19 ff. und 117 ff.) und zustimmend oder kritisch aufgegriffen. Dass sie wesentlichen Anteil an einem **traditionsorientierten Selbstbild** haben, wird nur aus der Dynamik des gesamten Felds kultureller Sinnbildungsleistungen erklärbar, das bis in die jüngste Vergangenheit eine prägende Wirkung für die in Spanien dominanten Identitätskonstruktionen hatte. Isoliert man die literarische Produktion von dem breiten Feld kultureller Produktion, in dem diese ebenfalls verhandelt werden, so reduziert man die Möglichkeiten des Verstehens, die durch kulturwissenschaftliche Fragestellungen eröffnet werden.

Grundlegende Literatur

Arnold, Heinz Ludwig/Detering Heinrich (Hg.): *Grundzüge der Literaturwissenschaft.* München 1996.
Böhme, Hartmut u.a. (Hg.): *Orientierung Kulturwissenschaft. Was sie kann, was sie will.* Reinbek 2000.
Culler, Jonathan: *Literaturtheorie. Eine kurze Einführung.* Stuttgart 2002.
Eagleton, Terry: *Einführung in die Literaturtheorie.* Stuttgart/Weimar ³1994.
Erll, Astrid: *Kollektives Gedächtnis und Erinnerungskulturen. Eine Einführung.* Stuttgart/ Weimar 2005.
Hess, Rainer u.a. (Hg.): *Literaturwissenschaftliches Wörterbuch für Romanisten.* Tübingen ³1989.
Köppe, Tilmann/Winko, Simone: *Neuere Literaturtheorien.* Stuttgart/Weimar 2008.
Nünning, Ansgar (Hg.): *Literaturwissenschaftliche Theorien, Modelle und Methoden. Eine Einführung.* Trier 1998.
Nünning, Ansgar (Hg.): *Metzler Lexikon Literatur- und Kulturtheorie. Ansätze – Personen – Grundbegriffe* [1998]. Stuttgart/Weimar ⁴2008.

Weiterführende und zitierte Literatur

Anz, Thomas (Hg.): *Handbuch Literaturwissenschaft. Gegenstände – Konzepte – Institutionen.* 3 Bde. Stuttgart/Weimar 2007.
Baßler, Moritz: *Die kulturpoetische Form und das Archiv. Eine literaturwissenschaftliche Text-Kontext-Theorie.* Tübingen 2005.
Böhme, Hartmut/Scherpe, Klaus (Hg.): *Literatur und Kulturwissenschaften. Positionen, Theorien, Modelle.* Reinbek 1996.
Burdorf, Dieter/Fasbender, Christoph/Moennighoff, Burkhard (Hg.): *Metzler Lexikon Literatur. Begriffe und Definitionen.* Begründet von G. und I. Schweikle. Stuttgart/ Weimar ³2007.
Bürger, Peter (Hg.): *Seminar: Literatur- und Kunstsoziologie.* Frankfurt a.M. 1978.
Eco, Umberto: *Das offene Kunstwerk.* Frankfurt a.M. 1973.
Engel, Manfred: »Kulturwissenschaft(en) – Literaturwissenschaft als Kulturwissenschaft – kulturgeschichtliche Literaturwissenschaft«. In: *Kultur-Poetik* I,1 (2001), 8–36.
Engelmann, Peter (Hg.): *Postmoderne und Dekonstruktion. Texte französischer Philosophen der Gegenwart.* Stuttgart 1990.
Erll, Astrid u.a. (Hg.): *Literatur – Erinnerung – Identität. Theoriekonzeptionen und Fallstudien.* Trier 2003.
Fohrmann, Jürgen/Müller, Harro (Hg.): *Diskurstheorien und Literaturwissenschaft.* Frankfurt a.M. 1988.
Greenblatt, Stephen: *Was ist Literaturgeschichte?* Frankfurt a.M. 2000.
Jünke, Claudia u.a. (Hg.): *Romanistische Kulturwissenschaft.* Würzburg 2004.
König, Christoph/Lämmert, Eberhard (Hg.): *Literaturwissenschaft und Geistesgeschichte 1910 bis 1925.* Frankfurt a.M. 1993.
König, Christoph/Lämmert, Eberhard (Hg.): *Konkurrenten in der Fakultät. Kultur, Wissen und Universität um 1900.* Frankfurt a.M. 1999.
Krauss, Werner: *Grundprobleme der Literaturwissenschaft.* Reinbek 1968.
Kurz, Gerhard: *Macharten. Über Rhythmus, Reim, Stil und Vieldeutigkeit.* Göttingen 1999.
Kurz, Gerhard: »Methoden der Textinterpretation in literaturwissenschaftlicher Perspektive«. In: Klaus Brinker u.a. (Hg.): *Text- und Gesprächslinguistik/Linguistics of Text and Conversation.* Bd. 1. Berlin 2000, S. 209–220.
Kurz, Gerhard: *Metapher, Allegorie, Symbol.* Göttingen ⁵2004.
Iser, Wolfgang: *Der Akt des Lesens. Theorie ästhetischer Wirkung.* München 1976.
Lindhoff, Lena: *Einführung in die feministische Literaturtheorie.* Stuttgart/Weimar ²2003.
Lotman, Jurij M.: *Die Struktur des künstlerischen Textes.* Frankfurt a.M. 1973.
Martinez, Matias/Scheffel, Michael: *Einführung in die Erzähltheorie.* München ⁷2007.
Neumann, Gerhard (Hg.): *Poststrukturalismus. Herausforderung an die Literaturwissenschaft.* Stuttgart/Weimar 1997.
Nünning, Ansgar/Nünning, Vera (Hg.): *Einführung in die Kulturwissenschaften.* Stuttgart/Weimar 2008.

Nünning, Ansgar/Sommer, Roy (Hg.): *Kulturwissenschaftliche Literaturwissenschaft. Disziplinäre Ansätze – Theoretische Positionen – Transdisziplinäre Perspektiven.* Tübingen 2004.

Pietzcker, Carl: *Einführung in die Psychoanalyse des literarischen Kunstwerks.* Würzburg 1983.

Roloff, Volker/Wentzlaff-Eggebert, Harald (Hg.): *Der spanische Roman.* Stuttgart/Weimar ²1995.

Sartre, Jean-Paul: *Was ist Literatur?* Reinbek 1981.

Titzmann, Manfred: *Strukturale Textanalyse.* München 1977.

Warning, Rainer (Hg.): *Rezeptionsästhetik.* München 1975.

Weimar, Klaus: »Literatur, Literaturgeschichte, Literaturwissenschaft. Zur Geschichte der Bezeichnungen für eine Wissenschaft und ihren Gegenstand«. In: Christian Wagenknecht (Hg): *Zur Terminologie der Literaturwissenschaft.* Stuttgart 1989, S. 9–23.

Weimar, Klaus: Artikel »Literaturwissenschaft«. In: Harald Fricke u. a. (Hg.): *Reallexikon der deutschen Literaturwissenschaft.* Bd. 2. Berlin/New York 2000, S. 485–489.

2. Die Analyse und Interpretation literarischer Texte

2.1 | Grundlagen der Textanalyse

Die Textanalyse hat das Ziel, die Strukturen literarischer Texte zu untersuchen und daraus Überlegungen über die in ihnen angelegten Bedeutungs- und Verstehensmöglichkeiten zu entwickeln. Sie geht davon aus, dass die sprachlichen Besonderheiten ihrer Gegenstände auf der Grundlage von Kategorien wie Fiktionalität, Poetizität, Polysemie und Autoreferentialität (s. Kap. 1.1.3) analysiert werden kann. Sie fragt nach der **Bedeutung sprachlicher und inhaltlicher Strukturen** in einzelnen Elementen des Textes sowie nach den Zusammenhängen, die dadurch innerhalb von Teilen des Textes sowie des Textes insgesamt hergestellt werden können. Ihr Ziel sind interpretierende Aussagen über im Text wirksame Sinn- und Bedeutungseffekte, die diese Strukturen erzeugen und aus denen Möglichkeiten eines Textverstehens entwickelt werden können.

Die sprachliche Gestaltung literarischer Texte, die Besonderheiten ihrer Sprachverwendung, baut auf Überlegungen und Regeln auf, die in der **Rhetorik** (*retórica*) entwickelt und systematisiert worden sind. Die Gesamtheit solcher für einen Text charakteristischen Eigenheiten wird gängig mit dem Begriff des ›**Stils**‹ (*estilo*) bezeichnet und in der **Stilistik** untersucht.

Die → Rhetorik ist die Lehre von der wirkungsvollen Gestaltung der öffentlichen Rede und von den für unterschiedliche Formen der Rede angemessenen sprachlichen Mitteln. Neben der inhaltlichen und sprachlichen Strukturierung der Rede umfasst sie auch Überlegungen und Regeln für deren Vortrag.

Die → Stilistik ist die Beschreibung und Analyse der sprachlichen Merkmale und Besonderheiten eines Textes (seines ›Stils‹). Sie geht von der in der Rhetorik entwickelten Lehre von den sprachlichen Figuren und der mit ihnen beabsichtigten Wirkung aus und überträgt sie auf nicht zum Zweck der Rede verfasste Texte.

Zu den Begriffen

Bei der Untersuchung der sprachlichen und inhaltlichen Strukturen sowie des daraus resultierenden Aufbaus eines Textes sind neben den in der Rhetorik und Stilistik behandelten textinternen Beziehungen auch die **Traditionen literarischer Formen** von Bedeutung. Diese textübergreifenden Zusammenhänge bieten Bezugspunkte, an denen Texte sich orientieren, von denen sie sich aber auch abgrenzen können. In den Dichtungslehren (Poetiken) finden sich bereits seit der Antike Überlegungen über Ordnungen innerhalb der Gesamtheit literarischer Texte, die in der systematisierenden und klassifizierenden Gegenstandsbestimmung der Literaturwissenschaft seit dem 19. Jh. als **Gattungen** (*géneros*) bezeichnet werden. Da Beziehungen zwischen Texten auch außerhalb der Gattungstraditionen vorhanden und von Bedeutung sind, wird diese Dimension ihrer Strukturen allgemein mit dem Begriff der **Intertextualität** (*intertextualidad*) erfasst.

> Als → Gattungen bezeichnet man Gruppen von Texten, die nach einer aus historischen Entwicklungen entstandenen Tradition anhand inhaltlicher und (insbesondere in der Lyrik) formaler Merkmale unterschieden werden. In einem weiten Sinn werden als Gattungen die (auch für die Gliederung dieses Kapitels grundlegenden) Großformen der Lyrik, des Dramas und der Epik (als Gesamtmenge erzählender Texte) bezeichnet. Der Gattungsbegriff hat seine Wirkung **historisch** durch die Regelpoetiken entfaltet, in denen Vorschriften für die regelgerechte Anfertigung von Texten unterschiedlicher Gattungszugehörigkeit und -traditionen formuliert werden. In der **wissenschaftlichen Verwendung** finden sich sehr unterschiedliche Gattungsbegriffe (s. Kap. 2.1.2), die z. B. die drei großen Gattungen nach unterschiedlichen Kriterien weiter unterteilen (etwa die Epik in Epos, Roman, Novelle, Kurzgeschichte etc.).
>
> Mit dem Begriff → Intertextualität bezeichnet man die Vielzahl möglicher Beziehungen zwischen Texten, durch die die Bedeutung eines Textes beeinflusst oder bestimmt werden kann. Anders als die Gattungstheorie, die in der Regel davon ausgeht, dass sich die Autoren von Texten bewusst mit vorliegenden Gattungstraditionen auseinandersetzen, geht die Intertextualitätstheorie davon aus, dass solche Beziehungen sowohl in der Produktion als auch in der Rezeption von Texten hergestellt werden können (s. Kap. 1.1.4), also nicht notwendigerweise von der Autorintention abhängen.

Die mit diesen Begriffen bezeichneten textinternen und textübergreifenden Zusammenhänge bilden Schwerpunkte der Textanalyse, deren allgemeine Grundlagen hier einleitend skizziert werden.

2.1.1 | Rhetorik und Stilistik

In der Antike werden Überlegungen und Vorschriften für die wirkungs- Entwicklung
volle Gestaltung von öffentlichen Reden in Abhandlungen unter anderem und Bedeutung
von Aristoteles, Cicero oder Quintilian formuliert. Diese Vorbilder bleiben der Rhetorik
bis in die Neuzeit maßgeblich. Die Rhetorik wird seit dem Mittelalter Bestandteil des Schulunterrichts. Ihre Regeln wirken dadurch als Lehre von
der wirkungsvollen Gestaltung von Texten weiter, obwohl die Bedeutung
der öffentlichen Rede außer im Bereich der Kirche zurückgeht. In der Rhetorik wird die sprachliche Gestaltung der Rede (die *elocutio*) der inhaltlichen Konzeption und Strukturierung (der *inventio* und der *dispositio*)
nach- und untergeordnet. Ihre Regeln sollen vor allem die **Ausgestaltung
und Vermittlung einer Aussage** im Vortrag (der *actio*) ermöglichen und
haben also zunächst eine pragmatische Funktion. Seit der frühen Neuzeit werden rhetorische Vorschriften und Überlegungen insbesondere aus
dem Bereich der *elocutio* in die Dichtungslehren (Poetiken) aufgenommen, die sich am Vorbild der Antike orientieren (s. Kap. 2.1.2 und 4.3.2)
und damit auf die literarische Textproduktion übertragen.

Die Gestaltung der Rede in der *elocutio* wird in der Rhetorik unter anderem mit einem **System von Stilebenen** sowie den darin verwendeten
Stilfiguren begründet, die unterschiedliche Inhalte jeweils besonders
nachdrücklich entwerfen bzw. ihnen angemessen sind (zu den Stilebenen
s. Kap. 2.1.2). Das **Inventar sprachlicher Figuren**, das ursprünglich der
effektvollen Ausschmückung der Rede dienen soll, bildet eine wichtige
Grundlage für die sprachliche Gestaltung literarischer Texte wie für deren
Analyse.

In einem modernen Verständnis von Literatur, das von der Autonomie literarischer Texte ausgeht, erhalten die in der Rhetorik konzipierten Formen bildlicher oder ausschmückender Rede eine neue Funktion.
Sie werden zu sprachlichen Verfahren, die nicht mehr die Wirksamkeit
von Aussagen unterstützen, sondern die **Autoreferentialität** literarischer
Texte begründen (vgl. dazu Kurz 2004, s. Kap. 1.1.3). Diese sprachlichen
Figuren haben nämlich gemeinsam, dass sie mehr bzw. etwas anderes
bedeuten können, als sie konkret aussagen. Dies gilt insbesondere für den
Gebrauch von Wörtern in einem übertragenen, bildlichen oder uneigentli-
chen Sinn (die sog. **Tropen** wie etwa die Metapher). Bei solchen Stilfiguren
ist der (möglicherweise) gemeinte Sinn nicht durch die Wortbedeutung
gegeben, sondern muss aus dem Zusammenhang erschlossen werden. Damit unterlaufen Stilfiguren die Möglichkeit, literarische Texte eindeutig
zu verstehen. Sie bilden so die wichtigste Grundlage für die **uneindeutige
Sprachverwendung** und damit für die Poetizität literarischer Texte.

Auch der **Begriff ›Stil‹** stammt aus der Tradition der Rhetorik. Er ist Entwicklung
abgeleitet aus dem lat. *stilus* (der Schreibgriffel, mit dem man in der Anti- des Stilbegriffs
ke Wachstafeln beschrieb). Dieser Begriff verweist also zunächst auf den
Akt des Schreibens selbst und dann in übertragenem Sinn auf die sprachlichen Besonderheiten, die im Schreiben erzeugt werden. Er bezeichnet
in der Rhetorik **die sprachliche Angemessenheit** (das *aptum*) bestimm-

ter sprachlicher Elemente für unterschiedliche Formen der Rede. Wie die Rhetorik verliert auch der Begriff des ›Stils‹ seit dem 18. Jh. seine normative Bedeutung im Kontext rhetorischer Lehrsätze. Seither wird er eher individualisiert gebraucht, als eine Bezeichnung für literarische Originalität – so in der berühmten Formulierung »le style, c'est l'homme même« (›der Stil ist der Mensch selbst‹) des französischen Aufklärers Buffon.

Der Begriff ›Stil‹ bezeichnet heute in der **Stilistik** die Gesamtheit der sprachlichen Eigenheiten eines Textes, die Art und Weise und die Intensität, in der er sprachliche Figuren verwendet und dadurch für ihn charakteristische formale und inhaltliche Strukturen aufbaut. Die Stilistik ist damit ein wichtiger Teil einer mikrostrukturellen Textanalyse (s. S. 123; eine grundlegende Darstellung gibt Kurz 2004, vgl. Arnold/Detering 1996, S. 219–233 und 257–271 sowie das Glossar, 641 ff.; eine Beschreibung und Erläuterung der wichtigsten Stilfiguren findet sich in Burdorf u. a. 2007; die spanischen Begriffe und ihre Erläuterung in Marchese/Foradellas 1994).

Stilanalyse und Textkohärenz: In einer lange Zeit gängigen Auffassung von der Interpretation literarischer Texte haben literaturwissenschaftliche Stilanalysen angenommen, dass man eine Kohärenz von einzelnen sprachlichen Elementen oder Figuren etc. und dem Text als ganzem nachweisen kann. So hat man versucht, den Kunstcharakter des Textes mit der Einheitlichkeit seines Stils und der dadurch erzeugten Bedeutung zu begründen. Die von dem Romanisten **Leo Spitzer** begründete **Methode der Stilanalyse** geht davon aus, »daß im literarischen Text eine prästabilierte [=vorab feststehende] Harmonie zwischen Innen und Außen, zwischen den Teilen und dem Ganzen« herrsche (Gumbrecht u. a. 1986, S. 283). Eine ähnliche Ansicht vertritt auch der Schweizer Germanist **Emil Staiger**. »Kunstgebilde sind vollkommen, wenn sie stilistisch einstimmig sind« lautet eine seiner bekanntesten Formulierungen (1955, S. 12). Sie ist charakteristisch für die von ihm mit begründete und in den ersten Jahrzehnten nach dem Zweiten Weltkrieg vorherrschende Methode **werkimmanenter Interpretation** (s. Kap. 1.2.2), die literarische Texte im Sinne des wertenden Literaturbegriffs (s. Kap. 1.2.1) als ein harmonisches Ganzes bestimmt.

Die stilistische Kohärenz literarischer Texte ist eine wertende Annahme, die dem Stilbegriff in seiner traditionellen literaturwissenschaftlichen Verwendung zu Grunde liegt. Neuere, vom **Strukturalismus** beeinflusste Verfahren der Stilanalyse zielen demgegenüber auf eine weniger von solchen Wertungen bestimmte **Beschreibung von Textstrukturen**. Diese ist nicht mehr in erster Linie auf die Rekonstruktion einheitsstiftender Merkmale eines Textes ausgerichtet. Sie versucht vielmehr, in die Analyse textimmanenter Strukturen auch seine kommunikative Dimension und die unterschiedlichen Möglichkeiten seiner Rezeption mit einzubeziehen (vgl. Lotman 1973).

Auch für eine solche rezeptionsästhetische Ausweitung der Textanalyse bleibt es ein offenes Problem, wie der Begriff ›Stil‹ selbst begründet werden kann. Dies gilt vor allem dann, wenn mit den stilistischen Eigenschaften auch die Einheit eines Textes, die aller Texte eines Autors (als ›**Personalstil**‹) oder gar einer historischen Periode (als ›**Epochenstil**‹) erfasst werden sollen (vgl. Arnold/Detering 1996, S. 234–256 und Gumbrecht 1986). Die literaturwissenschaftliche Argumentation arbeitet daher in der Textanalyse heute eher mit dem neutraleren Begriff der **Textstruktur(en)**. Die Interpretation wird dadurch von den Kohärenz- und Eindeutigkeitsanforderungen entlastet, die der Begriff ›Stil‹ zumindest teilweise beinhaltet. Das Verfahren der **Dekonstruktion** (s. Kap. 1.2.2) hat eine Auffassung von Textstrukturen entwickelt, in der es darum geht, innere Widersprüche und Brüche wie auch fragmentarische Strukturen von Texten offenzulegen. Damit kann die Textanalyse die Komplexität literarischer Texte differenzierter erfassen als eine von dem Ideal stilistischer Harmonie bestimmte Stilanalyse, deren Grundlagen ästhetisch wie hermeneutisch fragwürdig geworden sind.

2.1.2 | Gattungen, Gattungsbegriffe und Intertextualität

Regelpoetik und Gattungen: Die klassifizierende Einteilung literarischer Texte in verschiedene Gattungen geht auf Anfänge in der Antike zurück. Die ersten Ansätze für eine Einteilung von Texten nach sprachlichen und inhaltlichen Merkmalen stammen aus der Rhetorik. Dort findet sich eine Lehre von den **Stilebenen der Rede** (dem niederen, dem mittleren und dem erhabenen Stil), die für die unterschiedlichen Gegenstände je nach ihrer gesellschaftlichen Bedeutung als angemessen gelten. Damit verbindet sich die Vorstellung von einer **sozialen Hierarchie der Gegenstände der Dichtung,** die seit der Spätantike auf die Ordnung literarischer Texte übertragen wird.

In den neo-aristotelischen bzw. klassizistischen Poetiken (d.h. Dichtungslehren, die sich auf die *Poetik* **von Aristoteles** bzw. allgemein auf das Vorbild der Antike berufen) wird daraus seit dem 16. Jh. eine hierarchische Ordnung der literarischen Textsorten. Die Entwicklung dieser Dichtungslehren, die man wegen ihres lehrhaften Anspruchs auch als **Regelpoetiken** bezeichnet, verbindet Regeln über die Darstellung unterschiedlicher Handlungen und Repräsentanten der verschiedenen Gesellschaftsschichten mit einer **Hierarchie der Gattungen.** Kennzeichnend für diese Hierarchie ist die überragende Stellung, die darin für das Epos und die Tragödie angesetzt wird. In beiden Fällen handelt es sich um Dichtungsformen, die traditionell Herrschergestalten und ein herausragendes politisches oder kriegerisches Geschehen entwerfen. Dagegen wird etwa die Komödie entsprechend geringer eingeschätzt, die vorwiegend nicht-adlige Gestalten oder sogar Diener zu Protagonisten zumeist alltäglicher, weniger bedeutender Konflikte macht.

Für die Literatur der Neuzeit gilt diese dichtungstheoretische Hierarchie keineswegs unumschränkt, wie das Beispiel der spanischen Literatur des 16. und 17. Jh.s zeigt. Zwar werden in der Renaissance (s. Kap. 4.3.2) die berühmten römischen und italienischen Vorbilder epischer Dichtung

Probleme der
Gattungs-
hierarchie: Epos
und *comedia*

in Spanien intensiv rezipiert (insbesondere die als unüberbietbares Modell geltende *Aeneis* Vergils). Obwohl in dieser Zeit eine ganze Reihe von an diesen Vorbildern orientierten Epen entsteht, erlangt keines dieser Werke nachhaltige kulturelle und literarische Bedeutung.

Auch die in den Regelpoetiken begründete Hierarchie der Dramengattungen hat auf die Entwicklung des spanischen Dramas in der frühen Neuzeit keinen wesentlichen Einfluss. Für die Blüte der spanischen Dramenproduktion im 17. Jh. ist die von Lope de Vega begründete **Konzeption der *comedia*** bestimmend. Sie verwirft programmatisch die Trennung zwischen Tragödie und Komödie wie auch die in den neo-aristotelischen Dichtungslehren entwickelten Regel von den drei Einheiten (von Zeit, Ort und Handlung) für das Dramengeschehen (s. Kap. 4.3.3).

Die Entwicklung der spanischen Literatur der *Siglos de Oro* zeigt mithin, dass die als Norm formulierten Vorschriften der Regelpoetik die faktische Vielfalt der literarischen Werke nicht durchgängig bestimmen. Selbst wenn Texte sich an Vorschriften der Regelpoetik orientieren, bleibt ein **Freiraum des Spiels mit Gattungsmustern**. Komplexe Texte nutzen diesen häufig so weit aus, dass ihre Strukturen über die Orientierung an Gattungsvorbildern hinausgehen bzw. die Erfüllung von poetologischen Regeln unterlaufen und durchkreuzen. Wie auch bei der Bewertung des Stils treten seit dem 18. Jh. zunehmend Individualität und Kreativität an die Stelle verbindlicher Regeln und werden als Grundlagen des literarischen Schaffens angesehen.

Die Gestaltung von Texten nach dem Vorbild von Gattungstraditionen ist dennoch von Bedeutung für die Textinterpretation. Häufig zeigt sich dies schon daran, dass Texte im Titel durch Gattungsbezeichnungen selbst auf den Gattungszusammenhang verweisen, an dem sie sich orientieren und den sie weiterführen. Die Bedeutung der Gattungstraditionen wird in den seit dem 19. Jh. verbreiteten **gattungstheoretischen Ansätzen der Literaturwissenschaft** systematisiert. Sie beabsichtigen, die Vielfalt literarischer Texte mit dem Begriff der Gattung in eine Ordnung zu bringen, die von den drei **Grundformen der Epik, des Dramas und der Lyrik** ausgeht.

Daraus entwickelt sich eine Gattungstheorie, die ihre – schon aufgrund der Herkunft des Begriffs ›Gattung‹ aus der Biologie – deterministische Sichtweise der Entwicklung wie der **Klassifikation literarischer Formen** nicht ganz verleugnen kann. Sie ordnet die vielfältigen Form- und Gattungstraditionen den oben genannten ›Großgattungen‹ zu. Dabei werden dann etwa erzählende Textformen wie Epos, Novelle und Roman etc. als ›Untergattungen‹ der Epik angesehen. Eine solche Klassifikation hat das Ziel, den vielfältigen inhaltlichen und formalen Unterschieden von Erzähltexten Rechnung zu tragen, sie aber dennoch in einen übergreifenden Zusammenhang zu integrieren.

Probleme der Gattungstheorie: Die diesen Theorien zu Grunde liegenden Annahmen können hier nur summarisch angesprochen werden (vgl. dazu Arnold/Detering 1996, S. 323–348, Hempfer 1973 und Spang 1993). Ausgehend von einer viel zitierten Bemerkung Goethes, der in den »No-

Gattungen,
Gattungsbegriffe
und Intertextualität

ten und Abhandlungen zu besserem Verständnis des West-östlichen Diwan« (1819) Epos, Lyrik und Drama als die »drei echten Naturformen der Poesie« bezeichnet hat, wird der **Gattungsbegriff als eine strukturelle oder gar anthropologische Konstante** literarischer Texte verstanden (vgl. Hempfer 1973 bzw. Staiger 1971). Die konkrete Vielfalt der Werke wird dann als je verschiedene Realisierung dieser Konstanten begriffen, die in die jeweilige Gattung eingeordnet werden kann.

Gegen eine solche Verallgemeinerung des Gattungsbegriffs spricht vor allem, dass sie mit der Annahme von historisch unveränderlichen Grundkonstanten literarischer Texte arbeiten muss. Damit setzt sie **eine Reduktion der Vielfalt literarischer Texte** auf strukturelle Konstanten als unabhängig von konkreten Gegebenheiten wirksame Grundlage für die Textproduktion an. Dies lässt sich nur schwerlich mit den Prozessen historischen Wandels vereinbaren, denen der Gegenstand ›Literatur‹ unterworfen war und ist.

Eine Position, die den Gattungsbegriff als nachträgliches Ordnungsmuster versteht, versucht diese Reduktion zu vermeiden. Sie begreift die Einteilung literarischer Texte in Gattungen als einen Versuch wissenschaftlicher Klassifikation und versucht daher, deskriptiv **Gemeinsamkeiten zwischen den unterschiedlichen Strukturen von Texten** festzustellen, die sich entweder selbst auf eine Gattungsbezeichnung beziehen oder dieser zugeordnet worden sind. Ähnlich wie bei dem relativistischen Literaturbegriff (s. Kap. 1.1.2) kann diese deskriptive Herangehensweise bis zu einer Position führen, die generell die Möglichkeit bestreitet, einen literarischen Text anders als in Hinsicht auf seine je individuelle Besonderheit zu untersuchen. Dabei wird allerdings tendenziell die Voraussetzungslosigkeit und Einzigartigkeit der Texte verabsolutiert. Untersucht man jeden Text ohne seine Beziehung zu einer Texttradition zu bedenken, so lässt man außer Acht, dass die **Orientierung an Gattungen** einen **historisch je unterschiedlich wirksamen Bezugspunkt** literarischer Formen bildet. In diesem Traditionszusammenhang stehen Texte auch dann, wenn sie mit ihm spielen oder ihn zu durchbrechen versuchen.

Deskriptiver
Gattungsbegriff

Seit den 1970er Jahren hat die Theorie der Intertextualität herausgearbeitet, dass kein Text in seiner Entstehung wie in seinen Strukturen ohne die Beziehung zu anderen (vorausgehenden oder gleichzeitigen) Texten verstehbar ist. Aus diesen Beziehungen, die im Text aufgegriffen werden, an denen er sich orientiert oder gegen die er anschreibt, kann man **Differenz und Besonderheit der je eigenen Strukturen eines Textes** rekonstruieren und verstehen. Allerdings sind diese Beziehungen nicht auf die Erfüllung oder Weiterführung allgemeiner Gattungsgesetzlichkeiten reduzierbar. Sie gehen auch über die in der traditionellen Quellen- oder Einflussforschung vorherrschende Annahme hinaus, nach der Texte Inspiration oder Vorbild für andere sein können.

Intertextualität

Intertextuelle Beziehungen reichen von Nachahmung und Zitat bis hin zur Neu- und Umgestaltung vorausgehender Texte, aber auch zu deren Verformung und satirischer Auflösung (vgl. Arnold/Detering 1996, S. 430–445). Grundsätzlich kann der Theorie der Intertextualität zufolge jeder

Text als »**Mosaik von Zitaten**« verstanden werden, als Sinngefüge, »das (als Funktion oder Negation) auf einen anderen Text (andere Texte) reagiert«, wie es bei deren Begründerin Julia Kristeva heißt (*Semeiotiké – recherches pour une sémanalyse*, 1969). Die Strukturen eines Textes resultieren in dieser Sichtweise aus einem ihm **vorausgehenden Netz von Texten**, in dem jeder neue Text notwendigerweise steht, auf dem er aufbaut, das er fortführt oder umschreibt.

Intertextualität und Gattungstraditionen: In dieser Perspektive kann man auch die Frage nach der Bedeutung von Gattungstraditionen für die Analyse und Interpretation von Textstrukturen differenzierter beantworten. Dass Texte sich an den Strukturen der Form und des Inhalts orientieren, die sich in vorausgehenden Texten finden, dass sie diese Strukturen weiterführen oder umschreiben, kann als **Konsequenz der historischen Traditionslinien** verstanden werden, in denen Texte notwendigerweise stehen und ohne deren Berücksichtigung ihre Analyse begrenzt bleibt. Diese intertextuelle Begründung für die Bedeutung der Gattungstraditionen zielt nicht darauf ab, eine übergeschichtliche Struktur als Voraussetzung für die Texte anzunehmen. Sie unterstreicht aber die historische Realität und Wirksamkeit intertextueller Zusammenhänge für die Entwicklung von Gattungstraditionen und die Strukturen literarischer Texte.

Gattungstraditionen sind eine Form intertextueller Beziehungen, in denen Texte stehen. Im Sinne der Intertextualitätstheorie kann man sie als *eine* vor allem vor der Moderne wirksame, historisch sich verändernde Orientierungsmöglichkeit für die Gestaltung literarischer Texte begreifen. Gattungstraditionen sind bei der Entstehung eines Textes weder notwendigerweise wirksam noch bleiben sie konstant. Sie erweisen sich vor allem da als besonders prägend, wo es eine **gesellschaftliche oder literarische Konjunktur bestimmter Formen** und besonders einflussreiche Vorbilder gibt.

Ein Beispiel **Der spanische Roman und die Gattungsbezeichnung ›novela‹**
In Spanien entstehen insbesondere mit dem Pikaro-Roman und Cervantes' *Don Quijote* im 16. und 17. Jh. **grundlegende und europaweit rezipierte Vorbilder für den Roman der Neuzeit** (s. Kap. 4.3.3). Da der Roman im traditionellen System der Gattungen nicht vorkommt, können diese ersten Formen einer weitgehend neuen Art von Texten einen prägenden Einfluss auf die europäische Kultur entfalten. Obwohl sie zu einer Entwicklung beitragen, in der der Roman in allen europäischen Literaturen zur bedeutendsten literarischen Gattung der Neuzeit wird, **existiert der Gattungsbegriff ›*novela*‹ selbst noch nicht,** der erst seit dem 18. Jh. in Spanien verwendet wird. Doch während ein Teil der europäischen Geschichte des Romans bis weit ins 18. Jh. hinein durch die intertextuelle Beziehung zu diesen Werken begründet wird, verschwindet diese Gattung in Spanien in der Folge der verzögerten und eingeschränkten gesellschaftlichen und kulturel-

len Modernisierung seit der Mitte des 17. Jh.s trotz dieser bedeutenden Vorbilder fast vollständig. Die **Renaissance des spanischen Romans im letzten Drittel des 19. Jh.s** (s. Kap. 4.6.1) muss sich nun umgekehrt ihre Vorbilder in Westeuropa, insbesondere in Frankreich suchen, um sich neu entfalten zu können. Erst mit der Orientierung an diesem ausländischen Einfluss **etabliert sich auch die Gattungsbezeichnung** *›novela‹* **endgültig**, die nun die Neuentwicklung des Romans zusammenfasst.

Die folgenden Abschnitte dieses Kapitels behandeln Grundprobleme der Textanalyse in einer Unterteilung, die form- und gattungsspezifische Strukturaspekte in den Vordergrund rückt. Im Sinne der einleitenden Ausführungen geht es dabei nicht um eine Systematisierung von Gattungszusammenhängen, sondern um die Beschreibung von Grundstrukturen unterschiedlicher Formen literarischer Texte. Sie ergeben sich aus den hier angesprochenen Gattungstraditionen und den intertextuellen Beziehungen, in denen Texte zu und in dieser Tradition stehen. Aus diesem Grund bildet der Gattungszusammenhang trotz aller Probleme seiner Konstruktion eine wichtige Grundlage der Textinterpretation.

Arnold, Heinz Ludwig/Detering, Heinrich (Hg.): *Grundzüge der Literaturwissenschaft.* München 1996. Literatur
Burdorf, Dieter u.a. (Hg.): *Metzler Lexikon Literatur.* Stuttgart/Weimar ³2007.
Gumbrecht, Hans Ulrich u.a. (Hg.): *Stil. Geschichte und Funktionen eines kulturwissenschaftlichen Diskurselements.* Frankfurt a.M. 1986.
Hempfer, Klaus: *Gattungstheorie.* München 1973.
Hess, Rainer/Siebenmann, Gustav/Frauenrath, Mireille/Stegmann, Tilbert: *Literaturwissenschaftliches Wörterbuch für Romanisten.* Tübingen 1989.
Jauß, Hans-Robert: »Theorie der Gattungen und Literatur des Mittelalters«. In: Ders./ Erich Köhler (Hg.): *Grundriss der romanischen Literaturen des Mittelalters.* Bd. 1. Heidelberg 1973, S. 107–138.
Kurz, Gerhard: *Metapher, Allegorie, Symbol.* Göttingen ⁵2004.
Lotman, Jurij M.: *Die Struktur des künstlerischen Textes.* Frankfurt a.M. 1973.
Marchese, Angelo/Forradellas, Joaquín: *Diccionario de retórica, crítica y terminología literaria.* Barcelona 1994.
Spang, Kurt: *Géneros literarios.* Madrid 1993.
Staiger, Emil: *Die Kunst der Interpretation.* Zürich 1955.
Staiger, Emil: *Grundbegriffe der Poetik.* München 1971.

2.2 | Die Analyse lyrischer Texte

2.2.1 | Vorbemerkungen

Das Verständnis von Lyrik im Lauf der Geschichte: Die Lyrik wird immer wieder als die literarische Gattung bezeichnet, in der unmittelbares Welterleben und die Gestaltung einer dichterischen ›Gefühlswelt‹ am reinsten zum Ausdruck kommen. Dabei wird aber übersehen, dass diese Konzeption einer relativ modernen Form der Gattung entspricht, die auf der sog. **Erlebnislyrik** der Romantik beruht. Die **didaktische, moralisierende und erzählende Lyrik** des Mittelalters oder die **Gedankenlyrik**, wie sie im 17. Jh. und vor allem in der Aufklärung des 18. Jh.s vorherrschte, würde von einer solchen Definition der charakteristischen Gattungsmerkmale nicht erfasst. Wie sehr in lyrischen Texten neben spezifisch lyrischen auch dramatische und narrative Elemente nebeneinander stehen können, zeigt eindrücklich die Form des *romance* (s. S. 152) in der der narrative Aspekt zumindest in der traditionellen Romanzenform so stark dominiert, dass sie von einzelnen Kritikern sogar den erzählenden Gattungen zugerechnet wird (vgl. Spang 1993, S. 130 ff.).

Zum Begriff

→ Lyrik: Literarische Gattung, die in erster Linie durch die Unmittelbarkeit der sprachlichen Gestaltung menschlicher Welterfahrung gekennzeichnet ist. In der Regel erfolgt die lyrische Modellierung der Wirklichkeit in gebundener Rede. Zu ihren Merkmalen gehören Kürze, Intensität, Verdichtung sowie Rhythmus und Musikalität.

Merkmale
der Lyrik

Lyrisches Ich: Die Lyrik unterscheidet sich in ihrer modernen Form von Drama und Roman am ehesten dadurch, dass in ihr das lyrische Ich seine Gedanken und Gefühle in der Regel unmittelbar zum Ausdruck bringt. Es wird also nicht, wie im Roman, ein Erzähler als Vermittlungsinstanz zwischen Autor und Rezipient zwischengeschaltet oder, wie im Drama, eine oder mehrere fiktive Figuren auf einer Bühne agierend dargestellt, die sich dem Publikum unmittelbar mitteilen.

Gebundene Rede: Ferner unterscheidet sie sich von anderen Gattungen durch die Verwendung gebundener Rede, das heißt durch eine von einem metrischen Rhythmus geprägte Sprachgestaltung. Zwar ist auch die Epik weitgehend in gebundener Rede verfasst, und das Versdrama hat sich zum Teil über die Zeit des *Siglo de Oro* hinaus gehalten, doch ist die metrische Form für diese beiden Gattungen nicht konstitutiv. Daher werden die Grundlagen der spanischen Metrik in dem Kapitel anhand von lyrischen Texten dargestellt.

Relative Kürze: Die Lyrik hebt sich durch ihre relative Kürze von den anderen Gattungen ab. Aus ihr folgen eine besondere **Intensität des Ausdrucks** von Gefühlen oder Gedanken sowie eine **Verdichtung des sprach-**

lichen Gefüges, die sich in einer intensiven Verwendung rhetorischer Stilfiguren auf engem Raum niederschlägt. Nicht epische Breite oder dramatische Spannung kennzeichnen daher zuallererst lyrische Texte, sondern eine **strukturelle, emotionale oder gedankliche Intensität.** Die rhythmische Sprachverwendung und vor allem der Einsatz von Verfahren der Wiederholung und des Parallelismus verleihen lyrischen Texten ferner im Allgemeinen eine besondere **Musikalität**, die in der Lyrik der Romantik oder des Symbolismus zu einem konstitutiven Merkmal wird. In manchen Epochen wie im Barock des 17. und der historischen Avantgarde des 20. Jh.s überwiegt in lyrischen Texten die formale Gestaltung vor der inhaltlichen Aussage, oder die Textintention wird vorrangig über die sprachliche Gestaltung des Textes zum Ausdruck gebracht.

2.2.2 | Grundbegriffe der spanischen Metrik

Zum Begriff

> Der Begriff → Metrik bezeichnet die Lehre von der Gliederung des Verses und des Gesamtgefüges der Versdichtung, wobei die rhythmische Folge von Silben und Wörtern die konstitutive Grundlage für die Entstehung eines lyrischen Textes darstellt.

Die Kenntnis der Grundlagen der spanischen Metrik – zumindest in rudimentärer Form – ist zum Verständnis lyrischer Texte unerlässlich. Die spanische Metrik ist wie die der anderen romanischen Sprachen aus dem mittellateinischen Verssystem hervorgegangen. Dieses beruht nicht – wie in der griechischen und klassisch-lateinischen Dichtung – auf dem Prinzip von Kürze und Länge der Silben oder – wie in der deutschen Dichtung – auf dem Prinzip von Hebung und Senkung. Es fußt vielmehr auf dem Prinzip der **Silbenzählung**, wobei der natürliche Wortakzent im Vers in aller Regel erhalten bleibt. Dabei stimmen **grammatische Silben** als Bestandteil eines Wortes und **rhythmische (auch metrische) Silben** als Bestandteil eines Verses nicht immer überein. Folgende Merkmale gehören zu den wichtigsten Elementen der spanischen Metrik:

- der Vers/*verso*
- der Rhythmus/*ritmo*
- die Pause/*pausa*
- z.T. der Reim/*rima*
- z.T. die Strophe/*estrofa*

Wesentliche
Elemente der
spanischen Metrik

Reim und Strophe sind keine konstitutiven Elemente der spanischen Verslehre. Gerade moderne lyrische Texte verzichten häufig auf den Reim, und nichtstrophische, reihende Gedichtformen gab es in der spanischen Dichtung zu allen Zeiten. Dies bestätigt schon ein Blick auf den *romance* als die wohl älteste und volkstümlichste aller Gedichtformen.

2.2.2.1 | Der Vers (*el verso*)

Der spanische Vers besteht aus einer **Silbenfolge**, der eine bestimmte **rhythmische Einheit** zugrunde liegt (Baehr 1962, S. 1 ff.; Navarro Tomás [6]1987, S. 34 f.; Quilis [7]1993, S. 19 ff.). Die Zahl der Silben ist nicht grundsätzlich festgelegt. Vor allem seit Ende des 19. Jh.s nehmen Verse mit variabler Silbenzahl zu, aber auch der epische Langvers des Mittelalters schwankt zwischen 13 und 16 Silben. Dennoch kann festgestellt werden, dass **Verse mit fester Silbenzahl** in der Geschichte der spanischen Lyrik vom späten Mittelalter bis ins frühe 20. Jh. hinein dominieren. Es ist daher kein Zufall, dass die spanischen Verse in der Regel nach ihrer Silbenzahl bezeichnet werden:

- 4-Silber = *tetrasílabo*
- 5-Silber = *pentasílabo*
- 6-Silber = *hexasílabo*
- 7-Silber = *heptasílabo*
- 8-Silber = *octosílabo*
- 9-Silber = *eneasílabo*
- 10-Silber = *decasílabo*
- 11-Silber = *endecasílabo*
- 12-Silber = *dodecasílabo*
- 14-Silber = *tetradecasílabo* (auch *alejandrino*)

Man unterscheidet ferner zwischen **Kurzversen** (*versos de arte menor*, bis zu 8 Silben) und **Langversen** (*versos de arte mayor*, ab 9 Silben). Dabei wird dem schwierigeren Langvers ein höheres ästhetisches Prestige zugesprochen, weshalb er weniger in der volkstümlichen als in der ästhetisch avancierten Kunstdichtung Anwendung findet. Der *octosílabo* ist der bedeutendste und am häufigsten vorkommende spanische Vers, nicht zuletzt weil er der gängige Vers der Romanzendichtung ist.

Die Silbenzählung des Verses entspricht grundsätzlich der grammatischen Silbenzahl, allerdings mit einigen wichtigen Ausnahmen. Die wichtigste betrifft das Versende.

Das Spanische kennt drei unterschiedliche Wortausgänge:

- *agudo*-**Ausgang**: Wörter mit oxytonalem Ausgang = Betonung auf der letzten Silbe, z. B.: *bergantín*
- *llano*-**Ausgang**: Wörter mit paroxytonalem Ausgang = Betonung auf der vorletzten Silbe, z. B. *banda*
- *esdrújulo*-**Ausgang**: Wörter mit proparoxytonalem Ausgang = Betonung auf der vorvorletzten Silbe, z. B. *libélula*.

Der *llano*-Ausgang hat sich als Grundlage für die rhythmische Silbenzählung am Versausgang durchgesetzt, da diese Form des Wortausgangs den weitaus größten Anteil der spanischen Wörter ausmacht. Mit anderen Worten: Endet ein Vers mit einem auf der letzten Silbe betonten Wort, wird eine fiktive (rhythmische) Silbe hinzugerechnet; endet er mit einem auf der vorvorletzten Silbe betonten Wort, wird bei der rhythmischen

Silbenzählung eine Silbe abgezogen. Bei Langversen, die in der Regel in zwei Halbverse geteilt werden, gilt diese Regel sowohl bei der obligatorischen Zäsur im Versinnern als auch im Versausgang. Rubén Daríos Gedicht»Sonatina« besteht beispielsweise aus 14-Silbern, die sich jeweils aus zwei 7-Silbern zusammensetzen.

Im Normalfall (d. h. bei *llano*-Ausgang) haben diese Halbverse, wie im Folgenden dargestellt wird, jeweils sieben Silben:

Los suspiros se_escapan//de su boca de fresa   (7 + 7).

Bei *agudo*- oder *esdrújulo*-Ausgang am Versende und/oder am Ende des ersten Halbverses wird entsprechend auf- beziehungsweise abgerundet:

Ni los cisnes unánimes//en el lago de_azur   (7 [8-1] + 7 [6+1]).

Sonderregeln beim Aufeinandertreffen mehrerer Vokale innerhalb eines Verses: Aufeinanderfolgende Vokale unterschiedlicher Wörter verschmelzen entweder zu einer rhythmischen Silbe (Vokalverschleifung oder **Synalöphe**), z. B. *corta_el mar* (3 Silben), oder *Asia_a_un lado* (4 Silben), oder sie werden getrennt gesprochen und bilden damit auch zwei rhythmische Silben (**Hiat**), z. B. *plata_y/azul*. In gleicher Weise erfolgt auch beim Aufeinandertreffen zweier Vokale innerhalb eines Wortes eine Verschmelzung zu einer Silbe (**Synärese**, z. B. *le_al-tad*: 2 Silben) oder Trennung in zwei Silben (**Diärese**, z. B. glo-ri-o-so: 4 Silben). Die konkreten Regeln, nach denen jeweils Synalöphe, Hiat, Synärese oder Diärese erfolgt, werden in allen gängigen spanischen Verslehren ausführlich erklärt (vgl. z. B. Baehr 1962, S. 18 und 28). Zur Illustrierung sei lediglich die Silbenzählung der *octosílabos* der ersten Strophe von Esproncedas Gedicht »Canción del pirata« erklärt (1835, Text und Interpretation s. Kap. 4.5.7):

Con diez cañones por banda	8 grammatische und 8 rhythmische Silben
Viento_en popa,_a toda vela,	10 grammatische und 8 rhythmische Silben
no corta_el mar, sino vela	9 grammatische und 8 rhythmische Silben
un velero bergantín. (+1)	7 grammatische und 8 rhythmische Silben
Bajel pirata que llaman,	8 grammatische und 8 rhythmische Silben
por su bravura,_el Temido,	9 grammatische und 8 rhythmische Silben

2.2.2.2 | Der Rhythmus (*el ritmo*)

Der Rhythmus ist eines der wichtigsten, zugleich aber eines der am schwierigsten konkret zu bestimmenden Merkmale des spanischen Verses, da er nur schwer messbar ist und individuell unterschiedlich wahrgenommen wird. Hier können daher nur einige wenige grundlegende Aspekte angerissen werden (Spang 1983, S. 107 ff.; Navarro Tomás 1987, S. 35 ff.). Jeder spanische Kurzvers hat mindestens zwei Akzente. Der eine fällt mit dem **Wortakzent** (natürliche Wortbetonung) des letzten Wortes zusammen, der andere ist beweglich und fällt in der Regel auf eine der ersten vier Silben. Im spanischen Vers fallen Wortakzent und **rhythmischer Akzent** (durch den Versrhythmus bedingte Silbenbetonung) in der Regel zusammen. Die zwischen dem ersten und letzten Akzent liegenden Silben bilden die sogenannte **rhythmische Periode**; die dem ersten Akzent vorausgehenden Silben nennt man Anakrusis; die auf den letzten Akzent folgenden Silben stellen den Versausgang (*enlace*) dar.

Die rhythmische Periode gliedert sich ihrerseits in die **Versfüße**, die kleinsten rhythmischen Einheiten, die zwei bis drei Silben umfassen. Diese werden in Anlehnung an die Terminologie der klassischen Metrik als **Jambus (oó), Trochäus (óo), Daktylus (óoo) und Anapäst (ooó)** bezeichnet. Ihre Festlegung innerhalb der rhythmischen Periode ist freilich in der Praxis äußerst schwierig, da sie zudem in aller Regel in freier Mischung auftreten. Darüber hinaus sind Spezialisten wie Tomás Navarro Tomás der Meinung, im Spanischen würden nur der Trochäus und der Daktylus rhythmisch empfunden, was freilich höchst umstritten ist. An den beiden ersten Versen von Esproncedas *Canción del pirata* sei deren **rhythmische Gliederung** demonstriert, wobei für den zweiten Vers zwei unterschiedliche Vorschläge unterbreitet werden:

Beispiel für die
rhythmische
Gliederung von
Kurzversen

Con diez cañones por banda
(o)/ ó o / o ó o / ó / (ó o)
Anakr./Versf./Versf./enlace

Viento_en popa,_a toda vela
 ó o / ó o / ó o /(ó o)
Versf./Versf./Versf./enlace   *oder*:

Viento_en popa,_a toda vela
(o o)   / ó o / ó o /(ó o)
Anakr./Versf./Versf./enlace

Die Festlegung der rhythmischen Periode und der einzelnen Versfüße ist am einfachsten in den eher seltenen Gedichten, die bewusst nach einem einheitlichen rhythmischen Schema konzipiert sind. Eines der bekanntesten Beispiele ist Rubén Daríos bereits zitiertes Gedicht »Sonatina« aus der 1896 veröffentlichten Gedichtsammlung *Prosas profanas*. Da dieses Gedicht aus 14-silbigen Langversen (*alejandrinos*) besteht, wird die rhythmische Struktur mit **Anakrusis, rhythmischer Periode und *enlace*** jeweils in jedem Halbvers wiederholt. Dabei ergibt sich eine klare daktylische rhythmische Grundstruktur, die durch das ganze Gedicht hindurch aufrechterhalten wird. Infolge der Kürze der rhythmischen Periode in jedem Halbvers fallen rhythmische Periode und Versfuß im vorliegenden Fall zusammen. Die beiden ersten Verse mögen zur Illustrierung dieser rhythmischen Struktur genügen. Die Pause zwischen den beiden Halbversen ist dabei durch einen doppelten Schrägstrich (//) markiert.

La princesa_está triste... ¿Qué tendrá la princesa
(o o) / ó o o / (ó o) // (o o) / ó o o / (ó o)
Anakr./Versf./enlace // Anakr./Versf./enlace

Los suspiros se_escapan de su boca de fresa
(o   o) / ó o o   / (ó o)//(o o)/ó o   o/ (ó o)
Anakr./Versf./enlace //Anakr./Versf./enlace

2.2.2.3 | Die Pause (*la pausa*)

Die beiden wichtigsten Pausen in der spanischen Verslehre sind die *pausa mayor* am Ende einer Strophe sowie die *pausa menor* am Ende eines Verses beziehungsweise am Ende eines Halbverses in zusammengesetzten Langversen (Baehr 1962, S. 8 f.; Quilis 1993, S. 37 ff.). Sie verlangen eine Zäsur (**Hiat**) und bewirken den oben genannten Ausgleich zwischen oxytonalen, paroxytonalen und proparoxytonalen Wortausgängen am Ende eines Verses oder Halbverses. In der Regel fällt eine Pause mit einem Sinneinschnitt zusammen. Bisweilen wird dieses Prinzip zur Erzielung bestimmter Effekte bewusst durchbrochen. Am häufigsten erfolgt dies dadurch, dass die syntaktische und sinngemäße Satzeinheit eines Verses in den Anfang des nächsten Verses hinüberreicht, was als **Enjambement** (*encabalgamiento*) bezeichnet wird.

2.2.2.4 | Der Reim (*la rima*)

Der Reim ist ein wichtiges, aber kein obligatorisches Merkmal der spanischen Lyrik (Baehr 1962, S. 30 ff.; Spang 1983, S. 53 ff.; Quilis [7]1993, S. 37 ff.). Vor allem seit dem Ende des 19. Jh.s ist eine deutliche Tendenz zur Verwendung reimloser Verse (*versos sueltos* oder *versos blancos*) zu erkennen. Das gleiche gilt für die Verwendung sogenannter *versos libres*, im Allgemeinen reimlose Verse unterschiedlicher Länge. Man unterscheidet in der spanischen Metrik zwischen (**Voll-**)**Reim** (*rima consonante*) und **Assonanz** (*rima asonante*). Unter dem Reim versteht man den Gleichklang mindestens zweier Silben am Ende eines Verses ab dem letzten betonten Vokal. Unter der Assonanz versteht man den Gleichklang der Vokale nach dem letzten Tonvokal (r**a**m**a**s : mont**a**ñ**a**). Die Assonanz ist der gängige Reim in der Romanzendichtung, wobei lediglich die Versausgänge in den geraden Versen (d. h. im 2., 4., 6., etc. Vers) miteinander reimen.

Beispiele für (Voll-) Reim:
princ**esa** – fr**esa**
conoc**ido** – tem**ido**
bergant**ín** – conf**ín**

Beispiele für Assonanz:
rama – montañas
marido – compromiso
morir – civil

Das jeweilige Reimschema wird mit Buchstaben (bei Langversen mit Großbuchstaben) angegeben.

Die wichtigsten Reimanordnungen:
- fortgesetzter Reim (*rima continua*: aaaaaa),
- Paarreim (*rima pareada*: aabbcc),
- Kreuzreim (*rima cruzada*: abab cdcd) und
- umschlungener Reim (*rima abrazada*: abba cddc)

2.2.2.5 | Die Strophe (*la estrofa*)

Strophische Gliederung ist in der spanischen Lyrik üblich, aber nicht obligatorisch, wobei sich in der Lieddichtung metrische und musikalische Struktur häufig gegenseitig bedingen (Baehr 1962, S. 137 ff.; Quilis [7]1993, S. 89 ff.). Von den **unstrophischen Gedichtformen** ist der *romance* die bekannteste. Er besteht in der Regel aus einer Reihe von 8-Silbern beliebiger Länge, die in den Versen gerader Zahl assonieren. Im Gegensatz zum volkstümlichen *romance* ist die aus einer vollreimenden Kombination von 11- und 7-Silbern bestehende *silva* aus der Tradition der italienischen Renaissancedichtung hervorgegangen und in Spanien seit dem *Siglo de Oro* heimisch geworden. Die **Formen freier Strophen** werden nach der Anzahl ihrer Verse bezeichnet (2-Zeiler, 3-Zeiler, 4-Zeiler etc.). Je nach Form besitzen sie spezielle Bezeichnungen wie:

- *redondilla* (in der Regel vollreimender 4-Zeiler aus meist 8-silbigen Kurzversen),
- *quintilla* (in der Regel vollreimender 5-Zeiler aus meist 8-silbigen Kurzversen),
- *copla de arte mayor* (in der Regel vollreimender 8-Zeiler aus Langversen),
- *copla de arte menor* entsprechend aus Kurzversen oder
- *décima* (10-Zeiler unterschiedlicher Bauart).

Unter den Formen fester Bauart sind strophische und nichtstrophische Dichtungen zu verstehen, die einem festen Bauprinzip folgen. Sie finden sich besonders häufig in der Lieddichtung, wobei das Kompositionsprinzip zumeist durch die musikalische Struktur bestimmt wird. Sie reichen von den bis in die volkstümliche Dichtung des Mittelalters zurückgehenden verschiedenen Formen der **cantiga** und **canción** oder des **villancico** bis zu den unterschiedlichen Varianten der **Renaissance-Canzone** oder des **Sonetts**.

2.2.3 | Traditionelle und moderne Lyrik

Eine volkstümliche und eine gelehrte oder höfische Tradition lassen sich in der Geschichte der spanischen Lyrik bereits im Mittelalter unterscheiden. Bezeichnungen wie *mester de juglaría* (Dichtkunst volkstümlicher Bänkelsänger) und *mester de clerecía* (Dichtkunst gelehrter, meist geistlicher Autoren) spiegeln diese beiden Tendenzen wider (s. Kap. 4.2.1). Die volkstümliche Lyrik zeichnet sich durch leichte Verständlichkeit und sprachliche Schlichtheit, durch mündliche Prägung sowie durch die Verwendung einfacher Techniken wie Wiederholung, Parallelismus und Refrain (*estribillo*) aus. Typische Merkmale der gelehrten und professionellen Dichtung sind dagegen gedankliche, sprachliche und rhetorische Kompliziertheit, die sich in Epochen wie dem Barock bis zu völliger Verrätselung inhaltlicher Bezüge steigern kann.

Moderne Lyrik: In einer bis heute grundlegenden Darstellung hat Hugo Friedrich **wesentliche Merkmale moderner Lyrik** in Abgrenzung von traditionellen Formen des Dichtens dargestellt (Friedrich 1967). Während traditionelle Lyrik gekennzeichnet sei durch sprachliche Ausschmückung harmonisierender und idealisierender Inhalte, entstehe die moderne Lyrik im Laufe des 19. Jh.s »in Opposition zu einer mit ökonomischer Lebenssicherung beschäftigten Gesellschaft« (ebd., S. 20). Aus dieser Oppositionshaltung entstehe eine **Verabsolutierung des lyrischen Sprechens**, die »sich zur Freiheit ermächtigte, grenzenlos und rücksichtslos alles zu sagen, was ihr eine gebieterische Phantasie, eine ins Unbewußte ausgeweitete Innerlichkeit und das Spiel mit einer leeren Transzendenz eingaben« (ebd., S. 21). Friedrich stellt damit einen Umbruch in den Mittelpunkt seiner Analysen, der sich vor allem in der Entwicklung der französischen Lyrik im 19. Jh. vollzieht.

Allerdings lassen sich die genannten Charakterisierungen nicht verabsolutieren, sondern bezeichnen **Tendenzen, die in den verschiedenen Nationalliteraturen variieren** und die sich in der spanischen Entwicklung bis in die Dichtung der Gegenwart nur eingeschränkt verfolgen lassen. Tendenzen traditioneller und moderner Dichtung werden in der spanischen Lyrik immer wieder miteinander vermischt. Unter den spanischen Dichtern der Generation von 1927 waren es vor allem Rafael Alberti und Federico García Lorca, die volkstümliche Lieder und Romanzen immer wieder mit modernen Mitteln sprachlicher und stilistischer Gestaltung verfremden (s. Kap. 4.7.5).

Lyrik der Avantgarde: Die Verbindung von traditioneller und moderner Lyrik ist ein typisches Kennzeichen der spanischen Dichtung seit dem Ausgang des 19. Jh.s. In der Generation von 1927 greifen vor allem Dichter wie Rafael Alberti und Federico García Lorca mit Vorliebe auf die Verfahren volkstümlicher Dichtung zurück, die sie zugleich durch **Intensivierung und Radikalisierung** verfremden (s. Kap. 4.7.5). Dadurch entstehen vielfach Verrätselungen und Verdunkelungen, die die traditionelle Übereinstimmung von Wort und Bedeutung aufheben und das Sinnpotential der Verse verundeutlichen. Die Möglichkeit der Ausdeutung des Sinngehaltes eines

Gedichtes wird dadurch zugleich erschwert und erweitert. Der Kreis der Rezipienten wird durch die höheren Anforderungen an ein Verständnis der Gedichte eingeengt und elitärer; die Dichtung richtete sich nicht mehr an die breite Masse, sondern an den Kenner und Kunstliebhaber. Dessen Stellung erfährt durch seine höhere Partizipation an der Ausdeutung und Sinnkonstruktion zugleich eine erhebliche Aufwertung, die ihn in den Rang eines kreativen Ko-Autors hebt.

Ein Vergleich zwischen Esproncedas »Canción del pirata« und García Lorcas »Romance somnámbulo«, der von den Interpretationen dieser beiden Gedichte (s. Kap. 4.5.7 und 4.7.5) ausgeht, kann diese Entwicklung der Lyrik verdeutlichen. Während bei Espronceda die Verwendung sprachlich-stilistischer Mittel, rhetorischer Figuren und metrischer Techniken weitgehend im Dienst einer **Verdeutlichung und Untermalung der inhaltlichen Aussage** stehen, führen die Intensivierung von Techniken der Verkürzung, Einfachheit und Wiederholung, die Fragmentierung der erzählerischen und dramatischen Passagen sowie vor allem der Einsatz kühner Metaphern mit hoher Suggestivkraft zu einer **hermetischen Verrätselung**, die vom Leser in einem mühevollen Prozess der Interpretation erst wieder aufgelöst werden muss, wobei es durchaus zu unterschiedlichen, vom subjektiven Empfinden des Rezipienten abhängigen Sinndeutungen kommen kann.

Ein Beispiel

Isaac del Vando-Villar: *En el infierno de una noche*, 1919

Die enge Verknüpfung von formaler und inhaltlicher Gestaltung stellt ein typisches Gattungsmerkmal der Lyrik schlechthin dar. Allerdings ist unbestritten, dass die Dichter der historischen Avantgarde im ersten Drittel des 20. Jh.s eine besonders ausgeprägte Neigung zum experimentellen Spiel mit Form und Inhalt an den Tag legten. Dies zeigt das folgende Beispiel des zu der Gruppierung des Ultraismo (s. S. 252, 257) gehörenden Dichters Isaac del Vando-Villar, das 1919 unter dem Titel »En el infierno de una noche« in der avantgardistischen Zeitschrift *Grecia* erschienen ist und das die spannungsreiche und gefährliche Stimmung in einem nächtlichen Casino in Symbolen und surrealistischen Bildern einzufangen versucht. Dazu tragen Bilder wie das der unter den weiß schäumenden Fontänen ihrer Geigenbögen triefenden Geiger ebenso bei wie das des »negro«, der eine Champagnerrakete in die Luft schießt. Die Form des Strahlenkreuzes kann dabei als Symbol für den potenziellen Selbstmord eines Spielers gelesen werden, der seinen Besitz am Roulettetisch verloren hat. Darauf verweisen auch die Ober, die im Blick auf ihre Opfer Trauerkleidung tragen, und die Schwalben, die die Geheimnisse der Brieftasche ihrer Opfer kennen. Es kann als **Beispiel für die experimentelle Dichtung** der historischen Avantgarde dienen:

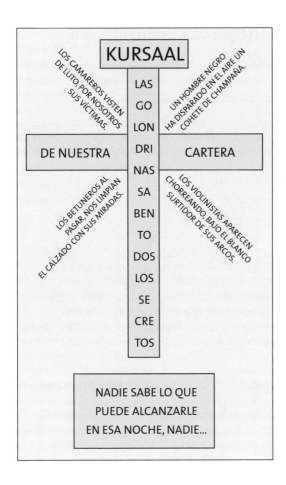

Isaac del Vando-Villar: »En el infierno de una noche«, 1919

Literatur

Baehr, Rudolf: *Spanische Verslehre auf historischer Grundlage.* Tübingen 1962.
Burdorf, Dieter: *Einführung in die Gedichtinterpretation.* Stuttgart/Weimar ²1997.
Friedrich, Hugo: *Die Struktur der modernen Lyrik* [1956]. Erw. Neuaufl. Hamburg 1967.
López Estrada, Francisco: *Métrica española del siglo XX.* Madrid 1969.
Navarro Tomás: Tomás *Métrica española.* Barcelona ⁶1983.
Quilis, Antonio: *Métrica española.* Barcelona ⁷1993.
Siebenmann, Gustav: *Die moderne Lyrik in Spanien.* Stuttgart 1965.
Spang, Kurt: *Ritmo y versificación. Teoría y práctica del análisis métrico y rítmico.* Universidad de Murcia 1983.
Tietz, Manfred (Hg.): *Die spanische Lyrik der Moderne. Einzelinterpretationen.* Frankfurt a.M. 1990.
Tietz, Manfred (Hg.): *Die spanische Lyrik von den Anfängen bis 1870.* Frankfurt a.M. 1997.

2.3 | Die Analyse von Dramentexten

Die allgemeine Definition der Gattung kann als Ausgangspunkt für die folgende Darstellung der Analyse von Dramentexten dienen:

> → Dramática: Género literario al que pertenecen las obras destinadas a la representación escénica, cuyo argumento se desarrolla de modo exclusivo mediante la acción y el lenguaje directo de los personajes, por lo común dialogado (*Diccionario de la Real Academia Española*, 1992).

Dieser Definition folgend sollen mit dem Begriff ›Drama‹ alle Texte bezeichnet werden, die geschrieben wurden, um auf einer Bühne szenisch realisiert zu werden. Die Bezeichnung ›Drama‹ wird hier als Oberbegriff für konkrete historische Formen verwendet, wie etwa *comedia, tragedia, auto sacramental, sainete, esperpento* etc. (vgl. dazu die entsprechenden Einträge in Hempfer 1973, Marchese/Foradellas 1994 und Spang 1993, S. 135–199). Gegenstand der Analyse ist der dramatische Text, wie er dem Leser in geschriebener Form vorliegt, und nicht seine konkrete szenische Realisierung. Deren Analyse gehört zum Aufgabengebiet der Theaterwissenschaft.

2.3.1 | Allgemeine Charakteristika von Dramentexten

Abgrenzung von anderen Gattungen: Im Unterschied zur allgemeinen Definition des Dramatischen, grenzt nachfolgende Definition das Drama von anderen Gattungen aufgrund des Fehlens einer Vermittlungsinstanz ab.

> → Drama: »El término [...] sirve para designar una forma mimética del relato no planteada por el narrador, sino representada directamente por medio del conflicto de los personajes y expreso por el diálogo entre ellos« (Marchese/Foradellas 1994, S. 109).

Das Drama wird entsprechend dieser Definition im Folgenden als eine **Form fiktionaler Wirklichkeitskonstitution** verstanden, die nicht narrativ durch einen Erzähler vermittelt wird, sondern unmittelbar aus einem Konflikt zwischen sprechenden und handelnden Personen entsteht. Will man möglichst viele Dramenformen in eine Charakterisierung einbeziehen (in obiger Definition wäre etwa das epische Theater zum Teil ausgeschlossen) und gleichzeitig gattungsunterscheidende Charakteristika aufzeigen, lassen sich folgende **konstituierende gemeinsame Merkmale** hervorheben:

1. Die Untrennbarkeit von Text und Aufführung: Dramatische Texte sind mit wenigen Ausnahmen – wie zum Beispiel das Lesedrama *La Celestina* (1499) von Fernando de Rojas (s. Kap. 4.2.3) – für eine szenische Umsetzung auf einer Bühne geschrieben. Selbst bei einer Lektüre übernimmt der Leser dramatischer Texte die Rolle des Regisseurs und gestaltet beim Lesen eine virtuelle Aufführung des Dramas. So muss der Leser etwa Regieanweisungen des Autors beim Lesen in seiner Phantasie kreativ in ein Bühnenbild verwandeln, um den der Szene entsprechenden Dialog richtig verstehen zu können (s. Textauszug aus ¡*Ay, Carmela*!, Replik 2, S. 306).

2. Die Plurimedialität des Dramas: Anders als bei narrativen Texten spielen beim Drama neben dem sprachlichen Code außersprachliche Zeichen wie Dekoration, Gestik, Maske, Frisur, Kostüm, Licht etc. eine gattungskonstituierende Rolle (vgl. ausführlich dazu Fischer-Lichte 1988). So bestätigt Don Álvaro bei seinem ersten Auftritt (Textauszug aus *Don Álvaro*, Replik 34, S. 215) aufgrund von Kleidung und Verhalten den extravaganten und geheimnisvollen Charakter, der ihm im vorangegangenen Polylog (Textauszug aus *Don Álvaro*, Repliken 1–33, S. 214 f.) von den unterschiedlichen Figuren zugeschrieben worden war.

3. Das zweifache Kommunikationssystem: Anders als Lyrik und narrative Prosa charakterisiert das Drama ein zweifaches Kommunikationssystem: ein innerdramatisches und eines, das auf den Rezipienten gerichtet ist. Im Vergleich zum Kommunikationssystem fiktionaler Erzählungen fehlt die vermittelnde Ebene der fiktionalen Erzählsituation (s. S. 75 f.). Das innerdramatische Kommunikationssystem entspricht den ›binnenfiktionalen‹ Vermittlungsformen des Kommunikationssystems fiktionalen Erzählens. Es gibt also vor, dass die Kommunikation zwischen den Figuren autonom ist und geht davon aus, dass das Publikum nicht vorhanden ist. Dennoch ist faktisch alles, was auf der Bühne geschieht, an ein Publikum gerichtet. Allerdings wird diese Trennung zwischen Dramengeschehen und Publikum vor allem in modernen Formen des Dramas, z. B. im Epischen Theater, in Frage gestellt oder sogar ganz aufgehoben.

4. Der dramatische Dialog: Der Dialog zwischen den Figuren ist die einzige sprachliche Form von Kommunikation im Drama. Er ist unvermittelt, d. h. nicht von einem Erzähler eingeführt, und übernimmt in seinen verschiedenen Ausprägungen (Monolog, Dialog, Polylog) alle sprachlichen Funktionen, also beispielsweise auch die der berichtenden Erzählung oder die des inneren Monologs.

Die genannten Elemente (eine ausführlichere Liste findet sich in Spang 1991, S. 24–33) bilden die konstituierenden Charakteristika von Dramentexten, auch wenn diese in den verschiedenen konkreten historischen Formen der Realisierung unterschiedlich stark ausgeprägt sind und/oder teilweise bewusst durchbrochen oder in Frage gestellt werden.

2.3.2 | Der dramatische Text und seine Konstituenten

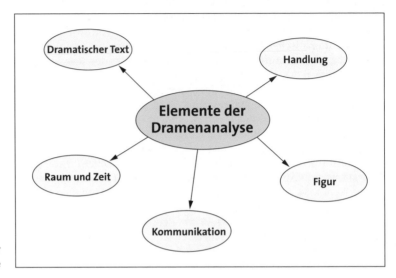

Gegenstand einer Dramenanalyse ist der dramatische Text, wie er in einer gedruckten Form vorliegt. Im Gegensatz zu Prosatexten und lyrischen Texten lassen sich aufgrund des zweifachen Kommunikationssystems zwei Bestandteile unterscheiden, die den dramatischen Text konstituieren:

- **Haupttext (*texto*):** Text der von den Schauspielern gesprochen wird
- **Nebentext (*cotexto*):** Sprachliche Textsegmente, die nicht gesprochen werden; insbesondere Regieanweisungen

Der Haupttext des Dramas »es aquella parte del drama que contiene las intervenciones de las diversas figuras, es decir, lo que en la representación teatral se percibe a través de la comunicación verbal emitida por los actores« (Spang 1991, S. 50).

Der Nebentext umfasst alle sprachlichen Textsegmente, die in der Bühnenrealisierung nicht gesprochen, sondern in außersprachlichen Zeichen manifest werden. Dazu gehören der Dramentitel, Epigraphe, Widmungsschriften und Vorwörter, Personenverzeichnis (*dramatis personae*), Akt- und Szenenmarkierung, Bühnenanweisungen (*acotaciones*) zur Szenerie und Aktion und die Markierung des jeweiligen Sprechers einer Replik (vgl. Pfister 1988, S. 35 und Spang 1991, S. 50–56).

Bühnen- oder Regieanweisungen sind sicherlich der **wichtigste Nebentext**. Sie beziehen sich einerseits auf den Schauspieler, d. h. geben ihm vor, wie er bestimmte Repliken zu realisieren hat (s. den Textauszug aus *¡Ay, Carmela!*, Replik 8, S. 307) oder welche Kleidung er trägt (Textauszug aus *Don Álvaro*, Replik 34, S. 215), und andererseits auf den optisch-akustischen Kontext, in dem er agiert (s. den Textauszug aus

Don Álvaro, Replik 34, S. 315 und Textauszug aus *¡Ay, Carmela!*, Replik 2, S. 214).

Bedeutung der Regieanweisungen: Die Häufigkeit und Bedeutung der Regieanweisungen ist von Epoche zu Epoche und von Autor zu Autor sehr unterschiedlich. Während sich im Theater des *Siglo de Oro* kaum Regieanweisungen finden, wird beispielsweise in *Don Álvaro* vor jedem Akt die Szenerie genauestens beschrieben. Bei *¡Ay, Carmela!* sind außerdem noch Regieanweisungen sehr häufig, die sich an die Schauspieler richten und ihnen die Realisierung der Repliken vorschreiben. Insbesondere im Drama des *Siglo de Oro* finden sich Regieanweisungen häufig im Haupttext als **gesprochene Handlungsanweisung** an die Schauspieler oder als sog. »**Wortkulisse**«, die einen auf der Bühne durch Dekoration nicht dargestellten Raum sprachlich evoziert (Textauszug aus *La vida es sueño*, Verse 2178–81, S. 183).

2.3.3 | Grundprinzipien der Handlung im Drama

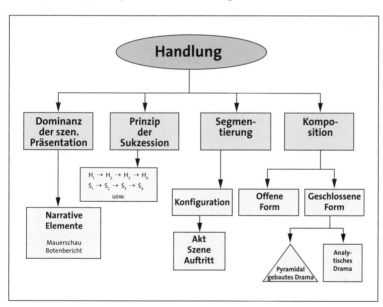

Folgende Aspekte der Dramenstruktur werden in diesem Abschnitt behandelt:

- **Dominanz der szenischen Präsentation:** Vermittlung der Handlung durch dialogisches Sprechen und Agieren der Figuren
- **Prinzip der Sukzession:** Zwei aufeinander folgende Szenen repräsentieren zwei aufeinander folgende Phasen der Handlung
- **Segmentierung der dramatischen Handlung in kleinere Einheiten:** Gliederung des dramatischen Textes ins Szenen und Akte

- **Komposition:** Offene und geschlossene Form des Dramas sind ideal-typische Grundformen der Verknüpfung der Segmentierungseinheiten des dramatischen Textes

Dominanz der szenischen Präsentation: Anders als im Roman, bei dem die breite epische Darstellung fiktiver Wirklichkeit ein Charakteristikum der Handlung ist, ist das Hauptcharakteristikum der dramatischen Handlung die Konzentration, und zwar im Hinblick auf den Umfang, die Zahl der Nebenhandlungen und die Verankerung in einem psychologischen oder sozialen Kontext. Der vorherrschende Darstellungsmodus ist die **szenische Präsentation**, d. h. Handlung wird nicht erzählt, sondern durch dialogisches Sprechen und Agieren der Figuren in Bühnenaktion umgesetzt, wenngleich erzählerische Momente in Form des Botenberichts (*referencia por medio del mensajero*)oder der Mauerschau (*teicoscopía*) im Drama vorkommen (vgl. etwa die Beschreibung einer Schlacht in Form einer Mauerschau in *Don Álvaro, Jornada* III, *Escena* VI oder die Berichte von Carmela aus dem Jenseits zu Beginn des ersten Akts in *¡Ay, Carmela!*).

Bei den **narrativen Präsentationsformen** im Drama wird Handlung verdeckt dargestellt, und zwar einmal **räumlich verdeckt**, d. h. es wird etwas beschrieben, das gleichzeitig zur Bühnenhandlung für den Zuschauer nicht sichtbar geschieht (**Mauerschau**), und zum anderen **zeitlich verdeckt**, d. h. es wird etwas berichtet, das chronologisch vor der Bühnenhandlung liegt oder das sich zwischen zwei Szenen oder Akten der Handlung abgespielt hat (**Botenbericht**). Dabei ist bei der Analyse zu beachten, dass im Gegensatz zur szenisch präsentierten Handlung die narrativ präsentierte stets **perspektivengebunden** ist, da der Bericht vom Denken, Fühlen und gegebenenfalls den Interessen des Berichtenden geprägt sein kann.

Prinzip der Sukzession: Aus dem dominanten Darstellungsmodus im Drama, der szenischen Präsentation, ergibt sich ein weiteres Grundprinzip dramatischer Handlung, das der **Sukzession**: das bedeutet, dass zwei aufeinanderfolgende Szenen normalerweise auch zwei aufeinanderfolgende Phasen der Handlung repräsentieren. Dieses Prinzip, das parallele Bühnenhandlungen oder szenisch vermittelte Vor- und Rückblenden ausschließen würde, gilt für das neuere Drama weitgehend nicht mehr. So ist etwa in *Caballito del diablo* (1981) von Fermín Cabal (s. Kap. 4.9.2.1) die achronologische Szenenabfolge geradezu Grundprinzip des Dramas. In *Mane, Thecel, Phares* (1999) von Borja Ortiz de Gondra sind ineinander verwobene Parallelszenen, d. h. Szenen, die nebeneinander und gleichzeitig auf der Bühne gespielt werden, ein wichtiges Element der Handlungskonstruktion (zu den Techniken der Sukzession und deren Aufhebung vgl. Pfister 1988, S. 285–299).

Segmentierung der Handlung: Aus dem Grundprinzip der Sukzession ergibt sich auf der Ebene der Darstellung eine Segmentierung der dramatischen Handlung in kleinere Einheiten. Ausgangspunkt ist dabei die **Konfiguration**. Darunter versteht man die Anzahl der auf der Bühne anwesenden Figuren zu einem bestimmten Moment des Dramas. Diese Situation, die durch die raum-zeitliche Kontinuität und die unveränderte Konfiguration markiert ist, bezeichnet man als **Auftritt oder Szene** (*escena*). Wechselt die Konfiguration teilweise, d. h. gehen eine oder mehrere Personen ab oder kommen hinzu, spricht man von einem partiellen Konfigurationswechsel, der einen neuen Auftritt markiert. Bei der Analyse ist jeweils zu beachten, ob jeder Figurenwechsel einen neuen Auftritt einleitet, etwa auch das Auftreten oder der Abgang eines Dieners oder einer Figur, die nur eine oder zwei Repliken zum Auftritt beisteuert. Dies muss in jedem Einzelfall überlegt und begründet werden. So wäre zum Beispiel zu fragen, ob es sinnvoll ist, das Auftauchen Don Álvaros, der das Gespräch der Figuren durch sein Auftreten – er überquert die Bühne ohne zu sprechen (Textauszug *Don Álvaro*, Replik 33, S. 215) – nur kurz unterbricht, als eigene Szene zu markieren, wie dies in der benutzten Textausgabe der Fall ist, zumal die gleichen Figuren wie in den Repliken 1 bis 32 den Polylog weiter fortsetzen.

Die nächst höhere Segmentierungseinheit, der **Akt** (*acto* oder *jornada*), ist eine Verknüpfung von mehreren Szenen, die durch den Abgang aller Figuren und/oder die Unterbrechung der raum-zeitlichen Kontinuität beendet wird (vgl. Pfister 1988, S. 130). Zwischen den Akten finden häufig ein Schauplatzwechsel und ein kleinerer oder größerer Zeitsprung statt. Der partielle oder vollständige Konfigurationswechsel kann durch zusätzliche Signale (Veränderung des Lichts, seit dem 18. Jh. der Vorhang) markiert werden.

Komposition: Für die kompositorische Verknüpfung der Segmentierungseinheiten *escena* und *acto* gibt es historisch gesehen eine Vielzahl von Möglichkeiten, die Volker Klotz mit einer Unterteilung in zwei idealtypische Grundformen des Dramas, die **offene** (*forma abierta*) und die **geschlossene Form** (*forma cerrada*), systematisch erfasst hat (vgl. Klotz 1964). Die geschlossene Form »gestaltet eine in sich völlig geschlossene Geschichte mit voraussetzungslosem Anfang und endgültigem Schluß« (Pfister 1988, S. 320). Eine Definition der offenen Form ist in dieser Kürze nicht möglich, da sie »hauptsächlich eine Negation der geschlossenen Form ist und die ganze Bandbreite der Abweichungen umfaßt« (Asmuth 2009, S. 49).

Geschlossene und offene Form des Dramas

Geschlossene Form: Beim Drama der geschlossenen Form gliedert sich die Geschichte in drei Elemente, die **Exposition** (*enlace*), den Höhepunkt oder **Wendepunkt** (*nudo*) und die **Lösung** (*desenlace*), also den Aufbau einer Spannung und deren Auflösung.

Die nachfolgenden Graphiken (Platz-Waury 1992, S. 103) verdeutlichen die Verteilung dieses Spannungsbogens auf ein fünfaktiges bzw. dreiaktiges Drama.

Die Analyse
von Dramentexten

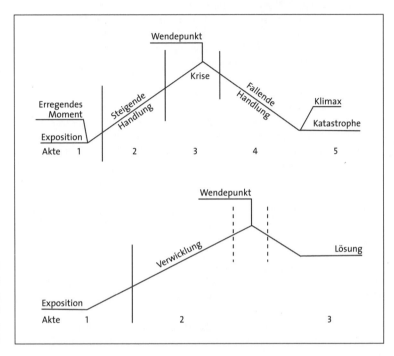

Spannungsbogen
beim fünfaktigen
bzw. dreiaktigen
Drama (nach
Platz-Waury 1992,
S. 103)

Dabei wird deutlich, dass sich beim dreiaktigen Drama der Hauptspannungsbogen (Steigende Handlung, Wendepunkt und Fallende Handlung) in einem Akt konzentriert, während er beim fünfaktigen Drama auf drei Akte verteilt ist, der Knüpfung des Handlungsknotens und dessen Auflösung also deutlich mehr Raum gegeben wird.

Im spanischen Drama kommt die geschlossene Form relativ selten vor. Ein Beispiel für sie findet sich im Neoklassizismus bei Leandro Fernández de Moratín (s. Kap. 4.4.5).

Offene Form: Vorherrschend in der Geschichte des spanischen Dramas ist die offene Form, von der *comedia* oder *tragicomedia* des *Siglo de Oro* (s. 4.3.4) bis zum *esperpento* eines Valle-Inclán im 20. Jh. (s. Kap. 4.7.2). Eigentlich müsste man von offenen Formen sprechen, da es eine Vielzahl von historisch bedingten Ausprägungen gibt, die aber dennoch einige gemeinsame Elemente aufweisen. Zum einen repräsentiert sich die Geschichte nicht mehr als ein in sich geschlossenes, hierarchisiertes Ganzes, wie beim Drama der geschlossenen Form, sondern als »Ensemble von Einzelsequenzen, die relativ unabhängig und isoliert voneinander sind« (Pfister 1988, S. 323). Zum anderen wird die lineare Finalität der Handlungsabläufe aufgebrochen und durch zyklische, repetitive oder kontrastive Ordnungsprinzipien ersetzt, also nicht Aufbau einer Spannung und deren Lösung, sondern Reihung, Fragmentarisierung, Auflösung der Chronologie etc. (ausführlich dazu Pfister 1988, S. 318–326 und Spang 1991, S. 131–134). Zu den weiteren Analyseebenen bezüglich der offenen Form schreibt Pfister:

»Die **Figurenkonzeption** ist dominant individualistisch, wobei der Bereich des Bewußtseins gegenüber dem Unbewußten und dem Physischen in den Hintergrund tritt. Die **sprachliche Gestaltung** ist syntaktisch durch die dominante Parataxe und lexikalisch durch die Dominanz von Konkreta gekennzeichnet; das **Sprachverhalten der Figuren** reflektiert ihre Schwierigkeiten, ihre Empfindungen und Ahnungen verbal zu artikulieren und damit sich und anderen bewußtzumachen. Daher ist die **Kommunikation zwischen den Figuren** häufig gestört: oft beziehen sich ihre Repliken kaum mehr aufeinander, kommen zögernd, sind syntaktisch und logisch in sich gebrochen und münden in ein sprachloses, aber pantomimisch beredtes Schweigen. Das **Personal** ist umfangreich und sozial gemischt, und obwohl viele Figuren nur episodisch auftreten, fehlt eine klare hierarchische Abstufung in Haupt- und Nebenfiguren. Die **Raum- und Zeitstruktur** schließlich tendiert zu panoramischer Weite und zum Einschluß einer großen Fülle konkreter Details«. (Pfister 1988, S. 325; Hervorh. von H.F.)

2.3.4 | Die Raum- und Zeitstruktur

Bei der Analyse der Raum- und Zeitstruktur eines Dramas sind folgende Elemente zu berücksichtigen:

- **Darstellungszeit:** Reale Spielzeit eines Stückes
- **Dargestellte Zeit:** Zeit, die die Geschichte dauert
- **Gestaltung des Raums:** neutral, stilisiert, konkretisiert
- **Szenisch realisierter und nicht realisierter Raum:** Visuell wahrnehmbarer Bühnenraum, bzw. Raum, der sich außerhalb der Bühne befindet und über sprachliche oder nichtsprachliche Zeichen evoziert wird
- **Konfigurierung des Raums durch Lokalisierungstechniken:** Beschreibung des Bühnenraums durch den Autor in der Regieanweisung oder sprachliche Evozierung eines Raumes durch eine der Figuren (Wortkulisse)

Raum- und
Zeitstruktur
des Dramas

Darstellungszeit und dargestellte Zeit: In Bezug auf die Raum- und Zeitstruktur dramatischer Texte gilt es für die Zeitstruktur zwischen der **Darstellungszeit**, das ist die reale Spielzeit eines Stückes, und der **dargestellten** Zeit, das ist die Zeit, die die Geschichte dauert, zu unterscheiden. Bei Dramen, die der aristotelischen Tradition, also der Einheit von Raum, Zeit und Handlung verpflichtet sind, fallen Darstellungszeit und dargestellte Zeit idealtypisch in etwa zusammen. Die beiden Zeitebenen können aber auch stark voneinander abweichen, wie in *Don Álvaro*, wo die dargestellte Zeit ca. sechs Jahre umfasst. Dies hat zur Folge, dass in der Darstellungszeit nur wenige ausgewählte Momente der Geschichte realisiert werden können. Die zwischen den Szenen oder Akten vergangene Zeit muss dann durch unterschiedliche Techniken für den Rezipienten deutlich gemacht werden (vgl. dazu Pfister 1988, S. 359–381).

Ein anderes Extrem sind Stücke, in denen die dargestellte Zeit deutlich kürzer ist als die Darstellungszeit, die der eines normalen Theaterabends entspricht. Ein Beispiel dafür ist Fermín Cabals Drama *Fuiste a ver a la abuela???* von 1979 (s. Kap. 4.9.2.4), in dem die dargestellte Zeit nur wenige Sekunden umfasst, nämlich die Zeit zwischen dem Klingeln eines Telefons und dem Erwachen des Protagonisten, wenige Momente später. In diesen wenigen Sekunden wird die ganze Lebensgeschichte des Protagonisten in Fragmenten auf der Bühne gezeigt. Wir haben es hier mit einem Extremfall von **innerszenischer Zeitdehnung** zu tun. Innerszenische Zeitdehnung wird vor allem dann eingesetzt, wenn psychische Vorgänge einer dramatischen Figur szenisch dargestellt werden.

Das Gegenteil davon ist die **innerszenische Zeitraffung**, in der einzelne Vorgänge einer Handlung ausgelassen oder zeitlich verkürzt dargestellt werden. Beide Techniken stellen der objektiven Chronologie der dargestellten Zeit eine subjektive Zeitauffassung der Figur entgegen und werden, wenn auch nicht in ihrer Extremform, häufig verwendet.

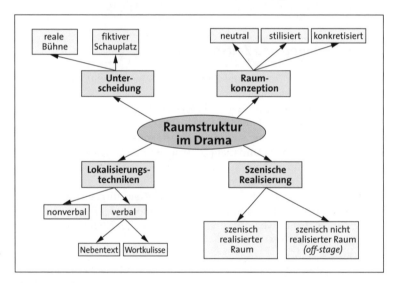

Raumstruktur
im Drama

Gestaltung des Raums: Im Gegensatz zu narrativen Texten, in denen ein Ort des Geschehens ausschließlich sprachlich präsent ist, ist das Drama auch eine Raumkunst, da für die szenische Repräsentation des Textes ein **konkreter Schauplatz** notwendig ist. Dabei kann ein **Raum neutral**, **stilisiert** oder **konkretisiert** gestaltet sein. Neutrale Räume finden sich in der antiken griechischen Tragödie aber etwa auch in *¡Ay, Carmela!*, wo sich Paulino zu Beginn des Stückes auf einer leeren Bühne befindet. Stilisierte Räume wären z. B. gemalte Kulissen, die den gemeinten Raum zwar spezifizieren, ihn jedoch nicht illusionistisch realisieren. Konkretisierte Räume finden sich vor allem im naturalistischen Drama, dessen Ideal es war, die Wirklichkeitsillusion bis ins Detail im Bühnenbild zu realisieren.

Zusätzlich zur Konfiguration von Wirklichkeit erlangen die Räume in ihrer Beziehung zueinander Bedeutung. In Calderóns *La vida es sueño*

(s. Kap. 4.3.5) etwa steht der Kerker Segismundos, der in eine wilde Gebirgslandschaft gebaut worden ist, im Gegensatz zum Königspalast. Diese Opposition der Räume verweist über die konkrete Gegenständlichkeit hinaus auf den Gegensatz von Unzivilisiertheit (»violento«) und höfischer Kultur. In den unterschiedlichen Schauplätzen von Duque de Rivas Drama *Don Álvaro* (s. Kap. 4.5.4 und Kap. 4.5.7) spiegelt sich einerseits der Gemütszustand des Protagonisten, andererseits malen die Anfangsszenen der ersten drei *Jornadas* ein kostumbristisches Bild der kleinen Leute, wie es für die spanische Romantik typisch ist (s. Kap. 4.6.1).

Szenisch realisierter und nicht realisierter Raum: Von Bedeutung ist auch die Beziehung zwischen **szenisch realisiertem** und **nicht realisiertem Raum**, dem *off stage*. In José Zorrillas *Don Juan Tenorio* (s. Kap. 4.5.4) wird ganz traditionell in Form einer Mauerschau über ein Geschehen außerhalb der Bühne berichtet. Der Wirt Buttarelli schildert in der 3. Szene des ersten Aktes (Verse 107–118), wie Don Juan, der das Gasthaus gerade verlassen hat, dort von einigen Männern überfallen wird und wie er sie erfolgreich in die Flucht schlägt. In *¡Ay, Carmela!* repräsentiert das *off stage* die bedrohliche Situation, in der sich die beiden kriegsgefangenen Schauspieler Carmela und Paulino befinden, und zwar durch den frankistischen Offizier Rippamonte, der nicht-sprachlich, nämlich über die Manipulation des Lichts, auf der Bühne präsent ist (s. Kap. 4.9.2.3 und Kap. 4.9.3).

Lokalisierungstechniken des Raums: Im dramatischen Text werden die Räume durch unterschiedliche **Lokalisierungstechniken** konfiguriert. Die wichtigste sprachliche Lokalisierung des Raums ist der Nebentext, in dem der Autor mehr oder weniger genau seinen Raumvorstellungen Ausdruck verleihen kann. Eine weitere wichtige Technik ist die **Wortkulisse**. In ihr wird der räumliche Kontext in den Repliken der Figuren thematisiert. Wortkulissen finden sich sehr häufig im Theater des *Siglo de Oro*, wo sie die Funktion übernehmen, szenisch nicht realisierte Räume zu evozieren. Zu dieser Funktion kommt hinzu, dass Wortkulissen im Gegensatz zu szenisch realisierten Räumen perspektiviert sind, d. h. sie spiegeln neben dem evozierten Raum auch den inneren Zustand des Sprechers wider. So beschreibt Rosaura in den Eingangsversen von *La vida es sueño* nicht nur die im Nebentext nur angedeutete Gebirgslandschaft genauer, sondern verweist auch auf ihre eigene Verlorenheit und Verzweiflung zu Beginn des Dramas.

2.3.5 | Die dramatische Figur

Manfred Pfister folgend (Pfister 1988, S. 221) soll zur Bezeichnung der handelnden Personen im Drama der Terminus **dramatische Figur** (*figura dramática*) verwendet werden. Man kann dramatische Figuren nach unterschiedlichen Kriterien einteilen bzw. analysieren.

- **Kategorisierung gemäß der inneren Entwicklung:** Innere Veränderung der Figur im Verlauf des Dramas. Figuren ohne innere Entwick-

Die Analyse
von Dramentexten

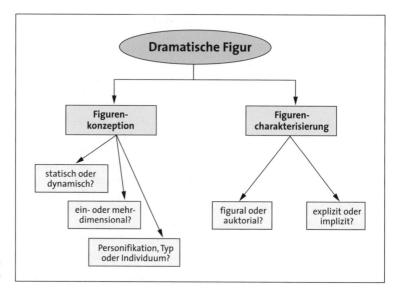

Die dramatische
Figur

- lung nennt man statische, Figuren, die sich verändern, dynamische Figuren.
- **Eindimensionale und mehrdimensionale Figuren:** Figuren mit nur einer dominanten Charaktereigenschaft stehen Figuren mit einer größeren Anzahl von Charaktereigenschaften gegenüber.
- **Figurencharakterisierung im Text:** Explizite oder implizite Informationen, die es dem Rezipienten erlauben, eine Figur als **Personifikation**, **Typ** oder **Individuum** zu definieren.

Statisch ⟷ dynamisch: Eine erste Möglichkeit ist **die Kategorisierung der Figuren gemäß ihrer inneren Entwicklung** im Verlauf des Dramas. Man unterscheidet dabei zwischen statischen Figuren (*figura estática*), also Figuren, die sich nicht weiterentwickeln, und dynamischen Figuren (*figura dinámica*), Figuren also, die sich verändern. Rosaura oder der *gracioso* Clarín (der *gracioso* ist eine teils verschlagen-bauernschlaue, teils einfältige Dienerfigur im Drama des *Siglo de Oro*) in *La vida es sueño* sind statische Figuren, während Segismundo, der sich vom unzivilisierten zu einem zivilisierten Menschen entwickelt, eine dynamische Figur repräsentiert.

Eindimensional ⟷ mehrdimensional: Eine zweite Einteilungsmöglichkeit eröffnet das Gegensatzpaar eindimensionale versus mehrdimensionale Figur. ›Dimension‹ einer Figur meint hier Anzahl und Komplexität der Merkmale, mit der sie charakterisiert wird. Bei eindimensionalen Figuren ist die Menge der Merkmale nicht nur klein, sondern auch in sich stimmig. So sind die einzigen Merkmale Claríns sein Opportunismus und seine Feigheit. Mehrdimensionale Figuren zeichnen sich durch die Komplexität ihrer Merkmale aus, die auf verschiedenen Ebenen liegen. Dies kann ihren biographischen Hintergrund, ihre psychische Disposition, ihr Verhalten

Die dramatische
Figur

gegenüber anderen Figuren, ihre Reaktion auf unterschiedliche Situationen oder ihre ideologische Orientierung betreffen (vgl. Pfister 1988, S. 244).

Aus dieser Opposition lässt sich eine **Typologie von dramatischen Figuren** nach dem Prinzip zunehmender Individualisierung erstellen.

- Die Personifikation (*encarnación*) ist die figurale Repräsentation eines abstrakten Konzepts (Tugend, Laster, Nation, Ruhm etc.) in einer dramatischen Figur, wie z. B. El Mundo, El Rey, La Discreción, La Ley de la Gracia etc. in Calderóns *auto sacramental El gran teatro del mundo* (1635, s. Kap. 4.3.4).

Figurentypen

- Der Typ (*tipo dramático*) definiert sich durch die Realisierung einer größeren Zahl von Merkmalen. Diese heben nicht eine einzige Charaktereigenschaft hervor, wie bei der Personifikation, sondern umschreiben einen soziologischen und/oder psychologischen Merkmalskomplex. Häufig wiederkehrende Typen mit bestimmten Charaktereigenschaften sind Diener (*criado*), Soldat, Feigling, Angeber, der Schüchterne, der Verliebte, der *gracioso*, der *hidalgo* etc. Die Typen haben meist eine weit zurückreichende Tradition in der Geschichte des Dramas.

- Individuum: Die dramatische Figur mit der komplexesten Ausstattung an Merkmalen ist das Individuum (*individuo dramático*). Mit dem Individuum soll eine dramatische Figur geschaffen werden, die unverwechselbar ist. Dazu wird sie mit einer Fülle charakterisierender Details auf den verschiedensten Ebenen (Aussehen, Verhalten, Sprache, Biographie usw.) ausgestattet.

Techniken der
Figurencharak-
terisierung (nach
Pfister 1988, S. 252)

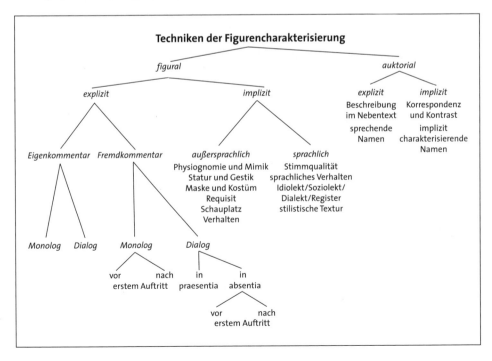

Figurencharakterisierung: Die Informationen, die es dem Rezipienten erlauben, eine dramatische Figur als Personifikation, Typ oder Individuum zu definieren, werden im Drama auf verschiedene Weise vergeben: **explizit und implizit auktorial** sowie **explizit und implizit figural**. Explizit auktoriale Figurencharakterisierungen finden sich im Nebentext, wo der Autor die Figur beschreibt. Auch **sprechende Namen** (*nombres elocuentes*) gehören in diese Kategorie. Implizit auktorial sind die Beziehungen, in die der Autor eine Figur zu anderen setzt, etwa als Helfer, Gegenspieler etc. (zu den dramatischen Funktionen der Figuren vgl. Spang 1991, S. 111–117). Explizit figurale Charakterisierungstechniken sind die Selbstcharakterisierung einer Figur und deren Fremdcharakterisierung durch andere Figuren. Bei letzterem ist von Bedeutung, ob die Charakterisierung vor oder nach dem ersten Auftreten der gemeinten Figur geschieht und ob diese auf der Bühne anwesend ist oder nicht (s. die Interpretation von *Don Álvaro*, Kap. 4.5.7). Die implizit figurale Figurencharakterisierung erfolgt auf zwei Ebenen, auf einer sprachlichen (Stimme, Soziolekt, Dialekt, Sprechstil usw.) und einer außersprachlichen (Physiognomie und Mimik, Statur und Gestik, Maske und Kostüm). Manfred Pfister hat die Möglichkeiten der figuralen und auktorialen Figurencharakterisierung in nachstehender Graphik systematisch zusammengestellt.

2.3.6 | Sprachliche Kommunikation im Drama

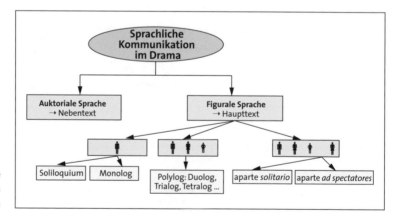

Sprachliche
Kommunikation
im Drama

Grundsätzlich lassen sich im Drama zwei Arten von Sprache unterscheiden: die auktoriale und die figurale Sprache.

Sprache im Drama

- **Auktoriale Sprache:** Alle Textelemente, die nicht gesprochen werden
- **Figurale Sprache:** Alle sprachlichen Äußerungen der Figuren
- **Typologie der figuralen Sprache:** Gemäß der Anzahl der am dramatischen Gespräch beteiligten Figuren reicht die Typologie vom Monolog bis zum Polylog.

Die auktoriale Sprache umfasst den gesamten Nebentext (s. Kap. 2.3.2), figurale Sprache alle sprachlichen Äußerungen der Figuren. Dazu gehören nicht nur die verschiedenen Formen des Monologs und Dialogs, sondern auch der Erzähler im epischen Theater, Stimmen aus dem *off*, Stimmen aus einem Lautsprecher usw. Der dramatische Konflikt wird dem Rezipienten in erster Linie mittels figuraler Sprache vermittelt.

Eine sprachliche Äußerung im Drama ist immer **in Hinblick auf die Aufführung des Dramas konzipiert.** Das bedeutet, dass eine sprachliche Äußerung einer Figur immer auf beiden Kommunikationsebenen, also auf der innerdramatischen zwischen den Figuren und auf der an den Rezipienten gerichteten präsent ist (s. Kap. 2.3.1, Punkt 3). Der Zuschauer hört also immer mit, auch wenn die Figuren so tun, als gäbe es ihn nicht. Sprachliche Äußerungen im Drama sind auch immer kontextgebunden. Es fehlt, von wenigen Ausnahmen abgesehen, meist der vermittelnde Erzähler von Prosatexten, was zur Folge hat, dass die meisten Repliken nicht verständlich sind, wenn man sie aus dem Zusammenhang reißt. Sprache im Drama ist immer stilisiert, auch wenn bestimmte Dramenformen das Ziel haben, natürliche Sprache möglichst nachzuahmen, wie etwa das naturalistische Drama. Am offensichtlichsten ist der Kunstcharakter der dramatischen Sprache bei Dramen in Vers- und Strophenform. Für die formale Analyse von Versen im Drama gelten die gleichen Grundprinzipien wie bei der Versanalyse in der Lyrik (s. Kap. 2.2.2).

Figurale Sprache: Will man eine **Typologie der figuralen Sprache** erstellen, gilt es zunächst, grundsätzlich gemäß ihrer Funktion zwischen figuraler Sprache, die etwas erzählt, und figuraler Sprache, die die Handlung konfiguriert, zu unterscheiden. Danach lässt sich eine **Typologie nach der Anzahl der am dramatischen Gespräch beteiligten Figuren** erstellen.

Selbstgespräch und Monolog: Demnach wäre der erste Typ figuraler Sprache das **Selbstgespräch** (*soliloquio*) und der **Monolog** (*monólogo*). Beim Selbstgespräch ist die Figur allein auf der Bühne und vermittelt ausschließlich dem Zuschauer seine Gedanken. Beim Monolog hingegen handelt es sich um eine längere Replik einer Figur, während der eine oder mehrere andere Figuren auf der Bühne sind und ebenfalls zu Zuhörern werden (zu den unterschiedlichen Formen monologischen Sprechens vgl. Pfister 1988, S. 192).

Zwiegespräch und Mehrgespräch: Kommt es zu einem Replikenwechsel zwischen zwei und mehr Personen spricht man von **Polylog** (*polílogo*) (Duolog, Trialog, Tetralog etc.; Pfister verwendet die Begriffe **Zwiegespräch** und **Mehrgespräch**). Die häufigste Form des Polylogs ist sicherlich der Duolog (zu den Funktionen von Polylogen vgl. Spang 1991, S. 286–290 und Pfister 1988, S. 196–219).

Beiseite-Sprechen: Eine Sonderform figuralen Sprechens ist das **Beiseite-Sprechen** (*aparte*). Beim Beiseite-Sprechen verlässt eine dramatische Figur den fiktionalen Rahmen und richtet sich direkt an die Zuschauer (*ad spectatores*), während die anderen Figuren so tun, als ob sie dies nicht wahrnehmen würden. Eine zweite Form ist das monologische

Beiseite-Sprechen (*aparte solitario*). Hier spricht die Figur zwar die Zuschauer nicht direkt an, aber die in der Replik enthaltenen Informationen sind ausschließlich für den Zuschauer gedacht und werden von den anderen auf der Bühne anwesenden Figuren nicht wahrgenommen.

Literatur

Asmuth, Bernhard: *Einführung in die Dramenanalyse.* Stuttgart [7]2009.

Fischer-Lichte, Erika: *Semiotik des Theaters. Band 1. Das System der theatralischen Zeichen.* Tübingen 1988.

Klotz, Volker: *Geschlossene und offene Form im Drama.* München 1964.

Lope de Vega, Felix: »Arte nuevo de hacer comedias« [1609]. In: *Obras Escogidas*, Bd. 2. Madrid 1953, S. 886–890.

Marchese, Angelo/Forradellas, Joaquín: *Diccionario de retórica, crítica y terminología literaria.* Barcelona 1994.

Pfister, Manfred: *Das Drama. Theorie und Analyse.* München 1988.

Platz-Waury, Elke: *Drama und Theater. Eine Einführung.* Tübingen 1992.

Roloff, Volker/Wentzlaff-Eggebert, Harald (Hg.): *Das spanische Theater.* Dortmund 1988.

Spang, Kurt: *Teoría del drama. Lectura y análisis de la obra teatral.* Pamplona 1991.

2.4 | Die Analyse fiktionaler Erzähltexte

2.4.1 | Allgemeine Fragen

Erzählen und Alltagskommunikation

Wenn man einmal vom eigenen Erleben absieht, werden uns Ereignisse aller Art nur durch die unterschiedlichen Formen mündlichen oder schriftlichen Erzählens zugänglich. Erzählen als kommunikative Handlung beinhaltet in aller Regel die Intention, eine Gemeinsamkeit in der Bewertung eines Geschehens zwischen den Kommunikationspartnern herzustellen. Damit soll eine »Intersubjektivität von Sinnbildung« erreicht werden (Arnold/Detering 1996, S. 289). Die **sinnstiftende Funktion des Erzählens** ist über die individuelle Kommunikation hinaus von Bedeutung für **kulturelle und gesellschaftliche Identitätsbildung**. Erzählen ist eine kulturelle Praxis, in deren Kontext auch fiktionale Erzähltexte stehen.

Die Konstruktion von Sinn, die allen Formen des Erzählens gemeinsam ist, kann mit ihrer Trennung in verschiedene Ebenen genauer bestimmt werden. Karlheinz Stierle hat hierfür in Weiterführung von Ansätzen des französischen Strukturalismus eine Unterscheidung von »Geschehen, Geschichte und Text der Geschichte« entworfen (in Koselleck/Stempel 1973, S. 530–534). Im Erzählen einer **Geschichte** vollzieht sich die **Transformation eines Geschehens**, von erst durch den Akt des Erzählens strukturierten Ereignissen in einen (mündlichen oder schriftlichen) Zusammenhang. Nur in den vielfältigen Realisierungsmöglichkeiten, die im Erzählen verwendet werden (die Stierle mit dem Begriff »**Text der Geschichte**« bezeichnet), wird ein Geschehen dem Verstehen zugänglich.

Geschehen und Geschichte

> Als → Geschehen bezeichnet Stierle eine nicht strukturierte Menge von Ereignissen, die in der außersprachlichen Realität stattgefunden haben.
> Geschehen wird dadurch zu einer → Geschichte, dass die Menge der Ereignisse zum Gegenstand einer Erzählung werden. Das Erzählen stellt (zeitliche, kausale, wertende, verstehende) Strukturen her, durch die die Menge der Ereignisse als Zusammenhang verstehbar und verfügbar wird.
> Als → Text der Geschichte bezeichnet Stierle die unterschiedlichen Möglichkeiten, im Erzählen solche Ordnungen des Geschehens mit den Mitteln sprachlicher und inhaltlicher Gestaltung zu errichten, also die erzählerische Konstruktion der Geschichte.

Zu den Begriffen

Die wechselseitige Abhängigkeit dieser Ebenen und die Bedeutung der erzählerischen Ordnung sowie der sprachlichen Realisierung für die Wahrnehmbarkeit und Verstehbarkeit von Geschehen verdeutlichen die *Exercices de style* des französischen Schriftstellers Raymond Queneau (1947). In diesen Texten wird ein und dasselbe banale **Geschehen** auf 99 verschiedene Arten erzählt und damit auch unterschiedlich gedeutet, bewertet und verstehbar. Vergleicht man diese Texte, so wird deutlich, dass sich in den verschiedenen Varianten dieser **Geschichten** auch der **Text der Geschichte** (ihre kausale oder wertende Verknüpfung) und teilweise sogar die Wahrnehmbarkeit des Geschehensverlaufs (oder zumindest dessen Eindeutigkeit) verändern (vgl. Martinez/Scheffel 2007, S. 27 ff.).

Daraus kann man folgern, dass ein Geschehen nur so zugänglich ist, wie es erzählt wird. Erzählen ist immer die Vermittlung von Geschehen aus einer bestimmten Perspektive. Das heißt auch, **dass es im Erzählen keine Objektivität gibt**: jedes Geschehen kann in unterschiedlichen Geschichten erzählt werden. Ein Geschehen ist also nie ›als solches‹, sondern immer nur so existent, wie es erzählt wird. Dass man jeder Erzählung misstrauen kann, weil ihre Konstruktion und Deutung von Geschehen vom **Standpunkt des Erzählers** bestimmt wird (s. Kap. 2.4.3), ist uns bereits aus der alltäglichen Erfahrung vertraut.

Eine Unterscheidung des Erzählens in literarischen Texten von seinen kommunikativen Funktionen ist nicht ohne weiteres möglich. **Fiktionale Formen des Erzählens stehen im Kontext kultureller Praktiken**, aus denen sie hervorgehen und von denen sie beeinflusst werden. Gerade angesichts des grundlegenden Anspruchs auf Sinnbildung haben literarische Formen des Erzählens immer eine kulturelle Bedeutung und stehen in vielfältigem Austausch mit anderen kulturell relevanten Formen des Erzählens.

Die Gemeinsamkeit mit kulturell gängigen Formen des Erzählens spielt bei der Analyse literarischer Erzähltexte vielfach eine Rolle. So gehen bestimmte Formen des episch-lyrischen Erzählens (wie z. B. die Tradition des *romance*, s. S. 152) oder erzählerische Kurzformen (etwa das Märchen) aus Formen eines in traditionellen Kulturen gängigen **mündlichen Erzählens** hervor. Direkt oder indirekt verweisen viele literarische Texte selbst auf die Gemeinsamkeit, die sie mit Traditionen mündlichen Erzählens verbindet. Dies gilt gerade für die in der Neuzeit bedeutendste Langform des literarischen Erzählens, den Roman, der sich nur allmählich aus anderen gesellschaftlich verbreiteten Formen des mündlichen und schriftlichen Erzählens ausdifferenziert.

Der Zusammenhang von kulturellen Praktiken des Erzählens und Roman: Der *Lazarillo de Tormes*
Das berühmte Vorbild des **Schelmenromans** (*novela picaresca*), der *Lazarillo de Tormes* (s. Kap. 4.3.3), stellt sich in seinem Prolog als einen Lebensbericht dar (der genaue Titel lautet: »La vida de Lazarillo de Tormes: y de sus fortunas y adversidades«), der auf Aufforderung einer hochgestellten Persönlichkeit verfasst und an diese gerichtet sei.

Diese Konstruktion der Erzählsituation situiert den Roman im (fiktiven) Kontext eines sozialen Abhängigkeitsverhältnisses. In diesem hat das Erzählen **die pragmatische Funktion einer Rechtfertigung**: Es soll Lazarillos Geschichte mitsamt ihren moralisch bedenklichen Elementen sozial akzeptabel machen (s. S. 168 f.). Die Erzählung könnte damit als Bestandteil einer gesellschaftlichen Praxis gelesen werden. Dass die Erzählsituation außerdem mit der religiösen Praxis der Beichte spielt, verweist ebenfalls auf **Übergänge zwischen kulturellen Praktiken und fiktionalem Erzählen**. Ähnlich wie in diesem Roman wird auch in der Beichte die unverstellte Erzählung der Lebensgeschichte des Beichtenden in ihren moralisch und theologisch problematischen oder verwerflichen Aspekten verlangt, und auch die Beichte hat eine pragmatische Funktion (die Erlangung der Absolution).

Erst seit dem 18. Jh. setzt sich für diese neue Art von Texten in Spanien die **Bezeichnung *novela*** nach und nach durch (s. S. 44 f.). Der Ursprung dieser Bezeichnung (italienisch *novella*: Neuigkeit), verweist ebenso auf eine **Verbindung zum mündlichen Erzählen** wie die kürzeren Erzähltexte (»Novellen«), die in der Tradition von Boccaccios *Decamerone* (um 1350–53) fiktive Situationen mündlicher Erzählung konstruieren. Auch in Spanien werden solche Texte im 17. Jh. noch mit dem Begriff *novela* bezeichnet – Cervantes' *Novelas ejemplares* beispielsweise stehen in dieser Tradition (und sind keine Romane!). Auch der bedeutendste Ausgangspunkt des modernen Romans, der *Don Quijote* (s. Kap. 4.3.3), verwendet im Verlauf seiner Geschichte vielfältige Formen des mündlichen Erzählens und auch des gemeinschaftlichen Vorlesens von Geschichten, die so ausgedehnt sind, dass sie teilweise die Haupthandlung überlagern.

Die **Beziehung zu lebensweltlichen Formen des Erzählens** ist also eine wesentliche Grundlage der Entstehung literarischer Erzähltexte. Vor allem aus kulturwissenschaftlicher Sicht erscheint es daher aufschlussreich, diesen Zusammenhang in der Analyse von literarischen Erzähltexten mit zu reflektieren.

Aspekte der Entstehung des spanischen Romans

Faktuales und fiktionales Erzählen

Literarische Formen des Erzählens kann man von der alltäglichen und kulturellen Praxis des Erzählens zunächst durch die Unterscheidung zwischen faktualen und fiktionalen Texten abgrenzen (s. S. 10):

> → Faktuale Erzählungen, beispielsweise ein Zeitungsbericht oder eine historische Darstellung, erheben den Anspruch, ein Geschehen

Zu den Begriffen

Die Analyse
fiktionaler
Erzähltexte

> zu erzählen, das in der außersprachlichen Wirklichkeit stattgefunden hat. Man kann sie daraufhin überprüfen, ob sie dieses Geschehen angemessen und vollständig darstellen.
> → Fiktionale Erzählungen entwerfen ein Geschehen, das nicht der außersprachlichen Wirklichkeit entstammt. Deshalb kann in der Analyse die Frage nach dem Wahrheitsgehalt ihrer Geschichte, nach ihrer adäquaten (oder gar ›objektiven‹) Darstellung außersprachlicher Wirklichkeit keine Rolle spielen.

Probleme
der Abgrenzung

Ob eine Geschichte ein erfundenes (fiktives) Geschehen erzählt oder dem Erzählen vorausgehende (reale) Ereignisse in der außersprachlichen Wirklichkeit wiedergibt, ist nicht immer leicht zu entscheiden. Entscheidend für die **Bestimmung fiktionaler Formen des Erzählens** ist neben dem Anspruch, mit dem eine Geschichte erzählt wird, die Art und Weise, in der ihr Verhältnis zur außersprachlichen Wirklichkeit (historisch und kulturspezifisch je verschieden) aufgefasst und rezipiert wird (vgl. Martinez/Scheffel 2007, S. 9–19). ›Fiktiv‹ und ›real‹ sind Kriterien einer Beurteilung von Erzählungen, die vom **Anspruch des Textes**, von seinem **kulturellen Kontext** sowie von den Wahrnehmungen und dem **Standpunkt des Rezipienten** abhängen.

Erzählen und Geschichtsschreibung: So hat sich zum Beispiel im Anschluss an die viel diskutierten Thesen des amerikanischen Historikers **Hayden White** die Ansicht durchgesetzt, dass es in Hinblick auf die **Sinnbildungsleistung des Erzählens** keinen grundsätzlichen Unterschied beispielsweise zwischen einer Geschichtsdarstellung und einem historischen Roman gibt (White 1973/1991). Beide erzählen – mit zumeist unterschiedlichem Material, aber mit strukturell vergleichbaren Erzählmustern – historisches Geschehen, um ihm durch ihre narrativen Konstruktionen einen Sinn zu verleihen: etwa als Fortschritt, als Kontinuität, als Krise oder Umbruch etc. Beiden Formen der Darstellung von Geschichte (wie auch anderen vergleichbaren) ist also der Anspruch gemeinsam, ein historisches Geschehen erzählerisch zu ordnen und damit dem Verstehen zugänglich zu machen.

Beispiel

Faktuale Elemente im fiktionalen Erzähltext:
Galdós' *Fortunata y Jacinta*
In dem bedeutendsten Roman von Benito Pérez Galdós, *Fortunata y Jacinta* (s. Kap. 4.6.3 und 4.6.4) beginnt der Erzähler mit dem Anspruch, bei verschiedenen Gewährsleuten eingeholte Informationen über eine real existierende Person namens Juanito Santa Cruz wiederzugeben (Beginn von Kap. I des ersten Teils: »Las noticias más remotas que tengo de la persona de este nombre [...]«). Dieser **Romananfang** erhebt in Hinsicht auf die Beziehung der Geschichte

zur außersprachlichen Wirklichkeit mithin den **Anspruch, reales Geschehen wiederzugeben**, also faktual zu erzählen. Zudem wird die Familie Santa Cruz, der diese Figur angehört, in einen historischen Kontext, nämlich in die Geschichte des Madrider Handels im 19. Jh. eingeordnet (Titel von Kap. II des ersten Teils:»Santa Cruz y Arnaiz. Vistazo histórico sobre el comercio matritense«). Schließlich enthält der Roman eine Fülle von Verweisen und Anspielungen auf die spanische Geschichte zwischen der Revolution von 1868 und dem Beginn der Restaurationsmonarchie (so etwa in den Titeln von Kap. II und III des dritten Teils,»La Restauración vencedora« und»La Revolución vencida«). Nichts hindert den Rezipienten daher prinzipiell daran, diesen Roman ganz oder teilweise als faktuale Erzählung zu lesen.

Bei der Analyse fiktionaler Erzähltexte geht man von der Annahme aus, dass sie, auch wenn sie mit den Realitätsbezügen ihrer Geschichte spielen (wenn also Elemente ihrer Geschichte referentialisierbar sind, s. Kap. 1.1.3), nicht als faktuale Erzählungen verstanden werden wollen. Wenn Elemente einer fiktiven Geschichte auf reales Geschehen verweisen, so ist dies selbst ein **Bestandteil der fiktionalen Konstruktion von Wirklichkeit** im Text. Daraus folgt beispielsweise (zumindest nach heute gängigen Konventionen der Lektüre), dass die oben erwähnten Elemente von *Fortunata y Jacinta* trotz ihrer faktualen Bedeutung nicht den Anspruch erheben, eine reale Lebensgeschichte darzustellen. Das Interesse verschiebt sich von der Frage nach einer ›objektiven‹ Darstellung historischer Zusammenhänge auf die Frage nach der Funktion dieser Elemente für den Aufbau eines fiktiven Geschehens.

Die Autoreferentialität des Erzählens wird damit zu einem entscheidenden Kriterium für die Fiktionalität eines Textes (s. Kap. 1.1.3). Die Analyse literarischer Erzähltexte untersucht daher die internen **Strukturen der erzählten Geschichte** und nicht deren Angemessenheit gegenüber oder gar Übereinstimmung mit einer außerhalb des Textes liegenden Wirklichkeit. Einen Erzähltext als Fiktion zu lesen und zu analysieren, setzt einen Konsens darüber voraus, dass es sinnvoll ist, sich auf seine fiktionale Wirklichkeitskonstruktion einzulassen und sich mit deren Strukturen und Problemen auseinanderzusetzen. Die eigentliche Anziehungskraft des Romans, dieser seit Beginn der Neuzeit bei weitem erfolgreichsten Form des fiktionalen Erzählens, liegt im Erproben von und dem **Spiel mit den Möglichkeiten sprachlicher Konstruktion fiktiver Wirklichkeiten**.

Die folgende Darstellung beschränkt sich daher auf grundlegende **textinterne Strukturen**, durch die das fiktionale Erzählen ein Geschehen entwirft, das **eine fiktive, nur sprachlich existente Wirklichkeit** darstellt. Die Erzähltextanalyse fragt danach,

- was erzählt wird (die Geschichte) und
- wie erzählt wird (die erzählerische Konstruktion dieser Geschichte).

Zwei grundlegende Fragen: das »Was« und das »Wie«

Im Text selbst sind diese beiden Aspekte nicht voneinander zu trennen. Doch auch wenn die Geschichte immer ein Resultat der erzählerischen Konstruktion ist, ist es sinnvoll, die Strukturen und die Bedeutung dieser beiden Ebenen getrennt voneinander darzustellen.

Die **Erzähltheorie** (**Narratologie**) hat, vor allem von Ansätzen des französischen Strukturalismus ausgehend, in sehr unterschiedlicher Begrifflichkeit und Komplexität diese beiden Ebenen des fiktionalen Erzählens bestimmt, in denen die **Geschichte** (*historia* oder *trama narrativa*) und ihre **erzählerische Konstruktion** (*narración* oder *discurso narrativo*) sich wechselseitig bedingen (vgl. Martinez/Scheffel 2007, S. 20–26; Lahn/ Meister 2008, Kap. IV.2 und IV.3).

1. **Was wird erzählt?** (die Geschichte)
- **Bestandteile des Geschehens:** Figuren, Orte, zeitliche Situierung und Ordnung, Ereignisse, Konflikte etc.
- **Strukturen der erzählten Welt:** zeitliche und räumliche Begrenzung oder Ausdehnung, Stabilität oder fragmentarischer Charakter der Handlungsräume, Nähe oder Distanz zur außersprachlichen Wirklichkeit etc.
- **Strukturen des Geschehens:** Figurenkonstellationen, Handlungsmuster und –motivationen, Plotstrukturen etc.

2. **Wie wird erzählt?** (die erzählerische Konstruktion der Geschichte)
- **Erzählstimme:** Individualisierte Erzählerfigur oder unpersönliche Erzählinstanz, Stellung zum erzählten Geschehen, kommunikative Funktionen des Erzählens
- **Zeitliche Struktur:** Ordnung des Geschehens (chronologisch, rückblickend, vorgreifend), Dauer des Erzählens (zeitraffend, zeitdehnend), Frequenz (wiederholend, fortschreitend)
- **Modus des Erzählens:** unmittelbar (Erzählung von Ereignissen) oder mittelbar (Erzählung von Berichten, Gedanken etc.), Perspektive auf das Geschehen und Fokalisierungen (wer sieht/wer spricht?)

2.4.2 | Die Strukturen der Geschichte (Was wird erzählt?)

Die Strukturen der Geschichte erzeugen in fiktionalen Erzähltexten eine zumeist in sich kohärente fiktive Welt, deren **innerer Zusammenhang als Geschichte** zum Gegenstand der Analyse von Erzähltexten wird. Zugleich kann die Untersuchung der Strukturierung der Geschichte Anhaltspunkte für das Wissen über und das Verstehen von Welt erarbeiten, die dem Erzählen jeweils zugrunde liegen bzw. die die Erzählinstanz für sich in Anspruch nimmt (s. Kap. 2.4.3).

Im Folgenden sollen einige allgemeine Strukturen dargestellt werden, die es ermöglichen, eine **Geschichte als geordneten Geschehensverlauf** zu entwerfen. Für solche »Bauformen des Erzählens« (Lämmert 1955) gibt es in der Erzähltheorie unterschiedliche Darstellungsweisen, deren Unterschiede hier nicht näher dargestellt werden können (vgl. Martinez/ Scheffel 2007, S. 32–47, 108–144; Lahn/Meister 2008, Kap. IV.3; Vogt 1990).

Die Strukturen der
Geschichte
(Was wird erzählt?)

Strukturelemente der erzählten Welt: Die Strukturen der fiktiven Welt, die im Roman entworfen wird, werden aus einer unterschiedlich detailliert und komplex entworfenen **zeitlichen und inhaltlichen Strukturierung des Geschehens** aufgebaut. Diese bildet die Grundlage für die Verstehensmöglichkeiten, die die erzählte Welt dann durch ihre **logischen und strukturellen Zusammenhänge** anbietet. Die Strukturierung der erzählten Welt ermöglicht es, Bestandteile oder Ereignisse eines Geschehensverlaufs zu einer Geschichte zu ordnen.

- **Zeitliche Ordnung:** chronologischer Zusammenhang der einzelnen Bestandteile des Geschehens, zeitliche Abfolge einzelner Handlungsstränge oder Episoden (linear oder verschachtelt, mit Vor- oder Rückgriffen [Prolepse, Analepse] auf vorausgehendes oder nachfolgendes Geschehen), Dauer des Geschehens (zeitliche Raffung oder Ausdehnung)
- **Logische Ordnung:** Herstellung von Ursache-Wirkungsbeziehungen im Geschehen durch kausale, konsekutive, adversative etc. Verknüpfungen, Vorausdeutungen oder rückblickende Zusammenfassungen
- **Strukturelle Ordnung:** Einordnung des Geschehens in allgemeine Handlungsmuster (Rivalität, Abhängigkeit, Freundschaft, Liebesbeziehungen etc.), Figurenkonstellationen (Dreiecksbeziehung, Vater-Sohn-Konflikt etc.) oder gängige Plotstrukturen, die dem Geschehen einen inneren Zusammenhang und eine verallgemeinerbare Bedeutung geben (Aufstiegsgeschichte, Lebensgeschichte, Geschichte eines Konflikts oder einer Bekehrung etc.)

Die Ordnung des
Geschehens zu
einer Geschichte

Daraus ergibt sich die **Kohärenz der Geschichte**, die in einem Roman erzählt wird. In der Terminologie des amerikanischen Literaturwissenschaftlers Seymour Chatman (1993) kann man diese Ordnungen als das »**setting**« bezeichnen, in dessen Kontext die Romanfiguren agieren. Den Verlauf einer Romanhandlung kann man dann beispielsweise auf das Zeitgerüst hin untersuchen, mit dem die Geschichte aufgebaut wird.

In medias res **oder chronologisch:** Im einfachsten Fall ist die zeitliche Ordnung **chronologisch linear**, das heißt, die Erzählung stellt den zeitlichen Ablauf eines Geschehens dar, das einen Ausgangspunkt und ein Ende hat. Diese chronologische Ordnung ist jedoch keineswegs selbstverständlich. Dies liegt unter anderem daran, dass die lange Zeit als Vorbild für den Roman angesehenen antiken Epen (vor allem Homers *Ilias* oder Vergils *Aeneis*) eine Struktur bevorzugen, die mitten im Geschehen (lat. *in medias res*) beginnt und dann in mehr oder weniger ausführlichen Rückgriffen (**Analepsen**) Ausgangspunkt und Vorgeschichte dieses Anfangs nachliefert. Auch wenn man hier eine (fiktive) zeitliche und kausale Ordnung des Geschehens rekonstruieren kann, wird diese Ordnung in der zeitlichen Struktur des Erzählens erst durch erzählerische Rückgriffe auf das vorausliegende Geschehen erkennbar.

Die zeitliche
Ordnung

Die Analyse
fiktionaler
Erzähltexte

Ein Beispiel

Die Zeitstruktur *in medias res* in Alarcóns *El escándalo*

Der Beginn des Romans (s. Kap. 4.6.3) berichtet von einem mit allen Attributen eines romantischen Helden ausgestatteten jungen Mann, der sich, unglücklich inmitten des Madrider Karnevalstrubels, in ein Kloster flüchtet. Dort erzählt der Protagonist in einem Rückblick, der den größten Teil des Romans ausmacht, einem Jesuitenpater seine Geschichte bis hin zu der gegenwärtigen Lebenskrise. Diese vermag er dann nach einer Reihe weiterer Verwicklungen mit Hilfe des geistlichen Beistands zu bewältigen. Hat also die fiktive Lebensgeschichte die zeitliche Abfolge A (Entwicklung des Protagonisten bis zur Krise) – B (Krise) – C (Bewältigung der Krise), so erzählt der Roman sie in der Abfolge B – A – C. Die Lebensgeschichte wird durch den Aufbau der Erzählung auf die Geschichte einer Krise konzentriert, was auch die Strukturen der erzählten Welt weniger komplex erscheinen lässt.

Die Bedeutung der zeitlichen Ordnung des Geschehens für den Aufbau der fiktiven Welt kann durch ein gegensätzliches Beispiel weiter verdeutlicht werden. Der bereits erwähnte **Prolog des *Lazarillo de Tormes*** begründet in einer aufschlussreichen Überlegung die chronologisch lineare Erzählung seiner Geschichte gegenüber ihrem fiktiven Adressaten mit deren Verstehensangebot:

> »Y pues Vuestra Merced escribe se le escriba y relate el caso muy por extenso, parecióme no toma[r]le por el medio, sino del principio, porque se tenga entera noticia de mi persona.«

In bewusster **Abwendung von dem *in medias res*-Verfahren** (»no toma[r] le por el medio, sino del principio«) wird die chronologische Anordnung der Lebensgeschichte (sie ist mit »el caso« gemeint) hier mit den für die Intention des Erzählens – die Darstellung einer Lebensgeschichte und der moralischen und lebenspraktischen Probleme eines Individuums – besseren Verstehensmöglichkeiten begründet (»porque se tenga entera noticia de mi persona«). Damit ist der Schelmenroman ein einflussreiches Vorbild für die europaweite Erfolgsgeschichte des Romans geworden. Er begründet eine Struktur des Erzählens, mit der die **chronologische Konstruktion einer Lebensgeschichte** in ihrem zeitlichen Verlauf zu dem bedeutendsten Gegenstand des neuzeitlichen Romans wird (s. S. 160 f.).

Der moderne
Roman: Auflö-
sung kohärenter
Strukturen der
Geschichte

Im **modernen Roman** tritt die **Frage nach den Möglichkeiten des Erzählens** selbst in den Vordergrund. Daher findet sich seit der Jahrhundertwende verbreitet die Tendenz, die inhaltliche Ordnung der Geschichte aufzulösen. Damit verbindet sich eine **Problematisierung des fiktionalen Erzählens**, in dem eine kohärente Geschichte erzählt wird.

Kritik an der Kohärenz der Geschichte: Azoríns *La Voluntad*

Die Entwicklung des modernen Romans wird in den Überlegungen deutlich, die in **Azoríns** (s. Kap. 4.7.2) **Roman *La Voluntad*** (1902) von dem alternden Philosophen Yuste formuliert werden. Dieser polemisiert gegen den seines Erachtens **kunstfeindlichen Kohärenzanspruch des Romans** und die daraus resultierende Konstruktion einer Geschichte (*fábula*), die in sich abgeschlossen erscheint: »Ante todo, no debe haber fábula... **la vida no tiene fábula**: es diversa, multiforme, ondulante, contradictoria... todo menos simétrica, geométrica, rígida como aparece en las novelas«. Er bringt damit eine Sicht des Lebens ins Spiel, die dieses als widersprüchliche Bewegung (»multiforme, ondulante, contradictoria...«) und letztlich als nicht verstehbar begreift. Damit verwirft er eine Konzeption des Romans, in der die Vielfalt, die Widersprüche und der fragmentarische Charakter des Lebens zu einer zusammenhängenden Geschichte geordnet werden.

Eine fragmentarische Erzählung tritt im modernen Roman an die Stelle einer zusammenhängenden Geschichte. Das bedeutet, dass diese lediglich aus einzelnen Ereignissen oder Aspekten einer fiktiven Wirklichkeit besteht, die im Erzählen nicht mehr zu einer geordneten oder gar gedeuteten Geschichte werden. Verlaufs- und Zeitstrukturen eines Geschehens lassen sich zwar in der Rezeption möglicherweise noch rekonstruieren, verlieren jedoch an Bedeutung gegenüber den Prozessen der Wahrnehmung und Erinnerung, die im Erzählen inszeniert werden (s. die Interpretation von Juan Goytisolos *Señas de identidad*, Kap. 4.8.4).

Im modernen Roman macht das Erzählen sich selbst zum Gegenstand; es thematisiert seine Konstruktionsverfahren und Ordnungen. Die Entwicklung des modernen Romans verweist so direkt oder indirekt darauf, dass eine kohärente Geschichte immer das Resultat einer erzählerischen Konstruktion von Wirklichkeit ist.

2.4.3 | Die erzählerische Konstruktion von Wirklichkeit (Wie wird erzählt?)

Die Erzählinstanz

Autor und Erzählinstanz: Stellt man die Frage, wer eigentlich in einem fiktionalen Erzähltext erzählt, so scheint die Antwort auf den ersten Blick einfach zu sein, da ja der Verfasser des Textes zumeist bekannt ist. Doch die komplexen Strukturen der erzählerischen Konstruktion von Wirklichkeit können nicht mit der Analyse einer Kommunikation zwischen Autor und Leser erfasst werden. Diese stellt zwar eine Rahmenbedingung dar, unter der die Strukturen fiktionalen Erzählens rezipiert werden können. Dennoch ist es sinnvoll, nicht die Kommunikation zwischen Autor und

Die Analyse
fiktionaler
Erzähltexte

Leser als unmittelbaren Bezugspunkt für das Erzählen anzunehmen, sondern eine in den Text eingeschriebene **fiktionale Ebene der Kommunikation**.

Die Vermittlungsfunktion des Erzählens: Auf dieser Ebene erzählt **eine fiktive Erzählinstanz** das Geschehen **einem fiktiven Adressaten**. Dies kann explizit geschehen, wie beispielsweise in der bereits dargestellten erzählerischen Konstruktion des *Lazarillo de Tormes*, in der sowohl ein Erzähler wie dessen Kommunikationspartner entworfen werden. Allerdings sind solche fiktiven Instanzen einer durch das Erzählen begründeten Kommunikationssituation im Text meist nicht als Figuren präsent. Dennoch beinhalten auch anonyme Erzählungen eine fiktive Grundsituation der Kommunikation, die dem Erzählen allgemein zu Grunde liegt (jemand erzählt jemandem etwas). Man kann daher auch eine anonyme Erzählinstanz nicht mit dem Autor des Werks gleichsetzen. Auch sie übernimmt vielfältige Funktionen der Perspektivierung und Deutung des erzählten Geschehens. Die **Erzählinstanz** ist ebenso wie die Geschichte selbst ein **Bestandteil der fiktionalen Konstruktion der Wirklichkeit**, die in der Erzählung entworfen wird. Da der Autor den Gesamtzusammenhang dieser Konstruktion arrangiert, wäre es eine problematische Reduktion, ihn mit *einem* ihrer Bestandteile zu identifizieren.

Zur Vertiefung

Die Begriffe »Erzähler« und »Erzählinstanz«

In der neueren Erzähltheorie wird die kommunikative Dimension erzählerischer Konstruktion von Wirklichkeit unabhängig von der Art ihrer Präsenz im Text mit dem bereits verwendeten Begriff der **Erzählinstanz** (*instancia narradora,* auch Erzählstimme, *voz narradora*) bezeichnet. Der Begriff **Erzähler** (*narrador*), der häufig in diesem allgemeinen Sinn gebraucht wird (vgl. Stanzel 1995), ist deshalb problematisch, weil er die allgemeine Funktion des Erzählens und deren mögliche Realisierung durch eine konkrete Figur vermischt. Zudem legt dieser Begriff es nahe, den Erzählvorgang auch da einer Person zuzurechnen (die dann möglicherweise auch noch als Stellvertreter des Autors gedacht wird), wo diese nur als anonyme Instanz der Kommunikation in der Konstruktion der fiktionalen Erzählung präsent ist (vgl. Nünning 1997; Martinez/Scheffel 2007, S. 67–88; Lahn/Meister 2008, Kap. IV.1).

Funktionen der Erzählinstanz: Mit der Erzählinstanz wird in der Geschichte ein Bezugspunkt konstruiert, der **das Geschehen überschaut und beherrscht**. Prinzipiell ist es ihr Standpunkt und ihre Sichtweise des Geschehens, die die Geschichte begründen. Gegenüber der Erzählinstanz haben in der Erzählung wiedergegebene **Äußerungen, Urteile oder Gedanken von Figuren** über das Geschehen als **subjektabhängige Bewertungen** in der Regel eine eingeschränkte Bedeutung für die Möglichkeiten seiner Deutung. Erscheint die Erzählinstanz als unbeteiligt und

Die erzählerische
Konstruktion
von Wirklichkeit

daher prinzipiell eher neutral, so sind handelnden Figuren selbst in das Geschehen verwickelt oder auch an einer bestimmten Deutung desselben interessiert, die daher als subjektabhängig rezipiert wird.

Allerdings kann auch die Erzählinstanz so konstruiert sein, dass ihr Wissen über das Geschehen durch zeitliche, räumliche oder psychologische Beschränkungen relativiert wird. Je weiter sie zudem selbst in das erzählte Geschehen involviert ist, desto mehr erscheinen auch ihre Deutungen und Erklärungen als interessegeleitet und möglicherweise zweifelhaft (besonders deutlich beispielsweise, wenn sie ihre eigene Lebensgeschichte erzählt wie im *Lazarillo de Tormes*; s. S. 78).

Die Deutungshoheit der Erzählinstanz begründet also eine Kommunikationssituation, in der ihre Informationen und Urteile Gültigkeit haben, solange dadurch nicht Widersprüche entstehen, die ihre Glaubwürdigkeit in Frage stellen (vgl. Martinez/Scheffel 2007, S. 96–104). Grundsätzlich besteht darüber hinaus die Möglichkeit, im Erzählen unterschiedliche Perspektiven des Verstehens bis hin zu solchen, die verwirrend und fragwürdig erscheinen können, ins Spiel zu bringen.

Die Sicht des Geschehen, die die Erzählinstanz anbietet, kann damit **eingeschränkt oder in Frage gestellt** werden. Diese Entwicklung findet sich insbesondere in Romanen der Moderne – bis hin zum sogenannten **unzuverlässigen Erzählen** (von dem engl. *unreliable narration*, span. *narración infidente*). Mit diesem Begriff bezeichnet man eine Erzählinstanz, die so erzählt, dass man ihrer Geschichte und ihren Deutungen misstrauen oder sie sogar als unglaubwürdig bewerten kann (s. den Fall der Carmen in Delibes' *Cinco horas con Mario*; S. 20 f.). Unterschiedliche Konstruktionen einer Erzählinstanz tragen dazu bei, den Roman als den **Ort einer sprachlichen Aneignung und Deutung von (fiktiver) Wirklichkeit** zu verstehen und die Mechanismen offen zu legen, die dies begründen.

Innerhalb der realen Ebene der Kommunikation zwischen Autor und Leser, auf der die Lektüre des Textes stattfindet, kann man **zwei fiktionsinterne Kommunikationsebenen** ansetzen. Sie vermitteln die Geschichte und werden in der Lektüre als ihre Bestandteile rezipiert:

Erzählinstanz
und Kommunika-
tionsebenen der
Erzählung

- Auf einer ersten Kommunikationsebene impliziert die bereits angesprochene fiktive Erzählsituation die Präsenz eines fiktiven Kommunikationspartners, an den sich die Erzählung der Erzählinstanz richtet.
- Eine zweite Kommunikationsebene bilden figurengebundene Formen der Wahrnehmung und Vermittlung der erzählten Wirklichkeit.

Durch Erzählungen, Wahrnehmungen oder Reflexionen von Romanfiguren kann das Geschehen anders perspektiviert und gedeutet werden, als dies die Erzählinstanz tut. Glaubwürdigkeit und Geltungsanspruch dieser Ebenen des Erzählens werden von ihrem binnenfiktionalen Status und ihrer wechselseitigen Beziehung bestimmt. Die Rezeption der Geschichte hängt davon ab, von welcher Instanz der fiktiven Kommunikationssituation sie vermittelt wird – und damit von ihrer Brechung durch unterschiedliche Ebenen der Wahrnehmung.

Zwei wesentliche Faktoren fiktionalen Erzählens werden durch diese Unterscheidungen verdeutlicht. Sie ermöglichen es, die im Erzählen ja immer grundlegende Deutung des Geschehens genauer zu analysieren:

- zum einen durch die **Beziehung der Erzählinstanz zum erzählten Geschehen** (der Grad ihrer Beteiligung an ihm);
- zum anderen durch den **Modus des Erzählens**, d. h. durch die Nähe oder Distanz der Erzählinstanz zum erzählten Geschehen im Akt des Erzählens (die Vermittlung des Geschehens aus eigener Wahrnehmung oder durch die Wahrnehmung von Figuren).

Erzählinstanz und erzähltes Geschehen

In einer Begrifflichkeit, die von Gérard Genette begründet worden ist (vgl. Genette 1994 sowie Martinez/Scheffel 2007, S. 75 ff.), kann man die **Art der Beteiligung der Erzählinstanz** am erzählten Geschehen sowie **ihre Position** mit zwei Begriffspaaren unterscheiden, die aus dem Wortstamm »–diegetisch« abgeleitet werden (von griech. *diegesis*: Erzählung). Bei dem Begriffspaar »heterodiegetisch/homodiegetisch« geht es um die Stellung der Erzählinstanz zum erzählten Geschehen bzw. um den Grad der Beteiligung an ihm; bei dem Begriffspaar »extradiegetisch/intradiegetisch« um den Ort, von dem aus erzählt wird.

> → Heterodiegetisch (*heterodiegético*): Die Erzählinstanz gehört nicht zur erzählten Welt und hat häufig keine individuellen Konturen als Figur. Wenn sie über sich selbst nichts aussagt, ist sie nur als anonyme Stimme in der Erzählung präsent. Ihr Standpunkt kann jedoch auch dann durch die Ordnungen und Bewertungen des Geschehens rekonstruiert werden, die die Geschichte strukturieren.
> → Homodiegetisch (*homodiegético*): Die Erzählinstanz ist in unterschiedlicher Intensität (als Beobachter, Nebenfigur, Hauptfigur) am erzählten Geschehen beteiligt und damit in der Regel auch als Figur präsent. Neben ihren Bewertungen des Geschehens ist für die Analyse auch ihr (explizit formuliertes oder implizit erschließbares) Interesse an bestimmten Deutungen der Geschichte wichtig.
> → Extradiegetisch (*extradiegético*): Der Akt des Erzählens ist außerhalb des erzählten Geschehens und damit auf Distanz zu ihm angesiedelt. Dies ist bei einer heterodiegetischen Erzählinstanz die Regel, jedoch auch bei homodiegetischen Erzählinstanzen möglich (typischer Fall: eine Figur erzählt wie Lazarillo rückblickend ihre Lebensgeschichte, vgl. unten).
> → Intradiegetisch (*intradiegético*): Der Akt des Erzählens ist innerhalb des erzählten Geschehens angesiedelt und damit einer homodiegetischen Erzählerfigur zugeordnet. Intradiegetisches Erzählen setzt voraus, dass es eine Rahmenhandlung gibt, in die die

intradiegetische Erzählung eingeordnet wird (etwa die von einer heterodiegetischen Erzählinstanz erzählte Vorbereitung der Totenwache Carmens in *Cinco horas con Mario*, an die sich ihr Monolog als intradiegetische Erzählung anschließt; s. S. 20 f.).

Diese beiden Begriffspaare erfassen Grundstrukturen der Konstruktion einer Erzählinstanz. Ihre jeweils konkrete Realisierung kann durch Kombination ihrer einzelnen Bestandteile sehr unterschiedlich ausfallen. In der Entwicklung des Romans findet sich eine große Bandbreite erzählerischer Möglichkeiten, **die Kohärenz bildende Funktion der Erzählinstanz** zu inszenieren, aber auch zu relativieren. Die Geschichte der Erzählinstanzen im Roman wie deren Analyse ist deshalb so komplex, weil ihre Konstruktion **entscheidend für die Vermittlung und Deutung der erzählten Welt** ist. Die Analyse der Vermittlungs- und Deutungsverfahren, durch die eine Geschichte entsteht, reflektiert auch die metafiktionale Problematisierung der durch Erzählinstanzen vermittelten Wirklichkeitsmodellierungen.

Eine Erzählinstanz kann an dem erzählten Geschehen nicht beteiligt (heterodiegetisch) sein und eine Geschichte von einer Position außerhalb der erzählten Welt (extradiegetisch) erzählen. Schon durch ihre Anonymität erscheint sie nicht durch ihre Beziehung zum Geschehen bestimmbar und daher auch nicht von ihm beeinflusst (dies wäre in der ebenfalls häufig verwendeten Terminologie von Franz K. Stanzel ein **auktorialer Erzähler**; vgl. Stanzel 1995, S. 242 ff.).

Formen hetero-
und homodiege-
tischen Erzählens

Die extradiegetische Erzählung einer heterodiegetischen Erzählinstanz hat in der Regel einen **hohen Objektivitätsanspruch**, solange ihre Darstellung und Bewertung des Geschehens zuverlässig und glaubwürdig erscheint. Dies ist beispielsweise der Fall in *La regenta* oder in *La colmena* (s. Kap. 4.6.4 und 4.8.4) und die Regel bei Romanen, in denen die Erzählinstanz nicht figurengebunden ist. Ein Vergleich zwischen den beiden genannten Romanen zeigt allerdings auch, dass je nach dem Erzählmodus (s. Kap. 2.4.3) das erzählte Geschehen in dieser strukturell gleichen Erzählsituation in sehr unterschiedlicher Verstehbarkeit entworfen werden kann.

Eine homodiegetische Erzählinstanz, die selbst an dem Geschehen beteiligt ist und aus einer Position innerhalb des Geschehens (intradiegetisch) erzählt, ist diesem objektivierenden Erzählen ›von außen‹ direkt entgegengesetzt. Dieser bis Ende des 19. Jh.s eher seltene Fall findet sich bei dem Protagonisten von *El escándalo* (s. S. 78), dessen Lebensbericht durch die Gesamtanlage des Romans in die extradiegetische Erzählung einer heterodiegetischen Erzählinstanz integriert wird. Seine von ihm selbst erzählte wachsende Desorientierung und Verzweiflung ist charakteristisch für die **Position einer intradiegetischen Erzählinstanz**, die selbst **in den Fortgang des Geschehens verwickelt** ist. Ihr Wissen über das Geschehen ist daher notwendigerweise begrenzt durch den Entwicklungsstand der Geschichte zum Zeitpunkt des Erzählens.

Die Analyse
fiktionaler
Erzähltexte

Diese Situierung der Erzählinstanz wird häufig in modernen Romanen verwendet, um die Verstehbarkeit der erzählten Wirklichkeit in Frage zu stellen. Bisweilen wird sie zu *einer* Stimme in einer **polyphonen Inszenierung des Erzählens**, in einer Konstruktion der Erzählsituation, in der unterschiedliche intra- oder extradiegetische Erzählinstanzen sich ablösen, aber auch gegenseitig durchkreuzen und relativieren können. Beispiele hierfür bieten sowohl Juan Goytisolos *Señas de identidad* wie Antonio Muñoz Molinas *El jinete polaco* (s. Kap. 4.8.4 und 4.9.3). In beiden Romanen wird die Orientierungs- und Identitätssuche der jeweiligen Protagonisten in intradiegetischen Erzählungen homodiegetischer Erzähler präsentiert. Sie wird unterbrochen und durchkreuzt von anderen, teils heterodiegetischen Erzählinstanzen, die in Fragmenten Aspekte der Vergangenheit und Gegenwart entwerfen, in denen die Protagonisten sich zu orientieren versuchen.

Die **fiktive Autobiographie:** Mit dem Begriff fiktive Autobiographie bezeichnet man die schon mehrfach angesprochene erzählerische Konstruktion, in der ein fiktiver Protagonist seine Geschichte selbst erzählt. Es handelt sich um eine extra- und homodiegetische Erzählung in der ersten Person, deren Erzählinstanz auch als **Ich-Erzähler** (*yo narrador*) bezeichnet wird (vgl. Stanzel 1995, S. 258 ff. und 271 ff.). Von den vielfältigen Formen der Ich-Erzählung unterscheidet sich die fiktive Autobiographie dadurch, dass das Erzählen hier für den Ich-Erzähler **existentielle Bedeutung** hat. Denn die Geschichte, die er erzählt, wirft häufig explizit, zumindest aber implizit die Frage nach der Bedeutung und dem Sinn seines eigenen Lebens auf und stellt damit möglicherweise seine eigene Existenz in Frage. Diese Grundproblematik macht auch die besondere Bedeutung der fiktiven Autobiographie in der Geschichte des Romans aus (ausführliche Darstellung bei Lejeune 1975/1994).

Zur Vertiefung

> **Strukturen und Möglichkeiten des autobiographischen Erzählens**
>
> Lazarillo (s. S. 168 f.) wie auch der Marqués de Bradomín in Valle-Incláns *Sonata de otoño* (s. Kap. 4.7.5) erzählen ihre Lebensgeschichte rückblickend, in einem zeitlichen Abstand von dem erzählten Geschehen. Die erzählende Figur ist im Text doppelt präsent, als Erzähler (extradiegetisch) und als Gegenstand der Erzählung (homodiegetisch). Der zeitliche **Abstand zwischen erzählendem und erzähltem** (oder erlebendem) **Ich** beinhaltet auch Unterschiede des Wissens über sich selbst. Die (fiktive) Distanz zwischen dem Zeitpunkt des Geschehens und dem Zeitpunkt des Erzählens hat zur Folge, dass die Erzählinstanz hier anders als im intradiegetischen Erzählen ihre eigene Geschichte überblicken, ordnen, erklären und (wie im Falle des *Lazarillo*) auch rechtfertigen kann. In der Erzählung ist diese Unterscheidung oft kaum erkennbar, doch für eine Analyse der erzählerischen Wirklichkeitskonstruktion ist sie wesentlich.

Wenn etwa Lazarillo die entscheidende Wendung seiner Lebensgeschichte im 7. Kapitel des Romans mit einer göttlichen Erleuchtung
erklärt (»Y pensando en que modo de vivir haría mi asiento [...] quiso
Dios alumbrarme«), so verbindet sich die **Beschreibung seiner damaligen Situation als erzähltes Ich** auf der Suche nach einer sozialen
Existenz (»pensando en que modo de vivir haría mi asiento«) mit einer
Deutung des erzählenden Ich (»quiso Dios alumbrarme«). Diese Deutung soll seinen Wandel in religiös idealisierender Weise darstellen. Da
das erzählende Ich seinem Adressaten gegenüber an einer normgerechten Bewertung seiner Lebensgeschichte interessiert ist, wird hier die
deutende Funktion des Erzählens für den Leser deutlich erkennbar.
Die Verwendung eines Ich-Erzählers bietet also die Möglichkeit,
zugleich eine **besondere Nähe zum erzählten Geschehen** und eine
Distanz dazu im Rückblick in die Erzählung einzuschreiben. Die
scheinbare Unmittelbarkeit einer Lebensgeschichte verbindet sich durch
die Erzählerfigur mit deren subjektabhängiger Darstellung.

Der Modus des Erzählens

Eine wesentliche Grundlage der erzählerischen Konstruktion von Wirk-
lichkeit kann anhand des Wissens untersucht werden, das die Erzählin-
stanz implizit durch die Art des Erzählens oder sogar explizit für sich in
Anspruch nimmt. Dieser Wissensanspruch und die daraus resultierenden
Perspektivierungen des Erzählens werden im Anschluss an Genette als
Erzählmodus bezeichnet (vgl. Genette 1994, S. 128–144 und Martinez/
Scheffel 2007, S. 47–67). Dieser Begriff bezeichnet die Aspekte des Erzäh-
lens, die sich aus den unterschiedlich vermittelnden **Möglichkeiten der
Darstellung, Ordnung und Deutung von Geschehen** ergeben.

Wer sieht?/Wer spricht?: Auch wenn eine Erzählinstanz in einem
Roman durchgängig erzählt (was sie meist tut), muss sie keineswegs die
Deutung des erzählten Geschehens alleine oder auch nur hauptsächlich
verantworten. Vielmehr kann sie in unterschiedlicher Intensität im Erzählen Wahrnehmungen und Verstehensmöglichkeiten des Geschehens
präsentieren, die von an ihm beteiligten Figuren, bisweilen auch aus anderen (fiktiven oder realen) Texten stammen, die zitiert oder angeführt
werden können. Dieser Unterscheidung kann man in der Analyse durch
die **Fragen** »**wer spricht?**« und »**wer sieht (denkt, beurteilt etc.)?**« Rechnung tragen. Von diesen Modi der Ordnung und Deutung des Geschehens,
dem **Grad der Glaubwürdigkeit** der daran beteiligten Instanzen, hängt
auch die Rezeption der Geschichte durch den Leser/die Leserin ab.

Fokalisierungen: Die Unterscheidung zwischen Instanz(en) der Wahrnehmung und Instanz des Sprechens (also deren Wiedergabe durch eine
Erzählinstanz) bezeichnet Genette mit dem Begriff ›Fokalisierung‹. In
einer an die Optik angelehnten Differenzierung wird dabei als ›Fokus‹ (eigentlich: der Brennpunkt einer Linse) der personale Ort verstanden, durch

dessen Bewusstseinsvorgänge (Beobachtung, Gedanken, Deutungen etc.) ein Geschehen wahrgenommen und strukturiert wird. Die Analyse der Fokalisierung fragt danach, in welchem Verhältnis **Erzählinstanz und Instanz(en) der Wahrnehmung des erzählten Geschehens** stehen.

Zu den Begriffen

> → Nullfokalisierung (*focalización cero*): Die Erzählinstanz nimmt das Geschehen selbst wahr, deutet und ordnet es. Sie erzählt aus einer Position der Übersicht und des Wissens und ist den Figuren überlegen, d. h., sie weiß und sagt mehr als die Figuren wissen und sagen können. Da der Wissenshorizont der Erzählinstanz die uneingeschränkte Grundlage für die Ordnung der Geschichte bildet, nennt man diesen Modus des Erzählens auch allwissend oder **auktorial**.
>
> → Interne Fokalisierung (*focalización interna*): Die Erzählinstanz nimmt das Geschehen nicht selbst wahr, sondern erzählt in unterschiedlicher Intensität über die bzw. aus der Wahrnehmung einer oder mehrerer Figuren (die auch als **Reflektorfiguren** bezeichnet werden; vgl. Stanzel 1995, S. 83 ff.). Solange sie dies tut, weiß und sagt sie nicht mehr als die Figur(en) sagen und wissen. Da der Wissenshorizont der Erzählinstanz durch denjenigen der Figur(en) begrenzt bzw. ihm gleich ist, nennt man diesen Modus des Erzählens auch mitwissend oder **aktorial**.
>
> → Externe Fokalisierung (*focalización externa*): Die Erzählinstanz nimmt das Geschehen selbst wahr, deutet und ordnet es jedoch nicht. Sie erzählt ein Geschehen von außen, ohne über ein Wissen über dessen Zusammenhang, die Gedanken und Motive der Figuren etc. zu verfügen. Da das Erzählen nicht vom Wissenshorizont der Erzählinstanz strukturiert wird, nennt man diesen Modus auch **neutral**.

Die Begrifflichkeit ermöglicht es, neben dem Standort der Erzählinstanz und dem Grad ihrer Beteiligung am erzählten Geschehen auch die **Art ihrer Vermittlung des Geschehens** in die Analyse der erzählerischen Konstruktion von Wirklichkeit einzubeziehen. Beide Aspekte hängen zwar in vielen Fällen eng miteinander zusammen, doch ihre wechselnde Kombination kann zu unterschiedlichen Sinneffekten führen. Während die Position der Erzählinstanz in der Regel im Verlauf eines Romans stabil bleibt, kann die Fokalisierung, in der sie das Geschehen vermittelt, immer wieder wechseln.

Durch unterschiedliche Fokalisierungen werden **unterschiedliche Wahrnehmungs- und Deutungsmöglichkeiten** konstruiert. Auch ein variabler Erzählmodus relativiert die Kohärenz der Geschichte und eröffnet in der Rezeption verschiedene oder gar einander durchkreuzende Verstehensmöglichkeiten. Einige Beispiele sollen deren Bedeutung für die Romananalyse konkretisieren und veranschaulichen.

Die erzählerische
Konstruktion
von Wirklichkeit

Nullfokalisierung und interne Fokalisierung: Wenn eine Erzählinstanz ein Geschehen in **Nullfokalisierung** erzählt, bedeutet dies, dass sie alleine für die Konstruktion und Deutung der Geschichte verantwortlich erscheint. Sie weiß also über alle ihre Bestandteile bis hin zu den innersten Regungen und Motiven der Figuren Bescheid und kann diese in den Geschehensverlauf einordnen. In diesem **Erzählen aus einem Überblick** über das Geschehen gibt es keine andere Instanz der Wahrnehmung und Vermittlung als die Erzählinstanz.

Nullfokalisierung als Erzählen aus einer Position des Wissens: Der Anfang des *Don Quijote*

Ein Beispiel

> »Es, pues, de saber, que este sobredicho hidalgo, los ratos que estaba ocioso - que eran los más del año- se daba a leer libros de caballerías con tanta afición y gusto, que olvidó casi de todo punto el ejercicio de la caza, y aun la administración de su hacienda [...]. En resolución, él se enfrascó tanto en su lectura, que se le pasaban las noches leyendo de claro en claro, y los días de turbio en turbio; y así, del poco dormir y del mucho leer se le secó el cerebro, de manera que vino a perder el juicio.« (Auszug aus Kap. I,1)

Zu Beginn von Cervantes' Roman vermittelt die Erzählinstanz alle für das Verständnis des Protagonisten und seines Verhaltens nötigen Informationen. Sie kennt seine Vermögensverhältnisse, seine Lebensweise (die des ärmlichen Landadels, der *hidalgos*) wie seine Motive und entwickelt daraus eine in sich kohärente Erklärung für seine Versessenheit auf Ritterromane. Die einleitende Formulierung »es, pues, de saber« zeigt die Position des Wissens- und Verstehens, die sie beansprucht und aus der sie eine klare Deutung der Auswirkungen dieser Lektüre auf seinen Geisteszustand ableitet: »vino a perder el juicio«. Dies Nullfokalisierung offeriert dem Rezipienten zunächst eine eindeutige Geschichte, die eines Verrückten, die keine Verstehensprobleme aufzuwerfen scheint (auch wenn dies sich im Verlauf des Romans ändert; s. S. 171 f.).

Passagen interner Fokalisierung durchbrechen häufig im Gang der Erzählung **die einheitliche Perspektive der Nullfokalisierung**. Dies geschieht dadurch, dass einzelne Momente des Geschehens oder auch längere Abschnitte vermittelt durch den Bericht oder die Wahrnehmung einer oder mehrerer am Geschehen beteiligter Figuren erzählt werden. Da dabei die Instanzen der Wahrnehmung (die jeweilige Figur) und des Erzählens (die Erzählinstanz) verschieden sind, bringt dieser Wechsel der Fokalisierung zumindest vorübergehend die Möglichkeit einer oder mehrerer anderer Perspektiven der Deutung in die Geschichte ein. Dann ist nicht mehr nur das Geschehen selbst Gegenstand der Erzählung, sondern diese beinhalte zugleich die **Darstellung der Bewusstseinsvorgänge einer oder mehrerer Figuren**. Man kann von einem mehr oder weniger ausgeprägten Rückzug der Erzählinstanz sprechen: Ist sie im Gedankenbericht noch selbst als Redeinstanz präsent, so tritt in der erlebten Rede und im inneren Monolog zunehmend das Bewusstsein der Figur in den Vordergrund.

Erlebte Rede (*estilo indirecto libre*): Diese Bewusstseinsinhalte können mit der Sicht der Erzählinstanz übereinstimmen oder als **Gedankenbericht** von ihr kommentiert und kontrolliert werden. Sie können aber auch eine **Eigendynamik** entwickeln, in der die Erzählinstanz hinter die figurengebundene Perspektive zurücktritt. Erzähltechnisch intensiviert wird dieser Rückzug der Erzählinstanz durch die Verwendung der **erlebten Rede** (*estilo indirecto libre*). Worte oder Gedanken einer Figur werden dabei nicht mehr – wie beim Gedankenbericht in indirekter Rede – durch einen einleitenden Hauptsatz als solche gekennzeichnet und vermittelt.

Ein wesentlicher Sinneffekt der erlebten Rede ist die Uneindeutigkeit der Zuordnung von Wahrnehmungen, Gedanken etc. Auf Grund ihrer sprachlichen Struktur stellt sie nämlich eigentlich eine Aussage der Erzählinstanz dar (es fehlt ja ein Verb des Sagens oder Denkens, das eine andere Wahrnehmungsinstanz einführen würde). Inhaltlich legt der Text jedoch die Vermutung nahe, dass er die Gedanken der Figur wiedergibt, von der er erzählt.

Daraus folgt, dass die Bewertung von Textpassagen als erlebte Rede häufig nicht eindeutig möglich ist. Die erlebte Rede wird im spanischen Roman seit den realistisch-naturalistischen Romanen Galdós' und Claríns zu einem wichtigen Modus des Erzählens. Sie trägt zu einer erzählerischen Konstruktion von Wirklichkeit bei, **in der die Erzählinstanz auf ihren Wissensanspruch** und die daraus resultierende Ordnung der Geschichte **teilweise verzichtet**.

Innerer Monolog (*monólogo interior*): Wie schon der Begriff ›Monolog‹ zeigt, nähert sich die erzählerische Darstellung im **inneren Monolog** einer dramatischen an, der unmittelbaren Präsentation von Gedankengängen einer Figur ohne erzählerische Vermittlung. Ein innerer Monolog macht beispielsweise, nur noch in einen extradiegetisch erzählten Rahmen eingebunden, den größten Teil von Delibes' *Cinco horas con Mario* aus (s. S. 20 f.). In Delibes' Roman zeigen sich darüber hinaus Elemente der erzählerisch am wenigsten vermittelten Form der Bewusstseinsdarstellung, des **Bewusstseinsstroms** (von dem englischen Begriff *stream of consciousness*, span. *flujo de conciencia*). Bei dieser Form interner Fokalisierung wird nicht nur auf die erzählerische Vermittlung, sondern auch auf die syntaktische oder semantische Ordnung der Bewusstseinsinhalte partiell verzichtet.

Ein Beispiel

Gedankenbericht, erlebte Rede und innerer Monolog in Galdós'
Fortunata y Jacinta

In dem Textauszug aus *Fortunata y Jacinta*, der als **Gedankenbericht** im Wesentlichen von den Selbstreflexionen und Orientierungsversuchen Fortunatas erzählt (s. S. 238 f.), finden sich wiederholt Verben der Wahrnehmung oder des Denkens, mit denen diese Gedanken

Die erzählerische
Konstruktion
von Wirklichkeit

eingeleitet werden (beispielsweise: »vino a hacerse la consideración«, »miraba«, »figurábase«). Von diesem Gedankenbericht unterscheidet sich die **erlebte Rede** dadurch, dass der die indirekte Rede kennzeichnende einleitende Hauptsatz wegfällt. Obwohl dieser im Fortgang des Textes an manchen Stellen fehlt, können auch weitere Passagen des Textes Fortunata zugeordnet werden – etwa wegen der Ausrufe- und Fragezeichen oder der umgangssprachlichen Redewendungen. An die Stelle einer Vermittlung der Gedanken durch die Erzählinstanz tritt deren Präsentation in der dritten Person, wodurch die Vermittlungsfunktion der Erzählinstanz nur noch indirekt greifbar ist. Das Ende des Textauszugs mit der dort eingefügten Gedankenrede Fortunatas (der Abschnitt in Anführungszeichen) zeigt zudem bereits Übergänge zu einer **Radikalisierung der internen Fokalisierung** vermittels des **inneren Monologs** (*monólogo interior*). Dabei fällt auch die eben angesprochene uneindeutige Vermittlung von Bewusstseinsvorgängen durch die Erzählinstanz weg, da die Gedanken hier in der ersten Person und damit ohne Vermittlung durch die Erzählinstanz als Bewusstseinsinhalt Fortunatas wiedergegeben werden.

Externe Fokalisierung: In der **externen Fokalisierung** beschränkt die Erzählinstanz sich auf eine **Außensicht des Geschehens**. Anders als bei der internen Fokalisierung ist sie hier zwar zugleich der Ort der Wahrnehmung und des Sprechens. Im Gegensatz zur Nullfokalisierung nimmt sie jedoch kein Wissensprivileg über die Zusammenhänge des erzählten Geschehens oder die Bewusstseinsvorgänge der handelnden Figuren für sich in Anspruch. Sie beschränkt sich auf die Wiedergabe beobachtbarer Vorgänge und stellt allenfalls Vermutungen über diese Beobachtungen an. Deshalb wird dieser Modus des Erzählens auch mit dem aus der amerikanischen Erzähltheorie stammenden Begriff »*camera eye*« bezeichnet. Die externe Fokalisierung stellt insofern eine ausgesprochen **moderne Tendenz des Erzählens** dar, als darin zumindest teilweise Geschehen nicht mehr zu einer Geschichte im Sinne eines geordneten und gedeuteten Ereignisverlaufs wird, sondern auch im Erzählen keine Kohärenz erhält.

Externe Fokalisierung in Cela: *La colmena*   Ein Beispiel

Wie der Textauszug aus Celas Madrid-Roman *La colmena* (s. S. 280 f.) zeigt, findet sich eine **externe Fokalisierung selten ganz durchgängig als Modus des Erzählens**. Die Erzählinstanz, die dort fragmentarisch und fast kommentarlos Szenen in dem Café Doña Rosas wiedergibt, verfügt zumindest über Informationen über die Eltern Alfonsitos und kennt die Gedanken der Besitzerin und die Macarios (letztere werden in erlebter Rede wiedergegeben). Ansonsten jedoch beschränkt sie sich in der Darstellung des Geschehens auf die **Wie-**

dergabe von Beobachtungen und kürzeren oder längeren Dialogfragmenten. Diese werden allein von Informationen über die Gesprächspartner und deren Reaktionen begleitet, die unmittelbar zugänglich erscheinen. Eine Einordnung und Deutung dieser Gespräche und Beobachtungen vor dem Hintergrund der elenden Lebensverhältnisse im Madrid der 1940er Jahre und des Bürgerkriegs, der das Land in Sieger und Verlierer geteilt hatte, bleibt dem Leser/der Leserin überlassen.

Der zunehmende Einsatz unterschiedlicher Erzählmodi ist vor allem seit der Blütezeit des spanischen Romans im Realismus/Naturalismus weit verbreitet. Dieses Verfahren erprobt bewusst die Sinneffekte unterschiedlicher Wahrnehmungen und Deutungen der Geschichte und spielt mit ihnen. Wenn es sich auch mit der bereits angesprochenen **Polyphonie der Erzählinstanzen** verbindet, spricht man von **variabler Fokalisierung** (bzw., wenn ein- und dasselbe Geschehen aus der Sicht verschiedener Fokalisierungsinstanzen dargestellt wird, von **multipler Fokalisierung**).

Erzählerische Perspektivierung und Wahrnehmungsinstanzen variieren gerade im modernen Roman selbst innerhalb ein- und derselben Passage. Die Interpretation der Werke oder einzelner Aspekte von ihnen muss daher auf das Bedeutungspotential achten, das durch eine solche Komplexität in der erzählerischen Konstruktion der fiktiven Wirklichkeit erzeugt wird. Es gibt im Romanerzählen vielfältige Möglichkeiten, **wechselnde und widersprüchliche Wahrnehmungs- und Bewertungsmuster** ins Spiel zu bringen. Teilweise können diese mit den hier dargestellten unterschiedlichen Typen der Fokalisierung nur schematisch erfasst werden und müssen angesichts der konkreten Textwirklichkeit differenzierter beschrieben werden.

Literatur

Bauer, Matthias: *Romantheorie und Erzählforschung.* Stuttgart/Weimar ²2005.
Chatman, Seymour: *Story and Discourse. The Rhetoric of Narrative in Fiction and Film.* New York 1993.
De Toro, Alfonso/Ingenschay, Dieter (Hg.): *La novela española actual. Autores y tendencias.* Kassel 1995.
Genette, Gérard: *Die Erzählung.* München 1994.
Koselleck, Reinhart/Stempel, Wolf-Dieter (Hg.): *Geschichte – Ereignis und Erzählung.* München 1973.
Lämmert, Eberhard: *Bauformen des Erzählens.* Stuttgart 1955.
Lahn, Silke/Meister, Jan Christoph: *Einführung in die Erzähltextanalyse.* Stuttgart/Weimar 2008.
Lejeune, Philippe: *Der autobiographische Pakt.* Frankfurt a. M. 1994 (frz. 1975).
Martinez, Matias/Scheffel, Michael: *Einführung in die Erzähltheorie.* München ⁷2007.
Nünning, Ansgar: »Die Funktionen von Erzählinstanzen: Analysekategorien und Modelle zur Beschreibung des Erzählerverhaltens«. In: *Literatur in Wissenschaft und Unterricht.* Bd. XXX (1997), 323–349.
Nünning, Ansgar/Nünning, Vera: *Neue Ansätze in der Erzähltheorie.* Trier 2002.

Roloff, Volker/Wentzlaff-Eggebert, Harald (Hg.): *Der spanische Roman vom Mittelalter bis zur Gegenwart*. Düsseldorf 1986, Stuttgart ²1995.
Stanzel, Franz K.: *Theorie des Erzählens*. Göttingen ⁶1995.
Vogt, Jochen: *Aspekte erzählender Prosa. Eine Einführung in Erzähltechnik und Romantheorie*. Opladen 1990.
White, Hayden V.: *Metahistory. Die historische Einbildungskraft im 19. Jahrhundert in Europa*. Frankfurt a. M. 1991 (engl. 1973).

3. Spanische Geschichte und Kultur

3.1 Spanische Geschichte im Überblick
3.2 Kristallisationspunkte der spanischen Kultur

In einem Artikel zum Totensonntag 1836 imaginiert Mariano José de Larra, der bedeutendste Repräsentant der liberalen Romantik (s. Kap. 4.5.3), Madrid als einen riesigen Friedhof. Auf den wichtigsten Gebäuden der Stadt sieht er Grabinschriften stehen, die die Geschichte wie die aktuelle politische Situation Spaniens charakterisieren sollen. Auf dem Palast der Ministerien erscheint ihm als eine Art Bilanz dieser Vision die Inschrift: »**Aquí yace media España; murió de la otra media**« (*El día de difuntos de 1836*). Zu Beginn des ersten spanischen Bürgerkriegs, des sog. Karlistenkriegs (s. S. 107 f.) geschrieben, entwirft dieser Satz eine zutiefst pessimistische Perspektive. In metaphorischer Zuspitzung kennzeichnet er einen wichtigen Aspekt der spanischen Geschichte im 19. und 20. Jh. Bis zum Ende der Franco-Diktatur wird sie mehrfach von dem bei Larra als unlösbar entworfenen Widerstreit zwischen der liberalen und der konservativen Hälfte des Landes bestimmt. Mit seiner radikalen Kritik an einer **Vergangenheit**, die als **ein Friedhof gescheiterter Hoffnungen** erscheint, verweist der Text zugleich auf einen Deutungskonflikt. Er inszeniert die pessimistische Version einer Erinnerungskultur, in der es für das liberale und das konservative Lager kein konsensfähiges Bild der Nationalgeschichte gibt.

Der Konflikt der »dos Españas« ist seit dem 19. Jh. das wirksamste Deutungsmuster für die Aneignung der Geschichte Spaniens (s. S. 106 f.; vgl. Santos Juliá 2004). Die inneren Konflikte des Landes finden erst in der Entwicklung der Demokratie seit 1975 zu einem politisch einigermaßen tragfähigen Kompromiss. Die jahrhundertelange Marginalisierung Spaniens verschwindet in den Jahrzehnten seit dem Ende der Diktatur Francos durch die Demokratisierung des Landes wie durch seine Integration in die EU weitgehend. Sie bleibt aber in den Deutungen der spanischen Geschichte präsent und spielt in der Frage nach den historischen Grundlagen einer Identität des heutigen Spanien weiter eine Rolle. Auf diese Frage gibt es in der Gegenwart umso weniger eine allgemein akzeptierte Antwort, als im demokratischen Spanien die Autonomiebestrebungen einiger Regionen nicht nur die Einheit des Landes in Frage stellen, sondern auch die Möglichkeit, seine Geschichte als einheitlichen Prozess zu verstehen (s. S. 131 f.).

Dieses Kapitel stellt **wesentliche historische Entwicklungen** auf der iberischen Halbinsel und **Kristallisationspunkte der spanischen Kultur** in geschichtlicher Perspektive dar. Damit legt es die historischen Grundlagen für das **Verständnis der kulturellen Bedeutung der spanischen**

Literatur. Wenn man Literatur in kulturwissenschaftlicher Perspektive (s. Kap. 1.3) als »Medium des kollektiven Gedächtnisses« begreift (Erll 2005), so kann man sie auch in der spanischen Gesellschaft als ein wesentliches Medium verstehen, in dem Grundlagen nationaler und kultureller Identität entworfen und die Konflikte dieser Identitätskonstruktionen inszeniert und kritisch reflektiert werden.

3.1

Spanische Geschichte und Kultur

Von der Röm. Erobe-
rung bis zum Ende
der *Reconquista*

3.1 | Spanische Geschichte im Überblick

3.1.1 | Von der römischen Eroberung bis zum Ende
der *Reconquista*

Die iberische Halbinsel in der Antike und im Mittelalter	
seit dem 8. Jh. v. Chr.	Handelsniederlassungen der Phönizier und Griechen an der Mittelmeerküste
2. Jh. v. – 4. Jh. n. Chr.	Allmähliche Eroberung durch die Römer (19 v. Chr. abgeschlossen); Bildung römischer Provinzen in den Küstenregionen und teilweise im Landesinnern
seit dem 4. Jh.	Christianisierung Spaniens
4./5. Jh.	Völkerwanderungszeit; die Westgoten verdrängen nach und nach andere Germanenstämme (Vandalen, Sueben) und etablieren sich in Spanien
507–711	Westgotisches Königreich; das Christentum wird 589 Staatsreligion
711	Landung der Mauren; nach der Niederlage der Westgoten in der Schlacht am Guadalete in den Folgejahren Eroberung des größten Teils der Halbinsel
seit dem 9. Jh.	Beginn der *Reconquista*
929	Zusammenfassung des maurischen Herrschafts-gebiets (*Al Andalus*) im Kalifat von Córdoba
1031	Auflösung des Kalifats von Córdoba
1035	Begründung der Königreiche Kastilien und Aragon
1137	Vereinigung der Grafschaft von Barcelona mit dem Königreich Aragon
1179	Begründung des Königreichs Portugal
1212	Niederlage der Mauren in der Schlacht von Las Navas de Tolosa; danach bis Mitte des 13. Jh.s Eroberung Andalusiens bis auf das Königreich von Granada
1478	Einführung der Inquisition in Kastilien und Aragon
1479	Vereinigung der beiden Königreiche von Kastilien und Aragon nach der Heirat von Isabel-la von Kastilien und Ferdinand von Aragon (1469).
1492	Eroberung von Granada und Abschluss der *Reconquista*; Entdeckung Amerikas und Beginn der *Conquista*

Chronologischer
Überblick

Das lateinische Wort ›*Hispania*‹ ist aus dem Namen der römischen Provinzen abgeleitet, die auf der iberischen Halbinsel in der Zeit der römischen Herrschaft über das Mittelmeer gebildet werden. Es wird schon seit dem frühen Mittelalter nicht nur als geographischer Begriff, sondern auch als **politisches Konzept** verwendet. Auch die daraus entstehende volkssprachliche Bezeichnung ›***España***‹ hat schon in den Kämpfen der *Reconquista* eine politisch-ideologische Funktion. Dennoch finden von der römischen Eroberung bis zum Ende des 15. Jh.s auf der iberischen Halbinsel Entwicklungen statt, die in ihren politischen, ideologischen und kulturellen Prozessen und Auseinandersetzungen alles andere als einheitlich oder zielgerichtet sind.

Der Mittelmeerraum ist das Zentrum der antiken Welt. Bis zum 3. Jh. v. Chr. wird er als Wirtschaftsraum von phönizischen und griechischen Händlern beherrscht. Sie gründen **Niederlassungen an der iberischen Mittelmeerküste** und betreiben ihre Geschäfte mit der keltiberischen Bevölkerung. In der zweiten Hälfte des 3. Jh.s v. Chr. ist die iberische Mittelmeerküste einer der Schauplätze des Kampfs zwischen dem expandierenden Rom und der phönizischen Stadt Karthago (im heutigen Tunesien) um die Vorherrschaft im Mittelmeer (Belagerung von Sagunt, 219 v. Chr.). Nach der Niederlage Karthagos im 2. Punischen Krieg (218–201 v. Chr.) gerät die iberische Halbinsel in den Herrschaftsbereich Roms und wird in Provinzen eingeteilt. Das Schicksal, aber auch die Vorzüge der **römischen Herrschaft** (Straßenbau, wirtschaftliche Prosperität der Küstenregionen durch Handel und Landwirtschaft etc.) hat sie mit anderen Gebieten des Mittelmeerraums ebenso gemeinsam wie nach dem Niedergang Roms die **Eroberung durch germanische Stämme** in der **Zeit der Völkerwanderung** (4./5. Jh.).

Das Königreich der Westgoten, das sich am Ende der Völkerwanderungszeit etabliert (507–711), steht in vieler Hinsicht unter dem Einfluss römischer Traditionen, in deren Fortführung es sich sieht. Es bildet trotz seiner Instabilität und andauernder dynastischer Konflikte (nicht weniger als 33 Herrscher in rund zweihundert Jahren) einen Bestandteil der traditionellen Konstruktion einer Entwicklung der spanischen Nation seit der Antike. Im vereinigten Königreich seit der Zeit der *Reyes Católicos* wird das Reich der Westgoten zu einem wichtigen Bezugspunkt für die Legitimation der Monarchie, da es die Tradition des Katholizismus begründet (s. Kap. 3.2.2) und zudem nach langen kriegerischen Auseinandersetzungen um 700 die gesamte iberische Halbinsel umfasst.

Die Herrschaft der westgotischen Könige ist von religiösen Kontroversen und – nach dem **Übertritt der Westgoten zum Katholizismus** (589) – von einem Antisemitismus gekennzeichnet, der die bis zum Ende der römischen Herrschaft faktisch gleichberechtigten Juden ausgrenzt und verfolgt. Nicht nur diese werden daher die maurische Eroberung begrüßt haben, die die Beseitigung der gotischen Herrenschicht zur Folge hat. Diese bleibt trotz einiger Anstrengungen in der staatlichen Organisation ihres Reiches von der unterworfenen Bevölkerung isoliert.

Das Jahr 711 markiert mit dem Beginn der Maurenherrschaft einen entscheidenden Einschnitt in der geschichtlichen Entwicklung der iberi-

Von der Röm. Erobe-
rung bis zum Ende
der *Reconquista*

schen Halbinsel, der ihre **historische und kulturelle Besonderheit gegenüber dem übrigen Europa** begründet. Die Bezeichnung ›Mauren‹ (span. *moros*, von lat. *maurus*: ›dunkel‹, auch:
›Bewohner Nordafrikas‹) ist ein Sammelbegriff für die arabischen Stämme, die im Zuge der Expansion des Islam ausgehend
von dem heutigen Saudi-Arabien seit dem 7. Jh. die Küstenregionen Nordafrikas erobern. 711 setzen sie dann über die Meerenge
von Gibraltar nach Spanien über und besiegen die Westgoten in
wenigen Jahren. Zwar können die Eroberer die Pyrenäen nicht
dauerhaft überschreiten (Niederlage gegen die Franken in der
Schlacht bei Tours und Poitiers 732). Umgekehrt sichert diese
natürliche Grenze im Norden jedoch auch eine relative Abge-
schlossenheit des Raumes, in dem sie sich für gut dreihundert
Jahre – in der südlichen Hälfte sogar für über fünfhundert und
im Gebiet des Königreichs Granada für nahezu achthundert –
zunächst weitgehend ungestört etablieren können.

Statue des west-
gotischen Königs
Suintila (621–631)
in römischer
Rüstung auf der
Plaza de Oriente
in Madrid

   Die Bewertung dieses Einschnitts ist von historischen Mythen
und nationalistischen Konstruktionen überlagert. In einer **traditionellen
Sicht der spanischen Geschichte** wird er als **Beginn einer Fremdherr-
schaft** verstanden, von der Spanien (was auch immer das im Mittelalter
gewesen sein mag) sich befreien musste. Diese Deutung der Maurenherrschaft versteht **die arabische Kulturtradition als das fremde Andere**, das
aus dem ›Eigenen‹ ausgeschlossen werden muss um eine spanische Identität zu bewahren oder herzustellen (s. Kap. 3.2.1). Diese Abgrenzung von
Eigenem und Fremdem, die kulturelle Alterität ausschließt, ist eine Art
des Umgangs mit der Kultur der arabischen Welt (und insbesondere mit
dem Islam), die auch heute noch in der westlichen Welt vielfältig wirksam
ist.

   Die kulturelle Bedeutung der Maurenherrschaft: Die neuen Machtha-
ber treten – sicherlich schon im Interesse der Kontrolle über den immensen Raum, der ihnen so schnell zugefallen ist – durchaus nicht als Unter-
drücker auf. Sie räumen in ihrem Herrschaftsbereich einen Freiraum ein,
in dem ein relativ offenes **Zusammenleben der verschiedenen Kulturen
und Religionen** stattfinden kann, die sog. *convivencia* (s. S. 145–149). Damit entstehen Möglichkeiten einer Verbindung und Vermischung unterschiedlicher Kulturtraditionen, die produktiv und für die Besonderheiten
der spanischen Kulturtradition grundlegend sind (s. Kap. 4.2.1).

   Zunächst geht es nicht vorrangig um religiöse Gegensätze, was sich
auch daran zeigt, dass auf beiden Seiten in den wechselweise eroberten
Gebieten Angehörige anderer Glaubensrichtungen unbehelligt weiter leben konnten. Ein Plan der Stadt Toledo unter maurischer Herrschaft im
10. Jh. (vgl. Gumbrecht 1990, Bd. 1, 75) zeigt neben der maurischen Burg
und drei Moscheen ein Judenviertel und vier christliche Kirchen. Die
in jener Zeit gängigen Bezeichnungen *mudéjares* (in christlichen Herrschaftsgebieten lebende Muslime) und *mozárabes* (in maurischen Herrschaftsgebieten lebende Christen) verdeutlichen diesen Pluralismus in der
Glaubenszugehörigkeit der Untertanen.

Die religiöse Dimension der Auseinandersetzungen zwischen Mauren und Christen ist allerdings schon in jener Zeit durchaus präsent. Sie zeigt sich in der berühmten, seit dem 9. Jh. verbreiteten Legende vom hl. Jakobus als Schutzpatron und Vorkämpfer gegen die Ungläubigen (*Santiago matamoros*, s. S. 119). Über das gesamte Mittelalter hin zieht sie wachsende Scharen von Pilgern auf dem **Jakobsweg** (*camino de Santiago*) aus ganz Europa nach **Santiago de Compostela** zur angeblichen Grabstätte des Heiligen.

Dennoch ist bis nach der Jahrtausendwende in den Kämpfen zwischen Christen und Mauren nicht die Idee eines Glaubenskriegs bestimmend. Noch der vermutlich in der Mitte oder am Ende des 12. Jh.s entstandene *Cantar de Mío Cid* (s. Kap. 4.2.2) belegt, dass maurische und christliche Fürsten in jener Zeit in erster Linie als Feudalherren verstanden werden, deren Kämpfe nicht von der Religionszugehörigkeit, sondern von konkurrierenden Herrschafts- und Machtinteressen bestimmt werden.

Das Maurenreich *Al Andalus* (arabisch für ›das Vandalenreich‹, woraus sich die Bezeichnung ›Andalusien‹ für den Süden Spaniens ableitet) bildet bis ins 11. Jh. hinein **das politische und kulturelle Zentrum der iberischen Halbinsel.** Die christlichen Herrschaftsgebiete des Nordens können mit ihm lange Zeit weder militärisch noch geistig konkurrieren, zumal solange sie untereinander zerstritten bleiben. Die Aufsplitterung des Maurenreichs in zahlreiche kleine Herrschaftsgebiete (die sogenannten *reinos de taifa*, seit 1031), die zunehmende Konzentration und Stabilisierung der christlichen Herrschaftsgebiete (Vereinigung von Kastilien und León seit 1037, von Aragon und Katalonien 1137, Bildung des Königreichs Portugal 1179) sowie der sich in ganz Europa ausbreitende Kreuzzugs-

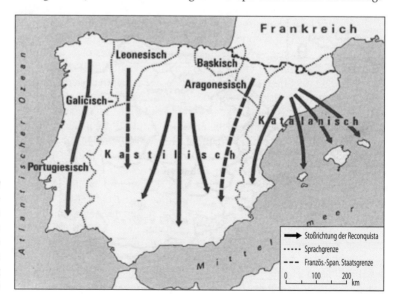

Die *Reconquista*
und die Ausbreitung der Sprachen
auf der iberischen
Halbinsel im
Mittelalter (aus:
Haensch/Hartig
1975, Bd. 2)

3.1

Spanische Geschichte und Kultur

Von der Röm. Erobe-
rung bis zum Ende
der *Reconquista*

gedanke sind einige der Faktoren, die zu dem seit der Mitte des 11. Jh.s wachsenden Erfolg der christlichen Seite beitragen.

Diese Kriegszüge werden jetzt von christlicher Seite als ***Reconquista*** geführt, als Rückeroberung eines christlichen Herrschaftsbereichs von den ›Ungläubigen‹. Auf Grund der geographischen Lage der drei christlichen Königreiche wird mit deren kriegerischer Expansion nach Süden auch die bis heute wirksame, mit Ausnahme des Baskenlands von Norden nach Süden verlaufende **Sprach- und Regionalgliederung** des Raums der iberischen Halbinsel begründet. Kastilien als Sprachraum der kastilischen Sprache (des *castellano*), die später zur Nationalsprache werden wird, nimmt in dieser Entwicklung geographisch wie bald auch politisch eine zentrale Position ein (zwischen Aragon und dem katalanischen Sprachraum im Osten sowie Portugal und dem galicisch-portugiesischen Sprachraum im Westen).

Die *Reconquista*

In der Mitte des 13. Jh.s ist die Eroberung der maurischen Gebiete mit der Einnahme der Zentren Sevilla und Córdoba weit fortgeschritten, am Ende des Jahrhunderts bleibt nur noch das Königreich Granada als maurisches Herrschaftsgebiet bestehen.

Der Wechsel der politischen und militärischen Kräfteverhältnisse führt erst allmählich zu einer Verhärtung der religiösen und kulturellen Fronten. Kastilien, das sich in der Nachfolge des Westgotenreichs sieht und den Anspruch eines Vorrangs gegenüber den anderen christlichen Königreichen erhebt, nimmt seit den Erfolgen in der ersten Hälfte des 13. Jh.s eine dominierende Position auf der iberischen Halbinsel ein. Es betreibt noch unter seinem König **Alfons X.** (1221–1284) eine **Politik der kulturellen Offenheit und des Austauschs** mit den beiden fremden Kulturen des Islam und der Juden (s. S. 147 f.). Dessen Politik zeigt eine Alternative zu der Politik der Ausgrenzung, in deren Zeichen sich zwei Jahrhunderte später die spanische Monarchie endgültig etablieren wird. Die bereits erwähnte Situation der *convivencia* bleibt jedenfalls auch im Hochmittelalter angesichts des Machtzuwachses der christlichen Königreiche noch weitgehend erhalten.

Das Ende der *convivencia* bahnt sich nach einer langen Periode innerer Konflikte und dynastischer Streitigkeiten an, die die machtpolitischen Ambitionen der kastilischen Monarchie lähmen und sie trotz ihrer zentralen Position gegenüber Aragon und Portugal schwächen. Diese beiden Staaten profitieren von ihrer Küstenlage, insbesondere Aragon von dem prosperierenden Wirtschaftsraum des Mittelmeers (das 13. Jh. ist die erste große Blütezeit Kataloniens und der Städte Barcelona und Valencia). Politisch enden die inneren Konflikte damit, dass **Kastilien** Ende des 15. Jh.s mit der Vereinigung der spanischen Königreiche (und gegen Portugal, das auch Ansprüche auf den kastilischen Thron durchzusetzen versucht) eine **dominante Position** einnimmt. Damit erhält letztlich das Projekt der *Reconquista*, das bereits in den vorhergehenden Krisen ideologisch überhöht wird, seine Bedeutung bei der Durchsetzung politischer und kultureller Einheitsbestrebungen (vgl. Tuñon de Lara 1990, Bd. V, 139 ff.).

Das 15. Jh. ist von einer **wachsenden religiösen Intoleranz** gekennzeichnet, die in einigen christlichen Herrschaftsgebieten Judenverfolgungen und -vertreibungen zur Folge hat. Von solchen Ausschließungsprozessen führt eine direkte Entwicklungslinie zur Herrschaft der *Reyes Católicos*, die ihre Position durch die religiöse Vereinheitlichung des Königreichs sichern wollen (s. Kap. 3.2.2; vgl. Pérez 1993). Die Vertreibung der Juden und Mauren nach 1492, die nationale Einheit Spaniens und der Beginn der *Conquista*, der Entdeckung und Eroberung Mittel- und Südamerikas, haben gemeinsam, dass sie der Logik einer zugleich expansiven und restriktiven politischen und gesellschaftlichen Entwicklung folgen (s. auch Kap. 3.2.1).

3.1.2 | Aufstieg und Niedergang des spanischen Weltreichs

Spanien in der frühen Neuzeit

1516–1556	Regierungszeit Karls I., von 1519–1558 zugleich als Karl V. Kaiser des Heiligen Römischen Reichs deutscher Nation; Beginn der habsburgischen Monarchie in Spanien (*los Austrias*, bis 1700)
seit 1519	Eroberungen in Mittel- und Südamerika (1521 Mexiko, 1533 Peru etc.)
1520–1522	Proteste und Aufstände der Stadtbürgerschaften (*comunidades*) in Katalonien, aber auch in Kastilien und Galizien gegen die zunehmende Zentralisierung der Herrschaft der Krone
1521–1544	erfolgreiche Kriege gegen Frankreich, Siege vor allem in Norditalien; Vorherrschaft Spaniens im Mittelmeerraum
1551	Einführung des Index, der kirchlichen Auflistung verbotener Bücher (*Index librorum prohibitorum*)
1556–1598	Regierungszeit Philips II. nach der Abdankung Karls I.; in der Erbteilung kommen die habsburgischen Niederlande zu Spanien
1568–1581	Unabhängigkeitskrieg der Niederlande; die nördlichen Provinzen sagen sich von Spanien los (ihre Unabhängigkeit wird 1648 im Westfälischen Frieden besiegelt)
1571	Sieg in der Seeschlacht bei Lepanto gegen die Türken sichert Spaniens Dominanz im Mittelmeer
1580	Vereinigung der Königreiche von Spanien und Portugal (1640 wieder aufgehoben)
1588	Untergang der Armada vor England; England und Holland gefährden zunehmend den Seeweg nach Amerika
1598–1621	Regierungszeit Philips III.
1609–1610	Vertreibung der letzten *moriscos* (zum Katholizismus konvertierte Mauren)

1621–1650	Regierungszeit Philipps IV.
seit 1635	Krieg mit Frankreich; im Friedensschluss von 1659 verliert Spanien die Gebiete nördlich der Pyrenäen
1665–1700	Regierungszeit des letzten Habsburgers Karl II., der kinderlos stirbt; er beruft in seinem Testament Philipp von Anjou als Philipp V. zu seinem Nachfolger (1700–1746); Beginn der Bourbonendynastie (*los Borbones*), die mit kurzen Unterbrechungen (1868–1874, 1931–1975) bis heute regiert
1701–1714	Spanischer Erbfolgekrieg gegen eine Allianz europäischer Staaten, die einen Gegenkönig gegen Philipp V. unterstützt; mit den Friedensschlüssen von Utrecht und Rastatt verliert Spanien seine letzten Herrschaftsgebiete in Italien und Flandern (Teile des heutigen Belgien) sowie Gibraltar (an England)

Spaniens Entwicklung in der frühen Neuzeit wird davon bestimmt, dass es als **erste europäische Großmacht eine territoriale und politische Einheit** erreicht (lange vor Frankreich oder England), diese Einheit jedoch mit einer Politik rigider Ausgrenzung befestigt. Diese Politik gefährdet jene Bereiche des Wirtschaftslebens, die seit der frühen Neuzeit an Bedeutung gewinnen, und hat deshalb langfristig gravierende Folgen. Mit der Verfolgung und Vertreibung auch der konvertierten Juden und Muslime (*moriscos*) werden Gruppen unterdrückt und ausgeschlossen, die von großer Bedeutung für den Mittelmeerhandel sind und wichtige Bereiche von Handwerk und Landwirtschaft bestimmen. Die **religiöse Vereinheitlichung** des Landes verbindet sich mit einer **Einschränkung seiner ökonomischen Leistungsfähigkeit**, die auch durch die damals unvorstellbaren Mengen an Gold und Silber aus den ausgeplünderten Kolonien in Mittel- und Südamerika auf Dauer nicht kompensiert werden kann (vgl. Tuñon de Lara 1990, Bd. V, 60 ff.).

Die limpieza de sangre

Die Unterdrückung und Vertreibung der Andersgläubigen findet aber deshalb Rückhalt in der zeitgenössischen Gesellschaft, weil sie lange schwelende soziale Konflikte kanalisiert und eine **einheitsstiftende spanische Identität** anbietet, der eine rassistisch konzipierte Reinheit der christlichen Abstammung zu Grunde liegt (s. auch Kap. 3.2.1 und 3.2.2). Seit der Mitte des 15. Jh.s spielt die sog. *limpieza de sangre* eine wichtige Rolle bei der Besetzung kirchlicher und staatlicher Posten. Danach gilt als unverdächtiger katholischer Christ und damit als geeignet für diese Ämter nur, wer nachweisen kann, dass sich unter seinen Vorfahren keine Juden oder Moslems befinden, und zwar nach einem Dekret der *Reyes Católicos* von 1501 über mindestens zwei Generationen (vgl. Tuñon de Lara 1990, Bd. V, 203 ff.).

Die Ausweitung der Kompetenzen der Inquisition führt seit Anfang des 16. Jh.s dazu, dass zum Christentum übergetretene Juden wie auch deren Abkömmlinge, die sog. *conversos*, unter einer Art Generalverdacht stehen, heimlich ihrem alten Glauben treu geblieben zu sein (grundsätzlich gilt dies auch für die *moriscos*, die konvertierten Muslime). Genauso gravierend wie die daraus resultierende Verfolgung ist die beständige Angst davor sowie eine gesellschaftliche Ausgrenzung, die zu einer Hierarchie zwischen den »cristianos viejos« und den (konvertierten) »cristianos nuevos« führt. Dadurch ist die Ideologie der *limpieza de sangre* zum Teil auch für den wirtschaftlichen Niedergang Spaniens verantwortlich:

> »Die Ehre und der Stolz der ›Altchristen‹ beruhen auf der reinen Abkunft, auf der Zugehörigkeit zu einer Kriegerkaste, welche die Reconquista und die erstaunliche Ausweitung des Reichs möglich machte. [...] Aus diesem Grund wollten die Altchristen ihre Stammesreinheit nicht durch die Ausübung intellektueller oder handwerklicher Berufe trüben, die seit den Tagen der Reyes Católicos die besondere Domäne der Spanier jüdischen und moriskischen Standes waren.« (Goytisolo 1978, S. 36)

Ein **religiöses spanisches Sendungsbewusstsein** (s. Kap. 3.2.2) trägt so zur imperialen Expansion und Eroberung der Neuen Welt ebenso bei wie zu einer ökonomischen Stagnation und seit dem 17. Jh. zu einer wachsenden Abschottung des Landes gegenüber der europäischen Moderne.

Das **16. Jh.** steht im Zeichen spanischer Großmachtpolitik. Die **Hegemonie Spaniens in Europa** erklärt sich aus der inneren Stabilität des Landes ebenso wie aus dem Edelmetall, das durch die Ausplünderung Mittel- und Südamerikas in das Land gelangt. Erst die *Conquista* ermöglicht es, eine Armee zu finanzieren, die seit den Kriegszügen Karls I. in ganz Europa gefürchtet ist. Dieser und sein Sohn Philipp II. vollenden mit ihrer Repressionspolitik gegen regionale Machtzentren wie gegen die Stadtbürgerschaften der großen Städte (die *comunidades*) sowie mit ihrer zentralistischen Organisation der Verwaltung die **Konstruktion eines absolutistisch regierten Staates**. Mitte des 16. Jh.s bleiben in Spanien weder politisch (nach der Entmachtung des Hochadels und der großen Städte) noch ideologisch nennenswerte oppositionelle Kräfte bestehen.

Die Dominanz der absolutistischen Herrschaft hat einschneidende Folgen für die geistige Vielfalt und die kulturelle Entwicklung des Landes. Als deutscher Kaiser muss Karl I. seit dem Augsburger Reichstag (1530) seine Pläne aufgeben, die religiöse Einheit seines Reichs wiederherzustellen. Da in der politischen Situation in Deutschland die Rivalitäten und Machtambitionen der Reichsfürsten eine wesentliche Grundlage für die Erfolge Luthers und die Fortdauer der Religionsspaltung sind, greift er in Spanien nun zu einer **Politik politischer und religiöser Repression**. Die geistige Offenheit des spanischen Humanismus der ersten Jahrhunderthälfte (s. Kap. 4.3.2) wird umso mehr beeinträchtigt, als einige seiner wichtigsten Repräsentanten als *conversos* verdächtigt werden. Da der expandierende Buchdruck im 16. Jh. wesentlich zur geistigen Öffnung und zur Blüte des Humanismus beiträgt, ist dessen Kontrolle durch die Einführung des *Index* verbotener Bücher ein symbolisches Datum für den kulturellen Umbruch, der sich in der Mitte des 16. Jh.s in Spanien vollzieht (s. S. 127).

In der Jahrhundertmitte scheitern die auf ein einheitliches Imperium zielenden Pläne Karls I. angesichts der Rivalitäten und der religiösen Spal-

tung der deutschen Territorialstaaten. Die Kriegszüge, die er zur Durchsetzung seiner Pläne betreibt, führen auch zu **finanziellen Problemen**.
Mit seiner Abdankung 1556, nach der sein Reich zwischen seinem Bruder
Ferdinand als deutschem Kaiser und seinem Sohn Philipp als spanischem
König aufgeteilt wird, ist nicht nur das **Ziel eines Weltreichs in Frage
gestellt**, sondern auch das Edelmetall aus den Kolonien auf Jahre hinaus
verpfändet: es droht mehrfach der Staatsbankrott.

Philipp II. setzt die Machtpolitik seines Vaters fort und kann auch
noch einige Erfolge erringen, die die Vormachtstellung Spaniens festigen
(insbesondere die zeitweise Vereinigung der spanischen und der portu-
giesischen Krone). Doch mit dem **Kampf der spanischen Niederlande um
Unabhängigkeit** (seit 1568) und dem **Untergang der Armada** vor England
(1588) treten gefährliche Konkurrenten auf den Plan. Beide Ereignisse
hängen eng zusammen, da England aus antikatholischen wie machtpolitischen Interessen den Kampf der Niederlande unterstützt und beide Staaten von einer Schwächung der hegemonialen Position Spaniens profitieren
können. Ihre wachsende Macht im Überseehandel führt dazu, dass die
Zufuhr von Edelmetall aus Amerika und damit Spaniens finanzielle Situation gefährdet wird. Am Ende des 16. Jh.s wird die Entwicklung deutlich
erkennbar, die Spaniens Position als führende europäische Großmacht in
Frage stellt (vgl. Tuñon de Lara 1990, Bd. V, 193 ff.).

Das universalistische Selbstbewusstsein der spanischen Monarchen zeigt sich noch in
dieser idealisierenden Darstellung Philipps II.: Wie der Riese Atlas aus der antiken Mythologie will er dieser Münze zufolge den ganzen Erdball auf seinen Schultern tragen.

Der Machtverlust Spaniens beginnt in seinen *Siglos de Oro*. Die kulturelle
Blüte des 17. Jh.s ist bereits von einem **Krisenbewusstsein** geprägt, das
von ökonomischen und politischen Faktoren genährt wird und in dem
der Vorrang des religiösen Dogmas zunehmend die geistige Vielfalt einschränkt (s. Kap. 4.3.1). Der koloniale Reichtum, der bis ins 19. Jh. hinein
für das Wirtschaftsleben des Landes bestimmend ist, führt zwar zu einer

Expansion des Überseehandels und zur Anhäufung immenser Vermögen, nicht aber zu einer Steigerung der produktiven Wirtschaftstätigkeit im Innern. Die **Zentralstellung Kastiliens** im spanischen Staat und seine **Hegemonie über die ökonomisch produktiveren Mittelmeerregionen** tragen ebenso zu den ökonomischen Schwierigkeiten des Landes bei wie die Vorherrschaft der katholischen Kirche mit ihrer unüberschaubaren und unproduktiven Menge an Würdenträgern und Inhabern von Pfründen.

Seit dem Ende des 16. Jh.s kann man einen deutlichen **Bevölkerungsrückgang** konstatieren, zu dem die Pestepidemien der Jahrhundertwende ebenso beitragen wie die **Vertreibung der *moriscos*** (in den Gebieten Aragons über 16 % der Bevölkerung!) und die zeitweise ökonomische Misere. Auch wenn die wirtschaftliche Situation sich gegen Ende des 17. Jh.s deutlich bessert, müssen die Nachfolger Philipps II. nach und nach auf dessen Großmachtambitionen verzichten. Dazu tragen die Abspaltung Portugals (1640) ebenso bei wie der endgültige Verlust der Niederlande (1648). In den Feldzügen des Dreißigjährigen Kriegs wie im Krieg gegen Frankreich (seit 1635) verlieren die spanischen Armeen ihren Nimbus der Unbesiegbarkeit. Der **Friedensschluss mit Frankreich** (1659) **sowie der nach dem spanischen Erbfolgekrieg** (Kongress von Utrecht 1713) führt zum Verlust aller europäischen Besitztümer außerhalb der iberischen Halbinsel. Spanien bleibt zwar die bedeutendste Kolonialmacht Europas, spielt aber im 18. Jh. in den Auseinandersetzungen zwischen den europäischen Großmächten kaum noch eine eigenständige Rolle.

3.1.3 | Spaniens Weg in die Moderne: Vom Beginn der Bourbonenherrschaft bis zur Krise von 1898

Chronologischer
Überblick

Spanien im 18. und 19. Jahrhundert	
1700–1746	Regierungszeit Philipps V.; Beginn einer Politik der inneren Neustrukturierung (Verwaltung, Wirtschaft) zur Festigung der neuen Dynastie
1713	Gründung der »Real Academia Española de la Lengua«; Anfänge einer nationalen Sprach- und Kulturpolitik (*Diccionario de Autoridades* in sechs Bänden, 1726–1739)
1759–1788	Regierungszeit Karls III.; Reformpolitik des ›aufgeklärten Absolutismus‹ (*despotismo ilustrado*); Ausbau der Flotte und Intensivierung des Kolonialhandels
1788–1808	Regierungszeit Karls IV.
1805	Niederlage der französisch-spanischen Flotte gegen die englische in der Schlacht von Trafalgar
1808	Französische Armeen besetzen das Land; Napoleons Bruder Joseph wird König (1808–1813); Volksaufstand in Madrid am 2. Mai (*Dos de mayo*) und Beginn des Unabhängigkeitskriegs (bis 1814)

1812	Befreiung von Madrid mit englischer Unterstützung; Cortes (1810–13) und Verfassung von Cádiz
1814–1833	Regierungszeit Ferdinands VII.; Rückkehr zum Absolutismus, unterbrochen von dem *trienio liberal* (1820–1823)
1814–1825	Unabhängigkeitskriege in Mittel- und Südamerika; allmähliche Herausbildung von Nationalstaaten im ehemaligen Kolonialreich
1833	Streit um die Thronfolge mit Ferdinands Bruder Karl; Regentschaft der Königin Maria Cristina für ihre Tochter Isabella (Königin als Isabella II. ab 1843)
1833–1839	Erster Karlistenkrieg (erneute Kriege 1847–49 und 1872–76)
1834	Spanien wird eine konstitutionelle Monarchie; neue Verfassung und Beginn der Enteignung der Kirchengüter (*desamortización*) 1837
1868–1874	Septemberrevolution (*la Gloriosa*); Isabella II. dankt ab, 1870–1873 Amadeus von Savoyen König; 1873–74 Erste Republik
1874	Militärputsch und Rückkehr der Bourbonen (*Restauración borbónica*); 1874–1885 Regierungszeit Alfons' XII.
1895–1898	Kubakrise und Spanisch-amerikanischer Krieg; Verlust der letzten Kolonien in Übersee (1898)

Bourbonenherrschaft: Im Jahr 1700 beginnt die Herrschaftszeit der Bourbonen (*los Borbones*), die mit wenigen Unterbrechungen bis heute die spanische Krone innehaben. Der im Testament des letzten Habsburgers zum Thronfolger bestimmte Philipp V., ein Enkel des französischen Königs Ludwig XIV., muss sich gegen eine englische Invasion (die einen Kronprätendenten aus dem Haus Habsburg als König durchsetzen will) sowie gegen einen Aufstand in Katalonien behaupten, ehe er nach dem Frieden von Utrecht (1713) seine Herrschaft festigen kann. Seine Regierungszeit leitet eine lange Periode ein, in der Spanien in der europäischen Politik wie im Geistesleben marginalisiert erscheint. Im 18. Jh. etabliert sich zudem die spanienkritische *leyenda negra*, deren Anfänge sich in der antispanischen protestantischen Propaganda finden, die im niederländischen Befreiungskrieg (seit 1568) entsteht. Im Horizont der europäischen Aufklärung begründet sie ein Spanienbild, in dem das Land als brutale Kolonialmacht wie als Hort rückständiger klerikaler Ignoranz und Grausamkeit verurteilt wird.

Die Situation des Landes, die Fortdauer archaischer Traditionen in Wirtschaft und Gesellschaft und die ungebrochene ideologische Dominanz der katholischen Kirche, begünstigen diese negative Sicht Spaniens. Dennoch ist es nicht nur hinsichtlich der kulturellen Entwicklung aus historischer Sicht fragwürdig, die spanische Situation nach dem Maßstab der Entwicklung der europäischen Großmächte zu beurteilen (s. Kap. 4.4.1). Zwar kennt das Land nicht die nachhaltigen ökonomischen und geisti-

Die Reformpolitik der Bourbonen im 18. Jh.

gen Modernisierungsprozesse, die etwa England oder Frankreich im 18. Jh. durchlaufen, aber es gelangt durchaus zu einer **Stabilisierung seiner ökonomischen Situation**, vor allem im Bereich des Handels und der Landwirtschaft. Diese erfolgt allerdings wesentlich deutlicher in den wirtschaftlich aktiven Küstenregionen als im Innern des Landes, mithin in einem regionalen Ungleichgewicht, das bis heute ein wesentliches Problem Spaniens darstellt. Die ersten Bourbonenkönige intensivieren die **Zentralisierung des Landes**, um ihren Herrschaftsanspruch zu festigen und um eine einheitliche Durchsetzung ihrer Politik zu ermöglichen.

Deutlichstes Indiz der neu gewonnenen Stabilität ist die Entwicklung der Bevölkerung, die sich im Laufe des 18. Jh.s nahezu verdoppelt. **Karl III.** bemüht sich um einen **Abbau von Hindernissen für die wirtschaftliche Entwicklung** (Zölle, Privilegien, Landreform) und um eine **Einschränkung der hegemonialen Position der Kirche** im Geistesleben. Er ist von den Ideen der Aufklärung beeinflusst und benutzt seine Machtstellung dazu, eine vorsichtige Modernisierung und Liberalisierung Spaniens ›von oben‹ und auch gegen die Widerstände einflussreicher Kreise in Gang zu setzen.

Despotismo ilustrado: Da die Reformpolitik Karls III. zwar den Vorstellungen der gemäßigt aufklärerisch gesonnenen Eliten entspricht, er sie aber aus absolutistischer Machtvollkommenheit betreibt, wird seine Herrschaft als *despotismo ilustrado* bezeichnet (s. S. 188 f.). Sein Tod, die reaktionäre Politik seines Nachfolgers, Karls IV., und die als bedrohlich wahrgenommenen Ereignisse der Französischen Revolution stellen diese Öffnung des Landes wieder in Frage. Die Allianz mit Napoleon macht Spanien zunächst zum Teilhaber der Niederlage gegen England in der Seeschlacht von Trafalgar (1805) und bringt ihm dann als zweifelhaftem Bündnispartner den Einmarsch der französischen Armee ein.

Unter dem Eindruck dieser Ereignisse wird Karl IV. im März 1808 zur Abdankung gezwungen. Sein zum Nachfolger ausgerufener Sohn Ferdinand VII. geht ins Exil. Mit dem **Madrider Volksaufstand am 2. Mai** (*Dos de Mayo*) beginnt ein **Unabhängigkeitskrieg** gegen die französischen Invasoren und den von Napoleon eingesetzten Thronfolger, seinen Bruder Joseph Bonaparte (José I., der wegen der ihm zugeschriebenen Trunksucht als **Pepe Botella** in der spanischen Erinnerung figuriert). Als **Volkskrieg** (mit der Kriegstaktik der *guerrillas*, der kleinen von der Bevölkerung unterstützten Kampfgruppen, die in den modernen Wortschatz eingegangen ist) sowie als erfolgreicher Widerstand gegen den übermächtig erscheinenden Napoleon erregt dieser Befreiungskrieg großes Aufsehen. Er wird in der europäischen Öffentlichkeit als **einmütige Tat eines ganzen Volkes** wahrgenommen.

Das Problem der *dos Españas*: In dieser Gemeinsamkeit des Widerstands bildet sich jedoch ein **Gegensatz zwischen konservativen und liberalen Bestrebungen heraus**, der bis zum Ende der Franco-Diktatur in unterschiedlichen Konfliktkonstellationen und Zusammensetzungen wirksam bleibt. Die liberale Geschichtsschreibung des 19. Jh.s entwickelt aus dieser andauernden Konfliktsituation das Erklärungsmuster von dem

Kampf zweier Spanien, der sogenannten *dos Españas*, der die spanische Geschichte seit der frühen Neuzeit bestimme (vgl. Juliá 2004, S. 34 ff.). Im Unabhängigkeitskrieg kann man die gegensätzlichen gesellschaftlichen und politischen Tendenzen folgendermaßen charakterisieren:

- **Einerseits das aufgeklärte Bürgertum**, das vor allem in der Regierungszeit Karls III. selbstbewusst geworden ist und für eine **politische Liberalisierung des Landes** kämpft. Aus dieser Schicht rekrutiert sich eine nicht sonderlich repräsentative parlamentarische Versammlung, die *Cortes* **von Cádiz** (ursprünglich die Bezeichnung für die Ständeversammlung unter der absoluten Monarchie, die das spanische Parlament bis heute beibehalten hat). Sie verabschiedet 1812 eine **Verfassung** für eine konstitutionelle Monarchie, wobei sie sich an dem französischen Vorbild von 1791 orientiert. Diese Verfassung sieht eine Garantie der Grundrechte, Gewaltenteilung sowie ein gewähltes Parlament vor und beseitigt alle Sonderrechte des Adels.

Die zwei Lager
der *dos Españas*

- **Andererseits die breite Masse des Volks**, angeführt vom Klerus und Teilen des Adels. Deren Bestrebungen orientieren sich an traditionellen politischen und religiösen Idealen und zielen auf eine **Wiederherstellung der Monarchie der Bourbonen**. Deren Repräsentant **Ferdinand VII.**, bei seiner Rückkehr nach Spanien vom Volk bejubelt, kann daher problemlos die Verfassung von Cádiz annullieren und ihre Verfasser als *afrancesados* (etwa:»Französlinge«, eine im 19. Jh. gängige Beschimpfung der Liberalen) denunzieren. Unterbrochen von dem kurzen Zwischenspiel einer liberal-konstitutionellen Regierung (1821–1823), der er schließlich mit französischer Hilfe militärisch ein Ende macht, führt Ferdinand VII. bis 1833 die absolute Monarchie weiter.

Die Niederlage des bürgerlichen Liberalismus hat einschneidende Folgen für die politische Geschichte Spaniens wie für die gesellschaftliche und wirtschaftliche Rückständigkeit des Landes im 19. Jh. Bis hin zum Bürgerkrieg 1936 bis 1939 werden **konservative und liberale Kräfte** in unterschiedlichen Konstellationen **keinen dauerhaften politischen Kompromiss** finden, der eine Öffnung und Modernisierung Spaniens dauerhaft ermöglicht. Die Fortdauer der Monarchie mit ihrer Planlosigkeit und Günstlingswirtschaft kompromittiert nicht nur die Weiterführung der wirtschaftlichen Stabilisierung des 18. Jh.s, sie paralysiert auch die politischen Kräfte des Landes in einer **Folge von politischen Intrigen, Umsturzversuchen und Kriegen**, die bis 1874 ohne dauerhaftes Resultat bleiben.

Der Tod Ferdinands VII. löst einen **Thronfolgestreit** aus, der zwischen seiner Tochter Isabella, die er als Nachfolgerin eingesetzt hat, und seinem Bruder Karl 1833 bis 1839 im ersten **Karlistenkrieg** (*guerra carlista*) ausgetragen wird. Karl erhebt in diesem Konflikt einen Herrschaftsanspruch als nächster männlicher Thronfolger, den er und dann auch sein Sohn mehrfach militärisch durchzusetzen versuchen.

Die *era isabelina*: Die Regentin Maria Cristina, die ihre minderjährige Tochter Isabella nach 1833 zunächst vertritt, geht ein Bündnis mit dem

Zwischen absoluter Monarchie, Republik und Restaurationsmonarchie liberalen Bürgertum ein, während ihr Schwager sich vor allem auf den Klerus und die Landbevölkerung des Nordens und Ostens sowie auf Teile des Adels stützen kann. Die Zeit der Regentschaft wie die Regierungszeit Isabellas sind bestimmt von einem Wechselspiel zwischen liberalen Initiativen (so die *desamortización*, die Enteignung der Kirchengüter seit 1837) und konservativer Reaktion.

Seit 1836 versuchen liberale wie konservative Kräfte mehrfach, mittels Putschversuchen des Militärs, den sog. *pronunciamientos*, die Entwicklung des Landes in ihrem Sinn voranzutreiben. Die Einmischung der Armee in die politischen Auseinandersetzungen wird sich über die Diktatur Primo de Riveras und den Aufstand Francos bis zu dem gescheiterten Putschversuch des Obersten Tejero (Februar 1981, s. S. 116) vielfach wiederholen. Die politische Entwicklung stagniert auch deshalb, weil die seit 1843 selbst regierende Isabella II. ähnlich wie ihr Vater politisch völlig unfähig ist und nur durch Affären und die Förderung ihrer Favoriten von sich reden macht.

Die Revolution von 1868 (*La Gloriosa*) beginnt mit einem *pronunciamiento*, das anders als vorhergehende breite Unterstützung im Volk findet. Sie ist der vorerst letzte Versuch des liberalen Bürgertums, die politische Stagnation des Landes zu überwinden und scheitert an der Uneinigkeit und Unfähigkeit der revolutionären Kräfte. Diese sind gespalten in Republikaner und Anhänger einer konstitutionellen Monarchie; hinzu kommen erste radikalere Gruppierungen der entstehenden Arbeiterbewegung. Ein Kompromiss zwischen ihnen führt zu einer **konstitutionellen Monarchie** nach englischem Vorbild. Der aus Italien als König herbeigerufene Amadeus von Savoyen findet weder bei monarchistischen Kräften noch bei den Republikanern einen Rückhalt und dankt angesichts der Zuspitzung der inneren Konflikte (dritter Karlistenkrieg 1872–1876) wie der ungelösten Krise in den letzten Kolonien nach zwei Jahren wieder ab.

Es folgt eine ebenso kurzlebige wie chaotische Republik (*Primera República*, 1873–1874 mit vier Präsidenten in zehn Monaten). Sie ist in dieser Situation nicht überlebensfähig; ihr Ende kommt fast ohne Gegenwehr. Das **Scheitern des sog.** *sexenio revolucionario* ist jedoch für das Selbstverständnis der auf Demokratisierung und Modernisierung Spaniens drängenden Kräfte geradezu traumatisch. Nach sechs Jahren intensiver politischer Konflikte bleibt mit der Rückkehr der Bourbonen alles beim Alten: »Die traditionellen Eliten sollten erneut [...] über ein halbes Jahrhundert die Hegemonie ausüben« (Bernecker 1990, S. 168).

Die *Restauración borbónica* wird zu Beginn des Jahres 1874 durch einen erneuten Militärputsch eingeleitet. Isabellas Sohn Alfons XII. wird als König proklamiert, wesentliche Grundrechte sowie Befugnisse des Parlaments werden wieder aufgehoben. Der Konflikt zwischen konservativen und liberalen Kräften kann durch ein auf Wahlbetrug gegründetes System des geregelten Machtwechsels zwischen beiden Lagern (dem *turnismo*) für einige Zeit zumindest beschwichtigt werden. Die ersten Jahrzehnte der Restaurationsmonarchie sind eine **Periode relativer politischer Stabilität**, die bis zur Krise der Jahrhundertwende andauert. Einerseits herrscht in Spanien nun endgültig eine konstitutionelle Monarchie, wie sie schon die *Cortes* von Cádiz angestrebt hatten, doch andererseits verkörpert diese Herrschaftsform, die ja die Republik abgelöst hat, nun auch das Scheitern aller Bestrebungen einer politischen Liberalisierung.

Die Konflikte zwischen den beiden großen gesellschaftlichen Lagern wie die sozialen Probleme des Landes verschärfen sich in diesen Wirren. Seit den revolutionären Auseinandersetzungen von 1868 treten in den Wirtschaftszentren (insbesondere in Barcelona), aber auch in Andalusien mit seinen sozialen Konflikten zwischen einem vorherrschenden Groß-grundbesitz und den Massen verarmter Landarbeiter erstmals **sozialistische und anarchistische Gruppierungen** hervor. Die Anfänge der Arbeiterbewegung sowie von deren ersten Organisationen (Gründung der sozialistischen Partei **PSOE** 1879, der Gewerkschaft **UGT** 1888) lassen die Konflikte zwischen Liberalen und Konservativen teilweise in den Hintergrund treten. Bestimmend wird in der spanischen Arbeiterbewegung bis hin zum Bürgerkrieg eine anarchistische Orientierung bleiben (1910 Gründung der bis zum Bürgerkrieg stärksten Gewerkschaft **CNT**), in der sich angesichts der politischen Stagnation eine zunehmende Neigung der verelendeten Schichten zu spontanen und gewaltsamen Aktionen manifestiert.

Soziale und ökonomische Entwicklungstendenzen im 19. Jh.

Das Fehlen wirksamer wirtschaftspolitischer Maßnahmen über das ganze 19. Jh. hinweg ist umso gravierender, als seit dem 18. Jh. die **Bevölkerungsentwicklung** stetig fortschreitet (Anfang des 19. Jh.s ca. 11; um 1900 18,5; 1935 etwa 24 Millionen). Die traditionellen Ressourcen der Landwirtschaft kommen durch den ansteigenden Bedarf an Lebensmitteln schnell an ihre Grenzen. Doch die Modernisierung der vor allem im Süden vom Großgrundbesitz dominierten landwirtschaftlichen Produktion entwickelt sich schon deshalb zögerlich, da die **Masse besitzloser Landarbeiter** billige Arbeitskräfte sind und nahezu beliebig zur Verfügung steht. Und eine breitere Verteilung des Landbesitzes wird bis hin zur zweiten Republik durch den politischen Einfluss der **wie Feudalherren herrschenden Großgrundbesitzer** verhindert. Auch die großen Projekte eines Kanalsystems zur landesweiten Verteilung des Wassers (ein Grundproblem der spanischen Landwirtschaft bis in die Gegenwart!) durchziehen das ganze 19. Jh., ohne wirklich umgesetzt zu werden.

Eine nennenswerte industrielle Entwicklung findet sich außer in Asturien und dem Baskenland (Montan- und Schwerindustrie) sowie in Katalonien nur in einigen großen Städten (Madrid, Zaragoza, Sevilla), häufig von ausländischem Kapital initiiert. Ein sinnvoll organisiertes **Eisenbahnnetz**, in allen europäischen Ländern ein entscheidender Faktor der Industrialisierung, gibt es in Spanien bis heute nicht. Der Umstand, dass die im 19. Jh. gebauten Linien ohne Rücksicht auf die geographischen und wirtschaftlichen Gegebenheiten auf Madrid ausgerichtet sind, beleuchtet den **Widerspruch zwischen dem politischen Zentralismus und den wirtschaftlich florierenden Regionen**, die ihre Bedürfnisse von dem ökonomisch rückständigen Zentrum Spaniens nicht genügend berücksichtigt sehen. Neben der Sprachproblematik liegt hierin der wesentliche Grund für **die regionalistischen Bewegungen im Baskenland und in Katalonien,** die beide seit dem Ende des 19. Jh.s eine größere Selbstständigkeit der Regionen fordern. Auch diese Konflikte spielen eine wichtige Rolle in den Auseinandersetzungen, die in den Bürgerkrieg münden werden.

Der Verlust der südamerikanischen Kolonien in den 1820er Jahren ist ein weiterer Grund für die wachsenden ökonomischen Probleme Spaniens im 19. Jh. Durch den Unabhängigkeitskrieg und die beginnende Bildung von Nationalstaaten verliert die spanische Wirtschaft in kurzer Zeit einen Rohstoff- und Absatzmarkt, mit dem sie privilegierte Beziehungen hatte. Gegenüber dem Ende des 18. Jh.s geht das Volumen des Handels mit Amerika bereits bis 1830 auf weniger als ein Fünftel zurück. Obwohl damit das spanische Imperium endgültig der Vergangenheit angehört, bleibt das imperiale Selbstbewusstsein während des gesamten 19. Jh.s im spanischen Identitätsdiskurs lebendig (s. S. 157).

Es ist daher symptomatisch, dass die Probleme der spanischen Rückständigkeit massiv ins öffentliche Bewusstsein treten, als das Land 1898 seine letzten Gebiete in Übersee (Kuba und die Philippinen) im **Krieg mit den USA** verliert. Die Eroberung und Kolonisierung Marokkos seit Anfang des 20. Jh.s, die als eine ebenso fragwürdige wie verlustreiche Kompensation betrieben wird, verschärft wegen der hohen Verluste und der immensen Kosten noch die inneren Konflikte. Jetzt wird die Diskussion um die Möglichkeiten und Perspektiven einer Modernisierung des Landes zu einem zentralen Thema der spanischen Öffentlichkeit und bleibt es bis in die Zeit nach der Franco-Diktatur (s. Kap. 3.2.3).

3.1.4 | Die Umbrüche des 20. Jahrhunderts

Spanien im 20. Jahrhundert	
1902–1931	Regierungszeit Alfons' XIII.
1904	Aufteilung Marokkos zwischen Spanien und Frankreich (erneuert 1912); andauernde kriegerische Konflikte im spanischen Teil
1909	Aufstände gegen den Marokkokrieg und Generalstreik in Katalonien; blutige Unruhen (*Semana trágica*) in Barcelona
1917	Generalstreik und Staatskrise; wachsende politische Repression gegen Parteien und Organisationen der Arbeiterbewegung
1923–1930	Militärdiktatur des Generals Primo de Rivera mit Billigung des Königs
1931	Der König geht ins Exil; Ausrufung der Zweiten Republik
1931–1939	Zweite Republik; Einleitung grundlegender Regional- und Agrarreformen
1936	Wahlsieg eines linken Bündnisses bei den Parlamentswahlen im Februar und Bildung einer Volksfrontregie-

	rung (*Frente popular*); im Juli Militärputsch Francos und Beginn des Bürgerkriegs
1939–1975	Diktatur Francos nach dem Sieg der Putschisten im Bürgerkrieg
1947	Referendum über ein Nachfolgegesetz, das den Enkel des letzten Königs Alfons' XIII. , Juan Carlos, zum Nachfolger Francos erklärt
1955	Aufnahme Spaniens in die UNO
seit 1960	Intensiver wirtschaftlicher Aufschwung; allmähliche Liberalisierung der Diktatur
1975	Tod Francos; Juan Carlos wird König; Übergang zur Demokratie (*transición*)
1977	Erste demokratische Parlamentswahlen seit 1936
1978	Verabschiedung der Verfassung nach einem Referendum; Stabilisierung der Demokratie nach einem Putschversuch im Februar 1981 und dem Wahlsieg der Sozialisten (PSOE) im Oktober 1982

Die ausgebliebene oder zumindest stockende Modernisierung der politischen und wirtschaftlichen, aber auch der ideologischen und kulturellen Strukturen des Landes bestimmt die spanische Geschichte bis in die letzten Jahrzehnte des 20. Jh.s. Auch wenn man mit dem Begriff der Rückständigkeit vorsichtig umgehen muss, kann man festhalten, dass der Wandel traditioneller Wirtschafts- und Gesellschaftsstrukturen, der sich in Westeuropa im 19. Jh. durch Reformen (wie in England) oder durch revolutionäre Umbrüche (wie in Frankreich) vollzogen hat, in Spanien bis Anfang des 20. Jh.s kaum in Gang gekommen ist. **Das liberale Bürgertum**, das in diesen Ländern Motor und Nutznießer des Strukturwandels ist, erlangt **keine gesellschaftliche Hegemonie** und bleibt zerstritten. Bezeichnend für die Zuspitzung ungelöster Konflikte in den ersten Jahrzehnten des 20. Jh.s ist die **zunehmende Gewaltbereitschaft** des rechten wie des linken Lagers. Dies gilt für die Aktionen der verelendeten Landarbeiter und der Arbeiterschaft; aber auch von Seiten der Staatsmacht werden soziale und politische Konflikte zunehmend gewaltsam beendet.

Die letzten Jahrzehnte der Restaurationsmonarchie sind von gewaltsamen Auseinandersetzungen durchzogen. Diese Tendenz findet einen ersten blutigen Höhepunkt **1909** in der *semana trágica* in Barcelona, wo eine Streikbewegung und gewalttätige Proteste gegen den Kolonialkrieg in Marokko von Polizei und Militär mit äußerster Härte – bis hin zur Hinrichtung der mutmaßlichen Vordenker – unterdrückt werden. Nach einer kurzlebigen wirtschaftlichen Euphorie durch den Profit, den Industrie und Handel aus dem Ersten Weltkrieg ziehen können, wird Spanien im **Sommer 1917** von einer politischen Protestbewegung erschüttert, die angesichts des Misskredits der Regierung ein neues Parlament und eine neue Verfassung fordert. Diese Bewegung führt zu einem **Generalstreik**, der erneut blutig niedergeschlagen wird. Hierin wie in der zu einer repres-

Von der Restaurationsmonarchie
zur Republik

Spanische
Geschichte
im Überblick

siven Ordnung neigenden Haltung der Armee zeichnen sich bereits die
Konfliktlinien des späteren Bürgerkriegs ab.

Ein Militärputsch im September 1923 macht den General Miguel Primo de Rivera zum Militärdiktator, was von dem König (Alfons XIII., dem
Sohn Alfons' XII.) akzeptiert wird. Dieser erste Versuch einer Imitation
des Faschismus nach italienischem Vorbild (Diktatur Mussolinis seit
1922) ist allerdings dadurch beeinträchtigt, dass es an einer die Diktatur
unterstützenden politischen Organisation fehlt. Erst 1934 wird der Sohn
des Diktators, José Antonio, die *Falange* gründen, **die spanische Variante
einer faschistischen Bewegung**. Die Diktatur führt das Land in der Welt-
wirtschaftskrise (seit 1929) in ein ökonomisches und politisches Desaster.
Nach der Abdankung Primo de Riveras (Januar 1930), einem gescheiterten
Putschversuch republikanisch gesinnter Offiziere und einem triumphalen
Wahlerfolg der Linken bei Kommunalwahlen im Frühjahr 1931 hat diese
Krise die Abdankung des Königs und die **Proklamation der Republik** (*Se-
gunda República*, 1931–1939) zur Folge.

Die Zweite
Republik

Anders als dies bei der Ersten Republik der Fall war, wird dieser politische Umbruch als Impuls für eine nachhaltige politische und soziale
Reform des Landes in ganz Spanien enthusiastisch begrüßt. Im Mai 1931
werden die verfassungsgebenden *Cortes* mit einer breiten republikanisch-
sozialistischen Mehrheit gewählt und verabschieden eine **Verfassung**, die den Rahmen für grundlegende Reformen bietet.
Unter anderem sieht sie nach dem Modell der Weimarer Verfassung ein demokratisches System mit einer **starken Stellung
des Parlaments** vor und eröffnet die Möglichkeit von **Autonomiestatuten für die Regionen**, die in Katalonien und im Baskenland sogleich genutzt werden.

Noch einschneidender ist die Festlegung des Staates auf einen **Laizismus** nach französischem Vorbild, der den politischen
Einfluss der katholischen Kirche beseitigen und sie auf den
Privatbereich beschränken will (s. S. 125). Diese Maßnahmen
bedeuten einen massiven Bruch mit den politischen und ideologischen Traditionen Spaniens und haben heftige Konflikte vor
allem im bis dahin zum großen Teil von der Kirche kontrollier-

Nach dem Vorbild
der französischen
Marianne:
Eine Allegorie der
Republik mit der
bandera tricolor
(s. S. 119)

ten Erziehungswesen zur Folge. Die Stabilität der Regierung leidet darunter ebenso wie unter den gewaltsamen Auseinandersetzungen um die
Landreform und die **Sozialgesetzgebung**. Vor allem die anarchistische
Bewegung versucht, über die ersten zögerlichen Maßnahmen hinaus radikalere Veränderungen durchzusetzen.

In dieser Situation intensiver Konflikte und einer zunehmenden
Schwächung des sozialistischen Präsidenten Manuel Azaña und seiner
Regierung gelingt der vereinigten Rechten im November 1933 ein Wahlerfolg, in dessen Folge ein guter Teil der vorherigen Reformansätze rück-
gängig gemacht wird. Die **Radikalisierung des politischen Lebens** führt
im Herbst 1934 zu einem Aufstandsversuch in Katalonien und in der Folge
eines großen **Bergarbeiterstreiks in Asturien** zu einer bürgerkriegsähn-
lichen Situation. Die militärische Repression, zu der die konservative Re-

gierung immer mehr greift, sowie die Einigung einer zunehmend verfolgten Linken führen erneut zu einer politischen Gegenbewegung.

Der Bürgerkrieg (*guerra civil*)**:** Im Februar 1936 gewinnt eine **Volksfrontkoalition** von Republikanern, Sozialisten und Kommunisten um Manuel Azaña erneut die Wahlen. Nun überstürzen sich die Ereignisse. Die ersten Maßnahmen der neuen Regierung werden begleitet von spontanen Aktionen, die auf eine Verwirklichung der immer wieder aufgeschobenen Reformen drängen. Auf der Rechten hingegen wächst die Überzeugung, dass die Macht auf demokratischem Weg nicht wiederzugewinnen sei. Am 17. Juni 1936 erklärt der **General Franco** von Marokko aus das folgenreichste *pronunciamiento* in der neuesten spanischen Geschichte. Es verläuft allerdings insofern ganz anders als viele frühere, als die Regierung sich diesmal gegen die Armee keineswegs geschlagen gibt und die Unterstützung des größten Teils der Bevölkerung hat, was den traditionellen Militärputsch in einen Bürgerkrieg verwandelt.

Konfliktlinien und Verlauf des Bürgerkriegs können hier nicht genauer dargestellt werden (vgl. dazu Bernecker 1986; Schmigalle 1986; Tuñón de Lara u. a. 1987). Trotz der Präsenz entsprechender politischer Gruppierungen handelt es sich nicht um einen Kampf zwischen Faschismus und Kommunismus, wie das Geschehen vor allem von Seiten der Linken gedeutet worden ist. Gängig wird er als **Höhepunkt des Kampfs der *dos Españas*** verstanden (s. S. 106 f.). Zweifellos resultiert er aus Konflikten, die bis weit in das 19. Jh. zurück reichen, doch verlaufen die Konfliktlinien im 20. Jh. nicht mehr nur zwischen konservativen und liberalen Kräften. Seit der Jahrhundertwende werden die gesellschaftlichen Gegensätze vor allem durch das **Erstarken politischer Organisationen der Industrie- und Landarbeiter** komplexer. Im Bürgerkrieg stehen sich unterschiedliche Vereinigungen einer traditionell orientierten, konservativen und katholischen Rechten sowie der *Falange* auf der einen Seite und das heterogene, republikanisch und liberal orientierte Bürgertum sowie sozialistische, kommunistische und anarchistische Gruppierungen der Linken auf der anderen gegenüber.

Auf der Ebene der sozialen Konflikte wird im Bürgerkrieg im Wesentlichen ein Kampf zwischen den ökonomisch Mächtigen sowie den sie stützenden Schichten auf der einen und dem einfachen Volk sowie einem großen Teil des liberalen Bürgertums auf der anderen Seite ausgetragen. Franco selbst bleibt in seinen wenig profilierten politischen Überzeugungen immer ein **traditioneller Monarchist**, der die sozialen Konflikte mit autoritären und hierarchischen Strukturen zu unterdrücken und zugleich zu lösen können glaubt (vgl. Vázquez Montalbán 1987).

Zwar kann er sich im Bürgerkrieg wie in der nachfolgenden Repression und Umgestaltung des Landes auf die *Falange* stützen, die Elemente der Ideologie

Die wachsende Bedeutung der spanischen Arbeiterbewegung: gemeinsames Plakat der Gewerkschaften CNT und UGT

einer konservativen Revolution vertritt. Doch Franco stellt die ›Linksfalangisten‹ schon bald nach seinem Sieg kalt. Gegen diesen lästigen Bündnispartner sichert er seine Herrschaft durch eine Allianz mit dem reichen Bürgertum und der Kirche. Seit dem Niedergang des deutschen Faschismus im Zweiten Weltkrieg hat die *Falange* keinen wesentlichen Einfluss mehr auf die Politik der Diktatur.

Die ersten Maßnahmen der Aufständischen bestehen überall, wo sie sich etablieren können (zunächst vor allem im Norden und in Teilen Andalusiens), in einer **Aufhebung aller Land- und Sozialreformen** sowie der Trennung von Kirche und Staat. Die Unterstützung durch die katholische Kirche verdeutlicht die **katholisch-konservative Ausrichtung** des Aufstands (s. S. 125). Dass Franco sich als ein Bollwerk gegen Entwicklungen zu präsentieren vermag, die als kommunistische Bedrohung verstanden werden, sichert ihm im Bürgerkrieg zumindest die wohlwollende Neutralität der USA und auch der meisten demokratischen Staaten Europas. Die Republik hingegen erhält – außer der zögerlichen und an zweifelhafte Bedingungen geknüpften Hilfe der Sowjetunion – Unterstützung lediglich durch die Scharen der Freiwilligen aus nahezu allen europäischen Ländern, die für ihre republikanischen oder sozialistischen Ideale in den **Internationalen Brigaden** kämpfen.

Begünstigt durch die **Unterstützung der faschistischen Regierungen Deutschlands und Italiens** (mit dem grausigen Höhepunkt der Zerstörung von **Guernica**, der heiligen Stadt der Basken, durch die deutsche Luftwaffe; s. S. 261) und durch Konflikte im republikanischen Lager (insbesondere zwischen Anarchisten und Kommunisten) setzen sich die Aufständischen in einem Krieg schließlich durch, der für Wirtschaft und Gesellschaft Spaniens katastrophale Folgen hat. Der Bevölkerungsverlust durch die Kämpfe, die nachfolgende Repression und das Exil (insgesamt weit über eine Million Menschen), die Zerstörung des Landes und seine **innere Spaltung in Sieger und Besiegte** sowie ein gutes Jahrzehnt des Elends und der wirtschaftlichen Misere sind wesentliche Folgeerscheinungen des Bürgerkriegs. Die Anhänger der Republik, die in der **Massenflucht nach Frankreich** den Siegern nicht entgehen können, werden zu Hunderttausenden Opfer einer Willkürjustiz, deren Folgen erst seit der Jahrtausendwende aufgearbeitet werden (s. Kap. 3.2.4). Auch eine große Zahl der bedeutendsten Intellektuellen und Schriftsteller Spaniens verlassen während oder nach dem Krieg das Land (s. Kap. 4.8.2 und 4.9.2), das auch nach dem Ende des Zweiten Weltkriegs zunächst **international isoliert** bleibt.

Die Blockbildung in Ost und West ermöglicht in den 1950er Jahren eine langsame Reintegration des Landes in die westliche Staatengemeinschaft: Sie beginnt im Zeichen des ›Kalten Kriegs‹ mit einem Abkommen, das 1953 den USA Luftwaffenstützpunkte in Spanien sichert. Eine gewisse Normalisierung des gesellschaftlichen Lebens – bei fortdauernder Repression und Zensur – wird **seit den 1960er Jahren** durch ein **stürmisches wirtschaftliches Wachstum** ermöglicht. Die Entwicklung eines – allerdings sehr ungleich verteilten – Wohlstands nimmt allmählich auch der politischen und ideologischen Konfrontation ihre grundsätzliche Bedeutung.

Eine gewisse Liberalisierung wird zudem befördert und geradezu erzwungen durch den gleichzeitigen **Boom des Tourismus**, der nicht nur für die ökonomische Entwicklung, sondern auch für die ideologische Öffnung wichtige Impulse gibt. Damit geht ein Wechsel der Wirtschaftspolitik einher, der von den dirigistischen Ansätzen der ersten Zeit der Diktatur zu einem technokratischen Liberalismus führt. Dieser wird in den 1960er Jahren vor allem von Mitgliedern des *Opus Dei*, eines katholischen Laienordens vertreten, die einen großen Teil der Minister in den letzten Regierungen Francos stellen.

Ansatzpunkte einer Opposition finden sich angesichts des massiven Terrors der Anfangszeit der Diktatur und der Willkür eines Regimes, das keine individuellen Freiheiten garantiert, in einigen universitären und intellektuellen Zirkeln sowie in der mit dem wirtschaftlichen Aufschwung wieder erstarkenden **Arbeiterbewegung**. In den 1960er Jahren beginnen die terroristischen Aktionen der **ETA**, die sich als revolutionäre Organisation mit dem Ziel einer nationalen Unabhängigkeit des Baskenlands versteht. In der Zeit der Diktatur genießt sie trotz massiver Repressalien breite Unterstützung und erlangt große Popularität durch ein Attentat, dem 1973 Francos Regierungschef und designierter Nachfolger Carrero Blanco zum Opfer fällt. Die Geschichte der Diktatur ist bis zum Tod Francos reich an Schauprozessen gegen Oppositionelle und an Hinrichtungen, zuletzt gegen weltweiten Protest im September 1975, zwei Monate vor Francos Tod.

Desto überraschender ist der nahezu bruchlose **Übergang zur Demokratie** (*transición*), der sich innerhalb weniger Jahre nach dem Tod des Diktators scheinbar problemlos vollzieht. Möglich gemacht wird dieser Übergang paradoxerweise durch die traditionell monarchistische Orientierung Francos. Dieser hat schon 1947 in einem Referendum Spanien wieder zu einer Monarchie erklären lassen und danach den heutigen **König Juan Carlos** zum zukünftigen Monarchen bestimmt. Dadurch gibt es nach dem Tod des Diktators einen auch in den Augen seiner Anhänger legitimierten Nachfolger, der zwar schwer einzuschätzen, jedoch nicht zu umgehen ist. Zudem ist ein Teil der politischen und ökonomischen Eliten der Diktatur schon vor Francos Tod davon überzeugt, dass auch zur Sicherung der eigenen Interessen eine Demokratisierung des Landes unumgänglich ist.

Die geschickte Politik des Königs, der mit dem anpassungswilligen Teil dieser politischen Eliten kooperiert, kann diesen Umstand ausnutzen.

Transición und
Demokratie

Er erreicht zunächst die Einsetzung von verfassungsgebenden *Cortes*, die 1977 mit einer liberalen Mehrheit gewählt werden, während selbst die gemäßigten Parteigänger Francos eine klare Niederlage hinnehmen müssen. Die Ende 1978 durch ein Referendum mit großer Mehrheit (außer in Regionen mit Autonomiebestrebungen, insbesondere dem Baskenland) angenommene **Verfassung** definiert Spanien als einheitlichen Staat, sieht jedoch die (mittlerweile weit ausgestaltete) Möglichkeit von Autonomiestatuten für die Regionen vor. Sie enthält auch die Trennung von Staat und Kirche, ohne sie so grundsätzlich festzulegen, wie dies 1931 der Fall war (s. S. 125 f.). Die Verfassung ist selbst noch Bestandteil der heiklen **Kompromisse der** *transición* (s. S. 132 f.), ebenso wie das Ende 1977 zwischen der Regierung und den Gewerkschaften vereinbarte Sozialabkommen (*Pactos de la Moncloa*), das die Loyalität der gemäßigten Organisationen der Arbeiterbewegung mit der Regierung sichert.

Nach dem Scheitern eines Militärputschs im Februar 1981 und den Wahlen vom Oktober 1982, die der sozialistischen Partei (dem PSOE) eine absolute Mehrheit (und eine fast 14 Jahre andauernde Regierungszeit) einbringen, wird der Übergang zur **Demokratie in der Form einer konstitutionellen Monarchie** unumkehrbar. Nach dem Beitritt Spaniens zur Nato (1982, 1986 durch ein umstrittenes Referendum bestätigt) und zur Europäischen Gemeinschaft (1986), nach einem intensiven **Prozess der ökonomischen und gesellschaftlichen Modernisierung** präsentiert sich das Land heute als Teilhaber einer europäischen Modernität, von der es lange Zeit ausgeschlossen schien. All dies vollzog und vollzieht sich noch immer um den Preis einer **Verdrängung der jüngsten Geschichte** im politischen Diskurs, der einen demokratischen Konsens durch das Verschweigen der Verbrechen der Diktatur (*pacto de silencio*, s. Kap. 3.2.4) erreichen wollte.

Das bisher letzte *pronunciamiento* der spanischen Geschichte: der Oberst Tejero in den Cortes (Februar 1981)

Probleme der *transición*: Erst seit wenigen Jahren beginnt auch eine öffentliche Erinnerungspolitik damit, diesen Teil der spanischen Geschichte aufzuarbeiten (s. Kap. 3.2.4 und 4.9.2). Was es bedeutet, dass nicht einer der Folterknechte Francos und noch weniger seine juristischen und politischen Helfershelfer je zur Verantwortung gezogen worden sind, können wohl nur die Opfer ermessen, deren Leiden ohne moralische Genugtuung, geschweige denn juristische Aufarbeitung geblieben sind. Die Hoffnung auf tiefgreifende gesellschaftliche Veränderungen nach dem Tod Francos sind schnell einer Ernüchterung gewichen, dem viel beschworenen *desencanto*. Die Aufarbeitung der verdrängten Vergangenheit ist ein auch nach der Jahrtausendwende noch offener Prozess, der viele Aspekte der gegenwärtigen spanischen Politik und Kultur bestimmt (s. Kap. 3.2.4).

3.2 | Kristallisationspunkte der spanischen Kultur

3.2.1 | Die spanische Geschichte und Konstruktionen nationaler Identität

Der Beginn der Geschichte Spaniens als einheitlicher Staat und als Nation wird gängig auf 1479 datiert. In diesem Jahr erbt der seit 1469 mit **Isabella von Kastilien** verheiratete **Ferdinand von Aragon** die Krone seines Landes. Durch die Vereinigung der Königreiche von Aragon und Kastilien und den Abschluss der *Reconquista* entsteht auf der iberischen Halbinsel ein Herrschaftsgebiet, dessen Grenzen weitgehend denen des heutigen Spanien entsprechen. Ihr Enkel Karl I. herrscht nach dem Tod Ferdinands ab 1516 dann endgültig über beide Königreiche.

Mit dem **Reich Karls I.**, in dem, wie er selbst gesagt haben soll,»die Sonne nicht untergeht« (da es auch die mittel- und südamerikanischen Kolonien umfasst), wird Spanien für fast ein Jahrhundert zum mächtigsten Staat der damals bekannten Welt und kulturell zum Zentrum Europas. Und auch über die Zeit imperialer Größe hinaus werden mit der Vereinigung der beiden Königreiche **Grundlagen einer zentralistischen Organisation des Landes** gelegt, die bis in die Gegenwart wirksam und noch heute in den Auseinandersetzungen um die Eigenständigkeit der Regionen präsent sind.

Reconquista, Conquista und nationale Identität: Die Entwicklung Spaniens zu einem mächtigen Nationalstaat ist der Grund dafür, dass sich mit der Regierungszeit von Ferdinand und Isabella ein **Ursprungsmythos der spanischen Nation** verbindet. In dessen Zentrum steht **das symbolträchtige Jahr 1492**, zu dessen Beginn mit der Eroberung Granadas der Jahrhunderte dauernde Kampf der *Reconquista*, der Eroberung der maurischen Herrschaftsgebiete auf der iberischen Halbinsel, abgeschlossen wird. Wegen ihres Kampfs gegen die ›Ungläubigen‹ wird Ferdinand und Isabella vom Papst der Ehrentitel *Reyes Católicos* verliehen. Damit wird dann in der Geschichtsschreibung des 19. Jh.s eine identitätsstiftende Verbindung Spaniens mit dem Katholizismus begründet (s. Kap. 3.2.2).

Die im gleichen Jahr beginnende *Conquista*, die Eroberung Mittel- und Südamerikas, wird ebenfalls als Inbegriff spanischer Größe, als Verbindung von politischer Machtentfaltung und religiöser Mission angesehen. Der **historische und ideologische Zusammenhang von *Reconquista* und *Conquista*** bildet daher seit dem 19. Jh. einen wesentlichen Bezugspunkt für die Konstruktion der nationalen Identität Spaniens. Am 12. Oktober 1492 betritt Kolumbus amerikanischen Boden, und dieser Tag wird in Spanien seit 1918 zunächst als *Fiesta de la raza*, unter Franco dann als *Fiesta Nacional, bajo el nombre de Día de la Hispanidad* (offiziell seit 1958) gefeiert. Mit den Begriffen ›raza‹ und ›hispanidad‹ wird auf der Grundlage einer ethnisch begründeten Identität (*raza*) ein über Spanien selbst hinausgehender Geltungsanspruch des ›Spaniertums‹ konstruiert.

In den Diskussionen um eine Identität Spaniens, die seit dem Ende des 19. Jh.s geführt werden (s. Kap. 3.2.3), etabliert sich der Begriff der ›hispa-

Der Begriff
›hispanidad‹

nidad‹, der diese Identitätskonstruktion zusammenfasst. Er **verbindet die nationale Identität Spaniens** mit dem Weltreich des 16. Jh.s. **und seiner religiösen Legitimation**. Ramiro de Maeztu (s. S. 251), einer der Begründer dieser Idee der ›*hispanidad*‹, schlägt den Begriff ausdrücklich unter Verweis auf den universellen Geltungsanspruch des Begriffs ›*cristianidad*‹ vor:

> »Si el concepto de Cristiandad comprende y a la vez caracteriza a todos los pueblos cristianos, ¿por qué no ha de acuñarse otra palabra, como ésta de Hispanidad, que comprenda también y caracterice a la totalidad de los pueblos hispánicos?« (Ramiro de Maeztu: *Defensa de la hispanidad*, 1934)

Maeztus *Defensa de la hispanidad* entwirft eine Sicht spanischer Identität, die sich am Katholizismus orientiert und das im Laufe des 19. Jh.s verloren gegangene Kolonialreich als »pueblos hispánicos« mit einbezieht. In expliziter Ablehnung moderner demokratischer Strukturen besteht der Kern der *hispanidad* für Maeztu in einer Rückbesinnung auf die Herrschaftsverhältnisse und die religiöse Mentalität des imperialen Spaniens. Diese beinhalten für ihn zugleich den Auftrag ihrer Weiterführung in der Gegenwart: »Tómense las esencias de los siglos XVI y XVII; su mística, su religión, su moral, su derecho, su política, su arte, su función civilizadora. Nos mostrarán una obra a medio hacer, una misión inacabada« (ebd.).

Politische Bedeutung der *hispanidad*: Maeztu ist bei weitem nicht der einzige, wohl aber der prominenteste Verfechter dieses Begriffs in den 1920er und 1930er Jahren und zugleich der einflussreichste Vordenker der spanischen Rechten (vgl. Fox 1998, S. 194–199). Als **Bezugspunkt des antirepublikanischen Denkens** hat seine Konzeption einer traditionsorientierten spanischen Identität in den Auseinandersetzungen der 1930er Jahre im Vorfeld des Bürgerkriegs eine eindeutig politische Funktion. Wenn Maeztu die Verwirklichung spanischer Identität als eine »misión inacabada« bezeichnet, zeigt sich darin ein Sendungsbewusstsein, das auf das Selbstverständnis der Diktatur vorausdeutet. In der Zeit der Franco-Diktatur verweisen Begriffe wie »imperio« und »cruzada« darauf, dass **die Diktatur** sich durch den **Rückgriff auf die politische und religiöse Tradition des spanischen Weltreichs** legitimiert. Franco beschränkt sich allerdings darauf, von einem »imperialismo esencialmente espiritual, capaz de hacer brillar las ideas que encarnan la Hispanidad« zu sprechen (zit. nach Vázquez Montalbán 1987, S. 126).

Auch das demokratische Spanien übernimmt den Nationalfeiertag, benennt ihn jedoch 1987 in *Día de la Fiesta Nacional de España* um. Damit wird nun zwar der Begriff der ›*hispanidad*‹ aufgegeben, Spaniens imperiale Vergangenheit bleibt jedoch in dem Datum präsent, an dem die Nation sich selbst feiert (vgl. Humlebaek 2004). Diese relative Kontinuität steht im Kontext der Kompromisse, die in den Jahren der *transición* den Übergang zur Demokratie ermöglichen (s. S. 132). Das demokratische Spanien ist nicht nur weiterhin eine Monarchie, es hat bis heute auch **kein konsensfähiges Selbstverständnis** jenseits einer Konstruktion nationaler Identität, die die Zeit der Weltgeltung Spaniens nostalgisch verklärt (s. Kap. 3.2.4).

Konstruktionen
nationaler
Identität

Die Machtlosigkeit einer liberal-demokratischen Erinnerungskultur im demokratischen Spanien zeigt sich auch daran, dass das Land bis heute an der traditionellen **rot-gelb-rot gestreiften Nationalfahne** festhält, die seit der Zeit der Diktatur wieder an die Stelle der *bandera tricolor* (rot-gelb-violett gestreift) der kurzlebigen Zweiten Republik tritt. Obwohl die *bandera tricolor* seit dem 19. Jh. das Emblem aller liberal-demokratischen Bestrebungen ist, kann sie auch nach dem Übergang zur Demokratie die von Karl III. 1785 eingeführte Fahne nicht verdrängen, die häufig im gelben Streifen das Wappen des Königshauses trägt.

Ein Symbol der Monarchie in der Demokratie: Die spanische Fahne

Geschichtsschreibung und nationale Identität: Das Jahr 1492 bildet den entscheidenden **Bezugspunkt einer Geschichtsschreibung**, die seit dem 19. Jh. die historischen Prozesse auf der iberischen Halbinsel von der Antike an als zielgerichteten Prozess der Vorbereitung und Herstellung eben jener nationalen Einheit versteht, die dann 1492 endgültig erreicht wird. Die Einheit der Nation resultiert in dieser Sicht zum einen aus der **Zentralstellung Kastiliens** in ihrer Entwicklung (s. Kap. 3.2.3), zum anderen aus der **vereinheitlichenden Funktion der katholischen Kirche** (s. Kap. 3.2.2). Kastilien soll als Heimat der »raza« oder der »casta« die ethnische Grundlage dieser nationalen Identität bilden, weshalb Regionen wie Katalonien oder das Baskenland in dieser Perspektive keine eigenständige Bedeutung haben (vgl. Gies 1999, S. 21–36).

Die Geschichtsschreibung steht im Kontext des Nationalstaatsdenkens, das in ganz Europa im 19. Jh. die entstehende Geschichtswissenschaft dominiert. Trotz unterschiedlicher Akzente bei eher liberalen und eher konservativen Wissenschaftlern konstruiert sie zunehmend **eine einheitliche Entwicklungslinie der Nation** in der gesamten historischen Entwicklung der iberischen Halbinsel (vgl. Fox 1998, S. 35–54; Graham/ Labanyi 1995, S. 25–31). Diese »**invención**

Santiago mata-moros reitet über getötete Mauren hinweg

de España« (Fox 1998) ist grundlegend für die Konstruktion nationaler Identität, auf der dann die Konzeption einer »hispanidad« aufbauen kann. Elemente dieser mythisierten Geschichte sind beispielsweise:

- der Widerstand der keltiberischen Bevölkerung der Stadt **Numantia** gegen die römische Eroberung (um 140–130 v. Chr.);
- der Beginn der *Reconquista* im 9. Jh. in Altkastilien mit der legendären **Schlacht von Clavijo** (erst von späteren Chroniken erfunden), in der der Schutzpatron Spaniens, der hl. Jakobus (*Santiago matamoros*), den Kampf gegen die Mauren angeführt haben soll;

- die Heldentaten von Rodrigo Díaz de Vivar (etwa 1043–1099), dem berühmten *Cid* (s. Kap. 4.2.2), in der Zeit der Reconquista;
- die **Eroberung von Granada und der Neuen Welt**;
- der *Dos de mayo* **1808**, der Beginn des Befreiungskriegs gegen Napoleon mit einem Volksaufstand in Madrid.

Diese Geschichtsdeutung sucht die **geistige Verkörperung der *hispanidad*** beispielsweise in Seneca (etwa 4 v. – 65 n. Chr.), dem berühmten römischen, vermutlich aus Córdoba stammenden Philosophen; vor allem aber in den religiösen Denkern und den großen Autoren des 16. und 17. Jh.s (s. Kap. 4.3.2); schließlich auch in der resignativ-stoischen Weltsicht einiger Autoren der Jahrhundertwende (der sogenannten *generación del 98*, s. Kap. 3.2.3 und 4.7.2).

Marcelino Menéndez Pelayo (1856–1912) ist **der bedeutendste konservative Repräsentant dieser Geschichtsdeutung** im 19. Jh. Er entwirft eine Sicht der spanischen Geschichte, die für die traditionsorientierte Erinnerungskultur in Spanien grundlegend ist (vgl. Varela 1999, S. 27–76).

Seine überragende Belesenheit und Gelehrsamkeit, die sich in einem immensen Werk (in einer posthumen Ausgabe 65 Bände) niederschlägt, steht ganz im Dienste einer ebenso simplen wie rigiden Grundposition, die er in all seinen Werken zu belegen versuchte, einer Position, der zufolge der **Katholizismus** den **Kern von Spaniens Geist und Nationalcharakter** bildet.

Aus seiner kulturgeschichtlichen Forschung leitet er **Grundlagen einer nationalen Identität** ab, die die Probleme des Landes durch eine Überhöhung seiner religiösen Tradition kompensieren sollen. Damit beabsichtigt er zugleich, die Andersartigkeit der spanischen Kultur und Geschichte gegenüber West- und Mitteleuropas zu legitimieren. Menéndez Pelayos Grundposition findet sich in dem selbstbewussten Motto »**España es diferente**« wieder, mit dem in der Zeit der Franco-Diktatur die Besonderheit des spanischen Nationalcharakters betont und zugleich Tourismuswerbung betrieben wird. Während seit der zweiten Hälfte des 19. Jh.s liberale spanische Intellektuelle versuchen, durch die Orientierung an der europäischen Moderne der Entwicklung

des Landes neue Impulse zu geben (s. S. 128), verweist dieses Motto auf eine Identitätskonstruktion, in der Spanien sich im Rückgriff auf seine Tradition von dieser Moderne abgrenzt.

Nur der traditionelle Katholizismus festigt die nationale Identität Spaniens

»España, evangelizadora de la mitad del orbe; España, martillo de herejes [...], ésa es nuestra grandeza y nuestra unidad. No tenemos otra. El día en que acabe de perderse, España volverá al cantonalismo de los Arévacos y de los Vectores o de los Reyes de Taifas. A este término

vamos caminando más o menos apresuradamente, y ciego será quien
no lo vea.« (Marcelino Menéndez Pelayo: Epilog der *Historia de los
heterodoxos en España*)

Das Werk, mit dem Menéndez Pelayo berühmt wird, ist die vielbän-
dige *Historia de los heterodoxos en España* (1880–82). Es bietet einen
umfassenden Überblick über alle Tendenzen der spanischen Geistesgeschichte, vom Mittelalter bis zum *Krausismo* in seiner Gegenwart (s.
S. 246). Sie alle stehen seiner Ansicht zufolge im Widerspruch zur ortho-
doxen Theologie der katholischen Kirche, und er bezeichnet sie deshalb
nicht nur als ›heterodox‹, sondern auch als ›unspanisch‹. Er bemüht sich
um den Nachweis, dass all diese Bestrebungen dem Wesen des spanischen Geistes und der Bestimmung der Nation entgegengesetzt seien.

Das Zitat rückt den Katholizismus ins Zentrum der spanischen
Identität. Daraus ergibt sich eine missionarische Aufgabe Spaniens, in
der es die »mitad del orbe« (gemeint ist das ehemalige amerikanische
Kolonialreich) evangelisiert habe. Die Auflösung der Einheit von Nation
und Kirche würde einen Rückfall in die Zersplitterung des Landes in seiner Frühgeschichte oder in der Zeit der Maurenherrschaft (im Zitat: die
»Reyes de Taifas«, s. S. 98) bedeuten. Der Schlusssatz verdeutlicht die
entschieden antimoderne Ausrichtung von Menéndez Pelayos Perspektive, in der der Liberalismus des 19. Jh.s als Bedrohung der spanischen
Identität erscheint.

So dominant diese nationale Identitätskonstruktion auch lange Zeit ist, so
fragwürdig ist zugleich die ihr zu Grunde liegende Geschichtsdeutung.
Will man von einer Entwicklung der Nation auf der iberischen Halbinsel
seit der Antike ausgehen, so muss man etwa Keltiberer oder Römer sozu-
sagen posthum zu Spaniern machen (s. Kap. 3.1.1). Versteht man weiterhin die Monarchie der *Siglos de Oro* als das Ziel dieser Entwicklung, so
muss man den von ihr vertriebenen Juden und Muslimen die Zugehörigkeit zur spanischen Nation absprechen, obwohl die einen seit der Antike,
die anderen seit der arabischen Eroberung der iberischen Halbinsel deren
Geschichte bis in die frühe Neuzeit wesentlich prägen und bedeutenden
Anteil an der Entwicklung der spanischen Gesellschaft und Kultur haben.

Eine kritische Sicht der Geschichte Spaniens betont deshalb die **Prozesse der Ausschließung und Vertreibung**, die ebenso wie die politischen und militärischen Erfolge entscheidende Voraussetzungen für die
Herausbildung der spanischen Monarchie seit dem Ende des 15. Jh.s darstellen. Sie geht davon aus, dass die staatliche Einheit, die von den *Reyes
Católicos* vorbereitet und angestrebt wird, sich nur durch eine rigide, politisch wie religiös motivierte **Überwachung und Verfolgung** durchsetzen
kann (s. S. 127; vgl. Tuñón de Lara 1990, Bd. V, 185 ff. und 319 ff.; Pérez
1993). Als deren Inbegriff kann man die seit 1480 mit zunehmender Härte vorgehenden Tribunale der **Inquisition** ansehen. Sie bekämpfen und
beseitigen die auch Ende des 15. Jh.s auf der iberischen Halbinsel immer
noch vorhandene Vielfalt der Religionen und Kulturen.

**Kritik am
historischen
Mythos**

Kristallisations-
punkte der
spanischen Kultur

Die Forschungen von Américo Castro, einem der bedeutendsten spanischen Kulturhistoriker des 20. Jh.s, begründen maßgeblich diese kritische Sicht der spanischen Geschichte (zusammengefasst in Castro 1954). Castro deutet die imperiale Blüte Spaniens nach dem Abschluss der Reconquista als eine Zeit wachsender Repression und Intoleranz im Zeichen ökonomischer und ideologischer Krisen. In dieser **Umdeutung der *Siglos de Oro*** zu einer *edad conflictiva* wird die kulturelle Blüte zum Ausdruck der Bedrohung und der existentiellen Angst derjenigen, die aus der repressiven Ordnung eines rigiden Katholizismus im Namen der *limpieza de sangre* ausgeschlossen bleiben (s. S. 101 f.). Dies gilt insbesondere für die getauften Juden, die sogenannten *conversos*, aus denen sich Castro zufolge im 16. Jh. ein großer Teil der kulturellen Elite Spaniens rekrutiert: »A la angustia de los conversos debe España las cimas de su civilización literaria e intelectual de aquel siglo« (Castro: *La Celestina como contienda literaria*, 1965).

Als eigentliche Blütezeit Spaniens sieht Castro statt der *Siglos de Oro* das Mittelalter an, eine Periode, in der die verschiedenen Religionen und Kulturen (relativ) friedlich miteinander leben (s. S. 145 f.). Damit wird die Frage nach der **Identität Spaniens** in eine (wie man heute sagen würde) ›multikulturelle‹ Perspektive gerückt. Nationale Identität wird nicht mehr als Ergebnis eines kohärenten historischen Prozesses konstruiert, sondern als **Resultat widersprüchlicher und konfliktreicher Auseinandersetzungen**. Die Besiegten der Geschichte, die Mauren und Juden, die aus der imperialen Vision der spanischen Vergangenheit ausgeschlossen bleiben, werden in Castros Perspektive zu Mitbegründern der spanischer Kultur.

Historische
Zäsuren und
nationale Identität

Castros Geschichtsdeutung hat einschneidende **Folgen für die spanische Erinnerungskultur**. Sie ist vor allem wegen ihrer nachdrücklich positiven Wertung des Beitrags der Mauren und Juden zur Entwicklung der spanischen Kultur bis heute umstritten. Da, wo die traditionelle Sicht der spanischen Geschichte die Vollendung nationaler Einheit und damit die Grundlage nationaler Identität ansetzt, sieht Castro den Bruch mit der ›multikulturellen‹ Realität des Mittelalters, die in seiner Sicht für die spanische Kultur grundlegend ist und deren Besonderheit ausmacht. Aus dieser Perspektive wird der **Wendepunkt 1492** als Beginn eines Niedergangs mit dem **Ende der *convivencia*** (s. S. 149) verstanden.

Diese kritische Deutung der spanischen Geschichte beschränkt sich auf die Destruktion des traditionellen Geschichtsmythos, ist jedoch nicht dazu geeignet, eine kohärente Gegenposition und eine daraus abgeleiteten Konstruktion nationaler Identität zu begründen. Dieser Umstand verdeutlicht die Probleme der Begründung einer eigenständigen liberalen Position im spanischen Identitätsdiskurs (vgl. García de Cortázar 2003, S. 108 ff.; Varela 1999, S. 77 ff.), da diese weder über eindeutige Traditionslinien in der spanischen Geschichte noch über eine kohärente gesellschaftliche und kulturelle Trägerschicht verfügt.

In seinen Reflexionen über die Identität Spaniens, die auf Castros Geschichtskonstruktion aufbauen, sieht der Schriftsteller **Juan Goytisolo**, der seit den 1950er Jahren selbst im Exil lebt (s. Kap. 4.8.2), die Vertreibung der Juden und Mauren als tragische **Zäsur in der spanischen Geschichte** an, die nationale Identität nicht ermöglicht, sondern geradezu verhindert habe:

»Die Auslöschung des letzten maurischen Königreichs auf der Halbinsel durch die *Reyes Católicos* und die von ihnen befohlene Vertreibung der Juden bilden den ersten Akt einer Tragödie, die jahrhundertelang mit unerbittlicher Härte die Lebenshaltung der Spanier bestimmen sollte. Entgegen der landläufigen Geschichtsauffassung hat das Vertreibungsedikt die Einheit des Volkes keineswegs gefestigt; es wurde dadurch vielmehr gespalten, in ein Trauma gestoßen, zerrissen.« (Goytisolo 1978, S. 34)

In dieser Sicht erscheint die historische Entwicklung, mit der die nationale Identität Spaniens begründet werden soll, geradezu als deren Verhinderung. Für Goytisolo sind die »ewigen spanischen Eigenschaften« kein aus Momenten der Vergangenheit ableitbares und unwandelbares Bündel von Besonderheiten Spaniens oder der Spanier, sondern das Resultat eines offenen historischen Prozesses: »Die nationalen Lebensformen sind durch die Geschichte gebildet worden, und sie verwandeln sich mit ihr« (Goytisolo 1978, S. 22). In dieser Perspektive wird **Identität als ein offenes Konzept** gedacht, das nicht ein für allemal bestimmbar ist. Damit wird die Frage nach der nationalen Identität von der Verpflichtung befreit, sich durch den Rückgriff auf kohärente historische Traditionen legitimieren zu müssen. Diese Position ist charakteristisch für aktuelle Tendenzen in der Erinnerungskultur des demokratischen Spanien (s. Kap. 3.2.4).

3.2.2 | Eine Grundlage der spanischen Geschichte und Kultur: Der Katholizismus

Mit der religiösen Überhöhung der *Reconquista* und der Vereinigung der spanischen Königreiche wird der Katholizismus zu einem zentralen Bestandteil der spanischen Geschichte und Kultur. Zwar beginnt die Präsenz des Katholizismus auf der iberischen Halbinsel bereits mit der Konversion der Westgoten (587), doch in der Zeit der Maurenherrschaft und im Zeichen der *convivencia* (s. S. 145–149) ist seine Bedeutung noch eingeschränkt. Im Verlauf des 15. Jh.s wird der Katholizismus dann **ein wesentlicher Bezugspunkt für die Legitimation der Monarchie**.

»Dios es español«: Die Überzeugung, dass der Sieg über die ›Ungläubigen‹ eine **besondere Beziehung Spaniens zu Gott** beweise, trägt dazu ebenso bei wie die Deutung der *Conquista* als missionarisches Werk. Dieses Selbstverständnis zeigt sich in der sprichwörtlich gewordenen Formulierung »Dios es español«, die unter anderem auf den Herzog von Olivares, den leitenden Minister Philipps IV., zurückgeführt wird, der nach den ersten Erfolgen Spaniens im Dreißigjährigen Krieg gesagt haben soll: »Dios es español y está de parte de la nación en estos días«. Die religiöse Legitimation der politischen Herrschaft wird ein wesentlicher Faktor der Entwicklung Spaniens in der Neuzeit. Noch Ende des 19. Jh.s spitzt Juan

Valera (s. S. 332) die Verbindung von Katholizismus und nationaler Identität in der Formulierung zu: »El espíritu del catolicismo se ha infiltrado, digámoslo así, hasta en la masa de la sangre de los españoles« (*Homenaje a Menéndez y Pelayo*, 1899).

Die Beziehung zwischen Monarchie und Kirche Die Heterogenität der vereinigten Königreiche von Kastilien und Aragon wie die der eroberten maurischen Herrschaftsgebiete im Süden ist ein Problem, dem die Monarchie der frühen Neuzeit entgegenzuwirken versucht, um ihre Herrschaft zu sichern. Neben der religiösen Begründung haben die **Vertreibungsmaßnahmen** und die konfessionelle Vereinheitlichung des Königreichs auch **eine wichtige machtpolitische Funktion** für die Durchsetzung der Zentralisierung und für die Kohärenz des neuen Herrschaftsgebiets. Die Monarchie ist immer bedacht, sich die Kontrolle über die kirchlichen Institutionen gegen den Papst zu sichern, etwa bei der Besetzung hoher kirchlicher Ämter oder hinsichtlich der Autonomie der Inquisitionstribunale gegenüber Rom (vgl. García de Cortazar 2003, S. 25 ff.).

Konflikte in der frühen Neuzeit: Ihre religiöse Legitimation seit der Zeit der *Reyes Católicos* hat die Monarchie der frühen Neuzeit nicht daran gehindert, sich gegen die Macht des Papstes zu stellen, wenn dies in ihrem politischen Interesse liegt – am spektakulärsten bei der **Eroberung und Plünderung Roms durch das Heer Karls I.** (1527). Im 16. Jh. ist der Kirchenstaat ein wichtiger politischer Faktor in den Auseinandersetzungen zwischen Frankreich auf der einen sowie dem deutschen Kaiserreich und Spanien auf der anderen Seite. Die verschiedenen Päpste gehen wechselnde Bündnisse mit beiden Lagern ein. Wegen der Konflikte zwischen den Delegationen der europäischen Großmächte dauert das für die Reform der katholischen Kirche wichtige **Konzil von Trient** in mehreren Sitzungsphasen fast zwanzig Jahre (1545–1563). Es kann erst zu Ende geführt werden, nachdem der Papst die Entscheidungsbefugnisse des spanischen Königs in innerspanischen Kirchenfragen bestätigt.

Auch in den folgenden Jahrhunderten ist die **Verbindung von Monarchie und Kirche konfliktträchtig**, insbesondere in der Zeit des *despotismo ilustrado* in der zweiten Hälfte des 18. Jh.s (s. S. 106), als es in der Regierungszeit Karls III. zu heftigen Konflikten mit Rom wie mit dem spanischen Klerus kommt. Sie gipfeln in der **Vertreibung der Jesuiten** aus Spanien (1767), da der Orden verdächtigt wird, sich im Auftrag des Papstes in spanische Angelegenheiten einzumischen. Angesichts der als Bedrohung empfundenen Umwälzungen der Französischen Revolution sucht die spanische Krone allerdings wieder die Unterstützung der Kirche, um liberale Bestrebungen in Spanien einzudämmen.

Katholizismus und Politik im 19. und 20. Jh.: Seit dem 19. Jh. wird die Kirche zur **wichtigsten Stütze der konservativen Kräfte** in den politischen Auseinandersetzungen um Reformen, insbesondere in der Zeit der Restaurationsmonarchie, des Bürgerkriegs und der Diktatur (vgl. García de Cortázar 2003, S. 34 ff.; Bernecker 2006, S. 397 ff.). Theoretiker wie Menéndez Pelayo rücken den Katholizismus ins Zentrum einer konservativen Konstruktion nationaler Identität (s. S. 120 f.), die bis zum Ende der Diktatur bestimmend bleibt.

Die einzige Ausnahme ist die Zeit der Zweiten Republik, deren Politik der Trennung von Kirche und Staat ein wesentlicher Grund für den Aufstand gegen die Republik und den Ausbruch des Bürgerkriegs ist. Der Papst wie die spanische Bischofskonferenz stellen sich deswegen uneingeschränkt auf die Seite der Aufständischen. In einem Brief an ihre Amtsbrüder in aller Welt legitimieren die spanischen Bischöfe den Militärputsch mit seinem Ziel einer »conservación del viejo espíritu español y cristiano« (zit. nach Tuñon de Lara 1990, Bd. XII, 494). Diese Formulierung, die – im Sinne der Konzeption der *hispanidad* (s. S. 117 f.) – einen **untrennbaren Zusammenhang von spanischer und christlicher Identität** unterstellt, bleibt unter Franco uneingeschränkt gültig. Die Machtposition und die Privilegien der katholischen Kirche werden 1953 in einem Konkordat bekräftigt (vgl. Bernecker 2006, S. 399 ff.).

Der Katholizismus als Staatsreligion: Seit Anfang des 19. Jh.s und quer durch fast alle Herrschaftsformen erhält der Katholizismus in Spanien den Verfassungsrang einer **Staatsreligion** (vgl. Bernecker 2006, S. 61 ff.). Auch die Verfassung von Cádiz (1812), ein mythischer Bezugspunkt des spanischen Liberalismus, enthält einen entsprechenden Artikel, ebenso wie die von 1869, die auf den Triumph der liberalen Kräfte in der Septemberrevolution von 1868 folgt (s. S. 108). Die einzige **Ausnahme** bildet auch hierin die **Verfassung der Zweiten Republik** (1931), deren dritter Artikel gegen diese Tradition kurz und bündig bestimmt: »El Estado español no tiene religión oficial.« Auf dieses Vorbild bezieht sich der Artikel 16, 3 der heute geltenden Verfassung von 1978, in dem es heißt:

»Ninguna confesión tendrá carácter estatal. Los poderes públicos tendrán en cuenta las creencias religiosas de la sociedad española y mantendrán las consiguientes relaciones de cooperación con la Iglesia Católica y las demás confesiones.«

Im Vergleich mit dem oben zitierten Artikel aus der Verfassung der Zweiten Republik ist diese Formulierung allerdings recht gewunden, da sie trotz ihrer Ablehnung einer Staatsreligion die katholische Kirche als einzige religiöse Institution explizit nennt, mit der der Staat zusammenarbeiten soll. Diese nach heftigen Diskussionen verabschiedete Formulierung ist einer der vielen **Kompromisse**, die den **Übergang zur Demokratie** (die *transición*, s. S. 116) begleiten. Darin macht sich noch einmal die Last einer Tradition bemerkbar, die die spanische Politik und Gesellschaft bis in die Gegenwart prägen.

Der Bedeutungsverlust der Kirche im demokratischen Spanien: Seit dem Beginn der Demokratie verliert die katholische Kirche zunehmend ihre gesellschaftliche und ideologische Dominanz. Der schwindende Einfluss der Kirche ist ein gesellschaftliches und kulturelles Phänomen, das sich in der zweiten Hälfte des 20. Jh.s in ganz Europa zeigt, jedoch ist dieser Umbruch, in dem die Kirche auch den **Preis für ihre Verquickung mit der Diktatur** zahlt, in Spanien besonders einschneidend und abrupt.

Obwohl die katholische Kirche schon in den letzten beiden Jahrzehnten der Herrschaft Francos zunehmend auf Distanz zur Diktatur gegangen ist, hat sie diesen Machtverlust bis heute nicht verkraftet. Sie erreicht eine relativ komfortable staatliche Finanzierung ihrer Aktivitäten und nimmt weiterhin eine einflussreiche Position im Bildungswesen ein, doch in den großen gesellschaftlichen Kontroversen der 1980er und 1990er Jahre (so um die Gesetzgebung zu Ehescheidung und Schwangerschaftsunterbrechung) wird ihr **schwindender Einfluss** deutlich (vgl. Bernecker 2006, S. 405 ff.). Insbesondere aber ist die Zahl der praktizierenden Katholiken (wie auch die der Priesterweihen) soweit zurückgegangen, dass die ›katholische‹ Identität Spaniens wohl endgültig der Vergangenheit angehört.

Bis heute sind katholische Einflüsse und Traditionen in weiten Bereichen der spanischen Kultur wirksam. Am bekanntesten sind die großen **Prozessionen in der *Semana Santa***, aber auch zu anderen hohen kirchlichen Feiertagen, die bis heute als kulturelle Praxis zugleich ein **wesentlicher Bestandteil des Alltagslebens** sind. Sie werden weitgehend von beruflich oder nach Stadtvierteln organisierten Laienbruderschaften, den sog. *hermandades*, vorbereitet und durchgeführt. Heute sind sie auch eine große Touristenattraktion, aber das beeinträchtigt weder ihre religiöse noch ihre alltagskulturelle Bedeutung. Die Riten und Zeremonien der **katholischen Glaubenspraxis** sind schon seit der Zeit des Barock **auf Massenwirksamkeit angelegt** und werden häufig als Schauspiele oder Feste inszeniert.

Die Barockkultur: Unter der Herrschaft der habsburgischen Könige entwickelt sich insbesondere im 17. Jh., nach dem Ende der kritischen Bestrebungen der Renaissance, die weitgehend von der **ideologischen Hegemonie des Katholizismus** geprägte Blütezeit des Barock (s. S. 161 f.). Im Zentrum vieler Werke von Malern wie El Greco oder Velázquez, von Dichtern wie Fray Luis de León oder San Juan de la Cruz, von Dramenautoren wie Tirso de Molina oder Calderón stehen religiöse Themen, theologische Probleme und Glaubensfragen (s. Kap. 4.3). **Das *auto sacramental***

Eine Grundlage der
spanischen Kultur:
Der Katholizismus

(s. S. 177 f.) gilt als Inbegriff der gesellschaftlichen Bedeutung und der Wirksamkeit einer zutiefst religiösen Orientierung der Literatur. In einer traditionsorientierten Deutung der spanischen Kultur der *Siglos de Oro* ist **der Alltags- wie Hochkultur bestimmende Einfluss des Katholizismus** im spanischen Barock häufig idealisiert worden, so in der pathetischen Formulierung des bedeutenden Hispanisten Ludwig Pfandl (*Spanische Kultur und Sitte*, 1924), die ganze Nation sei damals »ein Volk von Dichtern, Gottsuchern, Gelehrten und Künstlern« gewesen.

Dagegen ist jedoch zu bedenken, dass die fortdauernde Wirkung dieser nationalkatholischen Ausrichtung der spanischen Kultur auch propagandistische Züge trägt und der **Sicherung der Herrschaft von Monarchie und Kirche** dient (vgl. Maravall 1990). Zudem ist die Blütezeit der barocken Kultur nicht nur wegen der allgegenwärtigen Inquisitionstribunale eine Periode der Verfolgung aller oppositionellen Tendenzen im Bereich der Kultur. Der **Übergang von der Renaissance zum Barock** impliziert auf kultureller Ebene einen ähnlichen **Ausschließungsprozess** wie das Ende der *convivencia* auf gesellschaftlicher (s. S. 99).

Ausschließungs-
prozesse und Exil

Damit beginnt die Verfolgung und Vertreibung aller Tendenzen und Repräsentanten der spanischen Kultur, die sich nicht der Hegemonie der Kirche unterordnen oder die, wie insbesondere die *conversos* (s. S. 101 f.), der Heterodoxie verdächtig sind. Diejenigen, die die Möglichkeit dazu haben (wie der bedeutende Humanist Luis Vives, s. S. 161) gehen ins tolerantere Ausland, viele andere ziehen sich in ein ›inneres Exil‹ zurück – so selbst der zutiefst vom Katholizismus geprägte Dichter Fray Luis de León, nachdem er vier Jahre in den Kerkern der Inquisition zugebracht hat. In drastischen Worten beschreibt ein Schüler von Luis Vives in einem Brief an seinen im Exil lebenden Lehrer die Situation in Spanien:

»Dices muy bien: nuestro país es una tierra de envidia y soberbia; y puedes agregar: de barbarie. Pues, de hoy en más, queda fuera de duda que nadie podrá poseer allá cierta cultura sin hallarse lleno de herejías, de errores, de tareas judaicas. Así se ha impuesto silencio a los doctos; [...] se les ha inspirado, como tu dices, un gran terror.« (zit. nach García de Cortázar 2003, S. 62)

»Barbarie« und »**gran terror**« charakterisieren hier die Haltungen von Verfolgern und Verfolgten. In diesen Formulierungen werden **Grundprobleme der kulturellen Hegemonie des Katholizismus** zu der Überlegung zugespitzt, dass alle Elemente von Bildung und Gelehrsamkeit zugleich als Indizien für Häresie und jüdische Abstammung gelten können. Diese Mentalität des Verdachts und der jederzeit möglichen Verfolgung ist in den folgenden Jahrhunderten weniger ausgeprägt. Im Grunde ist sie jedoch noch in Menéndez Pelayos *Historia de los heterodoxos* (s. S. 120 f.) präsent, die jeden der kirchlichen Orthodoxie gegenüber kritischen oder gar ihr zuwiderlaufenden Gedanken in der spanischen Geistesgeschichte als Abweichung vom nationalkatholischen Geist des Landes brandmarkt. **Die Verfolgung Andersdenkender und deren Exil** wird so seit der Entwicklung der kulturellen Vorherrschaft der Kirche im 15. und 16. Jh. zu einer **Konstante der spanischen Kultur** (vgl. García de Cortázar 2003,

S. 51 ff.). Mehrere große Wellen von Flucht und Vertreibung kennzeichnen die spanische Geschichte; angefangen mit der der Juden und dann der *moriscos* nach 1492. Die bedeutendsten der Neuzeit sind das Exil vieler Liberaler in der Regierungszeit Ferdinands VII. sowie die Massenflucht der Anhänger der Republik vor dem Triumph Francos (s. S. 260 f.). Ihr Schicksal gehört ebenso zur spanischen Erinnerungskultur wie der lange dominante Triumph der national-katholischen Identität. Die Exilspanier repräsentieren **«una de las formas más dolorosas y contradictorias de ser español**. Ser sin estar: el drama del exilio» (García de Cortázar 2003, S. 57).

3.2.3 | *El desastre* von 1898: Die Diskussion um die Modernisierung Spaniens und der Kastilienmythos

Die symbolische Bedeutung der Niederlage Spaniens im Krieg gegen die USA (s. S. 110) als neue Hegemonialmacht auf dem amerikanischen Kontinent ist fast noch gravierender als ihre politischen und ökonomischen Konsequenzen. Spanien sieht sich der Möglichkeit beraubt, eine nationale Identität durch die Beziehung zu den letzten Überresten des einstigen Überseeimperiums zu begründen. Die Niederlage wird auch deshalb als Katastrophe wahrgenommen, als *desastre*, weil sie **das Selbstverständnis der Nation grundsätzlich in Frage stellt**. Die Vorstellung von einer unaufhaltsamen Dekadenz des Landes drängt sich vielen Intellektuellen auf. Angesichts des *desastre* spricht der Dichter Rubén Darío (s. S. 247) 1899 von dem »estado de indigencia moral en que el espíritu público se encuentra«, und der Schriftsteller Blasco Ibáñez (s. S. 234) von den »instintos incultos de España, frutos de muchos siglos de barbarie fanática« (zit. nach Rodriguez Puertolas 1999, S. 325 und 347). Die **Dekadenz und Marginalisierung** des Landes werden zu bestimmenden Themen der Diskussionen um die nationale und kulturelle Identität Spaniens.

Die Frage nach den Ursachen für den Niedergang des Landes wie nach Perspektiven für seine Erneuerung (*regeneración*) baut auf einer bereits seit der Mitte des 19. Jh.s in Gang gekommenen Diskussion auf (s. S. 245 f.). Die Diskussion der Jahrhundertwende insistiert auf der **Notwendigkeit einer grundsätzlichen Erneuerung** der Mentalität und der Strukturen des Landes. Das **Deutungsmuster der *dos Españas*** (s. S. 106 f.) spielt dabei eine große Rolle, da es nun ermöglicht, die von liberaler Seite angestrebte grundlegende Erneuerung gegen die Last der Tradition auszuspielen. Die grundsätzliche Alternative, die um die Jahrhundertwende diskutiert wird, ist die zwischen einer **Europäisierung Spaniens** einerseits und einer **Abgrenzung gegenüber Europa** zur Bewahrung des ›Eigenen‹ andererseits (vgl. Bernecker 1990, S. 220 ff.; Fox 1998, S. 55 ff. sowie Franzbach 1988).

Modernisierung durch Europäisierung: In einer grundsätzlichen Abhandlung über die Konsequenzen aus dem *desastre* (*La moral de la derrota*, 1900) spricht der bedeutende liberale Publizist Luis Morote von der »**pelea tremenda e implacable entre la España antigua y la España nue-**

va«. Unter Rückgriff auf die Konzeption der *dos Españas* fordert er eine Revolution »que haga España contra la misma España, variando su propia condición y naturaleza, decidiéndose de una vez a ser una nación moderna« (zit. nach Rodriguez Puertolas 1999, S. 271 und 274). Morote sieht Spanien mit einer europäischen Moderne konfrontiert, mit der es politisch und ökonomisch wie kulturell nicht mehr konkurrieren kann. Er entwirft die Perspektive einer **Veränderung der Gesellschaftsstruktur** von oben durch einen starken Mann, aber nicht durch einen Militärputsch, sondern durch eine zwangsweise **Modernisierung von Wirtschaft und Bildung**: »el caudillo que necesitamos es un hacendista que nos saque a flote, y [...] el tirano que nos hace falta es el maestro de escuela que disipe las sombras de la ignorancia nacional« (ebd., 271). Der implizite Verweis auf die damalige wirtschaftliche Prosperität des deutschen Reichs und die Schulreformen im Frankreich der Dritten Republik zeigt, dass Morote wie viele seiner liberalen Zeitgenossen die Lösung der Probleme Spaniens durch seine Angleichung an gesamteuropäische Entwicklungen lösen will.

Für die Probleme einer Modernisierung Spaniens ist es jedoch bezeichnend, dass selbst die liberale Diskussion weithin auf einer philosophischen und moralischen Ebene verharrt. Auch Morote vertraut in halb religiöser Wendung auf die »conquista del espíritu nacional redimido al fin de su atraso« (ebd., 274), ohne konkrete Schritte oder gar politische Aktivitäten zur erhofften ›Erlösung‹ des nationalen Geistes vorzuschlagen. Man kann **mangelnden Pragmatismus** und **mythische Erlösungshoffnungen** als Grundcharakteristika der liberalen und republikanischen Programmatik zwischen Jahrhundertwende und Zweiter Republik ansehen (so García de Cortázar 2003, S. 253 ff.). Diese Geisteshaltung zeigt sich deutlich in der philosophischen Position des *krausismo*, der um die Jahrhundertwende bedeutendsten liberalen Schule (s. S. 246; vgl. Varela 1999, S. 79 ff.). Sie beeinträchtigt jedenfalls die Modernisierungsdiskussion wie ihre politische Umsetzung entscheidend (García de Cortázar 2003, S. 263 ff.).

Der Kastilienmythos: Bezeichnend für die Widersprüche der Diskussion um die Modernisierung Spaniens ist es auch, dass ein **nostalgisch idealisiertes Kastilien** (und nicht etwa die produktiven, teilweise sogar florierenden Küstenregionen) um die Jahrhundertwende zum Bezugspunkt einer Konstruktion nationaler Identität wird (s. Kap. 3.2.1). Diese Konstruktion greift auf die imperiale Vergangenheit zurück (Kastilien als Kernland der Monarchie), naturalisiert sie aber zugleich, indem sie aus den Charakteristika der öden Landschaft der kastilischen Hochebene **Grundelemente eines spanischen Nationalcharakters** ableitet. Gedichte und Essays von Miguel de Unamuno, Azorín oder Antonio Machado und anderen beschwören die Einsamkeit, die Einfachheit und Ursprünglichkeit der kastilischen Landschaft (s. auch Kap. 4.7.2).

Der Kastilienmythos ist entschieden antimodern. Auch wenn er, wie etwa bei Unamuno eine liberale Sicht des Spanienproblems begründen soll, impliziert er die Nostalgie einer verloren

Die karge kastilische Hochebene und ihr emblematischer Baum, die Steineiche (*encina*). Erstausgabe von Antonio Machados Gedichtband (1907)

gegangenen Einheit, die Spaniens Bedeutung ausgemacht habe (s. S. 248).
Er greift zudem auf das symbolische Bild einer Landschaft zurück, die
kalt und lebensfeindlich ist:

»La generación del 98 y los europeístas del 14 [...] creyeron descubrir el *alma de España*
en una Castilla mística y guerrera, árida y fría, poblada por campesinos melancólicos
y hidalgos silenciosos...Una Castilla donde la tierra no revive y los álamos sueñan ...«
(García de Cortázar 2003, S. 197)

Bei vielen Intellektuellen in und nach der Jahrhundertwende wird die Suche nach dem Volksgeist und dem Wesen Kastiliens so zu einem Mythos,
der **das vorgeblich ›Eigene‹** idealisiert und **von der europäischen Moderne abgrenzt**. Es ist kein Zufall, dass diese Identitätskonstruktion einige
Intellektuelle (so Ramiro de Maeztu oder Manuel Machado, s. S. 250 und
258) in mehr oder weniger direkter Linie zu einer Annäherung an die politische Rechte und später zu einer Affirmation der Diktatur Francos führt,
deren geistige Grundlagen hier zum Teil gelegt werden. Auch nach der
Krise der Jahrhundertwende, in der sich doch die traditionelle Konstruktion einer nationalen Identität aufgelöst zu haben scheint, bleibt die Suche
nach einer Erneuerung dem traditionellen Kastilienmythos verhaftet. Dieser Widerspruch ist bezeichnend für die Entwicklung Spaniens im 20. Jh.

3.2.4 | Nach der *transición*: Eine Erneuerung der spanischen Erinnerungskultur?

Mit der Festigung der Demokratie scheinen die Konflikte, die lange Zeit
die Gesellschaft und die Kultur Spaniens bestimmt haben, der Vergangenheit anzugehören. An ihre Stelle ist das in allen Demokratien übliche
Wechselspiel zwischen gemäßigt linken und rechten Parteien getreten,
die mit unterschiedlichen Mehrheiten und Koalitionen Regierungsverant-
wortung übernehmen (1996 Wahlsieg des konservativen *Partido popular*,
2004 Wahlsieg des sozialdemokratischen PSOE). Auch wenn in den politischen Auseinandersetzungen der Gegenwart die Vergangenheit präsent
bleibt, die Entstehung des PSOE aus der Opposition gegen die Diktatur
und die des *Partido popular* aus Gruppierungen gemäßigter Anhänger
Francos in der Zeit der *transición*, so sind diese Konflikte doch Bestandteil
einer demokratischen Normalität, die sich etabliert hat.

   Demokratie und ›Verwestlichung‹ als Bezugspunkte: Die **demokratische Legitimität** wird daher häufig als die **einheitsstiftende Basis des
heutigen Spanien** angesehen. Mit ihr soll die Spaltung überwunden werden, die Geschichte und Kultur des Landes für über 150 Jahre geprägt hatten. War die Zeit der Diktatur noch von dem grundlegenden Antagonismus
zwischen Anhängern und Gegnern des Regimes bestimmt, so scheinen
in der Demokratie solche Lagerbildungen der Vergangenheit anzugehören. So kann man die demokratische Normalität politischer Kontroversen
nach dem Vorbild westlicher Demokratien als **Grundlage der Identität des
›neuen‹ Spanien** ansehen, auch wenn etwa die Verhärtung der politischen

Auseinandersetzungen insbesondere seit dem überraschenden Wahlsieg des PSOE 2004 (die sog. *crispación*) bisweilen noch an die ideologischen Gräben zwischen den beiden großen politischen Parteien erinnert.

Eine Verabschiedung der alten identitätsbildenden Mythen ist beispielsweise die Perspektive, mit der Santos Juliá, einer der gegenwärtig einflussreichsten Historiker und Publizisten, seine umfangreiche Darstellung der Konflikte der sogenannten *dos Españas* abschließt:

>»Cuando se habla el lenguaje de la democracia resulta [...] ridículo remontarse a los orígenes eternos de la nación, a la grandeza del pasado, a las guerras contra invasores y traidores; carece de sentido hablar de unidad de la cultura, de identidades propias, de esencias católicas; los relatos de decadencia, muerte y resurrección, las disquisiciones sobre España como problema o España sin problema se convierten en curiosidades de tiempos pasados.« (2004, S. 462)

Juliá bezeichnet die Konstruktionen der spanischen Identität, die die Diskussionen seit der Mitte des 19. Jh.s bestimmen, als »gran relato«, eine jener mythisierenden Geschichtserzählungen, die im Zeichen der Postmoderne ihre Bedeutung verlieren. An deren Stelle sei nun die demokratische Normalität getreten, die »**integración en el mundo occidental**«, der Wille Spaniens »de ser como los europeos« (ebd.). Die wichtigsten Bezugspunkte der traditionellen Identitätsdiskurse, die *Conquista*, die *raza*, das Spanienproblem, werden für ihn zu »curiosidades de tiempos pasados«, die in der Gegenwart keine Funktion mehr hätten. Die nationale Identität Spaniens kann dann nicht mehr aus seiner historischen Besonderheit oder seinen kulturellen Traditionen begründet werden, sondern aus einer Gegenwart, die von Globalisierung und europäischer Integration bestimmt ist.

Die Sonderstellung Spaniens wird damit zu einem **Phänomen der Vergangenheit**, die keine Bedeutung mehr für die Gegenwart habe. Ganz ähnlich ist auch die Position, die Fernando García de Cortázar aus seiner – in diesem Kapitel mehrfach angeführten – Analyse der spanischen Geschichtsmythen entwickelt. Das Ziel seiner Analysen sei »**una nación desnuda de fábulas y leyendas**«, denn, so schreibt er weiter: «[...] el presente de cualquier nación lo definen sus ciudadanos, no las voces ancestrales de su tierra, la historia de la vida en común, no la memoria impostada de la teología nacionalista» (2003, S. 14). Die Handlungs- und Entwicklungsmöglichkeiten der Nation sollen also **frei von der Last historischer Traditionen oder Konflikte** wie auch tradierter Identitätskonstruktionen sein; ihre Gemeinsamkeit soll sich neu aus den Anforderungen der Gegenwart bestimmen.

Regionale Identitäten statt nationaler Identität: Juan Pablo Fusi argumentiert in seiner Darstellung der historischen Entwicklung spanischer Identitätskonstruktionen zudem, dass diese seit ihrer Entstehung im 19. Jh. immer instabil bleiben. Wegen der gleichzeitigen Entstehung eines Regionalbewusstseins insbesondere in Katalonien und im Baskenland stünden sie immer in Konkurrenz mit einer Pluralität von Identitäten, die sie nicht integrieren, sondern nur (so vor allem in der Zeit der Diktatur) unterdrücken könnten (Fusi 1999). Da nun der zweite Artikel der Ver-

fassung »**el derecho a la autonomía de las nacionalidades y regiones**«
garantiert, so könnte man daraus schließen, kann es im demokratischen
Spanien keine verbindende nationale Identität mehr geben. An deren Stel-
le wäre dann eine Auseinandersetzung um die Frage der Autonomie der
Regionen und die Möglichkeiten von deren Integration in einen föderalen
Staat getreten.

Gesellschaft
und Kultur
ohne Erinnerung?

Solche Positionen kennzeichnen zweifellos eine verbreitete Tendenz
in den Diskussionen um das Identitätsbewusstsein der spanischen Gesellschaft. In der Zeit der **Franco-Diktatur** war der Identitätsdiskurs eine
Art **Zwangsjacke der offiziellen Traditionsbildung**, der Erinnerung an
die idealisierte nationale und katholische Vergangenheit, der das demokratische Spanien sich nach der *transición* so schnell wie möglich entle-
digen wollte. Die Kultur der achtziger Jahre ist daher in vieler Hinsicht
geprägt von einer **Orientierung an den internationalen Tendenzen der
Postmoderne** und der Verdrängung oder zumindest der schwindenden
Bedeutung spanischer Traditionen (vgl. Monleón 1995, S. 315 ff.; Gra-
ham/Labanyi 1995, S. 396 ff.; s. Kap. 4.9.2). Diese Entwicklung kann als
radikaler Bruch mit der Vergangenheit verstanden werden, als dessen Resultat »die spanische Kultur keine Erinnerungskultur mehr ist« (Gimber
2003, S. 113), und die *hispanidad* zu einem »shifting concept, encompas-
sung plurality and contradiction« geworden sei (Graham/Labanyi 1995,
S. 397).

Der pacto de silencio: Zu diesem Umbruch trägt auch der Prozess der
transición selbst bei, dessen Grundlage eine stillschweigende Überein-
kunft aller maßgeblichen Politiker bildet, **die Konflikte der Vergangenheit auf sich beruhen zu lassen**. Diese in der öffentlichen Diskussion
häufig als *pacto de silencio*, bisweilen auch als *pacto de olvido* bezeichnete
Haltung zielt darauf ab, den Übergang zur Demokratie nicht mit den Konflikten aus der Zeit von Bürgerkrieg und Diktatur zu belasten, sondern
ihn im Konsens aller wesentlichen gesellschaftlichen Gruppen durchzu-
führen. Sie impliziert eine **Abwendung von der Vergangenheit** und deren
Entwertung, die auch durch andere Aspekte der Entwicklung Spaniens
begünstigt werden. Dazu gehört die rasante ökonomische Entwicklung
des Landes von einer noch stark agrarisch geprägten zu einer postindus-
triellen Wirtschaftsstruktur seit seiner Integration in die EU, aber auch
die Kommerzialisierung des Kulturbetriebs, in der die kulturellen Traditionen Spaniens nur noch eine marginale Rolle spielen (s. Kap. 4.9.1).
Alle genannten Faktoren tragen dazu bei, ein gesellschaftliches Selbstverständnis zu entwickeln, in dem historische Traditionen und Konflikte
kaum noch präsent zu sein scheinen.

Zwischen
Modernität und
selektiver Ge-
schichtsaneignung

Die Abwendung von lange Zeit dominanten Identitätskonstruktionen
und die **Entwertung kultureller Traditionen** sind zweifellos wesentliche
Charakteristika des heutigen Spanien. Helen Labanyi charakterisiert diese Entwicklung mit der Formulierung: »the contemporary cultural trend
is for Spaniards to adopt modernity as their mark of identity«. Zugleich
spricht sie aber auch von Spaniens ›schwindelerregender‹ »**postmodernist**

identity«, die mit »the tendency towards cultural and social dislocation« einhergehe (Graham/Labanyi 1995, S. 410).

Die Assimilation an eine globalisierte postmoderne Welt hat eine Orientierungslosigkeit zur Folge, die in einer Gegenbewegung wieder zu einer **Suche nach Bezugspunkten in der Vergangenheit** führt. Damit bleiben aber auch die Last und die Konflikte der Vergangenheit in der gesellschaftlichen und kulturellen Gegenwart präsent. Der **Widerspruch zwischen einem Willen zur Modernität und einer Orientierung an der Geschichte** prägt die spanische Gegenwartskultur und ist auch in den politischen Auseinandersetzungen erkennbar, die doch im Zeichen des *pacto de silencio* die Vergangenheit auf sich beruhen lassen will.

Día de la Fiesta Nacional oder *Día de la Constitución*: Wie oben dargestellt (s. S. 118) übernimmt das demokratische Spanien zunächst die Tradition des *Día de la Hispanidad*, der in der Zeit der Diktatur wesentlicher Bestandteil von deren traditionalistischer Identitätskonstruktion war. Im Frühjahr 1987 verabschiedet das Parlament dann mit sozialistischer Mehrheit ein Gesetz, das diesen Nationalfeiertag zwar in *Fiesta Nacional* umbenennt, ihn jedoch auf dem **historisch symbolträchtigen Datum** des 12. Oktober belässt.

Diesem Gesetz geht eine kontroverse Diskussion darüber voraus, ob der neuen gesellschaftlichen Wirklichkeit nicht eher der *Día de la Constitución* als Nationalfeiertag angemessen sei, der 6. Dezember, an dem 1978 die neue Verfassung durch ein Referendum angenommen worden ist. In einem Kompromiss mit den Konservativen entscheidet sich das Parlament **gegen die symbolische Fixierung eines Neubeginns** (vgl. Humlebaek 2004, S. 92 ff.). Die Präambel des Gesetzes begründet die Wahl des Datums mit dem Verweis auf seine Bedeutung für die spanischen Geschichte, in der es den Beginn eines »periodo de proyección lingüística y cultural más allá de los límites europeos« markiere (zit. nach ebd., 93). Diese Formulierung impliziert einen mehr als euphemistischen Rückbezug auf die *Conquista*, die als ›zivilisatorische‹ Mission verbrämt wird.

Bei dieser selektiven Aneignung der Nationalgeschichte geht es um die Frage, ob das demokratische Spanien sein Selbstverständnis durch den Bezug auf seine Modernität entwickelt oder durch eine Umdeutung von Bestandteilen seiner Geschichte. Beide Bezugspunkte sind auch bei den **Feiern und Veranstaltungen zum *Quinto centenario*** präsent, dem fünfhundertsten Jahrestag des Beginns der *Conquista* 1992. Verbunden mit der gleichzeitigen **Weltausstellung in Sevilla**, der Ernennung Madrids zur Kulturhauptstadt Europas und den **olympischen Spielen in Barcelona** präsentiert Spanien sich als modernes und weltoffenes Land, das doch zugleich ohne jede Spur einer kritischen Aufarbeitung oder gar des Bedauerns die schöne Fassade seiner imperialen Vergangenheit ausstellt und sich damit selbst feiert (vgl. Humblebaek 2004, S. 95 ff.; Gimber 2003, S. 128 f.).

Der *pacto de silencio* über Bürgerkrieg und Diktatur ist zwar lange Zeit im Bereich der politischen Auseinandersetzungen bestimmend, nicht jedoch im Bereich der kulturellen Produktion. Die **Erinnerung an diese prägenden Einschnitte der spanischen Geschichte** des 20. Jh.s wird

Vergangenheit,
die nicht vergehen
will

seit dem Ende der 1970er Jahre in vielen Dramen oder Romanen aufgearbeitet und durchgespielt (s. Kap. 4.9.2). Und auch im Bereich der historischen Forschung findet sich seit jener Zeit eine immens wachsende Zahl
an Publikationen, mittlerweile mehr als beispielsweise zur französischen
Revolution (vgl. Juliá 2006, S. 59 ff.). Spätestens **seit 1996** setzt in der spanischen Öffentlichkeit **ein Prozess der »recuperación de la memoria«** ein
(Espinosa 2006, S. 171), der seit der Jahrtausendwende phasenweise die
öffentliche Diskussion geradezu beherrscht.

Die Suche nach den Massengräbern, in denen in den ersten Jahren der
Diktatur die Opfer ihrer Willkürjustiz verscharrt worden waren, wird seit
der Jahrtausendwende durch eine Vielzahl von regionalen Bürgerinitia-
tiven (*Asociaciones para la Recuperación de la Memoria Histórica*) voran-
getrieben. Diese Bewegung ist ein in der Öffentlichkeit viel diskutiertes
Beispiel für die Entwicklung der spanischen Erinnerungskultur. Die diese
Bewegung begründende Suche nach spurlos verschwundenen Familienangehörigen ist auch alltagskulturell von großer Bedeutung und Anzeichen eines **Geschichtsbewusstseins, das sich mit dem Vergessen nicht
abfinden will**.

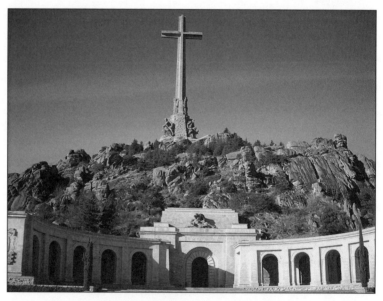

Die monumentale Basilika im *Valle de los caídos*. Das Mausoleum Francos, der trium-
phale Gedächtnisort der Diktatur an ihren Sieg im Bürgerkrieg, ist von ihren Opfern in
Zwangsarbeit errichtet worden. Dennoch bleibt sie bis heute der einzige repräsentative
Ort der Erinnerung an den Bürgerkrieg in Spanien. Ein Artikel der »Ley de la Memoria
Histórica« will ihn seiner Bestimmung als Verewigung des Siegs Francos über die
Republik entreißen und widmet ihn der »memoria de todas las personas fallecidas a
consecuencia de la Guerra Civil de 1936–1939 y de la represión política que le siguió«.
Dass ein Gebäude, das architektonisch den triumphalen Geist der Sieger im Bürgerkrieg
ausstellt, eine solche symbolische Funktion erfüllen kann, mag man bezweifeln.

Sie führt dann auch zu einer zwischen den politischen Lagern heftig diskutierten Gesetzesinitiative, die 2007 in einen eher halbherzigen **Versuch der Wiedergutmachung** der Folgen von Bürgerkrieg und Diktatur mündet, der Ley 52/2007 »por la que se reconocen y amplían derechos y se establecen medidas a favor de quienes padecieron persecución o violencia durante la guerra civil y la dictadura« (kurz: »Ley de la Memoria Histórica« – s. S. 303). In dieser Diskussion werfen die konservative Presse wie der *Partido popular* der regierenden *PSOE* bezeichnenderweise vor, mit dem *pacto de silencio* und damit mit den Kompromissen der *transición* zu brechen (vgl. zu diesen Kontroversen wie allgemein zur Erinnerung an den Bürgerkrieg und die Diktatur Ruiz Torres 2007). Auch das heutige Spanien bleibt so **gespalten zwischen seinem Modernitätswillen und einer Vergangenheit, die immer noch nachwirkt.**

Bernecker, Walter L. u. a.: *Spanien-Lexikon*. München 1990.
Bernecker, Walter L.: *Spaniens Geschichte seit dem Bürgerkrieg*. München ³1997.
Bernecker, Walter L.: *Spanische Geschichte vom 15. Jahrhundert bis zur Gegenwart*. München 1999.
Bernecker, Walter L.: *Spanien Handbuch. Geschichte und Gegenwart*. Tübingen/Basel 2006.
Bernecker, Walter L./Dirscherl, Klaus (Hg.): *Spanien heute. Politik – Wirtschaft – Kultur*. Frankfurt a. M. ⁵2008.
Gies, David T. (Hg.): *The Cambridge Companion to Modern Spanish Culture*. Cambridge 1999.
Gimber, Arno: *Kulturwissenschaft Spanien*. Stuttgart 2003.
Graham, Helen/Labanyi, Jo (Hg.): *Spanish Cultural Studies. An Introduction*. Oxford 1995.
Vilar, Pierre: *Spanien. Das Land und seine Geschichte von den Anfängen bis heute*. Berlin ³1998.

Grundlegende
Literatur

Abellán, José Luis: *Historia crítica del pensamiento español*. Teil V: *La crisis contemporánea (1875–1936)*. 3 Bde. Madrid 1989.
Bernecker, Walter L. (Hg.): *Der spanische Bürgerkrieg. Materialien und Quellen*. Frankfurt a. M. 1986.
Bernecker, Walter L.: *Sozialgeschichte Spaniens im 19. und 20. Jahrhundert*. Frankfurt a. M. 1990.
Carr, Raymond: *Modern Spain 1875 – 1980*. Oxford 1980.
Castro, Américo: *La realidad histórica de España*. Buenos Aires 1954.
Erll, Astrid: *Kollektives Gedächtnis und Erinnerungskulturen*. Stuttgart/Weimar 2005.
Espinosa, Francisco: *Contra el olvido. Historia y memoria de la guerra civil*. Barcelona 2006.
Fontana, Josep (Hg.): *España bajo el franquismo*. Barcelona 2000.
Fox, Inman: *La invención de España*. Madrid 1998.
Franzbach, Martin: *Die Hinwendung Spaniens zu Europa. Die Generación del 98*. Darmstadt 1988.
Fusi, Juan Pablo: *España. La evolución de la identidad nacional*. Madrid 1999.
García de Cortázar, Fernando: *Los mitos de la historia de España*. Barcelona 2003.
Goytisolo, Juan: *Spanien und die Spanier*. Frankfurt a. M. 1978 (span.: *España y los españoles*, 1969).
Haensch, Günther/Hartig, Paul: *Handbücher der Auslandskunde. Spanien*. 3 Bde. Frankfurt a. M. 1975.

Weiterführende
und zitierte
Literatur

Humlebaek, Carsten: »La nación española commemorada. La fiesta nacional en España después de Franco«. In: *Iberoamericana* 13 (2004), 87–101.

Juliá, Santos: *Historia de las dos Españas.* Madrid 2004.

Juliá, Santos (Hg.): *Memoria de la guerra y del franquismo.* Madrid 2006.

Maravall, José Antonio: *Teatro y literatura en la sociedad barroca.* Barcelona 1990.

Monleón, José B. (Hg.): *Del franquismo a la posmodernidad: Cultura española 1975–1990.* Madrid 1995.

Paredes, Javier (Hg.): *Historia contemporánea de España.* 2 Bde. Barcelona 2000.

Pérez, Joseph: *Historia de una tragedia. La expulsión de los judíos de España.* Barcelona 1993.

Rodríguez Puertolas, Julio (Hg.): *El desastre en sus textos. La crisis del 98 vista por los escritores coetáneos.* Madrid 1999.

Ruiz Torres, Pedro (Hg.): «Los discursos de la memoria histórica en España». In: *Hispania nova. Revista de historia contemporánea* 7 (2007), http://hispanianova.rediris.de (12.1.2009).

Schmigalle, Günther (Hg.): *Der spanische Bürgerkrieg. Literatur und Geschichte.* Frankfurt a. M. 1986.

Tuñón de Lara, Manuel (Hg.): *Historia de España.* 12 Bde. Barcelona 1983 ff., ³1990.

Tuñón de Lara, Manuel u. a.: *Der spanische Bürgerkrieg. Eine Bestandsaufnahme.* Frankfurt a. M. 1987 (span.: *La guerra civil. 50 años después.* Barcelona 1985).

Tusell, Javier u. a. (Hg.): *Manual de Historia de España.* 5 Bde. Madrid 1990 ff.

Varela, Javier: *La novela de España. Los intelectuales y el problema español.* Madrid 1999.

Vázquez Montalbán, Manuel: *Los demonios familiares de Franco.* Barcelona 1987.

Vilar, Pierre: *Kurze Geschichte zweier Spanien. Der Bürgerkrieg 1936–1939.* Berlin 1987.

Winter, Ulrich (Hg.): *Totalitarismo, democracia, identidades. Los escabrosos Lugares de la Memoria en la literatura y cultura españolas (1975–2002).* Frankfurt a. M. 2004.

Winter, Ulrich/Resina, Ramon Joan (Hg.): *Casa encantada: Identidades culturales y Lugares de Memoria en la postmodernidad ibérica (1975–2002).* Frankfurt a. M. 2004.

4. Einführung in die Geschichte der spanischen Literatur: Überblick und Interpretationsbeispiele

4.1 | Literaturgeschichtsschreibung: Grundstrukturen und Probleme

Die folgenden Abschnitte sind entsprechend weithin gängigen Einteilungen der Geschichte der spanischen Literatur in zeitlich wie inhaltlich sehr unterschiedliche Epochen gegliedert. Sie stellen einen **chronologischen Verlauf der spanischen Literaturgeschichte** dar. Dies ist eine Voraussetzung für den Überblick und die erste Orientierung, die sie bieten sollen. Man muss jedoch bei der Benutzung von Literaturgeschichten immer bedenken, dass sie die chronologischen und inhaltlichen Zusammenhänge, mit denen sie ihre Gegenstände ordnen, nicht als gegeben vorfinden. Die Ordnungen, die sie konstruieren müssen, hängen von **Annahmen über die Gegenstände und die Funktionen der Literaturgeschichtsschreibung** ab. Daraus ergeben sich erst die **Auswahlkriterien**, mit denen Literaturgeschichten arbeiten und die offengelegt und reflektiert werden sollten.

Eine grundsätzliche Frage an die Ordnung der Literaturgeschichte ist zum Beispiel die, ob es überhaupt sinnvoll ist, die als ›Literatur‹ bezeichneten Formen der Textproduktion isoliert von anderen gesellschaft-

Literaturgeschichts-
schreibung:
Grundstrukturen

lich relevanten Texten zu behandeln (s. Kap. 1.1 und 1.3). Auch die – vielleicht selbstverständlich erscheinende – Entscheidung, Geschichten der Literatur als einen jeweils **in sich geschlossenen nationalliterarischen Zusammenhang** zu konstruieren (also als Geschichte der spanischen, französischen etc. Literatur), ist keineswegs unumstritten. Für die Geschichte der spanischen Literatur kommt die Frage hinzu, inwieweit es angesichts der Sprachenvielfalt und der Komplexität kultureller Prozesse auf der iberischen Halbinsel sinnvoll ist, sich bei ihrer Darstellung **auf die in *castellano* geschriebene Literatur zu beschränken** (s. Kap. 4.9.1).

Literatur-
geschichte als
Geschichte der
Nationalliteratur

Wissenschaftlich begründete Verfahren einer historischen Ordnung und Wertung von literarischen Texten entwickeln sich in allen europäischen Ländern seit der Mitte des 19. Jh.s. Die Darstellung der nationalen Literatur soll zur **Aneignung der als ›eigene‹ angesehenen kulturellen Traditionen** und damit zur **Sicherung nationaler Identität** beitragen. Sie deutet einzelne Texte und Autoren oder ganze Perioden der literarischen Überlieferung als Zeugnisse der kulturellen Bedeutung der eigenen Nation, als Ausdruck ihrer geistigen Größe und – zumindest implizit – ihrer Überlegenheit über andere Nationen. In der Blütezeit der Nationalstaaten im 19. Jh. bildete sich damit eine **nationalistisch geprägte Konstruktion des Gegenstandsbereichs Literatur** aus.

Literaturgeschichtsschreibung in Spanien: Die Entwicklung, in der die nationale Literaturgeschichte zum bevorzugten Gegenstand der Literaturwissenschaft wird, ist also ein Resultat historischer und kultureller Grenzziehungen. In Spanien hat die Idealisierung der eigenen literarischen Tradition wegen der politischen Marginalisierung und der inneren Krise des Landes seit dem 17. Jh. (s. S. 103) eine besondere Bedeutung (vgl. Gumbrecht/Santos 1983). Seit dem 18. Jh. wird die literarische Überlieferung des 16., später auch die des 17. Jh.s, als *Siglos de Oro*, als **kulturelles Zeugnis der einstigen Weltgeltung Spaniens** angesehen (s. Kap. 4.3.1). Trotz des Niedergangs Spaniens kann so zumindest die literarische Bedeutung der Vergangenheit als Vorbild für die Gegenwart verstanden werden. Aus dieser Entwicklung der spanischen Erinnerungskultur erklärt sich auch die besondere Bedeutung, die der nationalliterarischen Tradition im spanischen Kulturleben teilweise bis heute zukommt. Hinzu kommt ein **Konflikt zwischen traditionsorientierten und traditionskritischen Darstellungen**, der den Konfliktlinien der *dos Españas* entspricht (s. S. 106 f.). Er ist für die Geschichtsschreibung der spanischen Literatur lange Zeit bestimmend geblieben (vgl. Gumbrecht 1979/80).

Logik der
Gegenstände und
Ordnungskriterien

Literaturgeschichten stellen nicht einfach Fakten dar, die eine unbestrittene Bedeutung hätten. Vielmehr entsteht deren Bedeutung erst in ihren **Darstellungsverfahren und Erzählmustern**. Wie jede Rekonstruktion von Vergangenheit ist auch die Literaturgeschichtsschreibung ein Prozess der Aneignung historischer Überlieferung von einem Gegenwartsstandpunkt aus. In diesem hermeneutischen Prozess des Verstehens der Vergangenheit (s. Kap. 1.2.1) selektieren und verallgemeinern literaturgeschichtliche Darstellungen je nach dem Standpunkt ihres Autors das, was dieser jeweils als bestimmende allgemeine Eigenschaften des

Gegenstands ›Literatur‹ ansieht. Diese Annahmen haben dann die Selektionskriterien zur Folge, nach denen die für die Darstellung wesentlichen literarischen Phänomene ausgewählt und ihr Zusammenhang geordnet werden. Indem also **Ausgrenzungen** vorgenommen **und Zusammenhänge** konstruiert werden, entsteht eine Struktur, eine ›**Geschichte**‹, in der den einzelnen Fakten eine Bedeutung zugeschrieben werden kann (etwa als ›Vorbereitung‹, als ›Höhepunkt‹, als ›Weiterentwicklung‹, als ›Krise‹, als ›Innovation‹ etc.).

Die Verfahren der Literaturgeschichtsschreibung werden in den letzten Jahrzehnten intensiv diskutiert (vgl. Voßkamp 1989; Meier 1996; Nünning 1996; Hutcheon/Valdés 2002). Als wichtiger Aspekt in dieser Diskussion erweist sich das bereits angesprochene Problem, dass die Konstruktion von Zusammenhängen, die die Literaturgeschichtsschreibung entwirft, die immanente Logik ihrer Gegenstände überlagert:

> »Wie die Geschichtsschreibung überhaupt, so ist auch die Geschichtsschreibung von Literatur als bloße Konstruktion von Sinn verdächtigt worden, die weniger die immanente Logik der Sachen herausarbeitet, als vorgefertigte Erklärungsmodelle auf diese projiziert.« (Meier 1996, S. 573)

Die **Ordnung des Wissens über Literatur**, die Literaturgeschichten herstellen, hat also die Tendenz, die **Besonderheit der je einzelnen Gegenstände** einzuebnen bzw. ihren Kriterien anzupassen. Das ist ein generelles Problem wissenschaftlich begründeter Verallgemeinerung; dennoch ist es wichtig, die daraus resultierenden Grenzen und die Probleme literaturgeschichtlicher Darstellungen zu reflektieren. Da »jede Literaturgeschichte das Ergebnis von Auswahlvorgängen« ist (Nünning 1996, S. 8), muss sie die Kriterien offenlegen, nach denen sie auswählt und die Konstruktionsmechanismen, durch die sie die **Kohärenz der Literaturgeschichte** erzeugt. Dass es unterschiedliche, zum Teil einander widersprechende Konstruktionen der spanischen Literaturgeschichte bzw. einzelner Epochen gibt, wird bei einem vergleichenden Blick in einige der einschlägigen in den Literaturhinweisen aufgeführten Literaturgeschichten unmittelbar deutlich.

Eine wesentliche Grundlage von Darstellungen, in denen literarische Einzelphänomene als ›Geschichte‹ geordnet werden, ist neben dem Gattungsbegriff (s. Kap. 2.1.2) der **Epochenbegriff**. Die Probleme, die Verwendung und Reichweite verschiedener Epochenbegriffe aufwerfen, werden in den folgenden Abschnitten verschiedentlich diskutiert. Mit der Abgrenzung literaturgeschichtlicher Verläufe in **Epochen** werden **Konstruktionen geschichtlicher und literarischer Phänomene** entworfen, die sich aus den jeweils die literaturgeschichtliche Darstellung leitenden Kriterien ergeben. Wie unterschiedlich diese Grenzziehungen im Falle der spanischen Literaturgeschichte sind, kann man mit dem folgenden Überblick über die gängigen Epochenbezeichnungen verdeutlichen.

Epochen als
Ordnungskriterien

Literaturgeschichts-
schreibung:
Grundstrukturen

Gängige
Bezeichnungen
für die Epochen
der spanischen
Literatur

Jahrhunderte	Epochenbezeichnungen
12.–15. Jh.	Mittelalter (*Edad Media*)
16./17. Jh. (ab 1492/1516?/bis?)	*Siglo(s) de Oro*: Renaissance (*Renacimiento*)
(ab?/bis 1681/1700/1714?)	Barock (*Barroco*)
18. Jh. (ab 1700/1714/bis 1788/1806)	Aufklärung/Neoklassizismus (*Ilustración/Neoclasicismo*)
19. Jh. (ab?/bis ca.1850 oder 1870?)	Romantik (*Romanticismo*)
(ab ca. 1850 oder 1870?/bis?)	Realismus/Naturalismus (*Realismo/Naturalismo*)
20. Jh. (ab ca. 1890?/bis ca. 1910?)	*generación del 98/Modernismo*
(ab ca. 1910?/bis 1936/1939?)	*generación del 27*
(ab 1939)	*Pos(t)guerra*
(ab 1975)	*Literatura pos(t)franquista*

Jahrhunderte als Epochen: Dieser Überblick zeigt auf den ersten Blick, dass die **zeitlichen wie die inhaltlichen Kriterien** für die Abgrenzung von Epochen **variabel und uneinheitlich** sind. Zunächst ist die **Einteilung in Jahrhunderte** für die zeitliche Abgrenzung dominant. Dabei handelt es sich keineswegs um eine Besonderheit der spanischen Literaturgeschichtsschreibung. Das ändert jedoch nichts daran, dass eine Unterteilung historischer Verläufe willkürlich erscheint, die unterstellt, dass den Jahreszahlen, die auf –00 oder –99 enden, eine besondere Bedeutung zukommt.

Dieses inhaltlich vage Ordnungsprinzip, das fast allen Geschichten der spanischen Literatur zu Grunde liegt (eine Ausnahme ist Gumbrecht 1990), wird zudem durch seine uneinheitliche Verwendung relativiert. Zum einen werden im Fall des Mittelalters und der *Siglos de Oro* mehrere Jahrhunderte zu einer Epoche zusammengefasst. Zum anderen wird **seine Ordnungsfunktion dadurch eingeschränkt**, dass das 19. und 20. Jh. jeweils in unterschiedliche Epochen unterteilt werden. Dass viele Literaturgeschichten in diesem Fall dennoch die zusätzliche Einteilung in Jahrhunderte beibehalten, ist wohl nur damit zu erklären, dass die Einteilung nach Jahrhunderten eine ›natürliche‹ Ordnung der Epochen vortäuscht.

Probleme von
Epochengrenzen

Die Relativität literaturgeschichtlicher Konstruktion historischer Verläufe wird noch deutlicher, wenn man die Frage nach den **zeitlichen und inhaltlichen Abgrenzungen der Epochen** stellt. Wie umstritten und uneinheitlich die zeitliche Festlegung von Epochengrenzen ist, wird in dem Überblick (s.o.) durch die Fragezeichen angedeutet. Eine klare Grenze zwischen dem Mittelalter und den *Siglos de Oro* lässt sich in Hinblick auf literarische Entwicklungen kaum ziehen (zumal der Epochenbegriff ›Mittelalter‹ inhaltlich unbestimmt ist, s. S. 144).

Die Unterteilung der *Siglos de Oro* in Renaissance und Barock verweist zunächst auf unterschiedliche Phasen innerhalb der daraus zusammengesetzten Epoche (s. S. 158), ist hinsichtlich der zeitlichen Abgrenzung dieser ›Unterepochen‹ jedoch umstritten. Man kann es zwar auch mit solchen Abgrenzungsproblemen begründen, dass Renaissance und Barock meist nicht zu ›eigenständigen‹ Epochen gemacht werden. Letztlich erklärt sich dieser Umstand jedoch aus der Genese des Epochenbegriffs der *Siglos de Oro* und seiner **Bedeutung für die spanische Erinnerungskultur** (s. Kap. 4.3.1). Tatsächlich spielen für die zeitlichen Grenzen von literarischen Epochen häufig politische Daten eine größere Rolle als die Kohärenz literarischer Phänomene. Dies gilt für die *Siglos de Oro* (Regierungszeit der habsburgischen Könige) ebenso wie für das 18. oder das 20. Jh.

Der Übergang vom 19. zum 20. Jh. verdeutlicht ebenfalls die Probleme der dort verwendeten Epochenbegriffe. Nicht nur die **Doppelbegriffe**, die zur Epochencharakterisierung verwendet werden (Realismus/Naturalismus, *generación del 98/Modernismo*), sondern auch die **unklaren Zeitgrenzen** verweisen auf die geringe Kohärenz dieser gängig als Epochen zusammengefassten Zeiträume. Die Werke bedeutender Vertreter des realistisch-naturalistischen Romans (wie Galdós, Pardo Bazan oder Blasco Ibañez, s. Kap. 4.6.1 und 4.6.3) reichen ins 20. Jh. hinein. Sie lassen sich ebenso wenig eindeutig von den Avantgarden der Jahrhundertwende abtrennen wie diese von der weiteren Entwicklung in den ersten Jahrzehnten des 20. Jh.

Der Generationenbegriff: Zudem ist der für diese Abgrenzungen verwendete Generationenbegriff (*generación del 98, generación del 27*) literaturgeschichtlich fragwürdig. Tatsächlich dienen die mit diesem Begriff gebildeten Epochenkonstruktionen vor allem dazu, die Eigenständigkeit der spanischen Avantgarden gegenüber ihren europäischen Vorbildern zu behaupten (s. Kap. 4.7.1). Dass derartige Konstruktionen von epochalen Zusammenhängen in der Literaturgeschichte verwendet werden, erklärt sich (ähnlich wie im Fall der *Siglos de Oro*), in erster Linie aus einer grundsätzlichen Tendenz der spanischen Erinnerungskultur. Bis zum Ende der Franco-Diktatur wird in ihr Wert darauf gelegt, die Eigenständigkeit und Eigenheit der spanischen Kultur gegenüber europäischen Einflüssen zu betonen. Dies hat in der Literaturgeschichtsschreibung dazu geführt, dass **die Entwicklung der spanischen Literatur aus ›eigenen‹ literarischen Traditionen** begründet werden soll. Die daraus resultierenden Epochenkonstruktionen sind daher eher kulturwissenschaftlich als literaturgeschichtlich von Bedeutung.

Insgesamt bietet die Einteilung der Literaturgeschichte in Epochen zwar eine **Grobgliederung ihres Verlaufs**, sollte jedoch nicht mit Erklärungsansprüchen belastet werden, die über eine orientierende Funktion hinausgehen.

Meier, Albrecht: »Literaturgeschichtsschreibung«. In: Heinz Ludwig Arnold/Heinrich Detering (Hg.): *Grundzüge der Literaturwissenschaft*. München 1996, S. 570–584.
Nünning, Ansgar: »Kanonisierung, Periodisierung und der Konstruktcharakter von Literaturgeschichten«. In: Ders. (Hg.): *Eine andere Geschichte der englischen Literatur*. Trier 1996, S. 1–24.

Grundlegende
Literatur

Literaturgeschichts-
schreibung:
Grundstrukturen

Weiterführende
und zitierte
Literatur

Fohrmann, Jürgen: »Über das Schreiben von Literaturgeschichten«. In: Peter J. Brenner (Hg.): *Geist, Geld und Wissenschaften*. Frankfurt a.M. 1993, S. 175–202.

Gumbrecht, Hans Ulrich: »For a History of the Spanish Literatur ›against the grain‹«. In: *New Literary History* XI (1979–80), 277–302.

Gumbrecht, Hans Ulrich/Santos, Juan-José: »Geschichte als Trauma – Literaturgeschichte als Kompensation?«. In: Bernard Cerquiglini/Hans Ulrich Gumbrecht (Hg.): *Der Diskurs der Literatur- und Sprachhistorie*. Frankfurt a.M. 1983, S. 333–365.

Hutcheon, Linda/Valdés, Mario J. (Hg.): *Rethinking Literary History. A Dialogue on Theory*. Oxford 2002.

Romero Tobar, Leonardo (Hg.): *Historia literaria, Historia de la literatura*. Zaragoza 2004.

Voßkamp, Wilhelm: »Theorien und Probleme gegenwärtiger Literaturgeschichtsschreibung«. In: Frank Baasner (Hg.): *Literaturgeschichtsschreibung in Italien und Deutschland*. Tübingen 1989, S. 166–174.

Spanische Litera-
turgeschichten
und Handbücher
zur spanischen
Literatur

Blanco Aguinaga, Carlos/Puertolas, Julio Rodrigo/Zavala, Iris: *Historia social de la literatura española (en lengua castellana)*. 3 Bde. Madrid 1978ff.

Franzbach, Martin: *Geschichte der spanischen Literatur im Überblick*. Stuttgart 1993.

Gies, David T. (Hg.): *The Cambridge History of Spanish Literature*. Cambridge 2004.

Gullón, Ricardo (Hg.): *Diccionario de Literatura Española e Hispanoamericana*. 2 Bde. Madrid 1993.

Gumbrecht, Hans Ulrich: *Eine Geschichte der spanischen Literatur*. 2 Bde. Frankfurt a.M. 1990.

Neuschäfer, Hans-Jörg: *Spanische Literaturgeschichte*. Stuttgart/Weimar ³2006.

Pedraza Jiménez, Felipe/Rodríguez Cáceres, Milagros: *Manual de literatura española*. 16 Bde. Tafalla, Navarra 1980–2006.

Rico, Francisco (Hg.): *Historia y crítica de la literatura española*. 9 Bde., bisher 6 Ergänzungsbde. Barcelona 1980ff.

Strosetzki, Christoph (Hg.): *Geschichte der spanischen Literatur*. Tübingen ²1996.

Ward, Philip: *The Oxford Companion to Spanish Literature*. Oxford 1978.

4.2 | Mittelalter (*Edad Media*, etwa 11.–15. Jahrhundert)

4.2.1 | Allgemeiner Überblick

Die Literatur auf der iberischen Halbinsel im Mittelalter	
10.–12. Jh.	Blütezeit der maurischen Kultur in *Al Andalus* (Zentrum vor allem Córdoba)
Ende des 10. Jh.s	Erste Textzeugnisse in *castellano* (*Glosas emilianenses* aus dem Kloster San Millán in Altkastilien)
erste Hälfte des 11. Jh.s	Entstehungszeit der *jarchas* (arabische Gedichte mit Versen in *castellano*)
um 1150	Entstehungszeit des *Cantar de Mío Cid* (früheste, nicht gesicherte Datierung)
12. Jh.	Mit Averroës (1126–1198) und Maimonides (1135–1204) Höhepunkt der arabischen und jüdischen Philosophie in *Al Andalus*
1195?–1264?	Vermutliche Lebensdaten von Gonzalo de Berceo, Kleriker und erster namentlich bekannter Autor von Dichtungen in *castellano*
1218	Gründung der Universität von Salamanca
1251–56	*Siete Partidas*, im Auftrag Alfons' X. verfasste Sammlung von Gesetzestexten
1270–1280	Mehrere Sammlungen der *Crónica general*, im Auftrag Alfons' X. verfasste Darstellungen der Geschichte Spaniens und der Weltgeschichte
um 1330/40	Vermutliche Entstehungszeit des *Libro de buen amor*
um 1335	*Libro de Patronio o Conde Lucanor* des Don Juan Manuel. Dieses Werk eines Neffen Alfons' X. ist die erste spanische Sammlung von Novellen (gedruckt erst 1575), einer Erzählform, die im Spätmittelalter in ganz Europa floriert (z. B. die Novellen von Bocaccio oder Chaucer)
um 1450	Sammlungen von höfischen Dichtungen unter italienischem Einfluss, die sog. *Cancioneros*; vermutlich erste Sammlungen von *romances*.
um 1476	Entstehung der *Coplas por la muerte de su padre* von Jorge Manrique (gedruckt 1494)
1499	Veröffentlichung der ersten Fassung der *Celestina*

Mittelalter
(*Edad Media*, etwa
11.–15. Jahrhundert)

Der Begriff ›Mittelalter‹ bezeichnet keine durch zentrale Ereignisse, Orientierungen, Werke etc. als Einheit verstehbare Periode literarischer Phänomene und Entwicklungen. Angesichts der allgemeinen Probleme der Verwendung dieses Begriffs wie angesichts der Besonderheiten der spanischen Geschichte ist es nicht möglich, die Epoche der spanischen Literatur, die er bezeichnet, einheitlich zu definieren. Im historischen Denken verweist die Vorstellung von einem ›Mittelalter‹ auf eine nicht näher definierte **Zwischenzeit zwischen Antike und Neuzeit**, zwischen der Auflösung des Römischen Reichs und den Anfängen moderner Formen der Nationalstaaten. Die historischen Prozesse selbst, die zwischen diesen Anfangs- und Endpunkten liegen, werden damit nicht näher charakterisiert. Allgemein kann man diesen Zeitraum dadurch charakterisieren, dass in ihm die politischen, gesellschaftlichen und kulturellen Verhältnisse der frühen Neuzeit vorbereitet und herbeigeführt werden. Historisch wie literaturgeschichtlich stellt der **Epochenbegriff ›Mittelalter‹ keinen kohärenten Zusammenhang** her.

Perioden des
Mittelalters

Grenzt man als Mittelalter auf der iberischen Halbinsel den Zeitraum ab, der vom Ende der Völkerwanderungszeit im 5. Jh. bis zur Vereinigung der spanischen Königreiche gegen Ende des 15. Jh.s reicht (s. den chronologischen Überblick S. 95), so wird deutlich, welch **unterschiedliche historische Perioden** mit diesem Begriff bezeichnet werden. Er umfasst das Westgotenreich ebenso wie die Zeit des Beginns und der Festigung der Maurenherrschaft und die nachfolgende Periode des Erstarkens der christlichen Reiche. Schließlich rechnet man zum Mittelalter gemeinhin auch noch die Phase der spanischen Geschichte, in der im 15. Jh. die *Reconquista* abgeschlossen und die Unterdrückung und Vertreibung aller nicht-katholischen Einwohner aus dem entstehenden spanischen Königreich eingeleitet wird. Die Ausdehnung des Mittelalters bis zu diesem Zeitpunkt erklärt sich nicht aus der Einheit einer Epoche, sondern aus der **symbolischen Bedeutung des Jahres 1492**, das in der spanischen Erinnerungskultur eine Zäsur von entscheidender Tragweite darstellt (s. S. 117).

Die Grundlinien der kulturellen Entwicklung ergeben sich aus den Unterschieden dieser Perioden des Mittelalters auf der iberischen Halbinsel. Zum einen stellt sich das Problem einer **Verlagerung der kulturellen Hegemonie** von einer Dominanz der arabisch-jüdischen Kulturzentren des Südens (in etwa im 10. und 11. Jh.) über eine Periode des Austauschs mit einer langsam sich herausbildendenden Kulturpraxis in den christlichen Herrschaftsgebieten (der sog. *convivencia* des 11. bis 13. Jh.s, s. S. 145 ff.) hin zu deren eigenständiger Kulturentwicklung (seit dem 13. Jh.). Zum anderen wird die Textproduktion im christlichen Herrschaftsbereich von dem – im Vergleich zu anderen europäischen Ländern relativ späten – **Übergang von der mündlichen zur schriftlichen Überlieferung** von Texten bestimmt (s. Kap. 4.2.2; für eine differenzierte Darstellung der grundlegenden Probleme und der kulturellen Entwicklungsphasen des Mittelalters vgl. Gumbrecht 1990, Bd. 1, 29–167).

Anfänge der
Schriftkultur

Während in der arabischen und jüdischen Kultur bereits eine längere Tradition der schriftlichen Fixierung und Weiterführung des Wissens und

Allgemeiner
Überblick

der Texte existiert, muss sich eine Schriftkultur in den christlichen Herrschaftsgebieten erst etablieren. Ihre wichtigsten Träger wie die Klöster oder die Kanzleien der Fürstenhöfe sind von dem politischen Umbruch nach der Eroberung besonders betroffen, und die größeren städtischen Zentren stehen zum Teil bis ins 13. Jh. unter maurischer Herrschaft.

Die mittelalterlichen Formen der verschiedenen Volkssprachen auf der iberischen Halbinsel, die sich (mit Ausnahme des Baskischen) aus dem Lateinischen entwickeln, bilden sich etwa seit dem 10. Jh. heraus. Um die Jahrtausendwende finden sich auch die ersten schriftlichen Zeugnisse in der Volkssprache, die sog. *Glosas emilianenses* und *silenses*. Es handelt sich um Abschriften lateinischer Texte, die nach den Klöstern benannt werden, in denen sie entstanden sind. An den Rand dieser Texte haben die Mönche erläuternde Notizen (Glossen) in romanischer Sprache angefügt (s. die Abbildung). Dennoch bleiben die **Schriftkultur** wie die Gelehrsamkeit insgesamt in den christlichen Herrschaftsgebieten **bis ins 12. Jh. eine Domäne des Lateinischen.** Eine vermutlich längere Zeit bereits bestehende mündliche Tradition und Überlieferung von Texten in den romanischen Sprachen lässt sich nur aus Indizien annehmen, aber nicht konkret fassen.

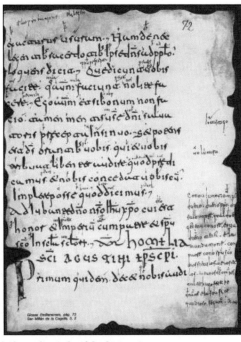

Das erste Dokument der spanischen Schriftkultur: ein Blatt der *Glosas emilianenses*

Die Entwicklung schriftlicher Überlieferungen in der Volkssprache: Bezeichnend für die späte Entwicklung der Schriftkultur ist der Umstand, dass die ersten bekannten Textpassagen in romanischer Sprache, die man als literarisch klassifizieren kann, sich in arabischen Liebesgedichten finden, die in der ersten Hälfte des 11. Jh.s in arabischer Schrift niedergeschrieben worden sind. Deswegen hat man erst spät erkannt, dass die Schlussstrophen einiger dieser Gedichte, die sogenannten **jarchas**, arabische und romanische Bestandteile vermischen und teils sogar ganz in mittelalterlichem Spanisch (*castellano*) verfasst sind. Diese Texte stammen aus einer hoch entwickelten **Tradition der arabischen Lyrik** und inszenieren in virtuoser Manier einen Liebesdialog. Zu dessen Reiz gehört offenbar auch die angesprochene Sprachmischung, in der die spanischen Passagen der weiblichen Redeinstanz des Textes vorbehalten sind.

Die Zweisprachigkeit ist im Alltag wie im kulturellen Leben weiter Bereiche der iberischen Halbinsel gängig und auch **grundlegend für die Entwicklung bis ins 13. Jh.** hinein. Im kulturellen Milieu der maurischen Fürstenhöfe wird die Zweisprachigkeit offenbar spielerisch eingesetzt, um fremde Elemente in die dominante Kultur zu integrieren. Zweifellos

Kultureller Austausch und *convivencia*

Mittelalter
(*Edad Media*, etwa
11.–15. Jahrhundert)

konnte die Kulturpraxis der maurischen Herrschaftsgebiete dieses Spiel im Bewusstsein ihrer überlegenen eigenständigen Tradition betreiben. Die *jarchas* sind zugleich sprachliche und kulturelle Dokumente. Ihre Anlage belegt, welche **Möglichkeiten der Fremderfahrung und des kulturellen Austauschs** diese politische Situation auf der iberischen Halbinsel eröffnet (vgl. Gumbrecht 1990, Bd. 1, 31 ff.).

Die kulturelle Blüte in *Al Andalus* wirkt weit über den Raum der iberischen Halbinsel hinaus, wie etwa die europaweite Rezeption der Aristoteleskommentare des aus Córdoba stammenden arabischen Philosophen Averroës (1126–1198) zeigt. Sie begründen eine rationalistische und religionskritische Tradition in der Rezeption des griechischen Philosophen, die zwar mehrfach von der katholischen Kirche verurteilt wird, aber dennoch bis in die frühe Neuzeit fortwirkt. Die **Koexistenz unterschiedlicher Kulturtraditionen** (die sog. *convivencia*) bis weit in das 13. Jh. hinein gibt der kulturellen Entwicklung Europas im Mittelalter und der frühen Neuzeit wesentliche Impulse.

Entwicklung der
Textproduktion

Im Bereich der Lyrik, einer formal besonders kunstreichen Form der Textproduktion, zeigt sich diese Austauschbeziehung deutlich, da hier deren reiche **arabische Tradition** für längere Zeit **als Vorbild** dient. Auch über die iberische Halbinsel hinaus sind arabische Vorbilder für die bedeutendste, von der okzitanischen Troubadourlyrik ausgehende Entwicklungslinie der hochmittelalterlichen Lyrik von Bedeutung. **Kunstformen der Lyrik in den romanischen Sprachen** finden sich erst im 13. Jh., zunächst vor allem in portugiesisch-galizischer Sprache, deren sich auch noch der kastilische König Alfons X. in seinen Dichtungen bediente. Formal wie inhaltlich – insbesondere in der in der Liebesdichtung zum Ausdruck kommenden Auffassung von der Liebe als Dienst an einer Herrin – sind diese komplexeren lyrischen Formen teils direkt, teils indirekt (auf dem Umweg über die Troubadourlyrik) von den arabischen Vorbildern deutlich beeinflusst.

Die Entwicklung einer volkssprachlichen Literatur erfolgt im Vergleich mit anderen europäischen Literaturen insgesamt mit einer deutlichen Verzögerung. Ihre Anfänge, zumindest soweit sie schriftlich fixiert sind, finden sich wenigstens ein gutes Jahrhundert später als beispielsweise in der französischen Literatur des Mittelalters. Das erste längere und teilweise eigenständig spanische Werk, das überliefert ist, ist der *Cantar de Mío Cid*. Dieses an französischen Vorbildern orientierte Heldenepos stammt frühestens aus der Mitte des 12. Jh.s (s. Kap. 4.2.2). **Der erste spanischsprachige Autor**, von dem der Name und einige wenige persönliche Daten bekannt sind, ist **Gonzalo de Berceo** (etwa 1195–1264), einer der Begründer einer gelehrten Form der Dichtung (des sog. *mester de clerecía*), die sich seit Anfang des 13. Jh.s entwickelt.

Umfangreichere Sammlungen von Gedichttexten in den romanischen Sprachen sind erst aus dem 14. Jh. überliefert, die vorhergehende mündliche Traditionen volkstümlicher Dichtungen aufnehmen. Bis dahin ist die Entstehung und Entwicklung literarischer Formen der Textproduktion nicht denkbar ohne die Kulturbeziehungen der *convivencia*, in der das kulturelle Vorbild des Südens bestimmend bleibt. Daraus entstehen dann auch eigenständige Formen der Verbindung unterschiedlicher Traditions-stränge aus lateinischen, arabischen und christlichen Quellen. In der **religiösen Dichtung** wird beispielsweise das Frauenbild der arabischen Lyrik in der seit dem 13. Jh. florierenden Marienverehrung aufgenommen und umgeformt. Erst im 15. Jh. treten an die Stelle dieser Einflüsse teilweise **italienische Vorbilder** (s. S. 152). Aus ihnen entwickelt sich dann eine relativ **eigenständige Tradition der spanischen Lyrik**, die insbesondere durch die berühmten und einflussreichen Dichtungen Jorge Manriques (*Coplas a la muerte de su Padre*, 1476) begründet wird.

Erst in der zweiten Hälfte des 13. Jh.s etabliert die volkssprachliche Textproduktion sich dann endgültig – vor allem in Folge der Kulturpolitik des erstarkten Königreichs Kastilien unter dem König Alfons X., der wegen seiner kulturellen und literarischen Aktivitäten den Beinamen *El Sabio* (›der Weise‹) erhielt. Aus einer Position der Stärke und mit der Intention, den Vormachtanspruch Kastiliens auch kulturell zu legitimieren, beförderte er die Aufarbeitung und **Aneignung des in der geistigen Blüte von** *Al Andalus* **entwickelten Wissens** aus allen Bereichen (Recht, Naturwissenschaften, Geschichte, Literatur). Zum ersten Mal auf der Iberischen Halbinsel entwickelt ein christliches Königreich damit eine relativ eigenständige Kultur. Die kulturelle Produktion und die Erarbeitung und Fixierung des Wissensstands der Zeit werden – auch gegen die Hegemonie der Kirche in diesen Bereichen – zu einem wichtigen Bestandteil der Sicherung und Legitimation politischer Herrschaft.

Die Kulturpolitik Alfons' X.

Die **Stabilisierung Kastiliens im 13. Jh.** ermöglicht eine **Öffnung auf fremde Kulturphänomene**:

Alfonso *el Sabio* als Inbegriff der spanischen Kulturtradition: Statue vor dem Eingang der *Biblioteca nacional* in Madrid

»Was diesen König [Alfons X.] kulturhistorisch wohl am meisten kennzeichnete, war der Mut, sich neben Belehrung und intellektuellem Vergnügen auch Alteritätserfahrungen zu gestatten und den Blick über die Grenzen der geistigen Welt des Christentums zu genießen. Neben der räumlichen Nähe zur orientalischen Kultur mag eine Voraussetzung für diese erstaunliche Offenheit des Hofs die Gewißheit gewesen sein, daß [...] die Gefahr einer Verbreitung heterodoxer Sinngehalte über die Grenzen der Hofwelt hinaus gering war.« (Gumbrecht 1990, Bd. 1, 62).

Die machtpolitische Motivation zeigt sich daran, dass das kulturpolitische Projekt Alfons' X. ohne religiöse Restriktionen oder Unterordnung unter die Kontrolle der theologischen Dogmatik eine **Speicherung des verfügbaren Wissens** betreibt (auch durch die Förderung einiger von der Kirche zunächst unabhängiger Universitäten wie der berühmten von Salamanca).

Mittelalter
(*Edad Media*, etwa
11.–15. Jahrhundert)

Die Naturwissenschaften und die Philosophie kommen in jener Zeit ohne den **Rückgriff auf die arabische und jüdische Gelehrsamkeit** nicht aus. Alfons X. begründet eine **Übersetzerschule** und initiiert Textsammlungen des zeitgenössischen Wissens, an denen er wohl zum Teil selbst mitarbeitet. Neben den juristischen und naturwissenschaftlichen Sammelwerken sind die **Chroniken** von Bedeutung (*Estoria de España*, seit 1270; *General Estoria*, seit 1272). In diese Sammlungen der historischen Überlieferung werden auch sonst nicht überlieferte epische Texte eingearbeitet, aus denen man eine Entwicklung der epischen Dichtung vor dem *Cantar de Mío Cid* rekonstruieren kann (für eine umfassende Darstellung von Alfons' »concepto cultural« vgl. Márquez Villanueva 1994).

Das *Libro de buen amor*

Ein aufschlussreiches Beispiel für die kulturelle Vielfalt auf der iberischen Halbinsel bietet einer der bedeutendsten spanischen Texte des Mittelalters, das *Libro de buen amor*. In diesem vielgestaltigen, in Quellen, Formen und Inhalten heterogenen Text tritt ein aus anderen Quellen nicht bekannter Juan Ruiz als Erzähler auf, der sich als Kleriker, als *Arcipreste de Hita*, bezeichnet. In voneinander abweichenden Manuskripten aus der ersten Hälfte des 14. Jh.s überliefert, gestaltet der Text die titelgebende **Liebesthematik** in aller Widersprüchlichkeit – als Lob der fleischlichen Liebe, zugleich aber auch als deren Diskreditierung sowie als Weltabwendung in der Marienverehrung.

Liebe verkauft sich immer gut: Verfilmung des *Libro de buen amor* von Tomás Aznar (1975)

Eine wenig kohärente, **als fiktive Autobiographie lesbare Rahmenerzählung** berichtet von den Liebesabenteuern des Erzählers in rückblickender Reue, die mit kenntnisreichen theologischen Reflexionen verbunden wird. Die derart ausgestellte religiöse Orthodoxie hindert ihn aber nicht daran, diese Liebesabenteuer unter Verwendung antiker, europäischer wie orientalischer Quellen eindringlich und facettenreich auszugestalten und sie zudem in zahlreichen lyrischen, moralischen und satirischen Exkursen zu umkreisen und zu unterbrechen.

Die Heterogenität dieses Werks entsteht daraus, dass es ein vielfältiges Textmaterial verarbeitet und umschreibt. Sein **intertextuelles Spiel** hat zur Folge, dass es sich jeder vereindeutigenden Festlegung seiner Intentionen entzieht. Die theologisch-moralische Norm, die der Text zu bestätigen und zu verteidigen vorgibt, wird von dem Material, das er anhäuft, immer wieder unterlaufen. Zudem bringt die **Varietät der Redeinstanzen und Positionen**, die er inszeniert, unterschiedliche Verstehensmöglichkeiten hervor. Sein **kultureller Pluralismus** ist die Grundlage für eine offene und vieldeutige Textstruktur. Was dem Text in gewisser Weise Kohärenz verleiht, ist allein die **literarische Raffinesse**, die seine Verarbeitung unterschiedlicher Traditionen kennzeichnet. Damit kann das *Libro de buen amor* als ein später Beleg für die Möglichkeiten literarischer Entwicklung verstanden werden, die sich unter dem Einfluss der kulturellen Vielfalt auf der iberischen Halbinsel entfalten (vgl. Gumbrecht 1990, Bd. 1, 97–104; für eine umfassende Darstellung vgl. Menéndez Peláez 1980).

Bedeutung und Krise der *convivencia*: Das *Libro de buen amor*, für dessen komplexe Textstrukturen es im zeitgenössischen europäischen Kontext kaum vergleichbare Beispiele gibt, kann als ein **Beispiel für die literarische Fruchtbarkeit der *convivencia*** gelten. Es zeigt den Entwicklungsstand einer gelehrten spanischsprachigen Literaturtradition, die über die aus den unterschiedlichen Kulturkreisen stammenden Formen und Quellen verfügt. In seinen skeptischen und pessimistischen Akzenten kann es aber auch als **Beispiel für die Gefährdung kultureller Vielfalt** im Zeichen der *Reconquista* gelesen werden. Dass sich die Erzählinstanz als sündiger, aber auch reuiger Kleriker zur Erzählzeit in einem Gefängnis situiert, hat zu vielfältigen Spekulationen über die Identität und das Lebensschicksal des vermuteten Autors Anlass gegeben. Der Ort des Erzählens kann als Symbol für die wachsende Gefährdung des literarischen und kulturellen Austauschs gedeutet werden.

4.2.2 | Der *Cantar de Mío Cid*: Die epische Dichtung und der Übergang von der mündlichen zur schriftlichen Überlieferung

Das einzige mittelalterliche Epos: Der *Cantar* (oder: *Poema*) *de Mío Cid* ist das einzige mittelalterliche Epos Spaniens, das fast vollständig überliefert ist. **Die Datierung ist umstritten** und hängt von der Frage ab, mit welchen Annahmen man den Übergang von der mündlichen zur schriftlichen Überlieferung rekonstruiert. Das einzige erhaltene Manuskript des Textes ist frühestens Anfang des 13. Jh.s entstanden. Wegen seiner relativen Nähe zu belegbaren historischen Fakten wird die Entstehung des Textes in der Forschung teilweise sehr viel früher, in die Mitte des 12. Jh.s, datiert und das Manuskript als Abschrift oder Überarbeitung einer (verloren gegangenen) früheren Fassung angesehen. Genauso gut könnte es sich aber auch um die Verschriftlichung vorausgehender mündlicher Überlieferungen handeln.

Die Auseinandersetzung um die Fragen der Textüberlieferung hängt eng mit der Bedeutung zusammen, die diesem Heldengedicht seit dem 19. Jh. in der spanischen Erinnerungskultur zugeschrieben wird. Seine historisch belegte Titelfigur, Rodrigo Díaz de Vivar (etwa 1043–1099), ein Vasall des Königs Alfons VI. von Kastilien, ist in der Rezeptionsgeschichte des Textes ganz im Geist der *Reconquista* zu einem Helden im Kampf gegen die Mauren stilisiert worden.

Damit wird das Werk als Beleg für die **Konstruktion einer national-religiösen spanischen Identität,** der *hispanidad* gelesen (s. S. 117 f.). Der Grund für diese Überhöhung von Titelgestalt und Werk ist zweifellos ihre Sonderstellung in der spärlichen literarischen Überlieferung aus dem spanischen Mittelalter, die ansonsten nicht reich an überragenden Heldenfi-

*Eine Figur
der spanischen
Erinnerungskultur*

Mittelalter
(*Edad Media*, etwa
11.–15. Jahrhundert)

guren ist. Die Stilisierung des Cid zu einem Vorkämpfer der *Reconquista* und Repräsentanten der *hispanidad* hat jedoch weder in der historischen Gestalt noch in ihrer Konstruktion im Text eine kohärente Grundlage (für eine umfassende Darstellung der mit diesem Epos verbundenen Fragen vgl. Menéndez Pidal 1959 und Deyermond 1987).

Ein Epos der
Feudalgesellschaft

Der Beiname ›Cid‹ ist ein arabischer Ehrentitel, der dem Protagonisten des Epos von den Mauren verliehen worden ist. Die fiktive Welt des Epos wird, wie bereits dieser Umstand zeigt, von einer wechselseitigen Anerkennung der Gegner **auf der Grundlage feudaler Wertvorstellungen** von Heldentum und Ehre bestimmt. Ausgangspunkt des epischen Konflikts ist die Verleumdung des Cid durch einen Adligen, der auf seine Erfolge neidisch ist, was zur Folge hat, dass der König von Kastilien ihn verbannt. Das Geschehen endet mit der **Wiederherstellung der Feudalordnung**, mit der Versöhnung von König und Vasall. Dies wird dadurch bekräftigt, dass der König dem ihm ergeben gebliebenen Cid Genugtuung verschafft, nachdem dessen Töchter von zwei mächtigen Adligen, die sie geheiratet hatten, grausam misshandelt worden waren. Die Töchter werden am Ende in die Königshäuser von Navarra und Aragon verheiratet.

Der Cid zeigt
den Weg zur
Reconquista.
Statue in Burgos

Seine Heldentaten und sein loyales Verhalten ermöglichen so dem aus niederem Adel stammenden Cid einen **Aufstieg in der Hierarchie der Feudalgesellschaft**. Einer der Schlussverse unterstreicht ausdrücklich den neu gewonnenen sozialen Rang des Cid als Mitglied dieser Königshäuser (V. 3724: »[H]oy los reyes d'España sos [=sus] parientes son«).

Die **Gattungstradition des Epos** thematisiert die Störung einer in sich geschlossen und sinnhaft erscheinenden Weltordnung, deren Wiederherstellung dann den Gang des epischen Geschehens bestimmt. Grundlage der Weltordnung, die im *Cantar de Mío Cid* entworfen wird, sind die gesellschaftlichen und politischen Beziehungen, die die Feudalgesellschaft begründen. Diese Weltordnung wird durch die Rivalitäten und Konflikte gestört, die aus der Beziehung zwischen König und Vasallen resultieren. Der Cid erscheint im Text zugleich als **überragender Kriegsheld** und als bis zur Selbstverleugnung **treuer Vasall**, der auch nach seinen Erfolgen keineswegs rebelliert oder sich von dem Herrscher abwendet, der ihn zu Beginn so leichtfertig ins Exil schickt.

Die **religiöse Dimension der Kriegszüge** ist zwar in der Handlung präsent, doch spielt sie keine große Rolle. Von dem je nach Datierung einige Jahrzehnte bis etwa ein Jahrhundert früher entstandenen altfranzösischen *Rolandslied* unterscheidet der *Cantar de Mío Cid* sich dadurch, dass dem grundlegenden Gegensatz Christen–Heiden, auf dem das französische Epos mit deutlichen Anklängen an die Kreuzzugspropaganda aufbaut, in dem spanischen Werk keine wesentliche Bedeutung zukommt. In seinen

Der *Cantar*
de Mío Cid

Kriegszügen wendet der Cid sich genauso gegen die Mauren wie gegen den Grafen von Barcelona, die beide als Rivalen der kastilischen Krone erscheinen. Nicht Bekehrung ist sein Ziel, sondern Beute und Tributzahlungen, von denen er seinem Herrscher getreulich den ihm zustehenden Anteil zukommen lässt. Das Problem, das der Text hervortreten lässt, sind die **instabilen Mechanismen des Feudalsystems** in Spanien. Diese werden zwar durch die Beständigkeit des außerordentlichen Helden letztlich wieder gefestigt, doch resultiert daraus eher eine Idealisierung des Protagonisten als eine Affirmation dieser Gesellschaftsordnung.

Die **Aufwertung des Cid als außerordentliches Individuum:** Die Gestaltung seines Protagonisten nähert das Epos schon an die Handlungsstrukturen des Romans an (s. Kap. 2.4.2). Darin kann man auch seine **Besonderheit im Kontext der epischen Dichtung des europäischen Mittelalters** sehen (vgl. Gumbrecht 1990, Bd. 1, 41 ff.). Der Cid erscheint als eigenständig handelnder Protagonist, dessen Selbstbewusstsein positiv dargestellt und idealisiert wird. Er stellt durch seine Taten die Ordnung der Feudalgesellschaft wieder her, bedarf ihrer im Grunde aber nicht mehr. Die Besonderheit der politischen Verhältnisse Spaniens im Mittelalter ermöglicht hier eine deutlich modernere Konzeption von Individualität, die über die inhaltlichen Grenzen der epischen Dichtung hinausweist.

Im Zentrum der Diskussion um die Entstehung und Bedeutung des *Cantar de Mío Cid* steht die **Frage nach dem Verhältnis von mündlicher und schriftlicher Überlieferung**. Das entscheidende – und nur hypothetisch lösbare – Problem besteht in der Wertung des überlieferten Manuskripts. In der Forschung ist die Frage kontrovers diskutiert worden, ob es sich dabei um die **schriftliche Fixierung einer** (schon länger vorausgehenden) **mündlichen Tradition** des Textes handelt, oder ob dieses Manuskript, solche Traditionen aufnehmend, einen **eigenständigen (literarischen) Akt ihrer Gestaltung** darstellt. Neigt man zu dieser Ansicht, wird man den Titel *Poema de Mío Cid* vorziehen, der den Text als Dichtung qualifiziert (während *Cantar* auf seine Herkunft aus der mündlichen Überlieferung verweist). Folgt man dieser Deutung, könnte der Name »Per Abad«, der am Ende des Manuskripts auftaucht, nicht der eines Schreibers, sondern der des Autors sein.

Das entscheidende Argument für einen einzelnen Autor ist die **Komplexität der Textgestalt**. Nur ein bewusst gestaltender Autor – so argumentiert diese Position – könne so differenzierte Strukturen kohärent entwerfen. Diese Komplexität will die Gegenposition jedoch mit den **Erfordernissen des mündlichen Vortrags** von Sängern oder Spielleuten erklären. Aus diesen entstehe das Epos dann nach und nach durch die Mitwirkung vieler anonymer Autoren im Laufe seiner volkstümlichen Überlieferung. Die Textgestalt wird damit einem Kollektiv und letztlich einer Volkstradition zugerechnet, für deren Existenz nur indirekte Anhaltspunkte vorhanden sind.

Mit dieser Kontroverse verbindet sich die Frage, inwieweit das Volk und die von ihm überlieferten Traditionen in die Begründung einer **nationalen Identität** Spaniens mit einzubeziehen wären. Die Deutung des *Cantar de*

Schriftliche
vs. mündliche
Überlieferung

Volkstradition und
nationale Identität

Mío Cid, die von seiner Entstehung aus einer mündlichen Überlieferung ausgeht, sieht in dieser Form der kulturellen Überlieferung eine nationale Identität begründet, in der die Bestrebungen und der ›Geist‹ des Volks zum Ausdruck kommen. Der Protagonist selbst wird dabei als ein Vertreter des Volks und seiner Geisteshaltung gedacht, der sich gegen Adel und Könige zu behaupten weiß:

> »El poema de Mío Cid es profundamente nacional y humano a la vez. Es nacional [...] por su espíritu democrático, pues el espíritu mismo del pueblo español es el que alienta en ese ›buen vasallo que no tiene buen señor‹, en ese simple hidalgo que, despreciado por la alta nobleza y abandonado de su rey, lleva a cabo tan grandes hechos que los reyes se honran emparentando con el«. (Menéndez Pidal 1959, S. 103)

Der **nationale und demokratische Geist des spanischen Volkes**, dessen Bedeutung für den *Cantar de Mío Cid* Menéndez Pidal unterstreicht, steht in deutlichem Gegensatz zu der traditionellen Begründung einer nationalen Identität ›von oben‹, durch die Errungenschaften der Monarchie (s. Kap. 3.2.1). Damit wird das Werk in eine Traditionslinie gestellt, die die Wurzeln der spanischen Kultur im Volk sucht.

Die Diskussion um die Entstehung des *Cantar de Mío Cid* zeigt zudem, dass die Zeugnisse für die **Entwicklung einer spanischsprachigen Literaturtradition im Mittelalter** recht spärlich bleiben. Bis ins 13. Jh. sind – vor allem wegen der schwierigen kulturellen Bedingungen in der ersten Phase der *Reconquista* – nur wenige schriftliche Zeugnisse vorhanden. Eine Rekonstruktion der Entstehung und Entwicklung dieser Literaturtradition ist daher auf eine Analyse von wenigen Manuskripten angewiesen. Erst im 15. Jh. finden sich umfangreichere Belege und dann auch Sammlungen der volkstümlichen **Form des *romance***, einer episch-lyrischen Kurzform. Aus diesen späten Texten hat man unter anderem auch die Entstehungsgeschichte des *Cantar de Mío Cid* rekonstruieren wollen, da sie einzelne Elemente des Epos enthalten und man vermutet, dass in ihnen eine lange volkstümliche Überlieferung schriftlich fixiert wird. Auch die Deutung der *romances* verbindet sich mit der Frage nach einer **kollektiven Entstehungsgeschichte der mittelalterlichen Literatur**, eine Vorstellung, die jedoch spekulativ bleibt.

4.2.3 | An der Schwelle zur Neuzeit: *La Celestina*

Der Übergang vom Mittelalter zur frühen Neuzeit wird nach den gängigen Konventionen der spanischen Geschichts- und Literaturgeschichtsschreibung mit der Regierungszeit der *Reyes Católicos* sowie mit der sich anbahnenden Bildung eines Nationalstaates angesetzt (s. Kap. 3.2.1). Kultur- und literaturgeschichtlich tritt seit dem 15. Jh. neben den Austausch verschiedener Kulturen auf der iberischen Halbinsel vor allem die **Kulturbeziehung mit Italien**, dessen südlicher Teil seit 1443 zum Königreich Aragon gehört. Italien wird im folgenden Jahrhundert zu einem wesentlichen Bezugspunkt für die kulturelle Bildung der spanischen Eliten.

An der Schwelle
zur Neuzeit:
La Celestina

Diese Entwicklung führt ebenso zu einer auf die Renaissance hinweisenden **Erneuerung der Orientierung an antiken Quellen** (s. S. 159), zu einem wachsenden Einfluss der italienischen Literaturtradition (insbesondere Boccaccio und Petrarca) sowie der beginnenden Renaissancekultur Italiens. Der italienische Einfluss prägt Lyrik und Erzählliteratur nachhaltig und verbindet sich mit den relativ begrenzten literarischen Entwicklungen (etwa dem *Libro de buen amor* oder den Novellen Don Juan Manuels), die in Spanien seit dem 13. Jh. über die kulturelle Situation der *convivencia* wie über die (vermuteten) mündlichen Überlieferungen der Volkstradition hinausführen.

In dieser Situation des Übergangs steht *La Celestina*, neben dem *Cantar de Mío Cid* und dem *Libro de buen amor* das bedeutendste spanischsprachige Werk des (weit gefassten) Mittelalters. Sein ursprünglicher Titel, *Comedia* bzw. *Tragicomedia de Calisto y Melibea* (zuerst 1499, bis 1514 mehrfach erweitert), verweist auf die **dramenartige Struktur des Textes**, der ganz aus Dialogen in Prosa besteht. Schon angesichts seines Umfangs (der von 16 *auctos* [=Akten] in den verschiedenen Fassungen bis auf 21 anwächst) war das Werk jedoch vermutlich eher für die (möglicherweise gemeinsam und mit verteilten Rollen durchgeführte) Lektüre bestimmt. Die Bekanntheit dieses **Lesedramas** erklärt sich auch durch den Ende des 15. Jh.s beginnenden Buchdruck, durch den es im Lauf des 16. Jh.s in über sechzig Ausgaben verbreitet wird (für umfassende Darstellungen vgl. Maravall 1964 und Gilman 1978).

La Celestina:
Entstehung
und Inhalt

Der Autor des anonym gedruckten Textes ist, wie man aus einem in der zweiten Ausgabe enthaltenen Gedicht geschlossen hat, der ansonsten nur als Jurist bekannte **Fernando de Rojas** (etwa 1465–1541). Er bezeichnet das Werk in einem Prolog als Produkt seiner Muße in der Studienzeit. Dieser Prolog spielt ebenso wie ein späteres Vorwort mit der **Autorfunktion**, von der gesagt wird, dass sie in Widerspruch zu dem ernsthaften Studium der Rechte stehe. Auch die Entstehung des Textes selbst, der dem Vorwort zufolge einen bereits vorliegenden Beginn fortführt, und die Modalitäten seiner Rezeption werden in diesen Vorworttexten ironisch reflektiert (vgl. Gumbrecht 1990, Bd. 1, 199 ff.). Die Selbstdarstellung des Werks verweist damit auf ein erstaunlich reflektiertes **Bewusstsein von der Funktion eines literarischen Textes** und den unterschiedlichen Möglichkeiten seiner Aktualisierung in der Lektüre.

La Celestina:
eine der ersten
Ausgaben

Diese ›modernen‹ Elemente des Textes stehen in deutlichem Gegensatz zu dem **traditionellen moralisch-didaktischen Wirkungsanspruch**, den die einleitenden Texte selbst wie auch die den ersten Akt einleitende Zusammenfassung des Inhalts erheben. Danach soll die tragisch endende Liebesgeschichte zwischen Calisto und Melibea als abschreckendes Beispiel dienen, als Exempel für die Gefahren, die die Liebe mit sich bringe, wenn sie – wie in der Beziehung des Protagonistenpaars – zum verabsolutierten Motiv des Handelns wird.

Mittelalter
(*Edad Media*, etwa
11.–15. Jahrhundert)

Tragische Liebe: Diese Beziehung, die der von Melibea zunächst abgewiesene Calisto mit Hilfe der Kupplerin Celestina anbahnt, wird vor allem für Melibea zu einer **alle traditionellen Normen sprengenden Leidenschaft,** in der sie sich Calisto hingibt (wie der Text zumindest andeutet auch durch die Zauberkräfte der Celestina). Nachdem Calisto durch den Sturz von einer Leiter bei einem nächtlichen Treffen umgekommen ist, stürzt sich auch Melibea vor den Augen ihres Vaters von einem Turm, um ihrem Geliebten nachzufolgen, mit dem sie wenigstens im Tod vereint sein will. Das Werk schließt in der letzten Fassung mit der fast den ganzen 21. Akt ausfüllenden Trauer von Melibeas Vater Pleberio, der die »**fortuna variable**« anklagt, Amor, den Liebesgott, als zerstörerischen»**enemigo de toda razón**« verflucht und sich selbst den Tod wünscht.

Der Widerspruch
zwischen Wirklich-
keitsdarstellung
und Moral

Der Text gestaltet insbesondere mit den Figuren der Celestina, der Diener Calistos sowie deren Geliebten eine **Lebenswelt,** die von **Leidenschaft, Eifersucht, Hass und Habgier** bestimmt wird (vgl. Maravall 1964). Wenn die Diener Calistos Celestina umbringen, da sie ihren Kupplerinnenlohn nicht mit ihnen teilen will, so kann es als gerechte Strafe erscheinen, dass sie dann selbst verhaftet und hingerichtet werden. Eine moralisch akzeptable Alternative zu ihrem Verhalten wird jedoch nicht dargestellt. Die oben zitierte pessimistische Weltabwendung Pleberios ist jedenfalls kaum dazu geeignet.

Die Intensität der Liebesbeziehung zwischen Calisto und Melibea und die Zwänge der Selbsterhaltung, die Celestina als Begründung für ihr Handeln anführt, erscheinen als **Handlungsmotivationen, die sich einer moralischen Wertung entziehen.** Sie werden durch das tragische Ende zwar problematisiert, aber nicht in ihrer Eindringlichkeit und Legitimität entwertet. Noch intensiver als das *Libro de buen amor* entwirft die *Celestina* die Darstellung der Lebenswelt wie der Liebe in einer unaufhebbaren Ambivalenz zwischen traditioneller Norm und einer Individualität, die in dieser Norm nicht mehr aufgeht.

Zwischen
Mittelalter und
früher Neuzeit

In dem Widerspruch zwischen moralischem Anspruch und offener Textstruktur verweist die *Celestina* auf eine **Situation des Umbruchs zwischen Mittelalter und beginnender Neuzeit.** Die normative Ordnung der traditionellen Lebenswelt löst sich auf, ohne dass sich daraus eine neue Perspektive eröffnet. Die *Celestina*, so hat man gesagt, gestaltet das Chaos der Lebenswelt im Übergang zur frühen Neuzeit:

»La *Celestina*, en el umbral de la modernidad, estructura dramáticamente [...] el caos que es el vivir humano, la guerra y el litigio de unos con otros y de uno consigo mismo, tal como su autor lo percibe con aguda mirada en la sociedad en crisis de fines del siglo XV.« (Ruiz Ramón 1967, S. 61)

Die Weltabwendung, die der Schluss des Werks inszeniert, ihr Bild der Launen der Fortuna und der Welt als Tal der Tränen, trägt durchaus spätmittelalterliche Züge. Diese Dimension des Werks kann jedoch auch als **skeptische Kritik** an der Gesellschaftsordnung nach dem Ende der *Reconquista* gelesen werden.

Die kulturelle Bedeutung der *conversos*: Es ist für diese Lesart aufschlussreich, dass Fernando de Rojas einer Familie konvertierter Juden entstammt, dem Milieu der sogenannten *conversos*. Als Spätfolge der Zeit der *convivencia* sind sie innerhalb der spanischen Bildungselite am Beginn der Neuzeit zahlreich vertreten und werden jetzt zunehmend zum Ziel der Aktivitäten der Inquisitionstribunale.

Der These Américo Castros, nach der an der Wende zur Neuzeit die Träger der literarischen Entwicklung vornehmlich aus dem Milieu der *conversos* stammen (s. S. 122), wird man in ihrer Pauschalität nicht ohne Weiteres zustimmen können. Dennoch erscheint sein Argument plausibel, dass die Skepsis der *conversos*, **die Verfolgung und die Anpassungsleistungen, zu denen sie gezwungen waren**, dem Weg der spanischen Literatur in die Renaissance eine spezifische Prägung gegeben hat. Die Widersprüche der *Celestina* wie die Faszination, die dieser Text ausübt, lassen sich jedenfalls als Indizien für eine Auseinandersetzung mit den Repressions- und Ausschließungsmechanismen lesen, die den Weg Spaniens in die Neuzeit und damit die *Siglos de Oro* kennzeichnen.

Deyermond, Alan D.: *Historia de la literatura española.* Bd. 1: *La Edad media.* Barcelona 1973.

Gumbrecht, Hans Ulrich: *Eine Geschichte der spanischen Literatur.* 2 Bde. Frankfurt a. M. 1990.

Lopez Estrada, Francisco: *Introducción a la literatura medieval española.* Madrid 1979.

Menéndez Pidal, Ramón: *Dichtung und Geschichte Spaniens.* Leipzig 1984.

Tietz, Manfred: »Mittelalter und Spätmittelalter«. In: Hans-Jörg Neuschäfer (Hg.): *Spanische Literaturgeschichte.* Stuttgart/Weimar ³2006, S. 1–68.

Grundlegende Literatur

Deyermond, Alan D.: *El Cantar de Mío Cid y la épica medieval española.* Barcelona 1987.

Gilman, Stephen: *La España de Fernando Rojas. Panorama intelectual y social de La Celestina,* Madrid 1978 (engl. 1972).

Maravall, José Antonio: *El mundo social de »La Celestina«.* Madrid 1964.

Marquez Villanueva, Francisco: *El concepto cultural alfonsí.* Madrid 1994.

Menéndez Peláez, Jesús: *El »Libro de Buen amor«: ficción literaria o reflejo de una realidad.* Gijón ²1980.

Menéndez Pidal, Ramon: *La epopeya castellana a través de la Literatura Española.* Madrid 1959.

Ruiz Ramón, Francisco: *Historia del teatro español desde sus orígenes hasta 1900.* Madrid 1967.

Weiterführende und zitierte Literatur

4.3 | Die *Siglos de Oro*: Renaissance (*Renacimiento*) und Barock (*Barroco*)

4.3.1 | Begriffsprobleme und allgemeiner Überblick

Der Epochenbegriff ›*Siglos de Oro*‹ stellt innerhalb der für die spanische Literatur gängigen Epochenbegriffe eine Besonderheit dar. Er hat vor allem eine **wertende Bedeutung**, die Vorstellung von einem unüberbietbaren Höhepunkt der nationalen Kultur und Literatur (vergleichbar mit dem Begriff ›Klassik‹ in der deutschen Literaturgeschichte).

Begriffsgeschichte: Von der antiken Mythologie zum Epochenbegriff

Die Vorstellung von einem goldenen Zeitalter stammt aus der antiken Mythologie und steht dort (ähnlich der christlichen Vorstellung vom Paradies) für eine ursprüngliche Periode des harmonischen Zusammenlebens von Göttern und Menschen. Sie ist verbunden mit einer **Sicht der Geschichte**, die diese nach der Auflösung der anfänglichen Harmonie **in einem Prozess des Niedergangs** sieht (fortschreitend zu einem silbernen, bronzenen und schließlich zu einem eisernen Zeitalter). Diese Vorstellung ist vor allem durch Ovids *Metamorphosen* überliefert worden und spielt im zyklischen Geschichtsdenken der frühen Neuzeit eine wichtige Rolle, das die Geschichte als einen Kreislauf von Blüte- und Verfallszeiten denkt. Aus dieser mythischen Vorstellung entwickelt sich im Lauf ihrer Begriffsgeschichte in Spanien der heutige Epochenbegriff.

Im 17. Jh. bildet dieser Mythos vor allem den Bezugspunkt für ein skeptisches Urteil über die Situation des Landes. Indem das goldene Zeitalter in der Vergangenheit angesiedelt wird, wird der Verweis auf diese Vorstellung zum **Ausdruck eines Krisenbewusstsein**. Don Quijote beispielsweise hält eine Rede über die verflossene »dichosa edad« des goldenen Zeitalters, dem er »nuestros detestables siglos« entgegensetzt (Kap. 11 des ersten Teils). In einem Dialog des Romans *El criticón* von Baltasar Gracián (1651–1653) erklärt der Protagonist Crítilo die Gegenwart in einem ironischen Wortspiel mit den Homonymen *hierro* (›Eisen‹) und *yerro* (›Irrweg‹) zu einem »siglo de hyerro«. Damit stellt er sie als verkehrte Welt dar, da »todo anda errado en el mundo y todo al revés«. Sein Gesprächspartner hingegen beharrt darauf, die Gegenwart sei sehr wohl ein »Siglo de Oro«, aber nur deshalb, weil das Gold ihr einziger Wertmaßstab sei (Teil II, Kap. 3). Beide Beispiele zeigen, dass das 17. Jh. mit dem Begriff keine positive Wertung der eigenen Gegenwart verbindet.

Erst seit dem 18. Jh. wird der Begriff **Grundlage einer Deutung der spanischen Literatur** des 16. Jh.s. Die Bezeichnung ›*Siglo de Oro*‹ löst eine Periodisierung der Literatur allmählich ab, in der die literarische Entwicklung nach den Regierungszeiten der verschiedenen Monarchen eingeteilt

Begriffsprobleme
und allgemeiner
Überblick

wird, das 16. Jh. demnach aus dem »siglo de Carlos I« und dem »siglo de Felipe II« besteht. Mit der neuen Bezeichnung wird die gesamte **kulturelle und literarische Entwicklung des 16. Jh.s als Blütezeit** gewertet – entsprechend der politischen Machtstellung des Landes.

Die nationalistische Bedeutung des Begriffs wird im 18. Jh. bereits deutlich. Die Autoren des 16. Jh.s seien der »**honor inmortal [...] de nuestra Patria**«, heißt es beispielsweise bei Juan Pablo Forner, einem bedeutenden Repräsentanten der spanischen Aufklärung. Forner sieht die Literatur des 16. Jh.s angesichts der politischen Bedeutungslosigkeit Spaniens im 18. Jh. als Beleg für die Größe des Landes an. Er will damit eine **Erneuerung des Nationalbewusstseins** begründen. Mit solchen Wertungen beginnt in der zweiten Hälfte des 18. Jh.s eine Entwicklung, in der die Epoche zu einem **zentralen Bestandteil spanischer Erinnerungskultur** wird.

> »En los países occidentales, España es el único que haya montado su historia desde un mito clásico, el *Siglo de Oro*. [...] Esta estructura tripartita (Edad Media – *Siglo de Oro* – Edad Contemporánea) con un corte tajante entre el apogeo y la decadencia, entre el Oro y el hierro es algo que sólo se da plenamente en la cultura española. [...] España ha necesitado ese mito para explicarse a sí misma.« (Rozas 1987, S. 387)

Als spanische Besonderheit wird mit dem Begriff also eine **Verlaufskurve der Nationalgeschichte** entworfen, in der ein in der Vergangenheit angesiedelter Höhepunkt einer als Niedergang gedachten Gegenwart als Vorbild entgegengesetzt wird.

1881 schwärmt der scharfsinnige und ansonsten den spanischen Traditionen gegenüber kritisch eingestellte liberale Autor Leopoldo Alas (Pseudonym: Clarín, s. S. 227 f.) von dieser Blütezeit, wobei er die einstige politische Vormachtstellung auf eine literarische verschiebt:

Vom *Siglo de Oro* zu den *Siglos de Oro*

> »Cada vez que Calderón, Lope o Tirso [...] hablan en nuestros Coliseos, siente el alma el orgullo noble del patriotismo, y paréceme que aún somos los españoles los señores del mundo, al oír tal lenguaje, el más bello que hablaron poetas.« (»Del teatro«, in: *Solos de Clarín*, 1881)

Claríns Emphase ist typisch für die **nationalistische Bedeutung der Epochenkonstruktion**. Seine Beschwörung der vergangenen Größe des Landes verweist auf die Schwierigkeiten, mit denen sich im 19. und 20. Jh. die Begründung einer nationalen Identität in Spanien konfrontiert sieht (s. Kap. 3.2.1).

Die Integration des 17. Jh.s: Dass Clarín aber nun Autoren des 17. Jh.s als Repräsentanten einer goldenen Zeit der spanischen Literatur anführt, zeigt, wie der Begriff des *Siglo de Oro* nach und nach **von der Literatur des 16. auf die des 17. Jh.s ausgedehnt** wird (vgl. Baasner 1993). Die Ambivalenz des Begriffs *siglo* (›Jahrhundert‹, aber auch ›Zeitalter‹) begünstigt eine zeitliche Ausweitung des Epochenbegriffs. Den *Siglos de Oro* werden im 19. Jh. auch jene Texte und literarische Tendenzen des 17. Jh.s zugerechnet, die man heute gängig als Barockliteratur bezeichnet. Gegen Ende des 19. Jh.s setzt sich eine Sicht der *Siglos de Oro* durch, in der der Zeitraum

Die literatur-
geschichtliche
Bedeutung
des Begriffs

dieser Epoche allmählich auf die gesamte Herrschaftszeit der Habsburger im 16. und 17. Jh. ausgedehnt wird.

Heute wird der Epochenbegriff meist im Plural gebraucht, in Verbindung mit den spezifizierenden Begriffen **Renacimiento und Barroco**. Diese Ausweitung hat zur Folge, dass die Epoche aus heterogenen Bestandteilen besteht und literaturgeschichtlich nicht genauer abgegrenzt werden kann:

> »*Siglo de Oro* ha perdido casi por completo las connotaciones que había asumido, positivas o peyorativas, según la perspectiva del crítico que hiciera uso de él, y se ha convertido en un término vago que nadie sabe muy bien a qué época precisa corresponde.« (Blecua 2004, S. 160)

Als neutraler Periodisierungsbegriff hat der Begriff *Siglos de Oro* damit seine ursprüngliche wertende Bedeutung (die Vorstellung von Blüte und Verfall) weitgehend verloren und bezeichnet ohne klare Abgrenzungen den gesamten **Verlauf der Literatur- und Kulturgeschichte Spaniens in der frühen Neuzeit**.

Periodisierungen

Renaissance und Barock: Der Preis dieser **Kompromissbildung** besteht in der Heterogenität der Perioden, die in diese ›Großepoche‹ integriert werden. Sie beginnt mit den Anfängen der **Renaissanceliteratur** zu Beginn des 16. Jh.s und ihren neuen, gegen die Dominanz der Kirche gerichteten Impulsen für das Denken und Schreiben. Sie endet mit einer von der Hegemonie des Katholizismus, Weltabwendung und wachsendem Skeptizismus geprägten **Barockliteratur** in der zweiten Hälfte des 17. Jh.s. Eine klare inhaltliche und vor allem zeitliche Abgrenzung der beiden ›Unterepochen‹ – etwa um die Wende vom 16. zum 17. Jh. – ist umstritten (vgl. Küpper 1990, Kap. 1 und 4).

Eine Periodisierung der Literatur des 16. und 17. Jh.s kann eher mit politischen und gesellschaftlichen Faktoren als mit innerliterarischen Zusammenhängen begründet werden. Wandel und Blüte der Literatur wie der Kultur insgesamt hängen eng mit dem **Machtzuwachs der Monarchie in der frühen Neuzeit** zusammen. Dies gilt in dem doppelten Sinn, dass diese Blüte einerseits von der politischen Förderung profitiert, dass sie sich andererseits aber auch mit der wachsenden Repression auseinandersetzen muss, die mit der Stabilisierung der absolutistischen Herrschaft einhergeht.

Siglos de Oro oder *edad conflictiva*: Letztlich ist der von Américo Castro (Castro 1972 und Benassar 1994) geprägte **Begriff der *edad conflictiva*** besser dazu geeignet, Grundprobleme der literarischen Entwicklung im 16. und 17. Jh. zu charakterisieren. Der Begriff *Siglos de Oro* hebt einseitig eine kulturelle Blüte hervor. Castros alternative Bezeichnung bezieht hingegen **die grundsätzlichen gesellschaftlichen und ideologischen Konflikte** ein, die in der Literatur des 16. wie des 17. Jh.s entworfen und verhandelt werden und ihre Orientierung prägen.

Grundlagen der Renaissanceliteratur

Der Begriff → ›Renaissance‹ wird zunächst als Periodisierungsbegriff verwendet, um die Blütezeit der italienischen Kunst, Philosophie und Literatur im 15. und 16. Jh. zu bezeichnen. Der Schweizer
Kunsthistoriker Jacob Burckhardt (1818–1897), der ihn systematisiert hat, will damit eine **Grenze zwischen der Kunst des Mittelalters und der frühen Neuzeit** ziehen (*Die Cultur der Renaissance*,
1860). In Abwendung von der philosophischen und theologischen
Dogmatik des Mittelalters, so Burckhardt, werde die Kunst der
Renaissance von einer »Entdeckung der Welt und des Menschen«
bestimmt. Als ›Wiedergeburt‹ (so die wörtliche Übersetzung) wird
dabei der **Rückgriff auf die Formensprache, aber auch auf die geistige Vielfalt der Antike** bezeichnet, die diese Entwicklung der Kultur maßgeblich beeinflusst. Der Begriff impliziert ein Fortschrittsdenken, in dem die Kultur der frühen Neuzeit in Überwindung des
Mittelalters die Moderne begründet. Mit dieser Bedeutung wird
der Begriff ›Renaissance‹ auf die gesamte europäische Kultur der
frühen Neuzeit übertragen.

Zum Begriff

Die Förderung der spanischen Sprache und Kultur bildet seit der Zeit der
Reyes Católicos einen wichtigen Bestandteil der **Sicherung und Legitimation der Monarchie**. Die Grammatik und das Wörterbuch von Antonio
de Nebrija (1441–1522) belegen nicht nur die wachsende Bedeutung des
castellano, das zur Nationalsprache wird, sondern auch die der Textproduktion insgesamt.

Antonio de Nebrija:
Titelseite des
*Lateinisch-Spa-
nischen Wörter-
buchs* (1536)

Der Buchdruck: Diese Expansion der Textproduktion wird
durch die Erfindung des Buchdrucks in der Mitte des 15. Jh.s
ermöglicht, der sich auch in Spanien seit dem Ende des 15. Jh.s
rasch ausbreitet. Er macht Texte über den kleinen Kreis jener Eliten hinaus zugänglich, die an der Zirkulation von Manuskripten
teilhaben (vgl. Chevalier 1976). Damit entwickeln sich ein Lese-
publikum und eine Vielfalt verfügbarer Texte. Mit deren wachsender Verbreitung stellt sich auch das Problem einer politischen
und ideologischen Kontrolle ihrer Wirkung.

Die geistige Offenheit der Renaissance stellt die dogmatische
Weltdeutung der theologischen Orthodoxie zumindest indirekt
in Frage. Zugleich eröffnet die Aufhebung der Grenzen der Alten
Welt durch die Entdeckung Amerikas und die *Conquista* **neue
Möglichkeiten der Welterfahrung**. Im 16. Jh. werden wesentliche Bestandteile des mittelalterlichen Weltbilds fragwürdig und
die geistige Entwicklung der Renaissance wird von Versuchen bestimmt,
dieses neue Wissen zu reflektieren und zu verarbeiten.

Die ideologischen Probleme verschärfen sich durch die Kirchenspal-
tung im 16. Jh. Die Reformation selbst erlangt in Spanien nie größe-

Erasmus und
der Humanismus

re Bedeutung. Ihr Einfluss breitet sich dort jedoch mittelbar durch das Denken des berühmten Religionsphilosophen **Erasmus von Rotterdam** (um 1469–1536) aus, der eine Reform der katholischen Kirche und ihrer dogmatischen Glaubenslehre anstrebt. Erasmus steht dem lutherischen Gedankengut dadurch nahe, dass er eine eigenständige, auf Erkenntnis und Glauben gegründete Beziehung des Menschen zu Gott anstrebt. Er erneuert das theologische Denken durch eine systematische philologische Analyse antiker und biblischer Quellen (u. a. durch die erste Ausgabe des Neuen Testaments in der altgriechischen Originalfassung).

Erasmismo: Der von Erasmus inspirierte Humanismus, der ***erasmismo***, wird in der ersten Hälfte des 16. Jh.s zu einem wichtigen philosophisch-theologischen Bezugspunkt des geistigen Lebens in Spanien (umfassende Darstellung bei Bataillon 1966). Er trägt neben den literarischen Impulsen aus der italienischen Renaissance zu dessen Erneuerung im Zeichen des **Humanismus, des Studiums der geistigen und literarischen Vielfalt der Antike** wie auch der Bibel bei. Die Universität von Alcalá de Henares (1508 gegründet) wird zu einem geistigen Zentrum, das ein beträchtliches Prestige genießt und sich zeitweise sogar Hoffnungen darauf macht, Erasmus als Professor zu gewinnen. Dort werden eine mehrsprachige Ausgabe der Bibel und Übersetzungen antiker Texte publiziert, die diese Überlieferung auch außerhalb eines spezialisierten Gelehrtenmilieus zugänglich machen.

Der *erasmismo* will die christliche Botschaft modernisieren, indem er gegen die theologische Dogmatik ihre ursprüngliche Bedeutung zu rekonstruieren versucht. Mit dieser Perspektive ist er für das spanische Geistesleben im 16. Jh. grundlegend:

»Desde la aparición de la Biblia Políglota de Alcalá hasta la del *Don Quijote*, el humanismo de Erasmo ejerció [en España] una influencia singularmente fecunda. [...] Con él, el humanismo se propone como tarea restituir el mensaje cristiano en su auténtica pureza, y lograr la unidad de los mejores pensamientos humanos en torno a una *filosofía de Cristo* en que el hombre moderno pueda encontrar la alegría y la paz.« (Bataillon 1966, S. 802)

Auch wenn der *erasmismo* die Grenzen der damaligen katholischen Glaubenslehre nicht überschreitet, postuliert er doch zumindest einen **Eigenwert des erkennenden Individuums** etwa durch eigenständige Bibellektüre. Bereits solche Tendenzen werden bald als Gefährdung der autoritären Position der katholischen Kirche angesehen, die die (ja auch für die Bestrebungen der Reformation grundlegende) selbständige Auseinandersetzung der Gläubigen mit der Bibel untersagt und verfolgt. Dieser Vorwurf brachte beispielsweise dem Kleriker und Dichter Fray Luis de León eine von 1572 bis 1576 während Haft in den Kerkern der Inquisition ein.

Kritik an der *Conquista*: Die humanistische Perspektive spielt auch in der **Kontroverse um die spanische Kolonialpolitik** eine Rolle. Dabei geht es u. a. um die Frage, ob den Ureinwohnern Amerikas eine Seele zu Eigen sei, ob sie also im christlichen Sinn als Menschen angesehen (und entsprechend behandelt) werden sollen. In einer berühmten, am Hof Karls V. ausgetragenen Kontroverse versucht **Bartolomé de las Casas** (etwa 1474–1566), die Individualität der Eingeborenen mit dem (in sich auch wieder problematischen) Argument ihrer natürlichen Tugendhaftigkeit zu begründen. Seine Darstellung der Grausamkeit der Eroberer in der *Brevísima relación de la destrucción de las Indias* (1542), wird zu einer wichtigen Quelle der *leyenda negra* (s. S. 105).

Die **Freiheit humanistischer Denkansätze** ist bereits in der ersten Hälfte des 16. Jh.s **gefährdet**. Dies zeigt der Fall des bedeutendsten spanischen humanistischen Gelehrten, Juan Luis Vives (1492–1540), der aus einer Familie von *conversos* stammt. Da er mit seinen (auf Lateinisch abgefassten) Abhandlungen europaweites Ansehen genießt, kann er in den Niederlanden und in England lehren, wo er auch seine Werke publiziert. Trotz eines Angebots der Universität von Alcalá de Henares kehrt er jedoch auch auf dem Höhepunkt seins Ruhmes nicht mehr nach Spanien zurück (s. S. 127).

Seit der **Mitte des 16. Jh.s** dominieren Zensur und Repression der geistigen Vielfalt. Diese Entwicklung steht im Zeichen des Regierungsantritts Philipps II. und des gegenreformatorischen Konzils von Trient (Abschluss 1563). Das Streben nach einem uneingeschränkten **Vorrang der theologischen Orthodoxie** zeigt sich am deutlichsten in dem von dem Konzil von Trient – auf maßgebliches Betreiben spanischer Theologen – beschlossenen **Index der verbotenen Bücher**. Er hat eine systematische theologische Kontrolle aller Publikationen zur Folge, zu deren ersten prominenten Opfern das berühmte Vorbild des Pikaro-Romans, der *Lazarillo* zählt (s. S. 170 ff.). In dieser gesellschaftlichen und kulturellen Repression (auf die indirekt noch die Episode der Bücherverbrennung im *Don Quijote* anspielt) verändert sich auch die Literatur in Inhalt und Form.

Grundlagen der Barockliteratur

Der Begriff → ›Barock‹ wird als kunstgeschichtlicher Periodisierungsbegriff von Jacob Burckhardt (1818–1897) sowie von dessen Schüler Heinrich Wölfflin (1864–1945) begründet. Er dient der **Abgrenzung der Kunst des 17. Jh.s von der der Renaissance** und beinhaltet zunächst entsprechend der Wortgeschichte (port. *barroco*=unregelmäßig) eine negative Wertung. »Die Barockbaukunst spricht dieselbe Sprache wie die Renaissance, aber einen verwilderten Dialekt davon«, heißt es in einer berühmten Formulierung Burckhardts, die darauf verweist, dass er den Barock als **Periode der Auflösung des an der Antike geschulten Kunstideals der Renaissance** begreift. In den ersten Jahrzehnten des 20. Jh.s wird der Begriff auf die Literaturgeschichte (dann auch auf die Musikgeschichte) übertragen, mit teils sehr umstrittenen Kriterien.

> Er bezeichnet einerseits eine gegen die Regelpoetiken der Renaissance gerichtete **Regellosigkeit** und Individualisierung des Schreibens, andererseits aber auch dessen **Unterordnung unter die gegenreformatorischen Bestrebungen** der katholischen Kirche.

Die ideologische Grundlage der Barockliteratur in Spanien ist die gegen das Unabhängigkeitsstreben der Renaissance gerichtete Integration ihrer ideologischen Offenheit und Vielfalt in **eine theologisch begründete Ordnung** des Denkens (vgl. Küpper 1990). Das bedeutet nicht, dass diese kritischen Impulse aufgeben werden, wohl aber, dass sie durch sprachliche Kunstfertigkeit und den Aufbau einer ideologisch normgerechten Fassade uneindeutig formuliert werden. Der sprachlichen Gestalt der Texte kommt nicht zuletzt deshalb in der Barockliteratur eine besondere Bedeutung zu.

Barocker Stil   Merkmale der Barockliteratur sind die Überfülle und Intensivierung sprachlicher Bilder (der sogenannte ***culteranismo***) wie der ingeniöse Scharfsinn des sprachlichen Ausdrucks (***agudeza*** und ***conceptismo***). Diese sprachlichen Besonderheiten können als literarische Verfahren verstanden werden, die einerseits die moralische Dimension der Texte zur Geltung bringen, sie aber andererseits auch unterlaufen. Die **uneindeutigen, widersprüchlichen oder paradoxen Stil- und Gedankenfiguren**, die als Inbegriff des *conceptismo* gelten, erzeugen Sinneffekte der Verwirrung und Täuschung (*engaño*).

Die genannten Begriffe bezeichnen stilistische Verfahren, die eine Polysemie (s. S. 10 f.) erzeugen. Damit inszenieren sie sprachlich eine Grundstruktur der **Welterfahrung, die alle weltlichen Hoffnungen und Ziele als trügerisch begreift**. Daher ist es die Absicht vieler Texte, durch die Verwirrung des Verstehens eine moralisch-theologische Läuterung, den *desengaño* zu bewirken, die Erkenntnis, dass die Existenz im Diesseits auf Trug und Täuschung beruht (s. die Interpretation von Calderóns *La vida es sueño*, Kap. 4.3.5).

Der Wandel der Literatur zwischen Renaissance und Barock hängt eng mit der Entwicklung der Monarchie zusammen. Die Expansion sowie die Eigenständigkeit der Textproduktion bahnen eine – besonders im Bereich des Romans – europaweit beachtete **literarische Modernität** an. Deren Impulse werden jedoch bereits im 16. und mehr noch im 17. Jh. reduziert oder durch die **Rückbindung an die ideologische Hegemonie von Kirche und Staat** kanalisiert. Das hat zur Folge, dass einige Texte des 17. Jh.s (etwa manche Ehrendramen oder *autos sacramentales*, s. S. 177 f.) heutigen Verstehensmöglichkeiten fremd erscheinen. Andererseits finden sich Werke wie der *Lazarillo* oder der *Don Quijote*, in mancher Hinsicht auch die Gedichte Góngoras, deren Nähe zu einem modernen Verstehenshorizont geradezu überraschend erscheint.

4.3.2 | Lyrik und Prosa in den *Siglos de Oro*

Die spanische Literatur in den *Siglos de Oro*: Allgemeine Daten, Lyrik und Prosa

1492	Antonio de Nebrija (1442–1522) veröffentlicht ein spanisch-lateinisches Wörterbuch sowie die *Gramática de la lengua castellana*
1508	Gründung der Universität von Alcalá de Henares, in den Anfängen ein Zentrum der humanistischen Kultur
1542	Bartolomé de las Casas (ca. 1474–1566) veröffentlicht die *Brevísima relación de la destrucción de las Indias*
1543	Posthume Veröffentlichung der *Obras de Boscán y de Garcilaso de la Vega*; Blüte der humanistischen Lyrik unter italienischem Einfluss
1559	Die römische Inquisitionsbehörde veröffentlicht den ersten Index der allen Katholiken verbotenen Autoren und Bücher
1583	Veröffentlichung von *El camino de perfección*, das bekannteste theologisch-mystische Prosawerk von Teresa de Ávila (entstanden seit 1565)
1613	Cervantes' *Novelas ejemplares*
1627	Veröffentlichung der Gedichtsammlung der *Soledades* von Góngora (entstanden um 1613/14) sowie der *Sueños* von Quevedo, einer Sammlung satirischer Prosatexte (entstanden zwischen 1606 und 1622)
1651–1653	Graciáns philosophisch-moralistischer Roman *El criticón* (erster bzw. zweiter und dritter Teil)

Der Klassizismus der Renaissance: Eine wesentliche Grundlage der Literatur der Renaissance besteht darin, dass sich die Autoren in der Zeit der Renaissance an den **Dichtungslehren** (Poetiken) **der Antike** orientieren, sie aufnehmen und weiterführen. Diese klassizistische Orientierung der Literatur wird im 16. Jh. zunächst vor allem in Italien in Anknüpfung an die *Poetik* von Aristoteles begründet (daher ihre Bezeichnung als **neoaristotelische Poetik**) und verbreitet sich über ganz Europa. Die Aneignung und Erneuerung der antiken Traditionen durch die humanistischen Gelehrten spielt für die Entwicklung der Literatur eine wesentliche Rolle, auch wenn die neoaristotelische Poetik in Spanien nur von begrenzter Bedeutung ist. Der Rückgriff auf diese Traditionen ermöglicht es, ein Bewusstsein vom **Eigenwert der Dichtung** zu begründen. Literarische Texte können jetzt als Texte besonderer Art – eben als solche, die den Regeln der Dichtungslehren entsprechen – wahrgenommen und eingeordnet werden.

Der seit dem 15. Jh. bestehende **Kulturkontakt mit Italien** bildet auch die Grundlage für die neuen Tendenzen in der spanischen Lyrik des 16. Jh.s. Für sie ist neben antiken Vorbildern insbesondere der Einfluss des europaweit berühmten und rezipierten Dichters **Petrarca** (1304–1374) von

Bedeutung (vgl. Manera Sorolla 1987). Die Tradition der Antike wie ihre italienische Fortführung und Umarbeitung bieten ein reiches Material, mit dem etwa die in der Lyrik weit verbreitete **Liebesthematik** in neuen Bildern und imaginären Welten entworfen werden kann. Einflussreich ist dabei beispielsweise die in der italienischen Lyrik vielfältig florierende, an antike Traditionen anknüpfende **Hirten- und Schäferdichtung**.

Erneuerung der Formen: Ebenso wichtig wie diese inhaltliche Erneuerung sind formale Innovationen, die unter dem Einfluss der italienischen Lyrik von **Juan Boscán** (um 1490–1542) und **Garcilaso de la Vega** (um 1501–1536) in die spanische Dichtung eingeführt wurden. Elaborierte Vers- und Strophenformen wie etwa der elfsilbige Vers (*endecasílabo*) oder das Sonett (*soneto*) (s. Kap. 2.2.2) begründen eine formal hoch kodierte Form des Dichtens, die sich deutlich von den volkstümlichen Traditionen unterscheidet und auch absetzen will.

Ein zentrales Thema der Lyrik:
Die poetische Inszenierung der Liebesleiden

¡Oh más dura que mármol a mis quejas
y al encendido fuego en que me quemo
más helada que nieve, Galatea!
Estoy muriendo, y aún la vida temo;
témola con razón, pues tú me dejas,   5
que no hay sin ti el vivir para qué sea.
Vergüenza he que me vea
ninguno en tal estado,
de ti desamparado,
y de mí mismo yo me corro agora.   10
¿D'un [=de un] alma te desdeñas ser señora
donde siempre morastes, no pudiendo
della [=de ella] salir un hora?
Salid sin duelo, lágrimas, corriendo.

(Liebesklage eines Hirten, aus Garcilaso de la Vega: *Égloga primera*, V. 57-70)

Mit seinen **Eklogen** greift Garcilaso de la Vega ebenso auf antike Traditionen der Dichtung zurück wie mit seinen **Elegien**. Beide lyrische Formen werden bereits in der lateinischen Dichtung (etwa bei Vergil oder Ovid) wie dann auch in der italienischen Renaissance für die poetische Gestaltung einer Liebesklage verwendet. Diese Thematik wird auch in den Gedichten Garcilasos zu einem zentralen Thema. Auch die Gestalt der Galatea, die in der ersten Ekloge über mehr als zweihundert Verse angebetet und angefleht wird, entstammt der lateinischen Tradition. Die kunstvolle Verwendung von elfsilbigen Versen (im Textauszug kombiniert mit den siebensilbigen Versen 7–9 und 13) zeigt ebenfalls den italienischen Einfluss. Dennoch ist Garcilaso nicht allein ein gelehrter Dichter im Sinn des Humanismus. Die Inszenierung eines klagenden

Lyrik und Prosa
in den
Siglos de Oro

und innerlich zerrissenen Individuums in seinen Gedichten ist zugleich Bestandteil eines höfischen Spiels und Ausdruck einer existentiellen Problematik.

Die literarische Blüte einer höfischen Kultur, die sich im Zeichen der Expansion des spanischen Herrschaftsbereichs auch auf Italien ausdehnt, wird von beiden Autoren maßgeblich beeinflusst. Dass ihre Werke posthum 1543 mit großem Erfolg gemeinsam publiziert wurden, verweist auf die Bedeutung ihrer Dichtungen für die Entwicklung der Lyrik in Spanien. Diese Entwicklung eröffnet die Möglichkeit, Probleme individueller Erfahrung zu gestalten. Zur **Modernität dieser Lyrik** tragen Verfahren bei, die ein isoliertes Subjekt, das sich mit seinen Wünschen, Hoffnungen und Ängsten auseinander setzt, sprachlich inszenieren. Im Verlauf des 16. Jh.s bildeten sich dann mit den **Dichterschulen von Salamanca und Sevilla** (*Escuela salamantina* und *Escuela sevillana*) zwei Tendenzen heraus, die den italienischen Petrarkismus in einem eher schlichten, klassizistischen Stil (z. B. Fray Luis de León, 1527–1591) bzw. in einer eher kunstvollen, literarisch-elitären Manier (z. B. Fernando de Herrera, 1534–1597) fortführen.

In der Zeit des Barock setzen sich **die beiden gegensätzlichen Tendenzen der Lyrik** in der volkstümlichen und sprachlich eher einfach gehaltenen Lyrik **Lope de Vegas** (1562–1635) einerseits sowie andererseits in der hermetisch-uneindeutigen und hochartifiziellen Dichtung **Luis de Góngoras** (1561–1627) fort (vgl. Palomo 1988). Góngoras lyrische Langtexte, die *Fábula de Polifemo y Galatea* (1613) und die *Soledades* (1613/14), bilden mit ihren überraschenden, assoziativ verstehbaren und schwer entschlüsselbaren Bildern (den *conceptos*) sowie ihrer kunstvollen Spracharbeit einen **Höhepunkt der Barocklyrik**.

Die Lyrik im 17. Jh.

Der Konflikt zwischen Lope de Vega und Góngora, der in einer heftigen Polemik ausgetragen wird, geht um den Gegensatz zwischen einer wirkungsorientierten und einer elitären Konzeption der Dichtung. Hinzu kommt eine ideologisch-politische Divergenz zwischen Anpassung einerseits und Rückzug in eine schwer zugängliche Sprachform andererseits. Ein Parteigänger Lope de Vegas erklärt, mit seiner hermetischen Dichtung sei Góngora zu einem »príncipe de las tiniblas« (eine metaphorische Bezeichnung für den Teufel!) geworden. Dieser selbst bezeichnete seine Hermetik als eine Strategie, die darauf abziele »**hacerme oscuro a los ignorantes**«. Die wegen ihrer Hermetik schwer zugängliche und ideologisch verdächtig erscheinende Dichtung Góngoras ist Jahrhunderte lang abgewertet und kaum rezipiert worden. Erst im 20. Jh. wurde sie von den poetischen Avantgarden als Vorläuferin der modernen Lyrik wieder entdeckt (s. Kap. 4.7.3).

Spanische Erinnerungskultur: Briefmarke zu Góngoras 400. Geburtstag, 1961

Die Möglichkeit, Texte zum Ort individueller Erfahrung zu machen, spielt auch in der religiösen Lyrik eine wichtige Rolle. Sie greift Bestandteile weltlicher Lyrik auf, etwa die eines vereinsamt sich nach Erfüllung

Religiöse Lyrik und moralistische Prosa

Góngora:
Soledades
(Titelblatt)

sehnenden Individuums oder der Liebeshoffnung. Diese werden – etwa bei Fray Luis de León (1527–1591) oder Juan de la Cruz (1542–1591) – in eine religiöse Perspektive integriert. Bei Luis de León beispielsweise richtet sich die Sehnsucht des lyrischen Ich auf seine Erlösung; die Jungfrau Maria tritt an die Stelle der angebeteten Dame, die um Erfüllung seiner Hoffnungen angefleht wird.

Die Individualisierung religiöser Erfahrungen wird von jenen humanistischen Traditionen beeinflusst, in denen im Anschluss an Erasmus die Erforschung individueller Glaubenserfahrung eine neue Bedeutung erhält. In den autobiographischen Texten des Begründers des Jesuitenordens, **Ignatius von Loyola** (1491–1556) und mehr noch in denen der **Teresa von Avila** (1515–1582) wird diese Individualisierung zu einer regelrechten **Seelenforschung** ausgestaltet. Es vermag kaum zu überraschen, dass auch die schonungslose Gestaltung der Widersprüche religiöser Selbsterfahrung der Inquisition verdächtig erschien.

Im 17. Jh. treten solche individualisierten Formen des Schreibens hinter einen **moralistischen Diskurs** zurück, der wohl von phantastischen Visionen oder widersprüchlichen Bildern und Allegorien gekennzeichnet ist, aber nicht in gleicher Intensität mit Formen literarischer Inszenierung von Subjektivität einhergeht. Hauptvertreter dieser Tendenz sind der orthodox religiöse **Francisco de Quevedo** (1580–1645) sowie **Baltasar Gracián** (1601–1658).

Quevedo und Gracián: Quevedo ist ein scharfsinniger Sitten- und Gesellschaftskritiker, dessen *Sueños* (1627) in ihrer Dialogform noch an die humanistische Tradition erinnern. Sie stellen sie jedoch zugleich durch die Traumvisionen in Frage, die den satirischen Diskurs über die verkehrte Welt intensivieren und den barocken *desengaño* als moralische Läuterung bewirken sollen. Graciáns (1601–1658) zeitkritisch-allegorischer Roman *El criticón*, der weiter oben schon angeführt wurde (s. S. 156), ist in vieler Hinsicht pessimistischer und bezeichnet die Welterfahrung als eine »confusión universal«. Gracián verfasst auch eine sprachkritische Abhandlung über den barocken Sprachstil des *conceptismo* sowie eine Sammlung von Maximen über Lebensklugheit und das Verhalten im gesellschaftlichen Umgang (*Oráculo manual y arte de prudencia*, 1647), die die praktische Orientierung seines Moralismus unterstreicht.

4.3.3 | Eine neue Form des Schreibens: Entwicklung und erste Blütezeit des Romans

Die wichtigsten Romane in den *Siglos de Oro*		Überblick: Autoren und Werke
1508	Veröffentlichung des *Amadis de Gaula* in der Fassung von Garcí Rodriguez de Montalvo (geschrieben vermutlich vor 1492)	
1554	Erste bekannte Ausgabe des *Lazarillo de Tormes*	
um 1560	Jorge Montemayor: *Los siete libros de la Diana*, Vorbild des Schäferromans	
1599/1602	Mateo Alemáns Schelmenroman *Guzmán de Alfarache* (erster bzw. zweiter Teil)	
1605/1615	Cervantes: *Historia del ingenioso hidalgo Don Quijote de la Mancha* (erster bzw. zweiter Teil) Quevedos Schelmenroman *Historia de la vida del buscón* (entstanden ca. 1603–1608)	

Die Entwicklung verschiedener Formen des Romans in der spanischen Literatur ist eine wesentliche, **in ganz Europa wirksame literarische Innovation der frühen Neuzeit**. Diese Werke stehen am Anfang einer bis zur Gegenwart dauernden **Erfolgsgeschichte des Romans.** Diese Texte siedeln sich auf den in jener Zeit noch weithin unklaren Grenzen zwischen Lebensbericht, historischer Darstellung und fiktionaler Konstruktion von Wirklichkeit an.

Der Übergang von faktualen zu fiktionalen Textstrukturen (s. S. 73 f.) zeigt sich beispielsweise daran, dass Romantitel gängig durch den Namen einer Figur gebildet werden, häufig mit Zusätzen wie »Vida de...« »Libros de...« oder »Historia de...«. Die Texte benutzen den vorgeblichen Wirklichkeitsbezug einer biographischen Darstellung zu ihrer Legitimation. Zudem beanspruchen sie häufig, von Nutzen für das Wissen oder die (moralische) Erbauung des Lesers zu sein. Dass es sich dennoch um **Texte** handelt, die sich vor allem durch ihre **fiktionale Qualität** und das Vergnügen auszeichnen, das sie bereiten, wird durch solche Legitimationsbemühungen kaum verdeckt. Der Roman ist insofern **eine moderne literarische Gattung**, als er sich aus den traditionellen sozialen oder religiösen Funktionszusammenhängen der Textproduktion löst.

Der Ritterroman (*novela de caballerías*): Der in Spanien wie in ganz Europa im 16. Jh. am weitesten verbreitete Roman ist der erstmals 1508 gedruckte **Amadís de Gaula** (Originaltitel: *Los cuatro libros del virtuoso caballero Amadís de Gaula*) von Garcí Rodríguez de Montalvo. Dieses **Vorbild vieler Ritterromane** des 16. Jh.s geht auf eine nicht genau zu klärende Texttradition zurück, die mit den höfischen Romanen des französischen Mittelalters beginnt. Von dieser Tradition unterscheidet das Werk sich jedoch dadurch, dass es nicht die höfische Gesellschaft, sondern seinen Protagonisten als **außerordentliches Individuum** ins Zentrum rückt (eine Tendenz, die sich bereits im *Cantar de Mío Cid* abzeichnet, s. S. 151).

Die *Siglos de Oro*:
Renaissance
und Barock

Eine verwirrende Reihung von einzelnen Episoden rückt die unwandelbare Liebe Amadís' zu Oriana ins Zentrum, die sich für den Protagonisten erst nach einer langen Zeit der Prüfungen und der Bewährung als Ritter erfüllt. Er durchläuft in allen Wendungen seiner Geschichte keine Entwicklung und vertritt konstant ein Prinzip des Guten, das er in vielen Kämpfen gegen übernatürliche und weltliche Kräfte des Bösen durchsetzt. Der *Amadís* bietet mit den Taten seines Protagonisten in einer durch den Gegensatz von Gut und Böse **dualistisch strukturierten Welt der Fiktion** eine Möglichkeit der Sinnstiftung und Identifikation im unüberschaubaren Wandel der Lebenswelt der frühen Neuzeit. Das Werk entfaltet unter anderem deshalb eine so große Wirkung und findet in einer Menge von Fortsetzungen und Nachahmungen ein überwältigendes Echo.

Vergleichbar mit den Ritterromanen sind andere, ebenfalls in einer auf einfachen Gegensätzen aufgebauten Welt spielende und meist eine Fülle einzelner Episoden aneinanderreihende **Formen des Abenteuerromans**. Sie gehen auf spätantike Erzählformen zurück und werden deshalb auch *novelas bizantinas* genannt. Verschiedene Spielarten des Abenteuerromans finden sich bis hin zu Lope de Vega und Cervantes.

Der Schäferroman (*novela pastoril*): Ähnlich erfolgreich (und auch wieder europaweit rezipiert) ist der sogenannte Schäferroman. Ebenso wie die Schäfer- und Hirtenlyrik (s. S. 164 f.) greift diese Form des Romans auf die Vorstellung von **Arkadien** zurück, dem Land der Hirten und Schäfer aus der antiken Mythologie, das durch italienische Vorbilder überliefert wird. Der Schäferroman wird in Spanien vor allem mit dem Erfolg der ***Siete libros de la Diana* (1559) von Jorge de Montemayor** (etwa 1520–1561) begründet und findet ebenfalls bis hin zu Lope de Vega und Cervantes Nachahmer.

Die als idyllisch und harmonisch dargestellte Lebenswelt der Hirten wird im Schäferroman zu einem Handlungsraum, in dem Probleme von Liebesglück und -leid entworfen werden. Dies erfolgt nicht zuletzt durch die Diskussionen, die darüber zwischen Liebenden oder im größeren Kreis geführt werden. Die Bedeutung der arkadischen Welt liegt darin, dass hier an die Stelle der Tat (wie im Ritterroman und im Abenteuerroman) das **Gespräch als Form der Bewältigung von Problemen der Lebenswelt** tritt. Daneben entwirft er eine Idealisierung der Liebesbeziehungen, die das Publikum vermutlich ebenso fasziniert hat.

Der *Lazarillo de Tormes* und der Schelmenroman (*novela picaresca*): Deutlich unterschieden von der einfach strukturierten und idealisierenden Wirklichkeitskonstruktion dieser Romane, aber nicht weniger erfolgreich ist der Schelmenroman, dessen erstes und berühmtestes Beispiel der **Lazarillo de Tormes** darstellt (erste bekannte Ausgaben 1554, Verfasser unbekannt). Diese ebenfalls in ganz Europa rezipierte Form des Romans gestaltet Probleme der realen Lebenswelt in sozial- und ideologiekritischer, aber auch pessimistischer Perspektive (vgl. dazu Maravall 1986). An die Stelle idealisierter Helden, edler Taten und

Titelblatt einer der
ersten Ausgaben
des *Lazarillo*

Gespräche tritt hier ein **Protagonist aus erbärmlichen Verhältnissen**. Der *Pícaro* erzählt in erklärender, rechtfertigender, zum Teil auch moralisierender Perspektive seine Lebensgeschichte als die Geschichte eines Lernprozesses, in dem er sich in einer feindlichen Welt zu behaupten lernt und damit zu sich selbst findet (grundlegend dazu Rico 1982).

Die Form der fiktiven Autobiographie, in der der *Pícaro* seine Lebensgeschichte erzählt (vgl. Rico 1982), hat Vorbilder in religiös motivierten Lebenserzählungen (in einer Traditionslinie, die bis zu den berühmten *Confessiones* des Kirchenvaters **Augustinus** zurückreicht). Dennoch markiert diese Form des Romans in vieler Hinsicht einen Neuanfang, mit dem die **Geschichte eines problematischen Individuums** zum Gegenstand des Romans wird. Damit hat der Schelmenroman das Romanerzählen bis in die Gegenwart vielfältig beeinflusst. Neben vielen anderen greift in der neueren spanischen Literatur etwa José Camilo Celas *La Familia de Pascual Duarte* (1942) in der Erzählstruktur wie in der Darstellung der Lebenswelt des Protagonisten auf diese Tradition des Romans zurück (s. S. 276).

Zur Vertiefung

Lazarillo de Tormes: Die Geschichte des gemeinen Mannes hat exemplarische Bedeutung:

> »Y todo va desta [=de esta] manera; que, confesando yo no ser más sancto [=santo] que mis vecinos, desta nonada [=Nichtigkeit], que en este estilo grosero escribo, no me pesará que hayan parte y se huelgen con ello todos los que en ella algún gusto hallaren y vean que vive un hombre con tantas fortunas, peligros y adversidades. [...] y también porque consideren los que heredaron nobles estados cuán poco se les debe, pues Fortuna fue con ellos parcial, y cuánto más hicieron los que, siéndoles contraria, con fuerza y maña remando salieron a buen puerto«

(aus dem Prolog des *Lazarillo de Tormes*)

Der Prolog des *Lazarillo* betont zugleich die **Alltäglichkeit und den exemplarischen Charakter der Geschichte**. Lazarillo bezeichnet seine Geschichte als »nonada« und ihre Darstellung als grobschlächtig (»en estilo grosero«). Zugleich aber zeigt er das Selbstbewusstsein eines Individuums niederer Herkunft, das sich als allen Schicksalsschlägen (»tantas fortunas, peligros y adversidades«) gewachsen gezeigt hat. Niedere Herkunft und niederer Stil können also zugleich als **Grundlagen des Selbstbewusstseins Lazarillos** gelten, der sich von sozialen und literarischen Normen distanziert. Dies zeigt sich nicht zuletzt in den sozialkritischen Akzenten gegenüber den Adligen (»los que heredaron nobles estados«), die nie dazu gezwungen gewesen seien, sich aus eigener Kraft ihre Existenz zu sichern (»cuán poco se les debe, pues Fortuna fue con ellos parcial«). Gerade die Auseinandersetzung mit den Launen der Fortuna, mit einem Schicksal, das als unabänderlich erscheint, begründet also den Eigenwert, den der Protagonist für sich in Anspruch nimmt.

Lazarillos Lernprozess ist der eines Individuums, das auf sich selbst gestellt ist. Er wird von seinen Eltern an einen Blinden verkauft und muss sich auch mit moralisch zweifelhaftem Verhalten und Streichen in einer Welt behaupten, die als feindlich erscheint und von Habgier, Unbarmherzigkeit und Grausamkeit geprägt ist. Nach einem grausamen Streich des Blinden, dem er dienen muss, beschreibt er im ersten Kapitel des Romans sein ›**Erwachen**‹ aus der Unschuld des Kindes (»en aquel instante desperté de la simpleza en que, como niño dormido estaba«) mit den Worten »me cumple [...] avisar, pues solo soy, a pensar cómo me sepa valer«. **Illusionslosigkeit über den Zustand der Welt** und **Vorrang der Selbsterhaltung** eines auf sich allein gestellten Individuums werden im Schelmenroman zu Grundlagen einer Lebenserfahrung, die mit einem religiösen Weltbild schwerlich vereinbar ist.

Die weitere
Entwicklung des
Schelmenromans Der *Lazarillo* hat erst seit der Wende zum 17. Jh. Nachfolger gefunden, was sich aus den in der zweiten Hälfte des 16. Jh.s verschärften **Zensurbedingungen** erklärt. Der *Lazarillo* wird bereits **1559 auf den Index gesetzt** (s. S. 161) und 1573 erscheint auf Betreiben Philipps II. ein *Lazarillo castigado*, eine zensurkonforme Fassung des Textes, in der insbesondere alle kirchenkritischen Elemente getilgt werden. Angesichts dieser Verschärfung staatlicher und kirchlicher Kontrolle intensivieren die späteren Schelmenromane die **Elemente eines moralisierenden Diskurses**, die im *Lazarillo* fast völlig fehlen. Mateo Alemán (1547 – etwa 1614) entwirft in den beiden Bänden seines *Guzmán de Alfarache* (1599–1604) trotzdem noch einen bei allen Verfehlungen in seinem Verhalten verständlichen und sympathischen Protagonisten.

Quevedos *Buscón*: Dagegen verschiebt sich das Bild des *Pícaro* in Francisco de Quevedos *Historia de la vida del buscón, llamado don Pablo* (1626) deutlich ins Negative, in eine **satirische und groteske Überzeichnung** der Erlebnisse und Schandtaten eines *Pícaro*, dem keine Möglichkeit einer Entwicklung oder eines Lernprozesses eingeräumt wird. Trotz der Ich-Erzählperspektive gibt der *Pícaro* keine Erklärung oder gar Rechtfertigung mehr für seine Verfehlungen. Dies ist bezeichnend für das Verschwinden der gesellschaftskritischen Dimension, die für die Handlungskonstruktion des Schelmenromans ursprünglich grundlegend war. Quevedo ist wie viele andere Autoren, die den Schelmenroman fortführen, vor allem an den **komischen und derben Effekten** interessiert, die sich der Stofftradition abgewinnen lassen.

Cervantes'
Don Quijote **Höhepunkt in der Entwicklung des Romans** ist die in zwei Teilen 1605 und 1615 erschienene *Historia del ingenioso hidalgo Don Quijote de la Mancha* von Miguel de Cervantes (1547–1616). Der *Don Quijote* ist ein höchst komplexes Werk, das Elemente anderer Formen des Romans in sich aufnimmt und umarbeitet, um damit **verschiedene Sinnebenen und Verstehensmöglichkeiten** zu entwerfen.

Zunächst sind die Abenteuer seines Protagonisten, den die Lektüre der *novelas de caballerías* um den Verstand gebracht hat, als **Parodie auf die Ritterromane** konzipiert. Nach deren Vorbild zieht Don Quijote als »caballero de la triste figura« auf der Suche nach Abenteuer aus und

Eine neue Form
des Schreibens

scheitert kläglich in einer banalen Lebenswirklichkeit, die mit der idealisierten Welt des Ritterromans nichts gemein hat. Darüber hinaus jedoch verkörpert der Protagonist auch das unbeirrte Festhalten an der aus den Ritterromanen übernommenen **Utopie einer gerechten Welt**. Er deutet alle Situationen, mit denen er konfrontiert wird, nach deren dualistischem Weltbild, das auf einem eindeutigen Gegensatz von Gut und Böse aufbaut. Von dieser klar strukturierten Weltdeutung ausgehend will er wider alle Vernunft und pragmatische Wirklichkeitserfahrung, die sein Schildknappe Sancho Panza vertritt, dem vermeintlich Guten zum Sieg verhelfen (s. Textauszug und Interpretation, Kap. 4.3.5).

Titelblatt der Erstausgabe des *Don Quijote* von 1605. Das Wappen trägt die Inschrift: »Spero lucem post tenebras« (»Ich hoffe auf das Licht nach der Finsternis«). Es handelt sich um ein Zitat aus dem Buch Hiob (17, 12) und ist dort Teil der Todessehnsucht des unglücklichen Hiob. Es wird jedoch zu einem Leitsatz der calvinistischen Reformation und findet sich seit der Mitte des 16. Jh.s im Wappen des calvinistischen Genf. Dieses Motto, das man als religiöse Erlösungshoffnung deuten kann, kann auch als Ausdruck des humanistischen Vertrauens in die Macht der Erkenntnis verstanden werden, für die allegorisch auch der Falke im Zentrum des Wappens steht. Cervantes eröffnet seinen Roman also scheinbar konformistisch mit einem Bibelzitat, das zugleich als Anzeichen einer nonkonformistischen Einstellung gelesen werden kann.

Der Widerspruch zwischen Idealismus und banaler Realität bestimmt die im *Don Quijote* entworfene Lebenswelt, in der der Protagonist für seine imaginären Ideale kämpft. Ihre Repräsentanten, mit denen Don Quijote konfrontiert wird, handeln zumeist ähnlich niederträchtig und amoralisch wie die Figuren, die in der *novela picaresca* gestaltet werden. Die fiktive Welt, in der Don Quijote sich bewegt, wird weitgehend negativ charakterisiert und kann daher kaum als positives Gegenbild zu seiner ›Verrücktheit‹ verstanden werden. Autoren aus der Zeit der Wende zum 20. Jh. – allen voran Unamuno – sehen in dieser Grundstruktur des Werks, in der Idealsuche und eine Welt ohne Ideale aufeinanderstoßen, die wesentliche Sinndimension des *Don Quijote*. Den Idealismus wie die Wirklichkeitsverleugnung seines Helden verstehen sie zugleich als ein Sinnbild für das Wesen Spaniens.

Die Suche nach der Identität Spaniens in der Krise der Jahrhundertwende ist eine der vielfältigen Facetten in der Rezeptionsgeschichte des Romans (s. Kap. 3.2.3). Sie hat die Aufmerksamkeit darauf gelenkt, dass Cervantes' Werk nicht auf den einfachen Gegensatz ›verrückt–vernünftig‹ reduziert werden kann. Insbesondere ist es nicht möglich, das Werk nur als positive Darstellung oder letztlich als Rechtfertigung einer pragmatischen Weltsicht (etwa derjenigen Sancho Panzas) zu lesen. Vielmehr nähern sich die **Extreme der Weltdeutung beider Hauptfiguren** – wie ja auch sie selbst – in der wechselseitigen Konfrontation einander an, durchkreuzen sich und werden damit uneindeutig (vgl. Neuschäfer 1963 und 1999 sowie Weich 2001).

Die Modernität des *Don Quijote*: Aus heutiger Sicht liegt die Bedeutung des Werks vor allem in seiner **intertextuellen und metafiktionalen Dimension** (s. S. 38 und 83). Diese zeigt sich unter anderem darin, dass sich im zweiten, 1615 erschienenen Teil des Werks vielfältige Reflexionen darüber finden, welche Bedeutung dem Roman selbst zukommt und unter welchen Bedingungen er zustande gekommen ist. Dort begegnet Don Quijote mehrfach Lesern des ersten Teils seiner Geschichte (der ja bereits zehn Jahre zuvor erschienen war), die mit seiner Weltdeutung bereits vertraut sind und in diesem Wissen ihr Spiel mit ihm treiben wollen. Er wird also selbst damit konfrontiert, dass seine Abenteuer in einem Buch erzählt worden sind und kann deshalb auch über sie nachdenken.

> **Die metafiktionale Dimension des *Don Quijote***
>
> »Pensativo además quedó Don Quijote, esperando [...] oír las nuevas de sí mismo puestas en libro, como había dicho Sancho, y no se podía persuadir que tal historia hubiese [...]. Con todo eso, imaginó que algún sabio, o ya amigo o enemigo, por arte de encantamiento las habrá dado a la estampa [...] y cuando fuese verdad que tal historia hubiese, siendo de caballero andante, por fuerza había de ser grandílocua, alta, insigne, magnífica y verdadera.
> Con esto se consoló algún tanto; pero desconsolóle pensar que su autor era moro, según aquel nombre de Cide: y de los moros no se podía esperar verdad alguna, porque todos son embelecadores, falsarios y quimeristas.«
>
> (Cervantes: *Don Quijote*, Zweiter Teil, Kap. 3)
>
> Zustandekommen und Zuverlässigkeit der Erzählung seiner Abenteuer erscheinen Don Quijote auch deshalb als problematisch, da seine Geschichte in einem komplexen Spiel mit unterschiedlichen Erzählinstanzen seit dem 9. Kapitel des ersten Teils **als Erzählung des arabischen Autors Cide Hamete Benengeli** ausgegeben wird. Der Widerspruch zwischen der Erhabenheit wie der Wahrhaftigkeit, die Don Quijote als Grundcharakteristika seiner Geschichte postuliert (»había de ser grandílocua, alta, insigne, magnífica y verdadera«), und einem Autor,

dem als Ungläubigen jede phantastische oder lügenhafte Verfälschung zuzutrauen ist (»porque todos son embelecadores, falsarios y quimeristas«), bildet den Kern seiner Überlegungen. Damit wird in den Text selbst die **Unzuverlässigkeit der Erzählung als Sinndimension** eingeführt.

Diese **metafiktionale Problematisierung der Geschichte Don Quijotes** wird dadurch noch komplexer, dass nach der Publikation des ersten Teils eine auf dessen Erfolg spekulierende Fortsetzung von fremder Hand erschienen ist. Auch dieses Plagiat wird in dem Spiel, das im zweiten Teil mit den unkalkulierbaren Konsequenzen der Existenz des ersten Teils betrieben wird, als unzuverlässig hingestellt. Cervantes will damit natürlich seinen Plagiator diskreditieren. Letztlich aber wird der *Don Quijote* mit all diesen metafiktionalen Elementen zu einer **Geschichte von der Macht der Fiktion** – über den Protagonisten selbst wie auch über die Leser seiner Geschichte.

Allerdings findet die Rezeption, Fortführung und Umdeutung dieses berühmtesten Werks der spanischen Literatur bis ins 19. Jh. hinein zu einem guten Teil außerhalb Spaniens statt (vgl. Weich 1989). In Spanien verlieren die verschiedenen Formen des Romans, die das 16. Jh. hervorbringt, in den Jahrzehnten nach der Publikation des *Don Quijote* immer weiter an Bedeutung. In dem zunehmend **repressiven und fiktionsfeindlichen Klima seit der Mitte des 17. Jh.s** wird der Roman dann für über ein Jahrhundert nahezu völlig aus der spanischen Literatur verschwinden. Besser als viele andere Phänomene der literarischen Entwicklung bezeichnet dieser Umstand die Widersprüche der ›edad conflictiva‹.

4.3.4 | Nationaltheater und religiöses Drama zwischen Renaissance und Barock

Die wichtigsten Dramen in den *Siglos de Oro*

Überblick:
Autoren und
Werke

1585	Cervantes: *El cerco de Numancia* (historisches Drama)
seit 1604	Veröffentlichung der Dramen Lope de Vegas in insgesamt 25 Bänden (teils ohne sein Zutun, teils erst posthum), u. a. *Peribáñez y el Comendador de Ocaña* (1614), *La dama boba* (1617), *Fuente Ovejuna* (1619), *El castigo sin venganza* (1634) etc.
1609	In Lope de Vegas Sammlung der *Rimas* erscheint sein *Arte nuevo de hacer comedias en este tiempo*, ein Lehrgedicht über die Konzeption der neuen *comedia*
1630	Veröffentlichung von Tirso de Molinas Drama *El burlador de Sevilla y convidado de piedra* (geschrieben ca. 1624), erste literarische Gestaltung des Don-Juan-Stoffs

Die *Siglos de Oro*:
Renaissance
und Barock

seit 1636	Veröffentlichung der Dramen Calderóns in mehreren Teilen bis 1677, u. a. *La dama duende, La vida es sueño* (beide 1636), *El médico de su honra* (1637), *El alcalde de Zalamea* (1651), *El gran teatro del mundo* (1655) etc.

Rekonstruktion
eines *corral*
in Almagro.
Im Hintergrund
die Bühne

Die kulturell einflussreichste und erfolgreichste literarischen Gattung des 17. Jh.s ist das Drama. Im 16. Jh. haben die verschiedenen Formen des Dramas eine geringe literarische Bedeutung, da es an Vorbildern und Orientierungsmöglichkeiten mangelte und es lange Zeit außerhalb der Fürstenhöfe und bestimmter religiöser Veranstaltungen keine kohärente Theaterpraxis und keine festen Bühnen gibt. Zwar finden sich – vor allem unter dem Mäzenat der Monarchie – schon zu Beginn des Jahrhunderts Ansätze zu einer Reflexion über die Bedeutung der Bühne, diese bleiben jedoch auf einer theoretischen Ebene.

Die Bühne der *corrales*: Eine kohärentere Dramenpraxis wird erst gegen Ende des 16. Jh.s begründet, als in den großen Städten des Landes professionelle Schauspieltruppen und feste Bühnen entstehen, die sogenannten *corrales*, meist überdachte und zu Theatern ausgebaute Innenhöfe (so in Madrid der Corral de la Cruz, 1579 und der Corral del Príncipe, 1582). Die literarische Entwicklung der Dramenproduktion wird für die Folgezeit eng an diesen **theaterpraktischen Kontext** gebunden bleiben. Viele Bühnen halten sich unter materiell recht schlechten Bedingungen ihre Autoren, die möglichst viele neue Stücke zu produzieren haben, um die Publikumsnachfrage zu befriedigen. Fragen der formalen Gestaltung oder der inhaltlichen Kohärenz spielen in dieser Massenproduktion kaum eine Rolle.

Lope de Vega
und die *comedia*

Lope de Vega begründet seit dem Ende des 16. Jh.s mit der Dramenform der *comedia* ein **spanisches Nationaltheater**, in dessen unzähligen Inszenierungen **allen Schichten der spanischen Gesellschaft** in den *corrales* die dominierende politische, gesellschaftliche und religiöse Ideologie in dramatischer Form nahegebracht wird. Mit der *comedia* entsteht aus Elementen des spätmittelalterlichen religiösen Theaters, des profanen Volkstheaters ebenso wie der italienischen *Commedia dell'arte*-Tradition, der höfischen Festkultur wie des gelehrten humanistischen Dramas eine eigenständige **antiklassizistische Dramenform**. Vor allem in ihrer meist **volkstümlichen Stoffauswahl** und ihren auf Wirkung bei einem breiten Publikum angelegten Handlungskonstruktionen unterscheidet die *comedia* sich deutlich von dem Theatermodell des französischen Klassizismus, das sich fast gleichzeitig entwickelt. Sie weist hingegen in formaler Hinsicht, aber auch in ihrer Funktion als Nationaltheater Parallelen zum elisabethanischen Theater der Zeit Shakespeares auf (vgl. Cohen 1985).

Wirkungsästhetische Grundlagen der *comedia*: der »gusto« des »vulgo«

[...] cuando he de escribir una comedia
encierro los preceptos con seis llaves:
saco a Terencio y Plauto de mi estudio,
para que no me den voces (que suele
dar gritos la verdad en libros mudos),
y escribo por el arte que inventaron
los que el vulgar aplauso pretendieron;
porque, como las paga el vulgo, es justo
hablarle en necio para darle gusto.
[...]
Mas pues del arte vamos tan remotos
y en España le hacemos mil agravios,
cierren los doctos esta vez los labios.
Lo trágico y lo cómico mezclado,
y Terencio y Seneca, aunque sea
como otro minotauro de Pasife,
harán grave una parte, otra ridícula;
que aquesta [=esta] variedad deleita mucho.
Buen ejemplo nos da Naturaleza,
que por tal variedad tiene belleza

(Lope de Vega: *Arte nuevo de hacer comedias en este tiempo*, V. 40 ff. und 171 ff.)

In seinem Verstraktat *Arte nuevo de hacer comedias en este tiempo* (1609) begründet Lope de Vega in polemischer Auseinandersetzung mit der antiken Tradition und den zeitgenössischen Verfechtern der neoaristotelischen Poetik seine Konzeption der *comedia*. Er entwirft seine Position durchaus mit selbstironischen Akzenten, so etwa, wenn er die Gattungsmischung von tragischen und komischen Elementen in der *comedia* mit dem Minotaurus vergleicht, dem Ungeheuer aus der griechischen Mythologie, das halb Mensch und halb Tier ist.

Dies sollte jedoch nicht über sein Selbstbewusstsein als Begründer einer neuen Dramenform hinwegtäuschen. Wenn man sich an den antiken Regeln und Vorbildern orientiere, könne man kein publikumswirksames Drama schreiben, das ist der Kern seiner Position, der bereits in dem einleitenden Bild des Wegschließens der Regeln (wie Einheit von Zeit, Ort und Handlung, soziale und inhaltliche Unterscheidung von Komödie und Tragödie u. a.) effektvoll inszeniert wird. Dagegen bezieht er sich explizit auf **den Geschmack eines breiten Publikums**, auf den *gusto* des *vulgo*, was auch durch den Reim »justo«/»gusto« unterstrichen wird. Der »vulgar aplauso« erscheint als entscheidendes Kriterium für die Bewertung des Bühnengeschehens.

Der immense Erfolg der *comedia* verdrängt rasch alle Versuche zur Etablierung eines Komödien- und Tragödienmodells, das sich an den Vorbildern der klassischen Antike (wie den im Textauszug verworfenen Terenz und Plautus) und an der Renaissancepoetik orientiert. Er verhilft einem Theater zum Durchbruch, das durch **Gattungs-, Stil- und Ständemischung**, durch formale **Regelfreiheit**, durch eine **polymetrische Struktur** (s. S. 219) und in der Regel durch einen glücklichen Ausgang gekennzeichnet ist, in dem die herrschende Ideologie ihre theatralische Bestätigung erlebt.

Schulen und Themen der *comedia*: Die *comedia* ist ein ausgesprochenes **Massenprodukt**, das nach kurzfristiger Verwendung (meist nur wenige Aufführungen) der Vergessenheit anheim fällt. Nach schwer überprüfbaren Schätzungen sollen in der ersten Hälfte des 17. Jh.s zumindest 10.000 (vielleicht sogar über 30.000) Werke dieser Art entstanden sein, von denen nur ein kleiner Teil durch Drucke überliefert ist. Von Lope de Vega alleine sind über 400 Werke erhalten; in einem Vorwort nimmt er gar für sich in Anspruch, etwa 1500 *comedias* verfasst zu haben. Diese unüberschaubare Produktion lässt sich in **zwei Schulen** einteilen:

Zwei Schulen
der *comedia*
- diejenige von **Lope de Vega** mit Autoren wie Guillén de Castro (1569–1630), Tirso de Molina (etwa 1580–1648) und Juan Ruiz de Alarcón (etwa 1580–1639)
- und diejenige von **Calderón de la Barca** (1600–1681), zu der Dramatiker wie Agustín Moreto (1618–1669) und andere gehören.

Angesichts des **Niedergangs der Corralbühnen in der zweiten Jahrhunderthälfte** schreibt die Schule Calderóns und vor allem dieser selbst wieder verstärkt für ein höfisches Theater, zu dem allerdings die Stadtbevölkerung teilweise zugelassen ist.

Die **Dramenproduktion** der *comedia* kann man entsprechend ihrer thematischen Vielfalt in **verschiedene Gruppen** gliedern:

Themen
der *comedia*
- die aktionsreichen Mantel- und Degenstücke (*comedias de capa y espada*),
- die Ehrendramen (*dramas de honor*),
- daneben historische, mythologische, politische, moralphilosophische und religiöse *comedias*.

Den in eher einfachem Stil gehaltenen volkstümlichen Stücken des Lope-Zyklus stehen die kunstvoll aufgebauten hochbarocken *comedias* Calderóns und seiner Schule gegenüber. Aus dieser Überlieferung ragen einige Stücke besonders heraus:

Bedeutende
Werke
- **Lope de Vegas Ehrendramen** *Fuenteovejuna* (ca. 1610) oder *El castigo sin venganza* (1631),
- **Guillén de Castros** Stück über den spanischen Nationalhelden *Las Mocedades del Cid* (1618),
- **Tirso de Molinas Gestaltung des Don Juan-Mythos** in *El burlador de Sevilla y convidado de piedra* oder sein religiöses Drama *El condenado por desconfiado* (vor 1635),
- **Calderóns Mantel- und Degenstück** *La dama duende* (1624), sein moraltheologisches Drama *La vida es sueño* (1634/35 – s. Kap. 4.3.5), seine

Nationaltheater
und religiöses
Drama

Ehrendramen wie *El alcalde de Zalamea* (1635) und *El médico de su honra* (1637) sowie

- **Agustín Moreto**s galante Palastkomödie *El desdén por el desdén* (vor 1654).

Insgesamt handelt es sich um meist ausgesprochen konformistische Werke, deren Handlung ungeachtet der Unterschiede zwischen den beiden Schulen auf eine Affirmation und Stabilisierung herrschender Normen angelegt ist und denen bisweilen eine regelrechte Propagandafunktion zugeschrieben worden ist (grundlegend dazu Maravall 1990). Besonders deutlich zeigt sich dies im Ehrendrama, in dem die Ehre (und das heißt im Wesentlichen: ein normgerechtes Verhalten) als oberster, alle individuellen Bedürfnisse oder Widersprüche übersteigender Wert dargestellt wird.

Calderón: *El médico de su honra* als Ehrendrama

Ein Beispiel

Bereits der Anschein einer Verletzung der Ehre, ein bloßer Verdacht, rechtfertigt in **Calderóns *El médico de su honra*** die grausame Tötung der Ehefrau. Der Ehemann wird trotz dieses Verbrechens vom König freigesprochen, da er seine Ehre nur durch Blut habe reinwaschen können. Der Verdacht des Ehemanns wiegt in diesem Stück für ihn ohne jeden inneren Konflikt schwerer als seine Gefühle. Eine Überprüfung seines Verdachts oder gar Zweifel daran kommen für ihn überhaupt nicht in Frage. »El amor te adora, el honor te aborrece/ Y así el uno te mata, y el otro te avisa« erklärt er seiner Frau, als er ihr mitteilt, dass er sie in zwei Stunden töten werde. Allein darin wahrt er eine religiöse Rücksicht, dass er ihr gnädigerweise Zeit für Beichte und Absolution lässt (»Dos horas tienes de vida; Cristiana eres;/ Salva el alma, que la vida es imposible«). Dass eine solch **blutrünstige Rigidität** dem zeitgenössischen Publikum als normal und akzeptabel erschienen sein muss, bestätigen in weniger zugespitzter Form die Konflikte und Konfliktlösungen anderer Ehrendramen, in denen regelmäßig die Verletzung der Ehre des Mannes nur durch Mord und Totschlag wiederhergestellt werden kann. Die patriarchalische Dimension dieser Werke ist unübersehbar, denn ›natürlich‹ haben nur Männer das Privileg, ihre verletzte Ehre durch Blut wieder ›reinzuwaschen‹. Frauen bleibt in der gleichen Situation nur die List als Mittel, so etwa der Doña Juana in Tirso de Molinas *comedia Don Gil de las calzas verdes*.

Das *auto sacramental*: Neben der *comedia* und verschiedenen dramatischen Kurzformen, die bei den Theateraufführungen als Zwischenspiel (*entremes*) zwischen den einzelnen Akten aufgeführt wurden, entwickelt sich seit dem 16. Jh. die besondere Form eines **religiösen Lehr- und Festtheaters**, das auf fahrbaren Wagenbühnen aus Anlass des Fronleichnamsfestes aufgeführt wird, das sogenannte ***auto sacramental***. Es handelt sich dabei um theologische Lehrstücke, in denen unter dem Einsatz verschiedenster theatralischer Zeichen wie durch allegorische Figuren **Grundthemen der katholischen Glaubenslehre** veranschaulicht werden sollen. Ihre Themenbereiche werden der biblischen Geschichte, der Liturgie, den Heiligenlegenden und vor allem der Dogmen- und Sakramentenlehre entnommen, wobei das Geheimnis der Eucharistie im Mittelpunkt steht.

In der zweiten Hälfte des 17. Jh.s ist **Calderón** der unbestrittene Meister dieser Gattung. Sein bekanntestes *auto sacramental* ist das Stück *El gran teatro del mundo* (zwischen 1635 und 1645). In dessen Zentrum steht das für den Barock typische Motiv von der Welt als einer Theaterbühne und dem menschlichen **Leben als ein von Gott inszeniertes Rollenspiel**. Dieses Werk hat bis hin zu der berühmten Bearbeitung durch Hugo von Hofmannsthal (*Das Salzburger große Welttheater*, 1922) Dramatiker immer wieder inspiriert. Das *auto sacramental* ist der literarische Ausdruck einer Lebenserfahrung und Weltanschauung, in der die Auseinandersetzung mit konkreten Problemen der Lebenswelt hinter **eine Weltsicht** zurücktritt, **die das irdische Dasein als Täuschung (»*engaño*«) begreift** und sich auf Fragen des Seelenheils und metaphysische Probleme konzentriert.

Die beiden Theatermodelle der *comedia* und des *auto sacramental* prägen die spanische Bühnenpraxis bis weit ins 18. Jh. hinein, wo sie unter den gewandelten historischen und ästhetischen Bedingungen von Aufklärung und Neoklassizismus einer allgemeinen Diskreditierung anheim fallen. Ihre **Neuentdeckung in der deutschen und spanischen Romantik** nimmt dann ihre Fremdartigkeit als Faszination, als die Darstellung einer in der Vergangenheit möglichen Einheit von Individuum, Religion und Norm wahr, die aus historischer Distanz nostalgisch verklärt werden kann.

4.3.5 | Textbeispiele und Interpretationen – Miguel Cervantes: *El ingenioso hidalgo Don Quijote de la Mancha*

Strukturen des Werks: Erfüllt von dem Wunsch, als fahrender Ritter in die Welt zu ziehen, die Schwachen zu beschützen und die Bösen zu besiegen und zu bestrafen, unternimmt Don Quijote im Verlauf der beiden Teile des Romans insgesamt drei Ausritte. Sie führen ihn allerdings nicht in die imaginäre Welt der Ritterromane, die ihn zu seinem Vorhaben inspiriert haben, sondern in die spanische Lebenswelt seiner Zeit, in der für die Ideale des Rittertums kein Platz mehr ist. Auf seinem ersten Ausritt, den er allein unternommen hat, war Don Quijote von einem zu Späßen aufgelegten Schankwirt, den er für einen Burgherren gehalten hatte, zum Ritter geschlagen, kurz danach aber wegen seiner hochtrabenden Ansprüche als »caballero andante« von einem Eseltreiber erbärmlich verprügelt worden. Obwohl er schwer lädiert von einem Nachbarn nach Hause gebracht worden war, lässt der Protagonist sich nicht davon abbringen, erneut auf Abenteuer auszuziehen. Da er als fahrender Ritter einen Schildknappen benötigt, gewinnt er dafür Sancho Panza, einen benachbarten Bauern.

Unmittelbar nach Beginn des zweiten Ausritts findet dann der Kampf mit
den Windmühlen statt, von dem der Textauszug handelt.

Er steht am Beginn einer langen Reihe von Episoden, in der die beiden
Protagonisten zunächst durch die Mancha, nach ihrer zwischenzeitlichen
Rückkehr in ihr Heimatdorf im zweiten Teil dann durch weitere Regionen
Spaniens (bis hin nach Barcelona) ziehen. In vielfältiger Weise wird dabei immer wieder der Gegensatz zwischen dem ›verrückten‹ Ritter und
seinem pragmatischen Knappen ins Spiel gebracht; zugleich aber lernen
die beiden sich immer besser verstehen und nähern sich einander an. Am
Ende des Romans wird dann der Gegensatz zwischen beiden verkehrt:
während Don Quijote auf seinem Totenbett seiner »locura« abschwört,
fleht ihn Sancho Panza an, doch lieber auf das Sterben zu verzichten und
mit ihm auf neue Abenteuer auszuziehen.

Capítulo VIII
Del buen suceso que el valeroso Don Quijote tuvo en la espantable y jamás imaginada aven-
tura de los molinos de viento, con otros sucesos dignos de felice recordación.
En esto, descubrieron treinta o cuarenta molinos de viento que hay en aquel campo, y así
como don Quijote los vio, dijo a su escudero:
- La ventura va guiando nuestras cosas mejor de lo que acertáramos a desear; porque ¿ves
allí, amigo Sancho Panza, dónde se descubren treinta, o pocos más, desaforados gigantes,
con quien pienso hacer batalla y quitarles a todos las vidas, con cuyos despojos comenza-
remos a enriquecer?; que ésta es buena guerra, y es gran servicio de Dios quitar tan mala
simiente de sobre la faz de la tierra.
- ¿Qué gigantes? -, dijo Sancho Panza.
- Aquellos que allí ves -, respondió su amo, - de los brazos largos, que los suelen tener
algunos de casi dos leguas.
- Mire vuestra merced -, respondió Sancho, - que aquellos que allí se parecen no son
gigantes, sino molinos de viento, y lo que en ellos parecen brazos son las aspas, que,
volteadas del viento, hacen andar la piedra del molino.
- Bien parece -, respondió don Quijote, - que no estás cursado en esto de las aventuras:
ellos son gigantes; y si tienes miedo, quítate de ahí, y ponte en oración en el espacio que yo
voy a entrar con ellos en fiera y desigual batalla.
Y diciendo esto, dio de espuelas a su caballo Rocinante, sin atender a las voces que su
escudero Sancho le daba, advirtiéndole que, sin duda alguna, eran molinos de viento, y no
gigantes, aquellos que iba a acometer. Pero él iba tan puesto en que eran gigantes, que ni
oía las voces de su escudero Sancho, ni echaba de ver, aunque estaba ya bien cerca, lo que
eran; antes iba diciendo en voces altas: - Non fuyades, cobardes y viles criaturas; que un
solo caballero es el que os acomete.
Levantóse en esto un poco de viento, y las grandes aspas comenzaron a moverse, lo cual
visto por don Quijote, dijo: - Pues aunque mováis más brazos que los del gigante Briareo,
me lo habéis de pagar.
Y en diciendo esto, y encomendándose de todo corazón a su señora Dulcinea, pidiéndole
que en tal trance le socorriese, bien cubierto de su rodela, con la lanza en el ristre, arreme-
tió a todo el galope de Rocinante y embistió con el primero molino que estaba delante;

Textbeispiel
Cervantes:
Don Quijote
(Auszug aus dem
ersten Teil, Kap. 8)

y dándole una lanzada en el aspa, la volvió el viento con tanta furia, que hizo la lanza pedazos, llevándose tras sí al caballo y al caballero, que fue rodando muy mal trecho por el campo. Acudió Sancho Panza a socorrerle, a todo el correr de su asno, y cuando llegó halló que no se podía menear: tal fue el golpe que dio con él Rocinante.

- ¡Válame Dios! - dijo Sancho. - ¿No le dije yo a vuestra merced que mirase bien lo que hacía, que no eran sino molinos de viento, y no lo podía ignorar sino quien llevase otros tales en la cabeza?

- Calla, amigo Sancho - respondió don Quijote -; que las cosas de la guerra, más que otras, están sujetas a continua mudanza; cuanto más, que yo pienso, y es así verdad, que aquel sabio Frestón que me robó el aposento y los libros ha vuelto estos gigantes en molinos por quitarme la gloria de su vencimiento: tal es la enemistad que me tiene; mas al cabo, han de poder poco sus malas artes contra la bondad de mi espada.

- Dios lo haga como puede - respondió Sancho Panza.

Y, ayudándole a levantar, tornó a subir sobre Rocinante, que medio despaldado estaba. Y, hablando en la pasada aventura, siguieron el camino del Puerto Lápice, porque allí decía don Quijote que no era posible dejar de hallarse muchas y diversas aventuras, por ser lugar muy pasajero; sino que iba muy pesaroso por haberle faltado la lanza; y, diciéndoselo a su escudero, le dijo:

- Yo me acuerdo de haber leído que un caballero español llamado Diego Pérez de Vargas, habiéndosele en una batalla roto la espada, desgajó de una encina un pesado ramo o tronco, y con él hizo tales cosas aquel día y machacó tantos moros, que le quedó por sobrenombre Machuca, y así él como sus descendientes se llamaron desde aquel día en adelante Vargas y Machuca. Hete dicho esto, porque de la primera encina o roble que se me depare pienso desgajar otro tronco tal y tan bueno como aquel que me imagino, y pienso hacer con él tales hazañas, que tú te tengas por bien afortunado de haber merecido venir a vellas y a ser testigo de cosas que apenas podrán ser creídas.

- A la mano de Dios - dijo Sancho -; yo lo creo todo así como vuestra merced lo dice; pero enderécese un poco, que parece que va de medio lado, y debe de ser del molimiento de la caída.

- Así es la verdad - respondió don Quijote -; y si no me quejo del dolor es porque no es dado a los caballeros andantes quejarse de herida alguna, aunque se le salgan las tripas por ella.

- Si eso es así, no tengo yo que replicar - respondió Sancho -; pero sabe Dios si yo me holgara que vuestra merced se quejara cuando alguna cosa le doliera: De mí sé decir que me he de quejar del más pequeño dolor que tenga, si ya no se entiende también con los escuderos de los caballeros andantes eso del no quejarse.

No se dejó de reír don Quijote de la simplicidad de su escudero; y así, le declaró que podía muy bien quejarse como y cuando quisiese, sin gana o con ella; que hasta entonces no había leído cosa en contrario en la orden de caballería.

Interpretation

Der Textauszug entwirft eine eindeutige Modellierung der erzählten Wirklichkeit. Die Informationen, die die heterodiegetische Erzählinstanz (s. Kap. 2.4.3) bietet, lassen keinen Zweifel daran, dass Don Quijotes Deutung der Wirklichkeit fehlgeht. Bereits die Kapitelüberschrift entwirft eine Sicht des Geschehens, die mit dem ironischen Kontrast zwischen der an das Weltbild der Ritterromane erinnernden »espantable y jamás imaginada aventura« und deren Gegenstand, den »molinos de viento« eine **eindeutige Verstehensvorgabe** für das erzählte Geschehen macht.

Gegen die Evidenz der erzählten Welt entwickelt Don Quijote seine Weltsicht, die der faktischen Banalität der Wirklichkeit nicht angemessen ist. Bestätigt und verstärkt wird diese Perspektive zunächst im Dialog zwischen Don Quijote und Sancho Panza. Er baut einen Gegensatz zwischen der simplen Erklärung der Wirklichkeit durch Sancho einerseits (»lo que en ellos parecen brazos son las aspas, que, volteadas del viento, hacen andar la piedra del molino«) und der Reaktion Don Quijotes andererseits auf, der die Windmühlen entsprechend der Deutungsvorgaben der Ritterromane als Riesen ansieht und Sanchos Erklärung als Anzeichen von Feigheit deutet.

Mit dieser Inszenierung des Geschehens **parodiert der Text die Handlungskonstruktion des Ritterromans** (s. S. 167 f.), den Auszug des Protagonisten in eine Welt, in der er sich durch Abenteuer und Heldentaten als Ritter bewähren soll. Don Quijote folgt in seinem Verhalten wie in seiner Weltdeutung den Vorgaben und Vorbildern, die er aus seiner intensiven Lektüre gewonnen hat. In der Gestaltung des sprichwörtlich gewordenen Kampfs gegen die Windmühlen wird zunächst diese parodistische Intention deutlich. Die Welt der Ritterromane wird in dem Textauszug dadurch aufgerufen, dass Don Quijotes sich in der Deutung der Situation wie in der Verarbeitung seines Scheiterns direkt auf sie bezieht. Zugleich wird sie jedoch durch den Verlauf der Episode, durch die auf die konkrete Anschauung verweisenden Einwände Sancho Panzas und den jämmerlichen Sturz des Protagonisten karikiert.

Auch die Erzählinstanz erklärt den Sturz Don Quijotes ›realistisch‹, mit der Bewegung der Mühlenflügel (»dándole una lanzada en el aspa, la volvió el viento con tanta furia, que hizo la lanza pedazos, llevándose tras sí al caballo y al caballero«). Damit unterstreicht sie die Verblendung des Protagonisten. Dieser allerdings ist imstande, die konkrete Erfahrung des Misserfolgs in seine Weltsicht zu integrieren (»aquel sabio Frestón [...] ha vuelto estos gigantes en molinos por quitarme la gloria de su vencimiento«). Er richtet zudem seine Pläne unbeirrt an dem Vorbild des Ritterromans aus und nimmt das Verhalten des Protagonisten eines Ritterromans als Vorbild für die Suche nach einer neuen Lanze. Auch der den Textauszug abschließende Dialog mit Sancho Panza zeigt die den Protagonisten charakterisierende Verleugnung der Wirklichkeit in der Diskussion um seine Blessuren, über die sich ein Ritter nicht beklagen dürfe, »aunque se le salgan las tripas por ella«.

An dieser Stelle wird allerdings auch deutlich, dass der **Gegensatz zwischen Verleugnung und Anerkennung der Wirklichkeit**, der

der dem Geschehen zugrunde liegt, nicht allein das Verstehen lenkt. Er wird in dieser Episode von einem zweiten Gegensatz durchkreuzt, dem **zwischen Tapferkeit und Feigheit** nämlich. Dieser wird von Don Quijote in den Dialog eingeführt und von Sancho Panza aufgegriffen, der bemerkt, wie sein Herr leidet, ohne sich zu beklagen. Auch die Erklärung, die Don Quijote für seine Leidensfähigkeit gibt (»porque no es dado a los caballeros andantes quejarse de herida alguna«), ist auf der Kommunikationsebene des Personendialogs angesiedelt und wird von der Erzählinstanz nicht aufgegriffen oder kommentiert. Es ist für die Konstruktion der erzählten Wirklichkeit von Bedeutung, dass die Erzählinstanz weitgehend im Modus externer Fokalisierung erzählt (s. Kap. 2.4.3). Außer durch den Titel des Kapitels wird weder das Gespräch noch das Verhalten der Gestalten von ihr bewertet.

Diese Erzählperspektive stellt zwar nicht die oben skizzierte Möglichkeit in Frage, den Geschehensverlauf eindeutig zu verstehen, überlässt aber dessen Bewertung dem Leser/der Leserin. Auch wenn man sich über die Unbelehrbarkeit von **Don Quijotes Wirklichkeitsverleugnung** amüsieren und sich von ihr distanzieren kann, kann man doch auch **deren bewusstseinsveränderndes Potential** wahrnehmen. Der fehlgeleitete Idealismus des Protagonisten erscheint in dem Textauszug als seine Schwäche und Stärke zugleich: Der brutale Sturz ist für ihn nur ein Ansporn, weiter zu ziehen und erneut den Kampf mit den bösen Mächten aufzunehmen, deren Wirken er bekämpfen will. Die externe Fokalisierung, die für weite Teile des Romans charakteristisch ist, vermeidet ein Verstehensangebot, das *nur* die Demontage des Protagonisten beinhalten würde. Dem Leser/ der Leserin bleibt ein Spielraum der Interpretation, der im Widerstreit positiver und negativer Deutungen des Protagonisten in der Rezeption auch weidlich ausgeschöpft worden ist.

Der Textauszug lässt sowohl die fehlgehende, aber dennoch unerschütterliche Wirklichkeitsdeutung Don Quijotes hervortreten wie auch sein für den Fortgang des Geschehens wesentliches Verhältnis zu Sancho Panza. Im Dialog mit seinem Begleiter wird der Protagonist immer wieder gezwungen sein, seine Deutung der Welt zu legitimieren und zu rechtfertigen. Der Knappe muss sich umgekehrt mit der Weltsicht seines Herrn auseinandersetzen und sich an diese anpassen. Die Präsenz Sancho Panzas bewirkt schon in diesem ersten gemeinsamen ›Abenteuer‹, dass in die für den Text grundlegende Problematik einer idealistischen Weltdeutung eine **dialogische Dimension** eingeführt wird.

Das Verhältnis von banaler Wirklichkeit und idealisierenden Verstehensversuchen wird in diesen Dialogen immer wieder neu verhandelt. Dieser Aspekt ist nicht nur für den Fortgang des Geschehens ebenso wie Sancho Panza, mit dessen unerschütterlichem Idealismus konfrontiert, seinen beharrlichen Versuchen, in die banale Wirklichkeit einzugreifen und ihr einen Sinn zu geben.

Pedro Calderón de la Barca: *La vida es sueño*

Strukturen des Werks: Segismundo, der Sohn des Königs Basilio, wurde kurz nach der Geburt von seinem Vater aufgrund negativer astrologischer Vorzeichen in einen weit vom Palast gelegenen Turm verbannt. Dort ist er ohne die für einen Prinzen adäquate Erziehung unter der Obhut Clotaldos aufgewachsen. Als Basilio abdanken will, wird er von Gewissensbissen geplagt und lässt den von Allen tot geglaubten Sohn betäubt in den Palast bringen, um ihn auf die Probe zu stellen. Der erwachte Segismundo wird von allen wie der neue Herrscher behandelt. Bei seiner Herrschaft auf Probe erweist er sich schnell als gewalttätig, unbeherrscht und hochmütig. Sein Verhalten scheint die Zeichen der Sterne zu bestätigen und Basilio lässt den wiederum betäubten Segismundo in sein Verlies zurückbringen. Daran schließt sich der hier abgedruckte Monolog an, der mit der für das Drama konstitutiven Thematik von Leben und Traum zugleich ein in der Barockliteratur zentrales Thema umkreist, nämlich das der Instabilität und des trügerischen Charakters aller Welterfahrung (den sog. *engaño*; s. S. 178). Der Lernprozess Segismundos, der von dem nachfolgend analysierten Monolog eingeleitet wird, zeigt ihm, dass eine Befreiung aus der Täuschung durch Sinne und Vorstellungen, der **desengaño**, nur durch einen Verzicht auf das eigenständige Wollen und die bedingungslose Unterordnung unter den göttlichen Willen möglich ist. Diese Einsicht ist die Voraussetzung für das Happy End, an dem aus dem maßlosen Segismundo ein weiser und gerechter Herrscher wird.

Textbeispiel
Calderón:
La vida es sueño
(Segunda jornada,
V. 2148–2187)

SEGISMUNDO:
Es verdad; pues reprimamos
esta fiera condición,
esta furia, esta ambición, 2150
por si alguna vez soñamos.
Y si haremos, pues estamos
en mundo tan singular,
que el vivir sólo es soñar;
y la experiencia me enseña, 2155
que el hombre que vive, sueña
lo que es, hasta despertar.
 Sueña el rey que es rey, y vive
con este engaño mandando,
disponiendo y gobernando; 2160
y este aplauso, que recibe
prestado, en el viento escribe
y en cenizas le convierte
la muerte (¡desdicha fuerte!):
¡que hay quien intente reinar 2165
viendo que ha de despertar
en el sueño de la muerte!

Sueña el rico en su riqueza,
que más cuidados le ofrece;
sueña el pobre que padece 2170
su miseria y su pobreza;
sueña el que a medrar empieza,
sueña el que afana y pretende,
sueña el que agravia y ofende,
y en el mundo, en conclusión, 2175
todos sueñan lo que son,
aunque ninguno lo entiende.
 Yo sueño que estoy aquí,
destas prisiones cargado;
y soñé que en otro estado 2180
más lisonjero me vi.
¿Qué es la vida? Un frenesí.
¿Que es la vida? Una ilusión,
una sombra, una ficción,
y el mayor bien es pequeño; 2185
que toda la vida es sueño,
y los sueños, sueños son.

Interpretation   Vor Beginn des Monologs ist sich Segismundo nicht sicher, ob sein
Erlebnis im Palast nun Traum oder Wirklichkeit war. Sein Erzieher
Clotaldo bestärkt ihn in diesem Zweifel (V. 2140–45) und weist ihn vor
seinem Abgang darauf hin, dass man selbst in Träumen das »hacer
bien«, das gute und ethisch richtige Handeln nicht vergessen dürfe (V.
2146 f.). Den darauf folgenden Monolog kann man als **Reflexionsmonolog** bezeichnen, da der Protagonist sich für die Zeit des Monologs
auf Distanz zum Dramengeschehen begibt und über dessen moralische und philosophische Bedeutung nachdenkt. Die im Monolog
entworfenen Überlegungen haben für den Fortgang des Geschehens
entscheidende Bedeutung. Sie führen zugleich eine metadramatische
Dimension in die Handlung ein, da der Monolog die Bühnenillusion
eines in sich geschlossenen Geschehensverlaufs in Dialogen unterbricht.

Formal ist der Reflexionsmonolog Segismundos in vier aus achtsil-
bigen Versen (*octasílabos*) bestehenden 10-zeiligen Strophen (*décimas*, genauer *décimas espinelas*) aufgebaut. Die Strophen haben das
feste Reimschema abbaaccddc. Die Verwendung dieser Strophenform
für Monologe ist typisch für das Drama der *Siglos de Oro* und wird
schon von Lope de Vega empfohlen. Die vorherrschenden rhetorischen Figuren sind Wiederholungsfiguren, nämlich Parallelismus und
Anapher. Die zweite und dritte *décima* beginnt jeweils mit »Sueña el
...« und die vierte mit einer Variante davon »Yo sueño que ...«. Anaphern finden sich gehäuft in der dritten und vierten *décima*. In der
dritten *décima* (V. 2168–77) wird der Strophenanfang in fünf weiteren
Versen wiederholt. Diese insistierenden Wiederholungen bereiten auf
den Höhepunkt vor (»todos sueñan« V. 2176). Hervorgehoben wird
dies noch dadurch, dass der Versanfang eine Variante der vorausge-
gangenen Anaphern ist.

Inhaltlich geht es in dem Monolog um den *desengaño* (s. S. 178),
um die Erkenntnis, dass alles irdische Sein angesichts von Tod und
Jenseits nur Schein, daher nicht verlässlich erkennbar und vom Willen
des Individuums nicht beeinflussbar ist. Diese Erkenntnis erwächst
Segismundo aus der Einsicht in **die Unmöglichkeit, zwischen Traum
und Wirklichkeit eindeutig unterscheiden zu können**. Der Traum
(*sueño*) wird dabei in einem metonymischen Sinn verstanden, als
Zustand nämlich, in dem Sinneseindrücke dem Subjekt etwas vor-
spiegeln, ohne dass es die Möglichkeit hat, diese durch Vernunft und
Urteilskraft zu erfassen. Letztlich resultiert aus der Erkenntnis, dass
zwischen Traum und Wirklichkeit nicht verlässlich unterschieden
werden kann, der Verzicht auf ein eigenständiges Handeln.

Zu Beginn des Monologs akzeptiert Segismundo die ethische Prämisse Clotaldos, dass man selbst im Traum gut und richtig handeln
müsse (V. 2148–51). Aus dieser Prämisse folgt für ihn unmittelbar die
Relativierung eigener, ungezügelter Intentionen oder Ansprüche

(V. 2148 ff.: »pues reprimamos/ esta fiera condición/[...] esta ambición«). Er erklärt dies mit seiner eigenen Erfahrung (V. 2155) und kommt zu dem Schluss, dass jeder Mensch bis zum Erwachen nur träumt, was er sei (V. 2156 f.). »Despertar« meint hier die Erkenntnis von der Scheinhaftigkeit allen Seins. Damit wird die bereits angesprochene, für die Barockliteratur zentrale Konzeption des *desengaño* zu einer seine weitere Entwicklung prägenden Erfahrung (V. 2155: »la experiencia me enseña«), angesichts derer jedes menschliche Handeln zum Scheitern verurteilt erscheint.

Das Motiv des Traums als Trugbild lebensweltlicher Erfahrung wird nun an konkreten Fällen durchgespielt, vom *rey* über den *rico* bis zum *pobre* (V. 2158–74). Alle ihre Bestrebungen erscheinen ohne Rücksicht auf die sozialen Differenzen als nichtig (V. 2162–63), da sie alle in ihrem Traum, in ihrer Sinnestäuschung, in ihrem *engaño* gefangen sind (V. 2175–77). Nach der Abhandlung der Beispiele kehrt Segismundo zu seiner eigenen Situation zurück (V. 2178–81), die durch eine doppelte Erfahrung, die Erfahrung im Palast, ausgedrückt durch das Präteritum (*soñé*, V.2180), und durch sein gegenwärtiges Dasein im Turm (*sueño*, V. 2178) geprägt ist. Beide werden als Traum gekennzeichnet, das heißt als Erfahrungen, deren Wirklichkeitscharakter nicht eindeutig bestimmbar ist.

Diese Reflexionen führen Segismundo zu der **Frage nach dem Wesen des Daseins** (*¿Qué es la vida?*, V. 2182 u. 83). In einer sich steigernden Reihung von möglichen Antworten, die mit den Begriffen *frenesí, ilusión, sombra* und *ficción* gekennzeichnet werden, gelangt er zu der Erkenntnis, dass das Leben ein Traum sei (V. 2186). Diese Erkenntnis, mit der direkt auf den Titel des Dramas verwiesen wird, bildet den entscheidenden Wendepunkt im Dramengeschehen. Sie führt in dialektischer Zuspitzung zu dem paradox anmutenden Ergebnis, dass selbst der Traum nur den von der Vernunft nicht eindeutig bestimmbaren Charakter eines Traums habe (V. 2187).

Der Erkenntnisfortschritt Segismundos besteht also in der Einsicht, dass es nicht möglich ist, verlässlich zwischen Schein und Sein, zwischen Traum und Wirklichkeit zu unterscheiden. Diese Erkenntnis ist die Voraussetzung für die **Unterordnung des Protagonisten unter moraltheologische Prinzipien**, die angesichts der Instabilität aller Welterfahrung allein sichere Orientierung zu bieten vermögen. Die zuvor untersuchten rhetorischen Figuren haben inhaltlich die Funktion, durch die sprachliche Gestaltung den Reflexionsfortgang von einer anfänglichen Verwirrung zu einer Orientierungsmöglichkeit zu strukturieren. Sie unterstreichen die Dynamik einer Reflexion, in der der Protagonist reflektierend zur Einsicht in die Notwendigkeit moralischer Normen und des **Verzichts auf individuelles Wollen** gelangt.

Nachdem es gegen Basilio und dessen designierten Nachfolger Astolfo zu einem Aufstand gekommen ist, befreien die Aufständischen

Die *Siglos de Oro*:
Renaissance
und Barock

Segismundo, und dieser besiegt als deren Anführer seinen Vater. Nun zeigt er sich jedoch zur Überraschung aller als geläuterter, weiser Prinz. Seinen Wandel erklärt er durch die im vorgeblichen Traum gemachte Erfahrung, was seinen Monolog und die darin erreichte Einsicht in die Unmöglichkeit eigenständigen Handelns im dramatischen Geschehen zum entscheidenden Wendepunkt werden lässt. Die daraus resultierende Mäßigung und Unterordnung unter sein Schicksal als göttliche Fügung zeigt, dass Segismundos Erziehung zum Fürsten zu einem guten Ende gekommen ist.

Grundlegende Literatur

Benassar, Bartolomé: *La España del Siglo de Oro*. Barcelona 1994.
Díez Borque, José María: *Sociedad y teatro en la España de Lope de Vega*. Barcelona 1978.
Franzbach, Martin: *Cervantes*. Stuttgart 1991.
Poppenberg, Gerhard u. a.: »Siglo de Oro«. In: Hans-Jörg Neuschäfer (Hg.): *Spanische Literaturgeschichte*. Stuttgart/Weimar [3]2006, S. 69–184.
Rico, Francisco: *La novela picaresca y el punto de vista*. Barcelona [3]1982.
Rico, Francisco (Hg.): *Historia y crítica de la literatura española*. Bd. 2 und 2.1: *Siglos de Oro: Renacimiento*; Bd. 3 und 3.1 *Siglos de Oro: Barroco*. Barcelona 1983ff.
Rozas, Juan Manuel: *Historia de la literatura española de la Edad Media y Siglo de Oro*. Bd. II: *El Siglo de Oro*. Madrid [3]1987.
Strosetzki, Christoph: *Calderón*. Stuttgart/Weimar 2001.
Weich, Horst: *Cervantes' Don Quijote*. München 2001.

Weiterführende und zitierte Literatur

Baasner, Frank: »Die umstrittene Klassik. Das ›Siglo de Oro‹ in der spanischen Literaturgeschichtsschreibung des 18. und 19. Jahrhunderts«. In: Wilhelm Voßkamp (Hg.): *Klassik im Vergleich*. Stuttgart/Weimar 1993, S. 212–231.
Bataillon, Marcel: *Erasmo y España*. Mexico 1966 (frz. 1937).
Blecua, Alberto: »El concepto de *Siglo de Oro*«. In: L. Romero Tobar (Hg.): *Historia literaria/Historia de la literatura*. Zaragoza 2004, S. 115–160.
Castro, Américo: *De la edad conflictiva* [1962]. Madrid [3]1972.
Chevalier, Maxime: *Lectura y lectores en la España de los siglos XVI y XV2*. Madrid 1976.
Cohen, Walter: *Drama of a Nation. Public Theater in Renaissance England and Spain*. Ithaca/London 1985.
Krauss, Werner: *Miguel de Cervantes. Leben und Werk*. Neuwied/Berlin 1968.
Küpper, Joachim: *Diskurs-Renovatio bei Lope de Vega und Calderón. Untersuchungen zum spanischen Barockdrama*. Tübingen 1990.
Küpper, Joachim: »*La vida es sueño*: ›Aufhebung‹ des Skeptizismus, Recusatio der Moderne«. In: Ders./Friedrich Wolfzettel (Hg.): *Diskurse des Barock. Dezentrierte oder rezentrierte Welt*. München 2000, S. 383–426.
Manera Sorrollo, María Pilar: *Introducción al estudio del petrarquismo en España*. Barcelona 1987.
Maravall, José Antonio: *La literatura picaresca desde la historia social*. Madrid 1986.
Maravall, José Antonio: *Teatro y literatura en la sociedad barroca*. Madrid [2]1990.
Neuschäfer, Hans-Jörg: *Der Sinn der Parodie im Don Quijote*. Heidelberg 1963.
Neuschäfer, Hans-Jörg: *La ética del Quijote*. Madrid 1999.
Palomo, María del Pilar: *La poesía de la Edad de Oro*. Madrid 1988.
Weich, Horst: *Don Quijote im Dialog*. Passau 1989.

4.4 | Die Aufklärung (*Ilustración/Siglo de las Luces*)

4.4.1 | Die spanische Aufklärung im europäischen Kontext

Die Existenz einer Aufklärung in Spanien ist heute unbestritten. Das war nicht immer so. Seit der im Zeitalter der Reformation sowie der Entdeckung und Eroberung der Neuen Welt entstandenen *Leyenda negra* (s. S. 105) galt Spanien vielmehr als Hort von Rückständigkeit und reaktionärer Geisteshaltung. Dieses **negative Spanienbild** wird von den Vertretern der mitteleuropäischen Aufklärung wieder aufgegriffen und vor allem in Frankreich verbreitet. Die 68. *Lettre persane* des französischen Aufklärers Montesquieu bietet hierfür eines der bekanntesten Beispiele. Seinen Höhepunkt erlebt dieses Spanienbild in dem Spanien-Artikel der *Encyclopédie méthodique* aus der Feder des französischen Geographen Nicolas Masson de Morvilliers, dessen rhetorische Frage »Was verdanken wir eigentlich Spanien? Was hat das Land seit zwei, vier, zehn Jahrhunderten für Europa geleistet?« Anfang der 1780er Jahre sogar zu diplomatischen Spannungen zwischen Frankreich und Spanien führt (vgl. Floeck 1991; von Tschilschke 2009).

Las dos Españas: Seit der Spaltung des Landes in die *dos Españas* im frühen 19. Jh. wird die antiaufklärerische, **konservativ-katholische Geisteshaltung** von den Vertretern des reaktionären Spanien zu einem **identitätsstiftenden Merkmal der spanischen Nation** stilisiert (s. S. 120 f.). Erst mit dem Ende der Franco-Diktatur und mit der allmählichen Aufhebung der Spaltung des Landes in zwei ideologische Blöcke ändert sich auch das Verständnis des eigenen 18. Jh.s.

Reichweite und Stellenwert der spanischen Aufklärung im europäischen Kontext werden dagegen bis heute kontrovers diskutiert. Nimmt man, wie bislang eher üblich, das Modell der französischen Aufklärung zum Maßstab, erscheint die spanische *Ilustración* als verspätete, gebremste, ja rückständige Imitation. Plädiert man dagegen, wie Siegfried Jüttner (1999), für eine Betrachtung des spanischen *Siglo de las Luces* im Kontext der gesamteuropäischen wie der eigenen nationalen Tradition, wird man eher zur **Eigenständigkeit eines pragmatischen Aufklärungsmodells** in der iberischen Peripherie neigen, das christlich-humanistisch geprägt und von einem aufgeklärten Absolutismus getragen ist. Dabei könnte dieses Modell als *eine* historische Option innerhalb einer europaweiten Bewegung akzeptiert werden. In der Tat erscheint der französische Einfluss auf den ersten Blick erdrückend, doch sind andererseits sowohl der Rückgriff auf die Zeit der Katholischen Könige und den eigenen Renaissance-Humanismus als auch auf italienische, englische und deutsche Einflüsse unbestritten, selbst wenn diese häufig über französische Übersetzungen ins Land gelangen. Im **Gegensatz zu Frankreich** geht der spanischen Aufklärung **kein vom Modell der Antike geprägter Klassizismus** voraus, an dessen Ideen und vor allem an deren Ästhetik sie hätte anknüpfen können. Vielmehr markiert die *Ilustración* gegenüber der Zeit des Barock eine starke Zäsur (vgl. Krauss 1973 und Jacobs 1996).

Die Aufklärung
(*Ilustración/*
Siglo de las Luces)

Epochen-
gliederung

Periodisierung der spanischen Aufklärung
ca. 1685–1725   Zeit der *novatores*
1726–1759   Frühaufklärung
1759–1788   Blütezeit
1789–1808/12   Krise der *Ilustración*

Einige wenige Reformer, die sogenannten *novatores*, bemühen sich bereits zwischen 1680 und 1720 um erste Ansätze einer Erneuerung. Sie bekämpfen die aristotelische Scholastik im Namen einer rationalistischen Erkenntnistheorie und einer neuen naturwissenschaftlichen Erfahrung. Die eigentliche Wende aber bringt der nach dem Spanischen Erbfolgekrieg (1700–1713) erfolgte **Wechsel von den Habsburgern zu den Bourbonen** (s. S. 104 f.), die den französischen Einfluss naturgemäß verstärken. Anders als in Frankreich gehen die Impulse für die Erneuerung des Landes nicht vom Dritten Stand oder einer kaum existierenden breiten Mittelklasse, sondern vom **aufgeklärten Absolutismus** und einer relativ kleinen Gruppe von Intellektuellen aus. Diese rekrutiert sich aus Kaufleuten, bürgerlichen Grundbesitzern, Freiberuflern, einem Teil des höheren Klerus und der Aristokratie sowie aus der einflussreichen Schicht der Verwaltungsbourgeoisie. Dieser Gruppe stehen die reaktionäre Mehrheit von hohem Klerus und Adel sowie die konservativ ausgerichtete breite Volksmasse gegenüber, die jegliche Veränderung und Neuerung misstrauisch beargwöhnen. Von Karl III. wird der vielsagende Satz überliefert:»Meine Untertanen sind wie die Kinder; sie weinen, wenn sie gewaschen werden« (Lope 1973, S. 45). Der Charakter der spanischen Aufklärung als»**Aufklärung von oben**« macht ihre politisch gemäßigte Orientierung verständlich. In der Tat sind der *Ilustración* revolutionäre Ambitionen fremd.

Aufklärung
als Mittelweg

Ein ernstzunehmender politischer Liberalismus entsteht erst Ende des 18. Jh.s; er mündet 1812 in die Verfassung von Cádiz (1812, s. S. 107). Die *Ilustración* ist auch keine antikatholische Bewegung und hatte schon gar nicht Anteil an der Ausbildung einer materialistischen Weltsicht, was keineswegs allein die Folge staatlicher oder kirchlicher Zwangsmaßnahmen, sondern auch einer starken christlich-humanistischen Tradition ist. Die spanischen Aufklärer stehen wie die meisten ihrer Gesinnungsgenossen in der europäischen Peripherie der Radikalität mancher französischer Tendenzen der Aufklärung distanziert gegenüber. Sie plädieren fast ausnahmslos für einen **gemäßigten Mittelweg**. Nuño Núñez' Aufforderung an seinen jungen marokkanischen Briefpartner im 79. Brief von Cadalsos *Cartas marruecas*:»Den Mittelweg einschlagen und sich über beide Extreme lustig machen« könnte als Motto über der gesamten *Ilustración* stehen (s. Kap. 4.4.4).

Wie die französischen sehen sich auch die spanischen Aufklärer in erster Linie **dem Gemeinwohl verpflichtet**, doch verstehen sie darunter, wie auch Aufklärer in anderen europäischen Ländern, weniger den Fortschritt von Staat und Gesellschaft als das Glück des einzelnen Mitglieds der sozialen Gemeinschaft. Ihren Höhepunkt erlebt die *Ilustración* unter Karl III. (1759–1788). Nach seinem Tod und nach Ausbruch der Französischen Revolution gerät die Bewegung unter dem schwachen Karl IV. (1788–1808) ins Stocken und führt zu einer nationalen Spaltung in ein konservativ-re-aktionäres und ein bürgerlich-liberales Lager. Die Auseinandersetzungen zwischen den Fronten der sogenannten **dos Españas** prägen die Geschich-te und Kultur des Landes bis über die Mitte des 20. Jh.s hinaus.

→ Aufklärung: Durch Vernunft (Rationalismus) und Erfahrung (Empirismus) bestimmte geistige Bewegung des 18. Jh.s.
Die spanische → *Ilustración* ist nicht aus einer revolutionären Volksbewegung entstanden, sondern von einer intellektuellen Elite und einer aufgeklärten Monarchie durchgesetzt worden.
Die spanische Aufklärung ist ferner eine politisch, gesellschaftlich und ideologisch gemäßigte Bewegung. Das zeigt sich auch ein-drücklich in den *Cartas marruecas* von José Cadalso, in denen der spanische Protagonist Nuño Núñez die Suche nach dem Mittelweg und die Meidung der Extreme als Leitmotiv seines Verhaltens be-zeichnet: »Tomar el medio justo y burlarse de ambos extremos.«

Eine erkenntnistheoretische und eine praktisch-reformerische Tendenz prägen die Aufklärung in Spanien. Die erstere richtet sich gegen den Au-toritätsglauben der Scholastik und strebt nach Wahrheitserkenntnis mit Hilfe der kritischen Vernunft oder empirischen Erfahrung; die zweite be-müht sich um die **Überwindung der Dekadenz** des Landes durch kon-krete Reformen in allen Bereichen des gesellschaftlichen Lebens. Beide Tendenzen ergänzen sich gegenseitig, wobei die zweite im Verlauf des Jahrhunderts allerdings mehr und mehr in den Vordergrund tritt.

Akademien, Salons und Gesellschaften, die im Laufe des Jahrhunderts in allen Regionen des Landes gegründet wurden, waren von großer Be-deutung für die Verbreitung dieses neuen aufgeklärten Geistes. Unter den ersten ragt vor allem die 1713 gegründete **Real Academia Española** her-vor, deren bedeutendste Leistung die Abfassung eines in den Jahren 1726 bis 1737 erschienenen Wörterbuchs ist, das aufgrund seiner Textbelege von 416 bedeutenden Schriftstellern den Namen **Diccionario de Autori-dades** erhält. Ziel des Wörterbuchs ist es, die spanische Sprache zu reini-gen, ihr feste Regeln zu geben und ihr damit zugleich Klarheit und Glanz zu verleihen. Das *DRAE (Diccionario de la Real Academia Española)* ist bis heute die oberste spanische Sprachinstanz. Die jüngste Ausgabe ist die 22. Auflage aus dem Jahr 2001.

Unter den nach dem Vorbild der französischen Salons gegründeten lite-rarischen Zirkeln sind vor allem die *Academia del Buen Gusto* (1749–1751) sowie die *Tertulia de la Fonda de San Sebastián* (1772 ff.) zu nennen, die zum Ausgangspunkt der neoklassizistischen Bewegung wurde. Eine spa-nische Besonderheit sind die **Sociedades Económicas de Amigos del País**,

Die Aufklärung
(*Ilustración/
Siglo de las Luces*)

In der Erstausgabe des Wörterbuches wird das Motto »limpia, fija y da esplendor« wie folgt erläutert: »Aludiendo a que en el metal se representan las voces, y en el fuego el trabajo de la Academia, que reduciéndolas al crisol de su examen, las limpia, purifica y da esplendor, quedando sólo la operación de fijar, que únicamente se consigue, aportando de las llamas el crisol y las voces del examen.«

deren Mitglieder im ganzen Land praktische Reformprogramme entwickelten und deren Umsetzung in den Bereichen des Handels, der Industrie, des Schulwesens und vor allem der Landwirtschaft förderten.

Das Pressewesen, das die Voraussetzung für die Entstehung einer öffentlichen Meinung und die Beteiligung breiterer gesellschaftlicher Schichten am politischen und kulturellen Leben des Landes bildet, ist für die Verbreitung der aufklärerischen Ideen von ebenso großer Bedeutung. Beispiele hierfür sind die Rezensionsschrift *Diario de los Literatos de España* (1737–1742), die Wochenschrift *El Pensador* (1762–1767), die Zeitschrift *El Censor* (1781–1787) sowie die zahlreichen Blätter des ersten spanischen Berufsjournalisten Francisco Mariano Nipho (vgl. Ertler 2004).

Das Erziehungs- und Bildungswesen, das sich weitgehend in kirchlicher Hand befand, lag den Aufklärern ebenfalls sehr am Herzen. Die Erfolge der Bemühungen um seine Säkularisierung und Reformierung halten sich allerdings aufgrund des Widerstandes der reaktionären Kräfte des Landes in äußerst engen Grenzen.

Die spanische Aufklärung

Benito Jerónimo Feijoo y Montenegro (1676–1764)
1742–1760   *Teatro crítico universal*
1742–1760   *Cartas eruditas y curiosas*
Diego de Torres Villarroel (1693–1770)
1743–1758   *Vida*
Ignacio de Luzán (1702–1754)
1737   *La Poética o reglas de la poesía*
José Cadalso (1741–1782)
1772   *Los eruditos a la violeta*
1788–1789   *Cartas marruecas*
1789–1790   *Noches lúgubres*
Gaspar Melchor de Jovellanos (1744–1811)
1773   *El delincuente honrado*
1786   »Sátira primera: Contra las malas costumbres
             de las mujeres nobles«
1787   »Sátira segunda: Contra la mala educación
             de la nobleza«
1788   *Elogio de Carlos III*
1794   *Informe sobre el expediente de la ley agraria*
Félix María de Samaniego (1745–1801)
1781   *Fábulas morales*
Tomás de Iriarte (1750–1791)
1782   *Fábulas literarias*
Juan Meléndez Valdés (1754–1817)
1785   *Poesías*
Leandro Fernández de Moratín (1760–1828)
1790   *El viejo y la niña*
1792   *La comedia nueva o el café*
1803   *El barón*
1804   *La mojigata*
1806   *El sí de las niñas*
Nicasio Álvarez de Cienfuegos (1764–1809)
1798   *Poesías*
Manuel José Quintana (1772–1857)
1802   *Poesías*

4.4.2 | Feijoo und die Frühaufklärung

Die beherrschende Gestalt der Frühaufklärung ist der Benediktinerpater
Benito Jerónimo Feijoo (1676-1764), der in den 118 Essays seines achtbän-
digen *Teatro crítico universal* (1726-1734) sowie in seinen fünfbändigen
Cartas eruditas y curiosas (1742-1760) nicht nur alle für die Aufklärung typischen Themen behandelt, sondern auch für eine **Erneuerung erkennt-
nistheoretischer und wissenschaftlicher Methoden** plädiert. Im Gegen-

satz zu den Humanisten früherer Zeiten wendet Feijoo sich nicht mehr an einen kleinen Gelehrtenkreis und wählt die Form des lateinischen Traktats, sondern er schreibt Spanisch und greift zu Essay und Brief, um eine **breitere Öffentlichkeit** zu erreichen. Bereits im Untertitel seines *Teatro crítico universal, Discursos varios en todo género de materias para desengaño de errores comunes*, macht er deutlich, dass es ihm um den Kampf gegen tiefverwurzelte Gewohnheiten, Vorurteile und Irrtümer geht.

Grundpositionen Feijoos: Im ersten Essay seines *Kritischen Welttheaters*, das den Titel »Voz del pueblo« *trägt*, erläutert der Autor geradezu manifestartig seine Erkenntnistheorie, indem er zwischen **zwei grundlegenden Formen der Wahrheitserkenntnis** unterscheidet: »[...] dos puntos fijos hay en la esfera del entendimiento: la revelación y la demostración.« Die Offenbarung gilt für den Bereich der Transzendenz, der Beweis hingegen für den der Natur, wobei Feijoo bei der Erkenntnis der Natur zwischen den beiden gleichberechtigten Methoden der *razón* und der *experiencia* unterscheidet. Der erste Begriff steht für die **rationalistische Methode der Wahrheitsfindung**, wie sie der französische Philosoph René Descartes im 17. Jh. begründet hat; der zweite verweist auf den **Empirismus und das experimentelle Verfahren** eines Francis Bacon und eines Isaac Newton.

Mit dem Selbstbewusstsein dessen, der sich auf dem richtigen Weg zur Wahrheit befindet, beschreibt er in einem späteren, »Lo que sobra y falta en la física« betitelten Essay seine Methode in dem bekannten Satz: »Así yo, ciudadano libre de la República Literaria, ni esclavo de Aristóteles ni aliado de sus enemigos, escucharé siempre con preferencia a toda autoridad privada **lo que me dictaren la experiencia y la razón**.« Mit diesem Bekenntnis zu einer Bevorzugung der durch rationale Erkenntnis oder empirisches Experiment erzielten Wahrheit gegenüber der Überlieferung philosophischer Autoritäten wie Aristoteles bekundet Feijoo ganz in dem neuen Geist der Aufklärung seine intellektuelle Freiheit und Unabhängigkeit.

Themen Feijoos: Feijoo befasst sich mit allen für die Aufklärung charakteristischen Themen. Er kritisiert die hoffnungslos heruntergekommene Forschung und Lehre an den Universitäten, kämpft für eine **Aufwertung der Naturwissenschaften**, beschreibt das soziale **Elend der Bauern** und prangert das **Schmarotzertum des Adels** an. Er wettert gegen Krieg und Folter und setzte sich für die intellektuelle und gesellschaftliche Anerkennung der Frau ein. Am meisten jedoch irritieren ihn alle Arten von Wunder- und Aberglauben, gegen die er unerbittlich die »**luces de la razón**« ins Feld führte. Allerdings steht er dabei fest auf dem Boden der katholischen Orthodoxie, insofern er die Existenz von Wundern nicht grundsätzlich leugnet, sondern sich lediglich gegen die zu seiner Zeit weit verbreitete Unsitte richtet, in allen ungewöhnlichen Naturerscheinungen gleich ungeprüft den wundersamen Eingriff Gottes zu sehen.

Stil und Form: In ihrer formalen Gestaltung unterscheiden sich Feijoos *Discursos* ebenso wohltuend von der gelehrt-pedantischen Form des humanistischen Traktats wie von der spitzfindigen Argumentationstechnik und den stilistisch komplexen Verfahren des barocken *conceptismo* (s. S. 162). Doch huldigt er gleichwohl nicht ohne Einschränkungen dem

Stilideal des Neoklassizismus. Klassizistisch ist sein Bemühen um Klarheit sowie um Schlichtheit und Natürlichkeit des Ausdrucks. Über den Klassizismus hinaus weist seine lockere, in familiärem Sprachstil gehaltene **essayistische Ausdrucksweise**, in der er rationale Argumentation mit praktischen Beispielen und unterhaltenden Anekdoten verbindet, womit er eine Position zwischen traditionellem Gelehrten und modernem Journalisten bezieht. In den Essays »Razón del gusto« und »El no sé qué« erläutert Feijoo sein Ideal ästhetischer Freiheit und Individualität. Schönheit ist demnach nicht normierbar, sondern bleibt stets an das Empfinden des Einzelnen gebunden. Damit formuliert er eine für das **Rokoko** charakteristische Ästhetik, in der neuplatonisch-christliches, barockes, rationalistisches und sensualistisches Stilideal eine Verbindung eingehen. Demgegenüber vertritt der **Neoklassizismus** eine wesentlich rigidere Stilkonzeption.

4.4.3 | Luzán und der Neoklassizismus

Als Begründer der neoklassizistischen Ästhetik in Spanien gilt **Ignacio de Luzán** (1702–1754) mit seinem 1737 veröffentlichten Traktat *La Poética o reglas de la poesía*, in dem er eine klare Abkehr von der Barockästhetik des Goldenen Zeitalters vollzieht. Deren nicht normativ fixierte Ästhetik ersetzt er durch ein streng normiertes Regelsystem und eine an dem französischen Klassizismus orientierte Maß- und Ordnungsästhetik. An die Stelle der sprachlichen Ingeniosität und Prachtentfaltung des Barock tritt die **Forderung nach sprachlicher Klarheit, Schlichtheit und Funktionalität**. Feijoos ästhetisches Ideal des Unsagbaren, des »no sé qué«, wird von einem exakt beschreibbaren und rational begründbaren Konzept abgelöst, was nicht nur auf die Unterschiedlichkeit der Gattungen (Essay – Poetik), sondern auch auf ein **gewandeltes ästhetisches Empfinden** zurückzuführen ist.

Didaktische Funktion der Literatur: Vor allem aber ändert sich bei Luzán die Funktion der Dichtung. Auch wenn er die damals bereits zum Topos erstarrte Horazische Formel von der Mischung des *prodesse* mit dem *delectare* erwähnt (s. Kap. 1.1.4), so wird doch immer wieder deutlich, dass für ihn der **didaktische Aspekt der Literatur** im Vordergrund steht. Die **utilitaristische Grundlage ihres Literaturkonzepts** bietet den Aufklärern den idealen Ansatzpunkt, die Dichtung für ihre Ziele der sozialen Erneuerung und der Förderung des gesellschaftlichen Fortschritts in Dienst zu nehmen. Der bisweilen penetrante didaktisierende Ton ist den literarischen Werken des *Siglo de las Luces* freilich nicht immer gut bekommen.

Antibarocker Klassizismus: Der vor allem in Spanien selbst immer wieder erhobene Vorwurf des nationalen Verrats an der literarischen Blütezeit des *Siglo de Oro* und des faden Epigonentums ist indessen nicht gerechtfertigt. Der Barock hatte sich künstlerisch und historisch überlebt. Wenn Luzán und seine Mitstreiter versuchten, die Dekadenz des spanischen Spätbarock durch eine Anlehnung an die Kultur des europäischen Klassizismus zu überwinden, dann taten sie dies in der patriotischen Absicht, ihr Land auf diese Weise aus seinem kulturellen Tief zu neuer Größe emporzuführen.

Luzáns Poetik selbst ist keineswegs nur ein Abklatsch des rationalistischen Klassizismus französischer Prägung. Wenn er vor allem in dem Kapitel »De la dulzura poética« die **Bedeutung der Rührung und des individuellen Gefühls** für die Wirkung der Dichtung betont, dann zeigt er damit, dass er durchaus auf der Höhe der ästhetischen Diskussion in Europa stand. Die **Mischung von Gefühl und Vernunft** ist für die europäische Ästhetik des 18. Jh.s durchaus typisch, wobei der zuerst genannte Aspekt im Verlauf des Jahrhunderts eine ständige Aufwertung erfährt. In **Esteban de Arteagas** Abhandlung *La belleza ideal* von 1789 erhält das *sentimiento* bereits den Vorzug vor der *razón*. Hier kündigt sich der Übergang zum subjektiven Gefühlskult der Romantik bereits unübersehbar an (zur Ästhetikdiskussion im 18. Jh. vgl. Jacobs 1996).

4.4.4 | Cadalso und die Tradition der Satire

José Cadalsos (1741–1782) *Cartas marruecas* sind zweifellos einer der wichtigsten Texte der *Ilustración*. In der Tradition der *Lettres persanes* des französischen Aufklärers Montesquieu lässt Cadalso den jungen marokkanischen Diplomaten Gazel seine spanischen Reiseeindrücke in Briefen an seinen Lehrer Ben Beley und seinen aufgeklärten spanischen Freund Núño Núñez zu Papier bringen und damit **die Probleme Spaniens aus der Perspektive eines fremden Blicks** schildern. Das späte Publikationsdatum des Werkes, sieben Jahre nach dem Tod seines Autors, ist zudem bezeichnend für ein Phänomen, das die spanische Aufklärung erheblich behinderte: die doppelte **staatliche und kirchliche Zensur**, an deren Einspruch die Druckerlaubnis jahrelang scheiterte. Cadalso betont bereits in der Einleitung, dass er die Briefe nur insoweit veröffentlichen wolle, »por cuanto en ellas no se trata de religión ni de gobierno«. Im 83. Brief gibt Gazel indirekt den Grund hierfür an, indem er von der Zensur und den Gefahren spricht, denen der Schriftsteller in Spanien ausgesetzt ist: »Es tan cierto este daño, tan seguras sus consecuencias y tan espantoso su aspecto, que el español que publica sus obras hoy las escribe con inmenso cuidado, y tiembla cuando llega el tiempo de imprimirlas.« Dabei vermeidet der Autor es tunlichst, Religion und Politik, die beiden zentralen Reizthemen, die die Zensoren besonders provozieren, unmittelbar zu behandeln. Doch weder dies noch der im Allgemeinen eher maßvolle Ton können das Publikationsverbot verhindern.

Die »preocupación de España«

Die Sorge um Spanien steht im Zentrum des Briefwechsels. Damit ist die **Suche nach den Ursachen für die Rückständigkeit Spaniens** im Vergleich zu anderen Ländern Europas sowie die nach der Möglichkeit einer Erneuerung und einer wirksamen Entwicklung zum Fortschritt gemeint. Cadalso sieht diese Ursachen ebenso in der die nationalen Belange zu sehr vernachlässigenden imperialistischen Politik der Habsburger-Könige des 16. und 17. Jh.s wie in dem parasitären und sich jeder produktiven

Tätigkeit verschließenden Erbadel. Weiterhin greift er das marode Bildungssystem, die verfehlte Kindererziehung, die rückständige, jegliche liberalen Ansätze verhindernde Wirtschaftspolitik sowie die moralische Dekadenz einer vornehmlich konsum- und luxusorientierten aristokratischen Führungsschicht an (Lope 1973).

Mit seiner Kritik am Erbadel steht Cadalso in der Tradition aller spanischen Aufklärer. Für Gazel ist es eines seiner merkwürdigsten und unerklärlichsten Erlebnisse zu sehen, wie sich fast alle Spanier bis hin zum ärmsten Schlucker mit ihrer adligen Herkunft brüsten und damit ihre tiefe Verachtung jeglicher manuellen Tätigkeit begründen. Er kann den Begriff ›Erbadel‹ nicht verstehen und bittet Nuño Núñez um eine Erklärung. Dieser bringt die Problematik schließlich sarkastisch auf den Begriff:»Nobleza hereditaria es la vanidad que yo fundo en que ochocientos años antes de mi nacimiento muriese uno que se llamó como yo me llamo, y fue hombre de provecho, aunque yo sea inútil para todo« (*Cartas marruecas*, XIII).

Nuño Núñez' Position ist repräsentativ für die spanischen Aufklärer, die dem Erbadel seinen parasitären Charakter und damit seine Nutzlosigkeit für das Gemeinwohl und die Gesellschaft vorwarfen. Für die Aufklärer ist es allein der Beitrag für das Gemeinwesen, der den Verdienst eines Staatsbürgers ausmacht.

Die Adelskritik der Aufklärung

Zur Vertiefung

Die Adelskritik steht in engem Zusammenhang mit einer Kritik an dessen Ungebildetheit. Der spanische Adel vermochte seinen wachsenden politischen und wirtschaftlichen Funktionsverlust nicht in gleicher Weise wie etwa die französische Aristokratie durch kulturelle Betätigung zu kompensieren. Die Ungebildetheit und zum Teil auch moralische Verwahrlosung nicht nur des spanischen Landadels waren sprichwörtlich, und die Aufklärer machten gerade diese Aspekte immer wieder zur Zielscheibe ihrer Kritik. **Gaspar Melchor de Jovellanos** zog in seinen beiden berühmten Satiren *Contra las malas costumbres de las mujeres nobles* und *Contra la mala educación de la nobleza* über die Sitten- und Bildungslosigkeit des gesamten Adels her.

Die Ungebildetheit des Adels war nicht zuletzt auch eine Folge des **desolaten Zustands des gesamten Bildungssystems**, das den Erfordernissen einer modernen Gesellschaft nicht einmal in Ansätzen genügen konnte. Die Kritik am Bildungssystem ging daher stets mit der Adelskritik einher. Der Maler Francisco de Goya hat dieses Thema in mehreren Zeichnungen und Stichen eindrücklich gestaltet, besonders drastisch in seiner Eselsserie.

Goya: »¿Si sabrá más el discípulo?« – Satire auf die spanische Bildungsmisere

Nationalistische Abschottung und Abneigung gegen Innovation sind weitere Themen, gegen die sich die Kritik Cadalsos richtet. Dabei ist der Autor von einseitiger Schwarz-Weiß-Malerei weit entfernt. Wie in Feijoos *Discursos* und *Cartas* steht auch in den *Cartas marruecas* das **polyperspektivische Verfahren der Wirklichkeitsgestaltung** nicht nur im Dienst einer ästhetischen Breitenwirkung, sondern zugleich im Dienst der Erfassung einer Wirklichkeit, die zu komplex ist, um in einem einfachen rationalen Ordnungsschema aufgehen zu können (vgl. dazu ausführlich Lope 1973).

Übergänge zur
Romantik

Der persönliche, emotional gefärbte Stil und die melodramatische Atmosphäre der ***Noches lúgubres*** (1789/90), die Cadalso unter dem Eindruck des Todes seiner Geliebten verfasst hat, sind dagegen bereits dem romantischen Stilempfinden verpflichtet. Auch in Cadalsos Weltanschauung zeigt sich der Einfluss mehrerer Epochen. Der skeptische und pessimistische Grundton, der sein gesamtes Werk durchzieht und der ihn von dem Optimismus seiner aufgeklärten Freunde unterscheidet, verbindet die *desengaño*-Tradition des spanischen Barock mit dem Weltschmerz und dem Pessimismus seiner romantischen Nachfolger.

4.4.5 | Moratín und das Theater

Der Kampf gegen das Theater des Spätbarock: Neoklassizistische Theoretiker und Aufklärer versuchen schon früh, das Niveau der spanischen Bühnen durch verschiedene Reformmaßnahmen anzuheben und das profane und religiöse Theater des Spätbarock zurückzudrängen. Außer einem Verbot der traditionellen Fronleichnamsspiele (*autos sacramentales*, s. Kap. 4.3.4) im Jahr 1765 erreichen sie dabei aber nicht viel. Allenfalls vermag **Gaspar Melchor de Jovellanos** (1744–1811) mit seinem der neuen **Gattung des Rührstücks** (*comedia lacrimosa* oder *sentimental*) zuzurechnenden Drama *El delincuente honrado* (1773) einen gewissen Publikumserfolg zu erringen (vgl. Heydenreich 1988).

Dramenkonzeption und Werk: Erst Leandro Fernández de Moratín (1760–1828) gelingt es gegen Ende des 18. Jh.s, ein neues, gegen die barocke *comedia* und deren spätbarocke Nachfolgegattungen gerichtetes Theatermodell durchzusetzen, das er 1792 in dem metatheatralischen Einakter *La comedia nueva o el café* öffentlich vorstellt (vgl. Schulz-Buschhaus 1988). Seine dramentheoretische Konzeption steht ganz in der **Tradition der neoklassizistischen Poetik Luzáns**. Darüber hinaus ist das Theater für ihn ein Mittel, um die Ideen der Aufklärung einem breiten Publikum nahezubringen. Er knüpft unmittelbar an Feijoos *Teatro crítico* an, dessen Lebenswerk er mit den Mitteln der Bühne fortzusetzen gedachte.

Die Erziehung der Frau: Im Mittelpunkt seiner Stücke von *El viejo y la niña* (1790), *El barón* (1803) und *La mojigata* (1804) bis zu dem Erfolgsstück *El sí de las niñas* (1806) stehen vor allem Fragen weiblicher Bildung und Erziehung sowie das Problem freier Partnerwahl, die ganz im Sinne einer **paternalistischen Aufklärung von oben** gestaltet werden. In *El sí de las niñas* kommt es zwar in der Hochzeit der beiden jungen Protagonisten zu einem Happy-End, doch nicht etwa weil das Mädchen seine Vorstellungen gegen den Willen seiner Mutter durchzusetzen imstande ist, sondern weil der von dieser favorisierte, über vierzig Jahre ältere Bewerber seine Selbsttäuschung erkennt und sich großherzig dazu durchringt, auf die geplante Hochzeit zu verzichten und den beiden jungen Leuten zur Verwirklichung ihres Glücks zu verhelfen. Moratíns Komödien zeigen inhaltlich wie formal deutliche Ansätze zu jenem bürgerlichen Schauspiel, das im Verlauf des 19. Jh.s unter der Bezeichnung *alta comedia* den ersten Platz im System der dramatischen Gattungen einnehmen wird.

Ramón de la Cruz: Neben den Komödien Moratíns erfreuen sich vor allem die volkstümlichen *sainetes* von **Ramón de la Cruz** (1731–1794), Einakter in komisch-realistischer Manier mit musikalischen Einlagen, großer Beliebtheit (vgl. Ingenschay 1988). Sie erhalten im 19. Jh. in der Form des *género chico* eine noch erfolgreichere Fortsetzung (s. S. 223).

4.4.6 | Aufklärerische Themen in Lyrik und Prosa

Die Literatur der Aufklärung weiß sich dem Gemeinwohl der ganzen Nation verpflichtet. Die utilitaristische und didaktische Funktion ist ein Grundzug aller literarischen Gattungen des Siglo de las Luces. Das gilt für die im 18. Jh. eher defizitäre Romanproduktion von der Romansatire *Historia del famoso predicador fray Gerundio de Campazas, alias Zotes* (1758/68) aus der Feder des Jesuitenpaters José Francisco de Isla (1703–1781) bis zu dem aufgeklärt-sentimentalen Bildungsroman *Eusebio* (1786/88) von Pedro Montengón (1745–1824) und die Fabelsammlungen von Félix María de Samaniego (1745–1801) oder Tomás de Iriarte (1750–1791). Es gilt selbst für die Lyrik, die ja romantischem und heutigem Verständnis zufolge belehrenden Intentionen am stärksten widerstrebt (s. Kap. 2.1.1).

Die gängigen Themen der Aufklärung – von der Kritik an der parasitären Aristokratie und am sozialen Elend der Bauern bis zur Verherrlichung neuer wissenschaftlicher Errungenschaften oder aufklärerischer Prinzipien wie Freiheit und Toleranz – kommen in den in Versform geschriebenen *discursos* und *epístolas* eines Juan Meléndez Valdés (1754–1817) ebenso zum Ausdruck wie in den heroischen Oden eines Nicasio Álvarez de Cienfuegos (1764–1809) und eines Manuel José Quintana (1772–1857). Sogar in der Lyrik besangen die Aufklärer die Errungenschaften der modernen Wissenschaften, wie Manuel José Quintana in seinen Oden an die Erfindung der Druckkunst »A la invención de la imprenta« oder der Einführung der Pockenimpfung in Lateinamerika (vgl. Fuente, in: Tietz 1997, S. 603–626).

In der didaktischen Prosa teils wissenschaftlichen, teils journalistischen, teils essayistischen Charakters, die außerhalb des literarischen Gattungsgefüges steht, findet die literarische Aufklärung Spaniens allerdings ihren eindrucksvollsten Niederschlag. Die Aufklärer kennen noch nicht die eindeutige Trennung in pragmatische und fiktionale Texte, die

die heutige Literaturwissenschaft vornimmt (s. S. 10); für sie bilden das Literarische und das Praktisch-Gesellschaftliche noch eine Einheit. Die literarische Produktion von Gaspar Melchor de Jovellanos, der wie viele Aufklärer nicht nur Journalist und Schriftsteller war, sondern auch hohe politische Ämter bekleidete, ist hierfür ein typisches Beispiel. Mit seinen zahlreichen Dramen, Gedichten, Essays, Zeitungsartikeln sowie im Auftrag der Regierung oder der Ökonomischen Gesellschaften verfassten Berichten und Gutachten verkörperte er in vielerlei Hinsicht das aufklärerische **Ideal des Dichterphilosophen**, der stets auf der Suche nach dem goldenen Mittelweg war und seine Schriften ganz in den Dienst des Gemeinwohls stellte. Diese Vorstellung von einer Einheit zwischen Schriftsteller und Gesellschaft wird bereits eine Generation später im Zeitalter der Romantik wieder weitgehend verschwinden.

4.4.7 | Textbeispiel und Interpretation

Fray Benito Jerónimo Feijoo y Montenegro: *Valor de la naturaleza e influjo de la sangre*, 1730

Der Essay gehört zu den bekanntesten unter den 118 *discursos* von Feijoos *Teatro crítico universal*, in dem der Autor mit dem Licht der Vernunft zum »desengaño de los errores comunes« beitragen wollte, wie es im Untertitel des Werkes heißt. Die Adelskritik war dabei eines der beliebtesten Themen nicht nur Feijoos, sondern auch der Aufklärer der nächsten Generation.

Die **Virulenz der Aristokratenschelte** durch die spanischen Aufklärer ist historisch zu erklären. Infolge der Jahrhunderte langen kriegerischen Auseinandersetzungen mit den maurischen Invasoren im Verlauf der Reconquista hatte die spanische Feudalaristokratie ihre Position innerhalb von Staat und Gesellschaft besonders ausbauen können. Auch wenn ihre politische und wirtschaftliche Situation im Verlauf der Habsburger-Dynastie bereits stark in Mitleidenschaft gezogen war, hatte sie ihr Sozialprestige doch umso heftiger verteidigt und bis weit in das 18. Jh. hinein halten können.

Vor allem die große Schar der *hidalgos*, die den verarmten Kleinadel bildeten, hielt zäh an ihren Privilegien fest und lehnte jede manuelle Tätigkeit hartnäckig ab. Die Folge war eine wachsende Zahl verarmter Kleinadliger, die die spanische Gesellschaft als unproduktive, parasitäre Klasse stark belastete und die wirtschaftliche Entwicklung des Landes erheblich beeinträchtigte. Im Gegensatz zu den meisten Ländern Mitteleuropas kann in Spanien bis weit in das 18. Jh. hinein kaum von einer Verbürgerlichung des Adels und dessen Einbindung in die Wirtschafts- und Gesellschaftsstrukturen der Moderne gesprochen werden. Handwerkliche Tätigkeit führte in der Regel zum Verlust des Adelstitels. Allein der Überseehandel stand dem Adel als Betätigungsfeld offen. Die Aufklärer hatten früh erkannt, dass dies eine der wesentlichen **Ursachen für die Dekadenz**

und Rückschrittlichkeit des Landes war und versuchten daher immer wieder, einen **Mentalitätswechsel** herbeizuführen.

§ I

Un gran bien haría á los nobles quien pudiese separar la nobleza de la vanidad. Casi es tan difícil encontrar aquella gloria despegada de este vicio, como hallar en las minas plata sin mezcla de tierra. Es el resplandor de los mayores una llama que produce mucho humo en los descendientes. De nada se debe hacer menos vanidad, y de nada se hace más. En vano las mejores plumas de todos los siglos, tanto sagradas como profanas, se empeñaron en persuadir que no hay orgullo más mal fundado que el que se arregla por el nacimiento. El mundo va adelante con su error. No hay lisonja más bien admitida que aquella que engrandece la prosapia. Apenas hay tampoco otra más trascendente. Léanse las dedicatorias de los libros, donde la adulación por lo común rige la pluma; rara se hallará donde se omita el capítulo de nobleza, y es que se sabe, que raro hombre hay tan modesto ó tan desengañado, que no reciba con gratitud este elogio. [...] Volviendo al asunto, repito que de ninguna prerrogativa se debe hacer menos jactancia que de la nobleza. Otro cualquier atributo es propio de la persona; éste forastero. La nobleza es pura denominación extrínseca. Y si se quiere hacer intrínseca, será ente de razón. La virtud de nuestros mayores fue suya, no es nuestra. [...]

§ V

Aquí concluyera yo este discurso si sólo los nobles hubiesen de leerle. Mas como mi intento sea curar en los nobles la vanidad, sin eximir los humildes de la veneración, es preciso ocurrir al inconveniente que por esta parte puede resultar; pues aunque es justo que la nobleza no se engría, es debido que la plebe la respete.

Por fuertes que sean las razones que hasta ahora hemos alegado contra el valor de la nobleza, no puede negarse, que la autoridad que la favorece tiene más fuerza que todos nuestros argumentos. Cuantas naciones cultas y bien disciplinadas tiene el mundo estiman esta prerrogativa; lo que es poco menos que un consentimiento general de todos los hombres, y una opinión universal, ó sale de la esfera de opinión, ó aunque no salga, debe prevalecer contra todo lo que no es evidencia. [...]

§ VI

Pero ¿cómo conciliaremos lo que arriba dijimos contra la nobleza con lo que acabamos de alegar á favor suyo? Fácilmente, diciendo, que esta prerrogativa no es laudable, pero es honorable. Los argumentos ántes propuestos le impugnan la laudabilidad; los de ahora le afirman la honorabilidad. Esta es una distincion que señala Aristóteles entre la virtud y todas las demás excelencias que ilustran á los hombres. La virtud, dice, es laudable, la riqueza, la nobleza, el poder, ninguna alabanza merecen, pero son acreedores al honor. De modo, que en la nobleza no hay motivo alguno para que el noble se jacte, pero le hay para que el humilde, ó el que es menos noble, le reverencie. Con esta distinción todo se compone bien, y se asegura á la nobleza la estimación, sin fomentarle la vanidad. [...]

Der Unmut der Aufklärer richtet sich in ihrer Adelskritik in erster Linie **gegen die parasitären Vertreter des Erbadels**, die ihren Macht- und Überlegenheitsanspruch nicht auf eigene Verdienste, sondern ausschließlich auf die Meriten ihrer Vorfahren gründeten. Wie der erste Absatz des Textauszugs aus Feijoos *Teatro crítico universal* zeigt, kritisiert auch der Benediktinerpater die Eitelkeit der Aristokraten, die sich einzig und allein auf die Verdienste ihrer Vorfahren berufen, ohne selbst einen Beitrag zum Gemeinwohl geleistet zu haben. Adel ohne selbstgefällige Arroganz sei so schwer anzutreffen wie in den Bergwerken Silberadern ohne wertlose Erdeinschlüsse.

Während in der Generation von Cañuelo und Jovellanos bereits Ansätze einer deutlichen Systemkritik zu erkennen sind, ist der Frühaufklärer Feijoo noch vorsichtig, wie der weitere Verlauf des Textauszugs zeigt. Zwar will der Benediktinerpater die Eitelkeit des Adels bekämpfen, doch will er keineswegs an den Fundamenten seiner politischen und sozialen Funktionen rütteln. Es ist erstaunlich, wie Feijoo hier auf **die Argumente von Autorität und Tradition** zurückgreift, die er an anderen Stellen seiner Essays nicht gelten lassen will. Die Privilegien des Adels würden in allen gebildeten und gut funktionierenden Nationen bereits seit Jahrhunderten in Ehren gehalten; es sei einvernehmliche Meinung aller Menschen, dass die Aristokratie die Trägerschicht eines jeden Staatswesens bilden müsse. Zwar habe der Adel kein Recht, sich etwas auf seine Stellung einzubilden, doch sei das Volk deshalb nicht weniger verpflichtet, dem Adel Respekt entgegenzubringen und seine staatstragende Position anzuerkennen.

Nicht Entmachtung oder gar Abschaffung des Adels ist Feijoos Ziel, sondern seine **Erneuerung und eine Rückbesinnung auf seine wahren Werte und Funktionen**. Zudem ist sich Feijoo als Angehöriger des Klerus durchaus bewusst, dass ein Systemwechsel in Spanien auch die starke Position der katholischen Kirche innerhalb des *Antiguo Régimen* erheblich gefährdet hätte. Wie die meisten spanischen Aufklärer ist daher auch Feijoo ein vorsichtiger Reformer und kein Revolutionär. Wie Cadalso plädiert auch er stets für den goldenen Mittelweg.

Grundlegende
Literatur

Aguilar Piñal, Francisco: *La España del absolutismo ilustrado.* Madrid 2005.
Alborg, Juan Luis: *Historia de la literatura española.* Bd. 3: *Siglo XVIII.* Madrid ²1975.
Floeck, Wilfried: »Die Literatur der spanischen Aufklärung«. In: *Neues Handbuch der Literaturwissenschaft.* Bd. 13: *Europäische Aufklärung III.* Hg. von Jürgen von Stackelberg. Wiesbaden 1980, S. 359–390.
Rico, Francisco (Hg.): *Historia y crítica de la literatura española.* Bd. 4: José Miguel Caso González: *Ilustración y neoclasicismo.* Barcelona 1983 (Bd. 4/1: 1992).
Tietz, Manfred: »Das 18. Jahrhundert«. In: Christoph Strosetzki (Hg.): *Geschichte der spanischen Literatur.* Tübingen ²1996, S. 226–280.

Weiterführende
und zitierte
Literatur

Ertler, Klaus-Dieter: *Tugend und Vernunft in der Presse der spanischen Aufklärung.* Tübingen 2004.
Floeck, Wilfried: »Masson de Morvilliers' Spanien-Artikel in der *Encyclopédie méthodique* und die spanische Fassung von Juan de Velasco«. In: Siegfried Jüttner (Hg.):

Spanien und Europa im Zeichen der Aufklärung. Kolloquium Duisburg 1986. Frankfurt a. M. 1991, S. 42–62.

García de la Concha, Víctor/Carnero, Guillermo (Hg.): *Historia de la literatura española. Siglo XVIII.* 2 Bde. Madrid 1995.

Gelz, Andreas: *Tertulia: Literatur und Soziabilität im Spanien des 18. und 19. Jahrhunderts.* Frankfurt a. M. 2006.

Heydenreich, Titus: »Gaspar Melchor de Jovellanos. *El delincuente honrado*«. In: Volker Roloff/Harald Wentzlaff-Eggebert (Hg.): *Das spanische Theater. Vom Mittelalter bis zur Gegenwart.* Düsseldorf 1988, S. 201–212.

Ingenschay, Dieter: »Ramón de la Cruz. *Sainetes*«. In: Volker Roloff/Harald Wentzlaff-Eggebert (Hg.): *Das spanische Theater. Vom Mittelalter bis zur Gegenwart.* Düsseldorf 1988, S. 213–227.

Jacobs, Helmut C.: *Schönheit und Geschmack. Die Theorie der Künste in der spanischen Literatur des 18. Jahrhunderts.* Frankfurt a. M. 1996 (span.: *Belleza y buen gusto – Las teorías de las artes en la literatura española del siglo XVIII.* Madrid 2001).

Jüttner, Siegfried: »Von der Schwierigkeit, Mythen stillzulegen: Spanische Literatur und Aufklärung in der deutschen Hispanistik«. In: *Iberoamericana* 23 (1999), S. 5–38.

Krauss, Werner: *Die Aufklärung in Spanien, Portugal und Lateinamerika.* München 1973.

Lope, Hans-Joachim: *Die ›Cartas Marruecas‹ von José Cadalso. Eine Untersuchung zur spanischen Literatur des 18. Jahrhunderts.* Frankfurt a. M. 1973.

Sánchez Blanco, Francisco: *La mentalidad ilustrada.* Madrid 1999.

Schütz, Jutta: »Das 18. Jahrhundert«. In: Hans-Jörg Neuschäfer (Hg.): *Spanische Literaturgeschichte.* Stuttgart/Weimar ³2006, S. 185–230.

Schulz-Buschhaus, Ulrich: »Leandro Fernández de Moratín. *La comedia nueva*«. In: Volker Roloff/Harald Wentzlaff-Eggebert (Hg.): *Das spanische Theater. Vom Mittelalter bis zur Gegenwart.* Düsseldorf 1988, S. 228–240.

Tschilschke, Christian von: *Identität der Aufklärung/Aufklärung der Identität. Literatur und Identitätsdiskurs im Spanien des 18. Jahrhunderts.* Frankfurt a. M. 2009.

4.5 | Die Romantik (*Romanticismo*)

4.5.1 | Spanische Romantik im europäischen Kontext

Von der Krise der Aufklärung zur Romantik: Der Optimismus der Aufklärer hatte sich bereits seit dem Tod Karls III. im Jahr 1788 und nach den Auswüchsen der Französischen Revolution im letzten Jahrzehnt des 18. Jh.s merklich abgekühlt. Der Sieg im Unabhängigkeitskrieg gegen die Truppen Napoleons (1808–1813) und der reformerische Geist der ersten demokratischen Verfassung von Cádiz (1812) beflügeln zwar zunächst die liberalen Kräfte des Landes, doch mit der Rückkehr Ferdinands VII. zum Absolutismus sind Aufklärung und Liberalismus vorerst gescheitert. Die Jahre zwischen 1813 und 1833 werden durch politische Unterdrückung und zum Teil bürgerkriegsartige Zustände geprägt. Schon **der Unabhängigkeitskrieg** spaltet das Land ideologisch; unter Ferdinand VII. fällt Spanien endgültig in die *dos Españas* auseinander (s. Kap. 3.1.3).

Zahlreiche Schriftsteller sehen sich gezwungen, das Land zu verlassen und ins englische oder französische **Exil** zu gehen, ein für die Situation in Spanien typisches Schicksal, das viele Intellektuelle bis in die Franco-Zeit des 20. Jh.s hinein teilen (s. S. 127 f.). Selbst nach der Rückkehr der Intellektuellen aus dem Exil nach dem Tod Ferdinands im Jahr 1833 ist der Bruch zwischen Schriftstellern und Gesellschaft nicht mehr zu beheben. Das **Lebensgefühl der Romantiker** der 1830er Jahre ist mit wenigen Ausnahmen von **Frustration, Rebellion und Verzweiflung** geprägt. Die schrecklichen Erfahrungen der *desastres de la guerra* vom Unabhängigkeitskrieg bis zu den bürgerkriegsartigen Auseinandersetzungen der folgenden Jahrzehnte tragen das Ihre zur Verdüsterung der allgemeinen Stimmung der Intellektuellen bei.

Zum Begriff

> → Romantik: Epochenbezeichnung für eine relativ heterogene geistige und ästhetische Bewegung, die sich vom Rationalismus und Klassizismus der Aufklärung abwandte und eine individualistische, gefühlsbetonte sowie von Weltschmerz und Bruch mit der Gesellschaft geprägte Literatur hervorbrachte, die sich in Spanien in eine rückwärtsgerichtete und vergangenheitsorientierte sowie eine progressive und gesellschaftskritische Tendenz aufspaltete.

Epochenbegriff und Entwicklung der Romantik: Die Romantik ist eine literarische Strömung, die sich – wenn auch in unterschiedlicher Ausprägung – in allen europäischen Literaturen etwa in der Zeit zwischen der Französischen Revolution und der Mitte des 19. Jh.s findet. Der Begriff wird in den ästhetischen und literarischen Debatten in Deutschland um 1800 insbesondere im Kreis um die Brüder Schlegel geprägt und dient im Wesentlichen zur Bezeichnung neuer literarischer Tendenzen, die sich von dem Rationalismus und dem Fortschrittsdenken der Ende des

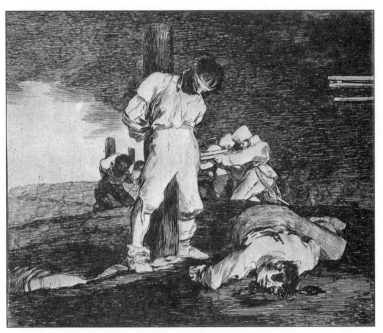

Die Erfahrungen des Unabhängigkeitskrieges veranlassen Goya nach 1812 zur Schaffung einer Serie von Radierungen, der er den Titel *Los desastres de la guerra* gab. »Y no hay remedio« betitelt er dieses Bild, das die Erschießung spanischer Aufständischer durch ein Exekutionskommando der französischen Armee darstellt. Ähnlich wie Goyas berühmte *Pinturas negras*, mit denen er die Wände seines Landhauses am Ufer des Manzanares ausmalt, sind auch diese Radierungen Ausdruck der sich verdüsternden Weltsicht des Malers und seiner Zeitgenossen zu Beginn der Romantik.

18. Jh.s dominanten Positionen der Aufklärung abwenden. Individualistische **Überhöhung des Gefühls,** nostalgische **Zuwendung zu** einer meist verklärten **Natur** oder **Vergangenheit** und **zu religiös-mystischen Vorstellunge**n sind einige in den Anfängen hervortretende Charakteristika romantischen Schreibens. Nach der Übertragung des Begriffs auf die französische (und auch die englische) Literatur wird der Romantik seit Madame de Staël (1810) der Anspruch zugeschrieben, mit ihren individualistischen, die Gültigkeit traditioneller Ordnungen in Frage stellenden Tendenzen der Ausdruck einer durch den Umbruch der Französischen Revolution begründeten Moderne zu sein.

Die Wendung gegen die (neo)klassizistische Regel- und Ordnungsästhetik ist auch ein Grundzug der spanischen Romantik. In ideologischer Hinsicht lassen sich die gegensätzlichen Tendenzen einer eher **rückwärtsgerichteten und einer eher progressiven Ausrichtung** beobachten, wobei die erstere die Anfangsphase im ersten Drittel des Jahrhunderts dominiert, während die letztere sich erst ab 1833 durchsetzt,

Die Romantik
(*Romanticismo*)

»Ein Romantiker«.
Illustration der
Zeitung *El Artista*,
1836

als zahlreiche liberal orientierte Schriftsteller nach dem Tod Ferdinands VII. aus dem englischen und französischen Exil nach Spanien zurückkehren. Die Auffassung, dass die Romantik eine Konstante des spanischen Geisteslebens sei, die lediglich durch eine kurze Phase einer dem spanischen Wesen eher fremden Aufklärung unterbrochen worden sei, ist heute überholt und kann als Folge eines klischeehaften Spanienbildes der europäischen Romantik verstanden werden (vgl. Alborg 1980, S. 11 ff.).

Die Diskussion um die Romantik beginnt in Spanien erst spät (1814) und unter deutschem Einfluss, während die relativ kurze Phase ihrer **Blütezeit (ca. 1833–1844)** eher unter französischem und englischem Einfluss steht. Zugleich ist auch ein Rückgriff auf die vorromantischen Tendenzen in der spanischen Literatur des späten 18. Jh.s zu beobachten (s. Kap. 4.4.3 und 4). Für die **Anfangsphase vor 1833** und vor allem die **Spätphase nach 1844** ist ein Eklektizismus charakteristisch, in dem neoklassizistische und romantische sowie konservative und progressive Tendenzen nebeneinander stehen und sich die Waage halten (ein umfassender Überblick über die spanische Romantik und die Forschungsdiskussion findet sich in Alborg 1980; Romero Tobar 1994; wichtige Einzelbeiträge in Navas Ruiz 1971 und Gies 1989).

Epochen-
gliederung

Periodisierung der spanischen Romantik	
1814–1833	**Frühromantik:** »Querella Calderoniana«: Böhl de Faber vs. Mora
1833–1844	**Blütezeit der Romantik**
	1833–1837 exaltierte, revolutionäre Romantik: Espronceda, Duque de Rivas, z.T. Larra
	1837–1844 katholische, konservative Romantik: Hartzenbusch, Zorrilla, Gil y Carrasco
nach 1844	**Spätromantik:** F. Caballero, Bécquer, R. de Castro

4.5.2 | Die *Querella Calderoniana*

Eine erste Diskussion um die Romantik entzündet sich in Spanien 1814 um die Bewertung der spanischen Comedia des Goldenen Zeitalters, vor allem der religiösen Dramen Calderón de la Barcas. Der in Cádiz ansässige deutsche Konsul Niklaus Böhl von Faber (1778–1863) verteidigt in dieser Diskussion das spanische Barocktheater unter Rückgriff auf Gedanken der Brüder Schlegel (s. S. 202) gerade wegen seiner ästhetischen Regellosigkeit und religiösen Thematik als geglückte Gestaltung einer göttlichen Bestimmung der Menschheit und als Inbegriff spanischer Tradition. Dagegen warnt der liberal orientierte José Joaquín de Mora (1783–1864) vor einer vor allem als Reaktion auf die Französische

Revolution überall in Europa zu beobachtenden konservativen Wende und tritt sowohl für die Ästhetik des Neoklassizismus als auch für den Geist der Aufklärung ein.

Aus dieser Diskussion erwuchs ein erbitterter, bis in die 1820er Jahre andauernder Streit, in dem die Romantik mit **Vergangenheitsorientierung und konservativem Denken** in Verbindung gebracht wird, was sicherlich für ihre verzögerte Rezeption in der literarischen Praxis Spaniens mit verantwortlich ist. Dies ändert sich erst, nachdem liberale Gegner Böhl von Fabers und seiner Mitstreiter wie Mora oder Antonio Alcalá Galiano (1789–1865) im Londoner Exil mit den liberaleren Tendenzen der englischen Romantik in Berührung kommen und ihre Position verändern. Es ist bezeichnend, dass Alcalá Galiano 1834 in Madrid ein in London verfasstes programmatisches Vorwort zu dem Versepos *El moro expósito* des Duque de Rivas veröffentlicht, in dem er für Spanien eine liberal orientierte Romantik nach französischem und englischem Vorbild propagiert. Dieses literarische Manifest bildete den Auftakt einer ebenso kurzen wie intensiven Blüte der Romantik in der spanischen Literatur der 1830er Jahre.

4.5.3 | Larra und der Journalismus

Biographie: Das publizistische und literarische Werk Mariano José de Larras (1809–1837) zeigt eindrücklich die Komplexität und innere Widersprüchlichkeit der spanischen Romantik. Als Sohn eines franzosenfreundlichen Arztes (*afrancesado*) mitten im Unabhängigkeitskrieg gegen Napoleon geboren, vier Jahre später mit der Familie ins französische Exil verbannt und 1818 im Rahmen einer Amnestie wieder nach Spanien zurückgekehrt, ist er seit seiner Jugend von den **Ideen des Liberalismus** und vom **Geist der Verfassung von Cádiz** (1812) geprägt. Früh schon beginnt er in eigenen Blättern und in den bekannten liberalen Zeitungen Madrids seine publizistische Auseinandersetzung mit der politischen und geistigen Situation seines Landes.

Wie später die Angehörigen der Generation von 1898, für die er zum geistigen Mentor wird, leidet er unter der Situation Spniens (»escribir en Madrid es llorar [...], es realizar un monólogo desesperante y triste para uno solo«) und kämpft unermüdlich für dessen **politische, kulturelle und geistige Erneuerung**. Unter dem Eindruck eines missglückten Engagements in der politischen Praxis nach dem Tod des reaktionären Ferdinand VII. sowie der unglücklichen Liebe zu einer verheirateten Frau verdüstert sich sein Lebenshorizont gegen Mitte der 1830er Jahre so sehr, dass er sich 1837 mit 29 Jahren eine Kugel in den Kopf schießt.

Objekte Larras,
unter anderem die
Pistole, mit der er
sich erschoss

Die Romantik
(*Romanticismo*)

Larra und der
costumbrismo

Dieser öffentliche und private Hintergrund schlägt sich auch in seinen Zeitungsartikeln nieder, in denen er unter dem Pseudonym »Fígaro« Ende der 1820er, Anfang der 1830er Jahre **im Stil des *costumbrismo*** in heiter-ironischer Manier die Schwächen der städtischen Mittelklasse und nationalen Charaktereigenschaften aufs Korn nimmt (»El café«, 26.2.1828; »El casarse pronto y mal«, 30.11.1832; »El castellano viejo«, 11.12.1832; »Vuelva Usted mañana«, 14.1.1833). Die *artículos* oder *cuadros de costumbres* hatten sich in der Romantik zu einer wahren Erfolgsgattung entwickelt, die in den *Escenas matritenses* (1842) von **Ramón de Mesonero Romanos** (1803–1882) und in den *Escenas andaluzas* (1846) von **Serafín Estébanez Calderón** (1799–1867) ihren Höhepunkt erleben. Es handelt sich dabei in der Regel um kurze Prosatexte, die in halb liebe- und humorvoller, halb kritisch-satirischer Absicht die Sitten des einfachen Volkes auf dem Land oder in der Stadt schildern und häufig zugleich eine didaktische Absicht verfolgen.

Zeittafel

> **Cuadros de costumbres und *artículos***
>
> **Ramón de Mesonero Romanos** (1803–1882)
> 1842   *Escenas matritenses*
> **Serafín Estébanez Calderón** (1799–1867)
> 1846   *Escenas andaluzas*
> **Mariano José de Larra** (1809–1837)
> 26.2.1828   »El café«
> 30.11.1832   »El casarse pronto y mal«
> 11.12.1832   »El castellano viejo«
> 14.1.1833   »Vuelva Usted mañana«
> 18.2.1836   »Literatura«
> 3.4.1836   »Dios nos asista«
> 2.11.1836   »El día de difuntos de 1836. Fígaro en el cementerio«
> 26.12.1836   »La Nochebuena de 1836«

Wachsender Pessimismus: Seit Mitte der 1830er Jahre benutzt Larra diese Gattung freilich mehr und mehr dazu, seinem **persönlichen Weltschmerz** und dem **Gefühl der eigenen Ohnmacht** Ausdruck zu verleihen (»La Nochebuena de 1836«, 26.12.1836). In sarkastisch-satirischer Form geißelt er politische Unfreiheit wie soziale Rückständigkeit (»Dios nos asista«, 3.4.1836; »El día de difuntos de 1836. Fígaro en el cementerio«, 2.11.1836). Dabei geht er bereits weit über die Tradition der Aufklärung und des Liberalismus von Cádiz sowie über die eher harmlose Kritik der kostumbristischen Literatur eines Mesonero Romanos und eines Estébanez Calderón hinaus.

Larra zwischen
Neoklassizismus
und Romantik

Zugleich ergreift Larra entschieden für das neue romantische Theater Partei und verfasste sogar selbst literarische Werke im Stil der Romantik. Sein 1834 aufgeführtes **historisches Versdrama *Macías*** gestaltet vor dem Hintergrund spätmittelalterlicher Ritterromantik die zerstörerische Macht

Das Drama
der Romantik

schicksalhafter Liebe, die die beiden Protagonisten dazu treibt, in geradezu anarchistischer Weise gegen göttliche und menschliche Ordnung
zu revoltieren und in auswegloser Lage gemeinsam den Tod zu suchen.
Dieses Werk ist eines der ersten und zugleich radikalsten Produkte jener
nonkonformistischen Romantik, wie sie für die 1830er Jahre charakteristisch wurde. Im gleichen Stil ist auch der historische Roman *El doncel
de Don Enrique el Doliente* verfasst, der die tragische Liebesgeschichte des
Schildknappen Macías und der verheirateten Elvira im gleichen Jahr in
Romanform verarbeitet.

    Literatur und gesellschaftlicher Fortschritt: Dennoch zeigen Larras
zahlreiche *artículos* zu Fragen der Literatur, dass seine Abkehr vom neoklassizistischen Ideal der Ordnung und Ausgewogenheit so radikal und
beständig nicht war, wie die beiden genannten Werke dies nahelegen
könnten. Trotz seiner Sympathie für das neue romantische Drama und
den historischen Roman kann er sich doch nie völlig von einem neoklassizistischen Stilideal und einem konstruktiven Literaturbegriff lösen.
Am eindrücklichsten illustriert dies der von ihm selbst als literarisches
Manifest bezeichnete Artikel »Literatura«, den er am 18. Februar 1836
im *Español* veröffentlichte. In ihm bekennt er sich zu einer **Literatur des
konstruktiven Engagements**, das von der rückwärtsgerichteten wie von
der exaltierten Romantik in gleicher Weise entfernt war und das sich
wieder stärker am Literaturbegriff der Aufklärung orientierte. **Larras
Auffassung von der Funktion der Literatur** steht in der Spannung zwischen radikaler, subjektiver Freiheit und utilitaristischem Dienst für das
Gemeinwohl:

> »*Libertad* en literatura, como en las artes, como en la industria, como en el comercio,
> como en la conciencia. He aquí la devisa de la época, he aquí la nuestra, he aquí la
> medida con que mediremos; en nuestros juicios críticos preguntaremos a un libro:
> *¿Nos enseñas algo? ¿Nos eres la expresión del progreso humano? ¿Nos eres útil? Pues eres
> bueno.«* (Aus dem Artikel »Literatura«, 1836)

4.5.4 | Das Drama der Romantik

Das Repertoire der Madrider Bühnen besteht in der Zeit bis 1830 im Wesentlichen aus Gesellschaftskomödien und Melodramen französischer
Provenienz sowie aus modernen Adaptationen nationaler Stücke aus
dem Goldenen Zeitalter. Daneben kann sich allein die gesellschaftskritische Komödie aufklärerischer Zielrichtung behaupten. **Manuel Bretón
de los Herreros** (1796–1873) und **Ventura de la Vega** (1807–1865) führen
das Theater der bürgerlichen Mittelklassen in der Nachfolge Moratíns
auch während der Blütezeit der Romantik weiter und bereiten damit zugleich das bürgerlich-realistische Schauspiel der zweiten Jahrhunderthälfte vor.

    Erst nach dem Tod Ferdinands VII., der Lockerung der Zensur und der
Rückkehr der liberalen Autoren aus dem Exil kann sich das romantische
Drama durchsetzen. Dann aber erfolgt innerhalb kürzester Zeit **ein in-**

Der Boom des
romantischen
Dramas

Die Romantik
(*Romanticismo*)

tensives Feuerwerk von Dramen, die auf den beiden großen Bühnen des Teatro del Príncipe und des Teatro de la Cruz zur Aufführung kommen.

Autoren und Werke: Den Auftakt bildet die Premiere von **Francisco Martínez de la Rosas** (1787–1862) Drama *La conjuración de Venecia* am 23. April 1834. Ihr folgen u. a. **Larras Macías** am 24. September des gleichen Jahres, *Don Álvaro o la fuerza del sino* von **Ángel de Saavedra, Duque de Rivas** (1791–1865) am 22. März 1835 (s. Textauszug und Interpretation in Kap. 4.5.7), *El trovador* von **Antonio García Gutiérrez** (1813–1884) am 1. März 1836 und *Los amantes de Teruel* von **Juan Eugenio Hartzenbusch** (1806–1880) am 19. Januar 1837. Diese Werke bilden den Kern **einer rebellischen, exaltierten Romantik**, die in *Don Álvaro* ihren Höhepunkt findet und die die Regeln der neoklassizistischen Ordnungspoetik ebenso wie die Gesetze der entstehenden bürgerlichen Gesellschaft außer Kraft setzt.

Merkmale des romantischen Dramas: Dem romantischen Drama geht es nicht um die Entfaltung eines psychologischen Konfliktes, sondern um die **Inszenierung pathetischer Situationen**, nicht um den logischen Aufbau und den motivierten, wahrscheinlichen Ablauf eines inneren Zwiespalts, sondern um das harte Aufeinanderprallen kontrastreicher Szenen

und Situationen. Die drei Einheiten werden ebenso aufgehoben wie die Prinzipien von Wahrscheinlichkeit und Gattungstrennung. In der fiktiven Wirklichkeit des romantischen Dramas ist keinerlei sinnstiftendes Prinzip mehr zu erkennen; sie wird von den **Gesetzen des Zufalls** oder einem **blindwütenden Schicksal** beherrscht; Gefühle und Leidenschaften – gleich ob Liebe oder Hass, Vasallentreue oder Verrat – werden jeweils bis zum Paroxysmus gesteigert (vgl. Wentzlaff-Eggebert 1988).

Man hat dem romantischen Drama immer wieder seine Maßlosigkeit und den rein rhetorischen Charakter seiner Revolte vorgeworfen, doch übersieht man dabei, dass die **Verabsolutierung individueller Freiheit** und die Auflehnung gegen jegliche menschlichen wie göttlichen Gesetze und Ordnungsprinzipien

Karikatur
des romantischen
Selbstmords,
von Alenza

zugleich Ausdruck einer **existenziellen Verlassenheit und einer sozialen Ausgestoßenheit** sind, die für das Lebensgefühl dieser Generation charakteristisch sind. Den Romantikern dieser Jahre ist das optimistische Vertrauen der Aufklärer in Vernunft und gesellschaftlichen Fortschritt ebenso verlorengegangen wie der Glaube ihrer konservativen Vorgänger an den existenziellen Sinn menschlichen Lebens.

Ideologischer und ästhetischer Eklektizismus: Allerdings ist dieses revoltierende Feuerwerk so rasch wieder verloschen wie es aufgeflammt war. Schon in dem Drama **Don Juan Tenorio** von **José Zorrilla** (1817–1893), das am 28. März 1844 seine Premiere erlebt, ist zumindest die ideologische Kehrtwendung zu einer konservativen Lösung deutlich erkennbar (Briesemeister 1988). Der rebellische Protagonist, der in dem religiösen Drama *El burlador de Sevilla* von Tirso de Molina für seine Sünden mit ewiger Verdammnis bestraft wird, wird bei Zorrilla durch die Liebe und den Glauben einer jungen Frau bekehrt und findet in dem versöhnlichen Ende in den Schoß weltlicher und göttlicher Ordnung zurück. In den 1840er

Jahren geben selbst die jungen romantischen Rebellen ihre Haltung radikaler Revolte auf und kehren wieder zu dem ästhetischen und ideologischen Eklektizismus der 1820er Jahre zurück (Peters 2006).

4.5.5 | Romantische Lyrik von Espronceda bis Bécquer

Werkliste

Lyrik und Versepik der spanischen Romantik

1835	**José de Espronceda**: »La canción del pirata«; »El mendi-go«; »El verdugo«
1837	**José de Espronceda**: »El reo de muerte«
1838	**José de Espronceda**: »El canto del cosaco«
1840	**José de Espronceda**: *El estudiante de Salamanca*; *El diablo mundo*
1871	**Gustavo Adolfo Bécquer**: *Rimas*
1884	**Rosalía de Castro**: *A las orillas del Sar*

Der typischste Vertreter der rebellischen Romantik der 1830er Jahre ist
José de Espronceda (1808–1842). Er ist auch der einzige, der der Radikalität seiner Ideen bis zum Ende seines Lebens treu bleibt, das allerdings bereits 1842 im Alter von 34 Jahren jäh endet. Noch stärker als Larra ist Espronceda, den man nicht von ungefähr den Lord Byron Spaniens genannt
hat, die **Verkörperung des romantischen Rebellen**. Schon im Alter von 15
Jahren gründet er politische Zirkel und Geheimbünde, die ihm Probleme
mit der Polizei einbringen. In Portugal wird er mit 18 Jahren wegen politischer Umtriebe ausgewiesen; in Paris kämpft er 1830 auf den Barrikaden
der Juli-Revolution, und auch nach seiner Rückkehr ins liberale Madrid
von 1834 reißen die Schwierigkeiten mit Polizei und Zensurbehörde nicht
ab. Wie Larra hat er eine ebenso turbulente wie unglückliche Liebesbeziehung zu einer verheirateten Frau, der er nach ihrem Tod 1839 in dem
berühmten »Canto a Teresa« innerhalb des Versepos *El diablo mundo* ein
literarisches Denkmal setzt. Drei Jahre später wird er selbst ganz plötz-
lich von einer Infektionskrankheit aus dem Leben gerissen.

Die politische
Position
Esproncedas

Trotz aller Attitüde und Legendenbildung als Bürgerschreck und *en-
fant terrible* **der spanischen Romantik** ist heute unbestritten, dass Espronceda wie kaum ein anderer an der metaphysischen Krise seiner Generation gelitten hat und dass auch seine radikal-demokratische, **in der
jakobinischen Tradition stehende politische Überzeugung** ernst genommen werden muss. Am deutlichsten manifestiert sich sein politisches
Programm in seinem Artikel »Libertad, Igualdad, Fraternidad«, den er am
15. Januar 1836 – drei Tage vor Larras Artikel »Literatura« – anonym in
der Zeitung *El Español* veröffentlicht und in dem er seine Hoffnung auf
die Verwirklichung der Ideale der Französischen Revolution auch für den
Vierten Stand zum Ausdruck bringt. Dabei ist ein gewisser utopischer
Illusionismus unverkennbar, der zu der gesellschaftlichen Wirklichkeit
seiner Zeit kaum einen Bezugspunkt hat.

Die Romantik
(*Romanticismo*)

Formen der Lyrik
Esproncedas

Am eindrücklichsten bringt Espronceda das romantische Lebensgefühl seiner Zeit in seinen Gedichten und seinen epischen Versdichtungen zum Ausdruck. Eine besonders große Verbreitung haben vor allem seine fünf Lieder »La canción del pirata« (s. die Interpretation in Kap. 4.5.7), »El mendigo«, »El verdugo«, »El reo de muerte« und »El canto del cosaco« gefunden, die bereits in ihren Titelfiguren ihre wesentliche Intention zu erkennen geben.

Diese Gedichte erscheinen zwischen 1835 und 1838 in den bedeutendsten zeitgenössischen Zeitungen und literarischen Zeitschriften. Ihre Protagonisten, denen die Sympathie des Autors gilt, sind die **Anti-Helden der zeitgenössischen bürgerlichen Gesellschaft**, die marginalisierten Aussteiger, die Unterdrückten, Verurteilten und Ausgestoßenen. Sie sind sowohl Symbol für die Verlorenheit des Menschen in der Welt als auch Verkörperung der Auflehnung gegen jede Form von Unterdrückung und Tyrannei, der Sehnsucht nach Freiheit sowie nach unzivilisierter Naturhaftigkeit. Damit sind sie zugleich Ausdruck von Esproncedas existenzieller Erfahrung wie Instrument seines politischen Kampfes (vgl. Krömer, in: Tietz 1997, S. 683–694). Im Gegensatz zu der neoklassizistischen Dichtung der Aufklärung schreibt Espronceda jedoch keine philosophische oder didaktisierende Gedankenlyrik, sondern **romantische Erlebnislyrik**, in der die persönliche Erfahrung des lyrischen Ich in lebendigen und eingängigen Versen gestaltet wird. Dies hat den *Canciones* auch ihren enormen Erfolg bei einer breiten Leserschaft eingetragen.

Esproncedas Versepik: Die zentralen Themen von Esproncedas Gedichten finden sich auch in seinen erzählenden Versdichtungen *El estudiante de Salamanca* (1840) und *El diablo mundo* (1840 ff.). In dem ersten Werk hat der Autor den Don Juan-Mythos und die Legende des Studenten Lisardo gestaltet, der auf seinem Weg zu einer Nonne, in die er sich verliebt hat, einem Leichenzug begegnet, in dem sein eigener Leichnam zu Grabe getragen wird. Vermutlich hat Espronceda diese Legende Mérimées 1834 erschienener Novelle *Les âmes du purgatoire* entnommen. Im **Gegensatz zu dem Don Juan der christlich-katholischen Romantik** Zorrillas endet der Lebensweg von Esproncedas Held Don Félix de Montemar nicht mit Bekehrung und Versöhnung. Er schreckt vielmehr auf seiner phantastischen Verfolgungsjagd nach Liebe, Glück und Lebensgenuss vor keiner Warnung zurück und fordert Gott und den Teufel gleichzeitig heraus, bis er von dem Skelett seiner toten Geliebten in einem makabren Hochzeitstanz in enger Umarmung zu Tode gedrückt wird.

Gewiss verbirgt sich in der rebellischen Attitüde von Esproncedas Helden viel Deklamatorisches und viel Rhetorik, doch beeinträchtigt dies kaum **die Authentizität der Revolte**. Die Haltung Don Félix de Montemars versinnbildlicht die existenzielle und verzweifelte Suche des Autors nach dem Sinn der Welt und des menschlichen Lebens. Don Félix' halluzinatorische Verfolgungsjagd ist mehr als nur die Verfolgung einer unbekannten, begehrenswerten Frau. Vielmehr wird diese zum Symbol der unergründlichen Geheimnisse des Lebens, wobei die Entschleierung des Unbekannten mit der Entdeckung eines neuen Geheimnisses endet: der alles umfassenden Wirklichkeit des Todes, hinter dem sich jedoch nicht Hoffnung und Erlösung, sondern das reine Nichts verbergen.

Das ehrgeizigste literarische Werk Esproncedas ist das mit seinen rund 6000 Versen Fragment gebliebene Versepos *El diablo mundo*, das seit 1840 in mehreren Folgen erscheint. In diesem unter anderem von Goethes *Faust* inspirierten **Projekt eines Menschheitsepos** will der Autor eine Synthese seiner politisch-satirischen, seiner moralisch-philosophischen, seiner metaphysisch-existenziellen und seiner persönlich-lyrischen Dichtung schaffen. Zugleich beabsichtigt er, dem klassisch-germanischen einen romantisch-romanischen *Faust* entgegenzustellen, in dem sich der Mensch freilich nicht in unstillbarer Neugierde und Wissensdurst verzehrt, sondern in dem das tragische Bewusstsein der Unterwerfung des Menschen unter das universale Gesetz des Leidens und des Todes im Vordergrund steht.

Neben der revoltierenden Dichtung Esproncedas ist in der spanischen Romantik auch eine **gemäßigte, christliche Lyrik** von Bedeutung, in der zwar bisweilen gleichfalls existenzielle Sinnsuche im Vordergrund steht, wobei jedoch eher die Haltung gläubigen Vertrauens oder christlicher Resignation überwiegt. Gemeinsam ist beiden Gruppen das Verständnis der **Dichtung als Ausdruck persönlicher Erfahrung**, als Gestaltung intimster innerer Gedanken und vor allem Gefühle. Bei diesem Dichtungsverständnis müssen allgemein gültige Regeln und Anweisungen zur Abfassung eines Gedichtes ebenso in Frage gestellt werden wie die Nachahmung vorangegangener Modelle. Für die Dichter der Romantik werden Stil und Form zum unmittelbaren Ausdruck der eigenen Persönlichkeit und Subjektivität.

Romanzen und Legenden: Eine vielleicht noch größere Bedeutung als die lyrische erlangt in der spanischen Romantik die **erzählende Versdichtung**, wobei vor allem die historische und legendäre Tradition des Landes im Vordergrund stand. Sie bevorzugte die Gattung des *romance* und der *leyenda*, in der vor allem Autoren wie Francisco Martínez de la Rosa (1787–1862), der Duque de Rivas und Zorrilla hervorragen, wobei die Wiederbelebung der nationalen Tradition der Romanzendichtung des Mittelalters und des *Siglo de Oro* eine besondere Rolle spielte.

Neue Impulse erlebt die romantische Dichtung noch einmal durch **Gustavo Adolfo Bécquer** (1836–1870) und **Rosalía de Castro** (1837–1885) in den 1860er und 70er Jahren, als der Höhepunkt der Romantik längst überschritten war. Sowohl in seinen *Leyendas*, kurzen fantastischen Erzählungen und Prosagedichten, als auch in seinen 1870 posthum veröffentlichten *Rimas* hat Bécquer der exaltierten Dichtung Esproncedas und der rhetorischen und prunkvollen Poesie Zorrillas eine schlichte, introvertierte, **intimistische und zugleich hoch reflektierte Dichtung** an die Seite gestellt.

In seinem Werk versucht Bécquer, Phantasie und Intellekt, *inspiración* und *razón* ins Gleichgewicht zu bringen:

> Con ambas siempre en lucha
> y de ambas vencedor,
> tan sólo al genio es dado
> a un yugo atar las dos. (*Rima* III).

Tendenzen
romantischer Lyrik

Spätromantik:
Bécquer und
Rosalia de Castro

Ähnlich wie die Gedichte von Rosalía de Castros Sammlung *A las orillas del Sar* (1884) ist auch seine Dichtung von einer **elegischen Grundstimmung**, einer **Atmosphäre existenzieller Angst** und zugleich **christlicher Resignation** geprägt. Beide Autoren legen den äußeren Pomp und die Theatralität der romantischen Dichtung der 1830er und 40er Jahre ab, vereinfachen und verinnerlichen sie sprachlich-stilistisch und vermitteln ihr damit zugleich Impulse, die unmittelbar zur Lyrik des Modernismus und der Generation von 1927 hinüberleiten.

4.5.6 | Der Roman der Romantik

Auch im 18. Jh. sowie in der ersten Hälfte des 19. Jh.s hält die allgemeine Schwächeperiode des spanischen Romans weiterhin an. Von einer eigenständigen Romanproduktion kann am ehesten noch im Bereich des **Gesellschaftsromans** nach französischem Vorbild sowie vor allem im Bereich des **historischen Romans** in der Tradition von Walter Scott gesprochen werden. Dabei erfolgt durch die Entstehung von Serien- und Fortsetzungsromanen (*novela por entregas* und *novela de folletín*) eine allmähliche Ausweitung und Demokratisierung der Leserschaft. Der bedeutendste Vertreter dieser Entwicklung ist **Wenceslao Ayguals de Izco** (1801–1873), dessen melodramatische Romane wie *María o la hija de un jornalero* (1845) auf einer recht schematischen Schwarz-Weiß-Malerei im Stil des romantischen Sozialromans *Les mystères de Paris* (1843) von Eugène Sue aufbauen (s. S. 223).

Gil y Carrascos *El señor de Bembibre*: Der bedeutendste historische Roman der Romantik ist das 1844 unter dem Titel *El señor de Bembibre* erschienene Werk von Enrique Gil y Carrasco (1815–1846), das vor dem historischen Hintergrund der politischen und militärischen Auseinandersetzungen um den Templerorden die traurig-elegische Liebesgeschichte des Titelhelden mit der sozial höher gestellten Doña Beatriz de Ossorio schildert. Wie so häufig in der Romantik erweist sich auch in diesem Roman die irdische Welt für die Verwirklichung der hochfliegenden Ideale der romantischen Helden als zu eng und zu klein. Doch endet das **in der Tradition der katholischen Romantik stehende Werk** versöhnlich, da der Glaube den Protagonisten die Kraft gibt, die Desillusionierung und Unzulänglichkeit des Lebens auszuhalten. Ihr Scheitern mündet nicht in Rebellion oder Selbstmord, sondern in frommer Akzeptanz göttlicher Fügung. Was *El señor de Bembibre* darüber hinaus auszeichnet, ist die einfühlsame und zugleich in hohem Maß idealisierte **Schilderung der Natur**. Dabei projizieren die Helden in typisch romantischer Manier ihre innersten Gefühle in die sie umgebende Landschaft, die zugleich zum Ausdruck ihres innersten Seelenzustandes wird. Diese psychologische Semantisierung des Raumes bildet einen wichtigen Ansatzpunkt für moderne Schreibweisen.

Fernán Caballeros *La Gaviota*: Dieser costumbristische Roman, den Böhl von Fabers Tochter Cecilia 1849 unter dem Pseudonym Fernán Caballero (1796–1877) veröffentlicht, bietet dagegen bereits stärker realistische Ansätze. Der Roman verbindet eine romantische Liebesgeschichte mit moralischen Belehrungen und mit einer Schilderung vor allem des zeitgenössischen andalusischen Milieus, die trotz ihrer idealisierenden Tendenzen bereits auf den realistischen Roman der zweiten Jahrhunderthälfte vorausweist.

4.5.7 | Textbeispiele und Interpretationen

Angel de Saavedra, Duque de Rivas: *Don Álvaro o la fuerza del sino*, 1835

Das zum Teil in Prosa und teilweise in Versen geschriebene Drama entwirft in fünf Akten (*Jornadas*), die einen Zeitraum von etwa sechs Jahren umfassen und an weit auseinander gelegenen Orten spielen, die Geschichte eines typischen romantischen Helden. Don Álvaro scheitert aber nicht an der blinden Macht des Schicksals, wie dies der Titel suggeriert. Vielmehr wird sein Schicksal von der **Intoleranz** und dem starren, teilweise auch von ihm selbst internalisierten **Ehrbegriff einer überlebten adeligen Gesellschaft** bestimmt, die ihn und die anderen Protagonisten in den Tod treiben.

Don Álvaros ungeklärte Herkunft und sein unbestimmter sozialer Status verhindern eine Heirat mit Leonor, der Tochter des Marqués de Calatrava, eines alteingesessenen, wenn auch finanziell ruinierten Adeligen aus Sevilla. Als Don Álvaro aus Versehen den Vater seiner Geliebten tötet, setzt dies die Maschinerie der zu rächenden Ehre in Gang. Ohne nach den Ursachen zu fragen, machen sich die beiden Söhne auf den Weg, ihren toten Vater und die vermeintlich entehrte Schwester zu rächen. Unter falscher Identität lernen sich Don Álvaro und Don Carlos, der Bruder Leonors, kennen und schätzen. Als Don Carlos die wahre Identität Don Álvaros herausfindet, provoziert er ihn so lange, bis es zu einem Duell kommt. Don Álvaro tötet Carlos in diesem Duell und zieht sich darauf hin in ein Kloster zurück. Aber auch dort findet er keine Ruhe. Der andere Bruder Leonors, Don Alfonso, spürt ihn nach Jahren auf und schafft es wiederum, den Protagonisten zu einem Duell zu provozieren. Bei diesem wird Alfonso schwer verletzt. Als er um die Beichte bittet, holt Don Álvaro eine Eremitin, die seit Jahren in der Nähe des Klosters lebt. Alfonso erkennt sie in seiner Agonie als seine Schwester und tötet sie mit letzten Kräften. Don Álvaro tötet sich darauf hin verzweifelt und halb wahnsinnig geworden selbst.

Der im Grunde sozialkritische Inhalt des facettenreichen Dramas wird durch den übertriebenen **pathetischen Gestus der Protagonisten** und die eher unglaubwürdige **Aneinanderreihung von schicksalsschweren Zufällen** konterkariert. Dabei gilt es zu bedenken, dass Sozialkritik in einem modernen Sinne nicht das eigentliche Anliegen der Romantiker war (s. Kap. 4.5.3).

Strukturen des Werks

Rivas: *Don Álvaro o la fuerza del sino*, Titelblatt der Erstausgabe

Textbeispiel
Rivas: *Don Álvaro*
o la fuerza del sino
(1835; Auszug
aus I,2 und 3)

1. HABITANTE SEGUNDO. – No fue la corrida tan buena como la anterior.
2. PRECIOSILLA. – Como que ha faltado en ella don Álvaro el indiano, que a caballo y a pie es el mejor torero que tiene España.
3. MAJO. – Es verdad que es todo un hombre, [...].
4. PRECIOSILLA.– Y muy buen mozo. [...]
5. MAJO.– Pues, qué, ¿lo ha plantado ya la hija del señor marqués?...
6. OFICIAL.– No; doña Leonor no lo ha plantado a él, pero el marqués la ha trasplantado a ella.
7. HABITANTE SEGUNDO. – ¿Cómo? ...
8. HABITANTE PRIMERO.– Amigo, el señor marqués de Calatrava tiene mucho copete y sobrada vanidad para permitir que un advenedizo sea su yerno.
9. OFICIAL. – ¿Y qué más podía apetecer su señoría que el ver casada a su hija (qué, con todos sus pergaminos, está muerta de hambre) con un hombre riquísimo y cuyos modales están pregonando que es un caballero?
10. PRECIOSILLA. – ¡Si los señores de Sevilla son vanidad y pobreza, todo en una pieza! Don Álvaro es digno de ser marido de una emperadora... ¡Qué gallardo!... ¡Qué formal y qué generoso!... Hace pocos días que le dije la buenaventura (y por cierto no es buena la que le espera si las rayas de la mano no mienten), y me dio una onza de oro como un sol de mediodía.
11. TÍO PACO. – Cuantas veces viene aquí a beber, me pone sobre el mostrador una peseta columnaria.
12. MAJO. – ¡Y vaya un hombre valiente! [...]
13. OFICIAL. – Y en el desafío que tuvo con el capitán de artillería se portó como un caballero.
14. PRECIOSILLA. – El marqués de Calatrava es un viejo tan ruin, que por no aflojar la mosca y por no gastar...
15. OFICIAL. – Lo que debía hacer don Álvaro era darle una paliza que...
16. CANÓNIGO. – Paso, paso, señor militar. Los padres tienen derecho de casar a sus hijas con quien les convenga.
17. OFICIAL. – ¿Y por qué no le ha de convenir don Álvaro? ¿Porque no ha nacido en Sevilla?... Fuera de Sevilla nacen también caballeros.
18. CANÓNIGO. – Fuera de Sevilla nacen también caballeros, sí, señor; pero... ¿lo es don Álvaro?... Sólo sabemos que ha venido de Indias hace dos meses y que ha traído dos negros y mucho dinero... pero ¿quién es?...
    [...]
19. HABITANTE SEGUNDO. – Es un ente muy misterioso.
20. TÍO PACO. – La otra tarde estuvieron aquí unos señores hablando de lo mismo, y uno de ellos dijo que el tal don Álvaro había hecho sus riquezas siendo pirata...
    [...]
21. TÍO PACO. – Y otro, que don Álvaro era hijo bastardo de un grande de España y de una reina mora...
    [...]
22. TÍO PACO. – Y luego dijeron que no, que era... No lo puedo declarar... Finca... o brinca... Una cosa así... así como... una cosa muy grande allá de la otra banda.
23. OFICIAL. – ¿Inca?
24. TÍO PACO. – Sí, señor; eso: inca... inca...
    [...]
25. TÍO PACO. – Yo nada digo, ni me meto en honduras, para mí, cada uno es hijo de sus obras, y en siendo buen cristiano y caritativo...
26. PRECIOSILLA. – Y generoso y galán.

27. OFICIAL. – El vejete roñoso del marqués de Calatrava hace muy mal en negarle su hija.
28. CANÓNIGO. – Señor militar, el señor marqués hace muy bien. El caso es sencillísimo. Don
Álvaro llegó hace dos meses, nadie sabe quién es. Ha pedido en casamiento a doña Leonor,
y el marqués, no juzgándolo buen partido para su hija, se la ha negado. Parece que la
señorita estaba encaprichadilla, fascinada, y el padre la ha llevado al campo, a la hacienda
que tiene en el Aljarafe, para distraerla. En todo lo cual el señor marqués se ha comportado
como persona prudente.
[...]
29. CANÓNIGO. – Para acertarlo, debe buscar otra novia, porque si insiste en sus descabelladas
pretensiones, se expone a que los hijos del señor marqués vengan, el uno de la Universidad
y el otro del regimiento, a sacarle de los cascos los amores de doña Leonor.
30. OFICIAL. – Muy partidario soy de don Álvaro, aunque no le he hablado en mi vida, y sentiría
verlo empeñado en un lance con don Carlos, el hijo mayorazgo del marqués. [...]
31. CANÓNIGO. – Es uno de los oficiales más valientes del regimiento de Guardias Españolas,
donde no se chancea en esto de lances de honor.
32. HABITANTE PRIMERO. – Pues el hijo segundo del señor marqués, el don Alfonso, no le va en
zaga. Mi primo, que acaba de llegar de Salamanca, me ha dicho que es el coco de la Universidad, más espadachín que estudiante, [...].
[...]
33. PRECIOSILLA. – Negra suerte le espera [a Leonor]. Mi madre le dijo la buenaventura, recién
nacida, y siempre que la nombra se le saltan las lágrimas... [...]

ESCENA III
34. *Empieza a anochecer, y se va oscureciendo el teatro. Don Álvaro sale embozado en una capa
de seda, con un gran sombrero blanco, botines y espuelas; cruza lentamente la escena, mi-
rando con dignidad y melancolía a todos los lados, y se va por el puente. Todos lo observan
en gran silencio.*

Interpretation

In dem vorliegenden Textauszug, der am Beginn des ersten Aktes (*Jornada primera*) steht, wird ein Bild von Don Álvaro aus der Perspektive unterschiedlicher Figuren entworfen, und zwar vor dem ersten
Auftreten der Figur. Wir haben es also mit **explizit figuralen Fremd-
charakterisierungen** zu tun (s. S. 67 f.). Das heißt, dass die Informationen aus dem Mund der Figuren erstens unzuverlässig und zweitens
möglicherweise vom Interesse der Figuren geleitet sind. Die handelnden Figuren des Textauszugs sind Typen mit zum Teil sprechenden
Namen (s. Kap. 2.3.5): Preciosilla, Majo, Oficial, Canónigo etc., also
Figuren, die explizit auktorial mit Hilfe von *nombres elocuentes* charakterisiert werden.

Von der Figur Don Álvaros werden unterschiedliche Aspekte
hervorgehoben: Don Álvaro wird unter anderem als gut aussehender
junger Mann (Replik 4), als ein ganzer Kerl (Replik 3) bezeichnet,
dessen Verhalten ihn als ritterlich (*caballero*, Replik 9) und ehrenhaft
(Replik 13) ausweist. Hervorgehoben wird weiterhin im Gegensatz zu

dem Marqués de Calatrava, seine Großzügigkeit und seine Wohltätigkeit (Repliken 10, 11, 25, 26). Dieser durchweg positiven Charakterisierung werden seine ungewisse Abstammung und die unklare Herkunft seines Reichtums gegenübergestellt. **Don Álvaro ist, sozial gesehen, ein geheimnisvoller Mensch** (*ente misterioso*, Replik 19), ein Emporkömmling (Replik 8), über dessen Abstammung es die unterschiedlichsten Gerüchte gibt. Man erfährt, dass er ein *indiano* ist (Replik 2), d. h. dass er aus Lateinamerika stammt und sich erst seit zwei Monaten in Sevilla aufhält (Replik 18). Gerüchte besagen, er sei das uneheliche Kind eines spanischen Granden und einer maurischen Königin oder ein Inkaprinz (Repliken 21–24). Weiterhin erfährt man, dass er sehr reich ist (Repliken 9, 18), dass man aber nicht weiß, woher sein Reichtum kommt. Die Gerüchte gehen sogar so weit zu behaupten, Don Álvaro habe ihn als Pirat erworben (Replik 20). Aus diesem Gegensatz zwischen dem tadellosen, den adeligen Normen entsprechenden Verhalten des Protagonisten und seiner mysteriösen sozialen Herkunft wird der dramatische Konflikt entwickelt.

Die Aussagen über Don Álvaro und der angerissene mögliche Konflikt haben die Funktion, die **Neugier des Zuschauers** auf die Hauptfigur und den weiteren Gang der Handlung zu wecken. Diese Neugier wird durch die folgende Szene (34) noch gestärkt, in der Don Álvaro erstmals mit einem extravaganten Äußeren und mit einem würdevollen und geheimnisvollen Blick wortlos über die Bühne geht. Diese **explizit auktoriale Figurencharakterisierung** (s. S. 66 f.) vollendet den Entwurf eines Dramenprotagonisten, der durch seine Rätselhaftigkeit, die ihm zugeschriebene Melancholie (34) sowie durch den Konflikt zwischen Liebe und Standesnormen, den er auszutragen hat, **alle Charakteristika eines romantischen Helden** trägt. Mit seiner sozialen Ausgrenzung durch den alten Adel und den Versuchen, gegen diese »Macht des Schicksals« aufzubegehren, deutet diese Anfangsszene die Konturen eines Konflikts an, der ganz den zeitgenössischen Erwartungen entspricht und auch Verdi bei seiner Opernfassung des Dramas inspiriert hat.

José Espronceda: »Canción del pirata«, 1835

Der Text Das »Lied des Piraten« ist das bekannteste von Esproncedas fünf *canciones*, in denen er die Außenseiter der bürgerlichen Gesellschaft zu Protagonisten macht und damit zugleich das romantische Lebensgefühl seiner Zeit und den Bruch zwischen Dichter und Gesellschaft zum Ausdruck bringt. Das Gedicht erscheint am 25. Januar 1835 in der literarischen Zeitschrift El Artista und macht Espronceda mit einem Schlag zu einem der bekanntesten Dichter seiner Zeit.

Eine Vertonung der »Canción del pirata« durch Alejandro Roop findet sich als MP3-Version im Internet unter www.analitica.com/Bitblio/espronceda/pirata.asp; eine Version der Rockgruppe Tierra Santa unter www.youtube.com/watch?v=9q23J9u6yJE (5.3.2009).

1   Con diez cañones por banda,
    viento en popa, a toda vela,
    no corta el mar, sino vuela
    un velero bergantín.
5   Bajel pirata que llaman,
    por su bravura, el *Temido*,
    en todo mar conocido
    del uno al otro confín.

    La luna en el mar rïela,
10 en la lona gime el viento,
    y alza en blando movimiento
    olas de plata y azul;
    y ve el capitán pirata,
    cantando alegre en la popa,
15 Asia a un lado, al otro Europa,
    y allá a su frente Stambul.

    »Navega, velero mío,
        sin temor,
    que ni enemigo navío,
20 ni tormenta, ni bonanza
    tu rumbo a torcer alcanza,
    ni a sujetar tu valor.

    Veinte presas
    hemos hecho
25 a despecho
    del inglés,
    y han rendido
    sus perdones
    cien naciones
30 a mis pies.

    Que es mi barco mi tesoro,
    que es mi dios la libertad,
    mi ley, la fuerza y el viento,
    mi única patria, la mar.

35 Allá muevan feroz guerra
        ciegos reyes
    por un palmo más de tierra;
    que yo aquí tengo por mío
    cuanto abarca el mar bravío,
40 a quien nadie impuso leyes.

    Y no hay playa,
    sea cualquiera,
    ni bandera
    de esplendor,
45 que no sienta
    mi derecho
    y dé pecho
    a mi valor.

    Que es mi barco mi tesoro,
50 que es mi dios la libertad,
    mi ley, la fuerza y el viento,
    mi única patria, la mar.

    A la voz de »¡barco viene!«
        es de ver
55 cómo vira y se previene
    a todo trapo a escapar.
    Que yo soy el rey del mar,
    y mi furia es de temer.

    En las presas
60 yo divido
    lo cogido
    por igual.
    Sólo quiero
    por riqueza
65 la belleza
    sin rival.

    Que es mi barco mi tesoro,
    que es mi dios la libertad,
    mi ley, la fuerza y el viento,
70 mi única patria, la mar.

Die Romantik
(*Romanticismo*)

Sentenciado estoy a muerte.
   Yo me río;
no me abandone la suerte,
y al mismo que me condena
75 colgaré de alguna entena
quizá en su propio navío.

   Y si caigo,
   ¿qué es la vida?
   por perdida
80 ya la di,
   cuando el yugo
   del esclavo,
   como un bravo
   sacudí.

85 Que es mi barco mi tesoro,
   que es mi dios la libertad,
   mi ley, la fuerza y el viento,
   mi única patria, la mar.

   Son mi música mejor
90 aquilones,
   el estrépito y temblor
   de los cables sacudidos,
   del negro mar los bramidos
   y el rugir de mis cañones.

95   Y del trueno
   al son violento,
   y del viento
   al rebramar,
   yo me duermo
100 sosegado,
   arrullado
   por el mar.

   Que es mi barco mi tesoro,
   que es mi dios la libertad,
105 mi ley, la fuerza y el viento,
   mi única patria, la mar.«

Interpretation

Nach seiner **metrischen Struktur** lässt sich das Gedicht zunächst in zwei Blöcke einteilen: eine Art Einleitung aus zwei Strophen (V. 1–16) sowie dem Hauptteil (V. 17–106), dem eigentlichen Lied des Piraten. Die Einleitung besteht aus zwei 8-silbigen 8-Zeilern mit dem Reimschema abbécddé, das heißt mit zwei reimlosen Versen in der ersten und fünften Verszeile. Es handelt sich um eine *octavilla* (Kurzverse), die aufgrund ihrer italienischen Herkunft *octavilla italiana* oder aufgrund der *agudo*-Ausgänge in Vers vier und acht auch *octavilla aguda* genannt wird. Der Hauptteil lässt sich unter metrischen Gesichtspunkten in fünf gleichartige Unterblöcke einteilen, die jeweils aus **drei identisch komponierten Strophen** bestehen, wobei die letzte Strophe jeweils wiederholt wird, also einen Refrain (*estribillo*) bildet. Die jeweils erste Strophe besteht aus einem 8-silbigen 6-Zeiler (*sextilla*) mit dem Reimschema abaccb, wobei der zweite Vers ein Halbvers (*pie quebrado*) ist. Die jeweils zweite Strophe wiederholt die Struktur der beiden Eingangsstrophen, mit dem Unterschied freilich, dass die Verse ausschließlich aus 4-Silbern (*tetrasílabos* oder *pies quebrados*) bestehen (*octavilla en versos tetrasílabos*). Der Refrain besteht aus einem reimlosen 8-Silber-Quartett, in dem sich *llano*- und *agudo*-Ausgänge abwechseln.

Die metrische Struktur des Gedichtes weist **für die Romantik charakteristische Merkmale** auf. Auffallend ist bereits die abwechslungsreiche Strophen- und Versform. Die **Polymetrie**, das heißt die Verwendung unterschiedlicher metrischer Formen, wird zu einem Hauptmerkmal der romantischen Dichtung. Damit hebt sie sich bewusst von der isometrischen, das heißt einheitlichen metrischen Form des Neoklassizismus ab. Die Romantik zeichnet sich im metrischen Bereich weniger durch die Erfindung neuer Vers- und Strophenformen als durch die **Wiederbelebung traditioneller, volkstümlicher Formen** wie der *canción* sowie durch die Ausschöpfung vielfältiger Kombinationsmöglichkeiten aus. Sie befreit die Dichtung damit von den strengen einengenden Vorschriften der neoklassizistischen Poetik. Der ständige Wechsel von 8- und 4-Silbern sowie die fünffache Wiederholung des für das Lied typischen Refrains verleihen dem Gedicht einen äußerst lebendigen Rhythmus und ein hohes Tempo, die natürlich erst dadurch ästhetische Qualität erhalten, dass sie bestens mit dem Thema der über das windgepeitschte Meer dahinfliegenden Piratenbrigg korrespondieren. Espronceda greift vor allem in den beiden Eingangsstrophen noch zu anderen Stilmitteln, um die gleitende Bewegung des Schiffes zum Ausdruck zu bringen, etwa durch die gehäufte Verwendung der stimmhaften Konsonanten v und l, wobei das v zusätzlich am Wortbeginn (Alliteration) steht (*viento*, *vela*, *vuela*, *velero*).

Die Entsprechung von metrischer und stilistischer Form sowie inhaltlicher Aussage setzt sich durch das ganze Gedicht hindurch fort. Die beiden Eingangsstrophen evozieren mit dem über das Meer fliegenden Piratenschiff und der Figur des Piraten sowohl Freiheit und Unabhängigkeit als auch furchteinflößende Stärke und Macht. Darauf folgt im Hauptteil das eigentliche Lied des Piraten, in dem das **Bewusstsein von Freiheit, Unabhängigkeit und Macht** in stets neuen Variationen modelliert wird. Dabei erfahren diese Themen in dem vierzeiligen Refrain jeweils eine letzte Konzentrierung und Aufgipfelung: Das Schiff erweist sich als einziger Besitz und Schatz, die Freiheit als eigentlicher Gott, die Stärke als einziges Gesetz und das Meer als alleinige Heimat. Der Refrain enthält zugleich scharfe **Kritik an zentralen bürgerlichen Werten** wie Vaterland, Gesetz und Eigentum. In diesem *estribillo* kommt fünf Mal in Folge die metaphysische und soziale Revolte des Piraten zum Ausdruck, mit dessen Figur sich der Autor wohl identifiziert. Im Gegensatz zu der abstrakten und rhetorischen Lyrik der Aufklärung wird hier nicht in Versform über das Thema der Freiheit meditiert und philosophiert (Gedankenlyrik), vielmehr wird das Freiheitsbedürfnis als konkrete, persönliche Erfahrung des lyrischen Ich evoziert und im wahrsten Sinne des Wortes in die Welt hinaus gesungen (**Erlebnislyrik**). Das lyrische Ich ist dabei als eine vom Autor geschaffene Redeinstanz zu verstehen, mit der

Die Romantik
(*Romanticismo*)

dieser im vorliegenden Fall als Schreibinstanz offensichtlich unmittelbar übereinstimmt.

Die ersten drei Strophenblöcke des Hauptteils sind ganz der **Verherrlichung der Freiheit** gewidmet. In der vierten Einheit kommen dagegen ein neuer, eher ernster und bitterer Aspekt und eine geradezu metaphysische Akzentsetzung hinzu, in der nach dem Sinn des Lebens gefragt wird und in der zugleich die **Auflehnung gegen menschliches und göttliches Gesetz** bekräftigt wird. Der Pirat pfeift auf die Gesellschaft, die ihn ausgestoßen und zum Tod verurteilt hat, und er pfeift zugleich auf sein eigenes Leben, das ihm nichts gilt, wenn es ihm nicht absolute Freiheit gewährt. Bei aller Betonung von Freude und Freiheitsgefühl bleibt unterschwellig doch stets das Bewusstsein einer existenziellen, metaphysischen Unruhe, des bitteren Gefühls des Ausgestoßenseins, **des Verlustes sozialer und religiöser Geborgenheit** spürbar. Dies macht die *Canción del pirata* zu einer der ersten überzeugenden lyrischen Gestaltungen der metaphysischen Krise der Generation revoltierender Romantiker, der Espronceda angehört.

Noch ein letzter Aspekt sei erwähnt, der gleichfalls die Originalität dieses Gedichtes kennzeichnet: die **große Einfachheit und Verständlichkeit** in sprachlich-stilistischer wie in inhaltlicher Hinsicht. Damit stellt sich der Autor in einen bewussten Gegensatz sowohl zu der komplizierten Syntax und Rhetorik und den oft nur schwer nachvollziehbaren Gedankengängen barocker Dichtung als auch zu den abstrakten, philosophisch-moralischen Reflexionen der lyrischen Texte des Neoklassizismus. Bei der *Canción del pirata* handelt es sich um **volkstümliche Dichtung**, die auch den einfachen Leser anspricht. Dies erklärt die enorme Breitenwirkung von Esproncedas Liedern. Damit erhält das Gedicht eine ausgesprochen demokratische Note, wie sie für die politische und literarische Konzeption der revoltierenden Romantiker um Espronceda typisch ist.

Grundlegende Literatur

Alborg, Juan Luis: *Historia de la literatura española.* Bd. 4: *El romanticismo.* Madrid 1980.
Felten, Hans/Lope, Hans-Joachim: »Die spanische Literatur«. In: Norbert Altenhofer/Alfred Estermann (Hg.): *Neues Handbuch der Literaturwissenschaft.* Bd. 16: *Romantik III.* Wiesbaden 1985, S. 343–359.
Gies, David T. (Hg.): *El Romanticismo.* Madrid 1989.
Lope, Hans-Joachim: »Die Literatur des 19. Jahrhunderts«. In: Christoph Strosetzki (Hg.): *Geschichte der spanischen Literatur.* Tübingen ²1996, S. 281–321.
Neuschäfer, Hans-Jörg: »Das 19. Jahrhundert«. In: Ders. (Hg.): *Spanische Literaturgeschichte.* Stuttgart/Weimar ³2006, vor allem S. 231–272.
Rico, Francisco (Hg.): *Historia y crítica de la literatura española.* Bd. 5: Iris M. Zavala (Hg.): *Romanticismo y Realismo.* Barcelona ²2003.
Romero Tobar, Leonardo: *Panorama crítico del Romanticismo español.* Madrid 1994.

Literatur

Briesemeister, Dietrich: »José Zorrilla. *Don Juan Tenorio*«. In: Volker Roloff/Harald Wentzlaff-Eggebert (Hg.): *Das spanische Theater. Vom Mittelalter bis zur Gegenwart.* Düsseldorf 1988, S. 250–263.

Caldera, Ermanno: *El teatro español en la época romántica.* Madrid 2001.

Flitter, Derek: *Spanish Romantic literary theory and criticism.* Cambridge 1992.

Freire López, Ana María: *El teatro español entre la Ilustración y el Romanticismo.* Frankfurt a. M. 2009.

García Templado, José: *El teatro romántico.* Madrid 1991.

Krömer, Wolfram: *Zur Weltanschauung, Ästhetik und Poetik des Neoklassizismus und der Romantik in Spanien.* Münster 1968.

Llorens, Vicente: *El Romanticismo español.* Madrid 1979.

López Casanova, Arcadio: *La poesía romántica.* Madrid 1991.

Lovett, Gabriel H.: *Romantic Spain.* Bern/Frankfurt a. M./New York 1990.

Navas Ruiz, Ricardo (Hg.): *El Romanticismo español. Documentos.* Madrid 1971.

Navas Ruiz, Ricardo: *El Romanticismo español. Historia y crítica.* Madrid ³1990.

Peters, Michaela: »Das romantische Drama in Spanien zwischen Religion und Rebellion«. In: Franz Norbert Mennemeier/Bernhard Reitz (Hg.): *Amüsement und Schrecken. Studien zum Drama und Theater des 19. Jahrhunderts.* Tübingen 2006, S. 303–327.

Tietz, Manfred (Hg.): *Die spanische Lyrik von den Anfängen bis 1870.* Frankfurt a. M. 1997.

Wentzlaff-Eggebert, Christian: »Ángel de Saavedra, Duque de Rivas. *Don Alvaro o la fuerza del sino*«. In: Volker Roloff/Harald Wentzlaff-Eggebert (Hg.): *Das spanische Theater. Vom Mittelalter bis zur Gegenwart.* Düsseldorf 1988, S. 241–249.

Weiterführende und zitierte Literatur

4.6 | Realismus/Naturalismus (*Realismo/Naturalismo*, etwa 1860–1900)

4.6.1 | Begriffsprobleme und allgemeiner Überblick

Eine Epoche des Romans: Mit dem Doppelbegriff ›*Realismo/Naturalismo*‹ (bisweilen findet sich auch der Begriff ›*Realismo*‹ alleine) bezeichnet man eine Periode der spanischen Literatur, die in etwa das letzte Drittel des 19. Jh.s umfasst. Die beiden **aus der französischen Literatur übernommenen Begriffe**, aus denen dieser Epochenbegriff gebildet wird, rücken eine Orientierung des Romans in den Mittelpunkt, die den Schwerpunkt der Gattung auf die Gestaltung der zeitgenössischen Lebenswelt legt (s. dazu unten). Die wachsende Bedeutung des Romans kündigt sich in der ersten Jahrhunderthälfte schon durch einen Boom von Übersetzungen französischer und englischer Romane an. Vor der Mitte des Jahrhunderts hat die spanische Romanproduktion selbst – abgesehen von einigen historischen Romanen – eine geringe Bedeutung (vgl. Montesinos 1982; s. Kap. 4.5.6). In den letzten Jahrzehnten des 19. Jh.s entstehen dagegen Werke, die die französischen Vorbilder ebenso produktiv wie innovativ weiterentwickeln. In dieser Entwicklung bilden sich unterschiedliche, in mancher Hinsicht sogar **gegensätzliche Orientierungen des Romans** heraus (s. Kap. 4.6.3), die der Epochenbegriff in einen Zusammenhang bringt.

Die Lyrik zwischen
Spätromantik und
modernismo

Durch die Ausrichtung des Epochenbegriffs auf die Romanentwicklung wird der **Wandel der Lyrik** ausgeklammert. Ihre Entwicklung seit etwa 1880 wird gemeinhin schon dem *modernismo* der Jahrhundertwende zugerechnet (s. Kap. 4.7.2). Die in den Jahrzehnten davor auf diese Anfänge moderner Lyrik in Spanien hinführende Entwicklung, ihre Vertreter wie Rosalia de Castro oder Bécquer werden meist der Spätromantik zugeordnet (s. Kap. 4.5.5).

Poetischer Realismus: Allerdings werden bisweilen Dichter wie die in der Zeit hoch geschätzten und viel gelesenen Ramón de Campoamor (1817–1901) oder Gaspar Nuñez de Arce (1843–1903) als Vertreter eines poetischen Realismus verstanden. Diese Einordnung erklärt sich daraus, dass sie sich von den revoltierenden und idealisierenden Tendenzen der romantischen Lyrik abwenden. Sie gestalten in ihren Gedichten politische und moralische Themen sowie Alltagsprobleme. Beide passen sich damit den Vorlieben des bürgerlichen Publikums der Restaurationszeit an, das nach dem *sexenio revolucionario* (s. S. 108) von literarischen ebenso wie von politischen Experimenten nichts mehr wissen will. Für diesen Konformismus ist aufschlussreich, dass die beiden Autoren in der Restaurationsmonarchie auch hohe politische Ämter bekleideten.

Vom romantischen
Drama zum
Boulevardtheater

Die literarische Bedeutung des Drama in der zweiten Hälfte des 19. Jh.s ist wesentlich geringer als in der Zeit der Romantik (s. Kap. 4.5.4). Die pathetische Gestaltung von Individualität und Gesellschaftskritik tritt hinter ein publikumswirksames Boulevardtheater zurück, das beim Publikum der Restaurationszeit (s. S. 108) ein großes Prestige genießt. Zwar huldigt es auch Erfolgsautoren eines anspruchsvolleren Theaters, der sog. *alta comedia*, wie López de Ayala (1828–1879) oder José **Echegaray** (1832–1916, 1904 erster spanischer Träger des Nobelpreises für Literatur). Doch auch deren Werke vermeiden tiefer gehende Konflikte und haben vor allem die Absicht, ein bürgerliches Publikum zu unterhalten.

Die Unterhaltungsfunktion des Theaters: Damit wird das Theater vorwiegend zu einem Ort unbeschwerter Unterhaltung, in der Traditionen des Volkstheaters wie vor allem aus Frankreich stammende Formen der Boulevardkomödie Konjunktur haben. Trotz seiner geringeren literaturgeschichtlichen Bedeutung ist der gesellschaftliche und kulturelle Stellenwert dieses Theaters nicht zu unterschätzen. Populäre Repräsentanten eines meist einaktigen volkstümlich-kostumbristischen Dramas, des sog. *genero chico*, wie Carlos Arniches (1866–1943) oder die Brüder Álvarez Quintero (Serafín und Joaquín, 1871–1938 bzw. 1873–1944) tragen mit ihrer weit ins 20. Jh. reichenden Produktion ebenfalls dazu bei, die dominante Unterhaltungsfunktion des Theaters auch in der Zeit der Avantgarden weiterzuführen.

Trotz der kulturellen Bedeutung von Lyrik und Drama erscheint es sinnvoll, die Darstellung der Literaturverhältnisse in den letzten Jahrzehnten des 19. Jh.s auf den Roman, **die wichtigste Innovation in der spanischen Literatur des 19. Jh.s,** zu konzentrieren. Der Roman wird jetzt auch in Spanien die dominante literarische Gattung – mit einer deutlichen, für den gesellschaftlichen und kulturellen Entwicklungsstand des Landes bezeichnenden zeitlichen Verschiebung gegenüber anderen europäischen Ländern. Für den Boom des Romans ist der **mediale Wandel** genauso grundlegend wie der gesellschaftliche und kulturelle. Die Entwicklung großer nationaler Tageszeitungen und Zeitschriften wie die neuer Drucktechniken spielen dabei eine wichtige Rolle.

Die Erfolgsgeschichte des Romans

Der Feuilletonroman: Schon um die Jahrhundertmitte beginnt mit Autoren wie Enrique Pérez Escrich (1829–1897) und Wenceslao Ayguals de Izco (1801–1873) die Blüte des Feuilletonromans (*novela por entregas*), der in Zeitungen oder Zeitschriften in Fortsetzungen publiziert wird. Nicht nur in der Publikationsform, sondern auch in der thematischen Orientierung ist hier der französische Einfluss bestimmend. Inhaltlich bieten die Feuilletonromane eine häufig antiklerikal gefärbte **Mischung aus Elementen des Schauerromans und der Sozialkritik,** für die ein Titel wie Ayguals de Izcos *Pobres y ricos o La bruja de Madrid* (1849–50) typisch ist. Ihr großes Vorbild ist der französische Romancier Eugène Sue (1804–1857), in den 1840er Jahren der europaweit wohl meistgelesene Romanautor. Dessen Bestseller *Les mystères de Paris* (1842/43) wird schon in den 1840er Jahren mehrfach als *Los misterios de Madrid* in Spanien adaptiert.

Die beiden Begriffe ›Realismus‹ und ›Naturalismus‹ verweisen auf französische Vorbilder. Die Literatur des nördlichen Nachbarn bietet der spanischen Literatur schon seit der Aufklärung und der Romantik wesentliche Bezugspunkte für ihre Erneuerung. In Frankreich entwickelt sich der **Realismus** im Roman schon in der ersten Hälfte des 19. Jh.s und macht den Roman als literarische Gestaltung der zeitgenössischen Lebenswelt zur wichtigsten literarischen Gattung.

Französische Vorbilder

Realismus/
Naturalismus

Zum Begriff

> Der Begriff → Realismus, der aus der Philosophie stammt, wird in
> Frankreich seit den 1850er Jahren auf die Entwicklung des Romans
> übertragen. Ästhetisch beinhaltet dieser Begriff einen **Bruch mit
> zentralen Kriterien der klassizistischen Poetik**, in der Gegenstände
> wie sprachliche Gestaltung der Literatur auf einer überhöhenden
> Distanz zur Realität angesiedelt werden. Das Paradigma des Rea-
> lismus kennzeichnet im Bereich des Roman eine Annäherung der
> erzählten Welt an die – meist detailliert gestaltete – Lebenswelt
> und die Alltagserfahrung der zeitgenössischen Leser/innen. Das
> große französische Vorbild ist **Balzac** (1799–1850), der den Begriff
> Realismus selbst allerdings noch nicht verwendet.

Die fiktionale Gestaltung alltäglicher Wirklichkeit auch in ihrer Banalität und ihren wenig erbaulichen Aspekten (so etwa des Elends der in der
zweiten Jahrhunderthälfte entstehenden Arbeiterklasse) wird im **Naturalismus** intensiviert. Diese Richtung des Romans wird in Frankreich seit
den 1860er Jahren von einer Gruppe von Autoren um Emile Zola vertreten, die den Realismus verwissenschaftlichen und dadurch weiterentwickeln wollen.

Zum Begriff

> Der Begriff → Naturalismus wird seit 1868 von **Zola** (1840–1902)
> für die theoretische Begründung seiner Romankonzeption einge-
> führt. Er will Balzacs Vorgehen systematisieren und entwirft das
> Romanschreiben nach dem **Modell eines naturwissenschaftlichen
> Experiments**. Zola begreift den Romanautor als Beobachter einer
> Versuchsanordnung, die aus den Figuren und den ihr Handeln
> bestimmenden Faktoren besteht. Im Roman soll die Determiniert-
> heit menschlichen Verhaltens durch **Erbanlagen, gesellschaftliche
> Bedingungen** und **historische Umstände** erzählerisch erprobt und
> durchgespielt werden. Damit verbindet sich ein Erkenntnisan-
> spruch, der ebenfalls nachhaltig von der Entwicklung der Naturwis-
> senschaften in der zweiten Jahrhunderthälfte beeinflusst wird. Der
> Roman soll zu einem wissenschaftlich inspirierten Verfahren der
> Beobachtung und Analyse der Gesellschaft werden.

Die spanische
Entwicklung: Vom
costumbrismo zum
Realismus

Beide Richtungen des französischen Romans werden in Spanien seit etwa
1870 sehr schnell und nahezu zeitgleich rezipiert und diskutiert. Bis dahin
sind gängige Bezeichnungen für Romane, die sich Gegenwartsproblemen
zuwenden, *novela de costumbres* oder *novela contemporánea* (diesen Begriff verwendet Galdós noch für seine ersten realistischen Romane). Die
erste Bezeichnung verweist auf die sog. *cuadros de costumbres*, die sich
schon bei Larra finden (s. Kap. 4.5.3). Als Artikel vor allem in Zeitungen
und Zeitschriften publiziert, stellen diese Texte Szenen oder Typen der

Begriffsprobleme
und allgemeiner
Überblick

Alltagswelt dar, die als gesellschaftlich bedeutsam oder charakteristisch gelten. Der bedeutendste Vertreter dieses sog. **costumbrismo** um die Jahrhundertmitte ist Ramón de Mesonero Romanos (1803–1882). Seine *Escenas matritenses* (1842) gestalten vielfältige Facetten des Madrider Lebens und seiner typischen Gestalten. Das Interesse für diese Gegenstände kann als Anzeichen dafür verstanden werden, dass gerade in der Großstadt die Lebenswelt unüberschaubar und nicht mehr selbstverständlich verstehbar wird. Im *costumbrismo* wird den Lesern ihre eigene Lebenswelt zur Anschauung gebracht, wie dies exemplarisch der Titel einer Sammlung einschlägiger Prosatexte, *Los Españoles pintados por sí mismos* (1843/44) verdeutlicht.

Titelblatt des Sammelbandes *Los Españoles pintados por sí mismos*

Der Einschnitt der Septemberrevolution und der nachfolgenden Jahre politischer Wirren bis zur Restauration der Bourbonenmonarchie (s. S. 108 f.) beschleunigt und intensiviert die Entwicklung des Romans. »**El glorioso renacimiento de la novela española data de fecha posterior a la revolución de 1868**« (Alas 1971, S. 71), heißt es in einem Artikel des als scharfsinniger Literaturkritiker ebenso wie als Romanautor bedeutenden Leopoldo Alas (Pseudonym: Clarín, 1852–1901). Die Zeit des *sexenio revolucionario* bildet eine Zäsur, die den Wandel des Romans und seine teilweise Orientierung am Vorbild des französischen Realismus und wenig später auch des Naturalismus von der Endphase der Romantik abgrenzt. Unter dem Eindruck des Scheiterns der politischen Umwälzung, an deren Ende mit der Restaurationsmonarchie eben das Regime stand, das die Liberalen hatten beseitigen wollen, stellt sich nachdrücklich die Frage nach dem **Beitrag des kritischen Potentials der Literatur zum gesellschaftlichen Wandel**.

Gemeinsam ist den Romanen, die in den letzten Jahrzehnten des 19. Jh.s entstehen, das realistische Grundprinzip einer fiktionalen Konstruktion der zeitgenössischen Lebenswelt und ihrer alltäglichen Probleme. Dennoch bilden sich dabei Orientierungen aus, die die dem Realismus zugerechneten Romanautoren literarisch und ideologisch in zwei Gruppen spalten, die an den Gegensatz der *dos Españas* erinnern.

Zwei Tendenzen des realistischen Romans

Kostumbristischer Realismus: Die Autoren des kostumbristischen Realismus wie Pedro Antonio de Alarcón (1833–1891) oder José María de Pereda (1833–1906) entwerfen die spanische Lebenswelt in einer grundsätzlich positiven und harmonisierenden Perspektive. Trotz des gesellschaftlichen Wandels stellen sie die darin herrschenden Traditionen als erhaltenswert oder gar notwendig dar.

Kritischer Realismus: Clarín und Benito Pérez Galdós (1843–1920) sind die beiden wichtigsten Vertreter der Entwicklung zu einem vom Naturalismus beeinflussten kritischen Realismus, der politisch dem liberalen Fortschrittsdenken und ideologisch dem *krausismo* (s. S. 246) nahesteht.

Ihre Romane problematisieren die Traditionen und die Stagnation der Modernisierung in Spanien.

Zu dieser Tendenz kann man auch Ansätze eines **Sozialromans** zählen, die sich in den letzten Jahrzehnten des 19. Jh.s insbesondere bei Emilia Pardo Bazán (1851–1921) und Vicente Blasco Ibáñez (1867–1928) finden (für eine systematische Darstellung der Entwicklung des Romans vgl. Wolfzettel 1999; vgl. auch Matzat 1995; Oleza 1976 und Zavala 1971).

Autoren und Werke	**Tendenzen des spanischen Romans in der zweiten Hälfte des 19. Jahrhunderts**
seit 1840	Blüte der häufig sozialkritischen **Feuilletonromane**
1849	Ein erstes Beispiel des **kostumbristischen Realismus**: *La Gaviota* von Cecilia Böhl de Faber (zunächst als Feuilletonroman, 1856 in Buchform; s. Kap. 4.5.6)
1874	Zwei bedeutende Werke des **kostumbristischen Realismus**: Pedro Antonio de Alarcóns *El sombrero de tres picos* und Juan Valeras *Pepita Jiménez*
1876	Beginn des **kritischen Realismus** mit Benito Pérez Galdós' *Doña Perfecta*
1882	Mit Emilia Pardo Bazáns *La Tribuna* (zugleich einer der ersten spanischen **Sozialromane**) sowie Galdós' *La desheredada* erscheinen die ersten **vom Naturalismus beeinflussten Romane**
1884 bis 1887	Die bedeutendsten Werke des **kritischen Realismus**: Clarín: *La Regenta* und Galdós: *Fortunata y Jacinta*
1885	José Maria de Peredas *Sotileza*, eines der wichtigsten Werke des **kostumbristischen Realismus**
1886/87	Pardo Bazán: *Los pazos de Ulloa* sowie die Fortsetzung dieses Werks: *La madre Naturaleza*, nachhaltig **vom Naturalismus geprägte Romane**
seit 1894	Die ersten Werke von Blasco Ibáñez: *Arroz y tartana* (1894), *La barraca* (1898), dann vor allem *La bodega* (1905) führen naturalistische Ansätze im **Sozialroman** weiter

4.6.2 | Diskussionen um die Funktion des Romans

Grundlagen des kostumbristischen Realismus: Cecilia Böhl de Faber bestimmt im Vorwort zu *La Gaviota* (1856, s. Kap. 4.5.6) die Aufgabe der »novela de costumbres« als die Wiedergabe der Wirklichkeit durch »recopilar y copiar«. Diese Vorstellung von einer problemlosen **Verstehbarkeit von Alltäglichkeit** durch eine Sammlung und Abbildung ihrer Elemente ist **typisch für den kostumbristischen Realismus**, dem die traditionelle Lebenswelt als unproblematischer und bewahrenswerter Gegenstand erscheint. Um die Jahrhundertmitte erscheint die ästhetische Idealisierung der traditionellen Lebensverhältnisse des ländlichen Spaniens, wie sie *La Gaviota* unternimmt, noch als sinnvolles (und in der Kritik vielfach hoch gerühmtes) Projekt eines realistischen Romans. Dessen kritische Funktion wird in Spanien erst nach der Septemberrevolution intensiv diskutiert.

Die Darstellung des Bürgertums als Projekt des kritischen Realismus: In einem programmatischen Artikel kritisiert Galdós 1870 den »realismo bucólico« der *Gaviota* als naive Darstellung einer ländlichen Idylle. Gegen die ästhetisch wie sozial traditionelle Orientierung des kostumbristischen Realismus setzt er die Forderung, dass er die **gesellschaftliche Rolle der** »**clase media**«, des Bürgertums, zum **Gegenstand des Romans** werden soll. Damit treten Fragen des gesellschaftlichen Wandels an die Stelle der kritiklos überhöhenden Konstruktion traditioneller Lebenswelten:

>»La novela moderna de costumbres ha de ser la expresión de cuanto bueno y malo existe en el fondo de esa clase, de la incesante agitación que la elabora, de ese desempeño que manifiesta por encontrar ciertos ideales y resolver ciertos problemas que preocupan a todos, y conocer el origen y el remedio de ciertos males que turban las familias. La grande aspiración del arte literario en nuestro tiempo es dar forma a todo esto.« (Pérez Galdós 1990, S. 112)

Die Gestaltung der Auseinandersetzungen, in denen das Bürgertum seine gesellschaftliche Position zu finden versucht, bezeichnet Galdós als »misión« des Romans. Die *gran novela* solle einen »cuerpo multiforme y vario, pero completo, organizado y uno, como la misma sociedad« bilden (ebd.). Die Einheit der im Roman konstruierten Geschichte des Bürgertums entwirft er dabei in einer biologisch begründeten Analogie (»cuerpo [...] completo, organizado y uno«) mit den Strukturen der Gesellschaft. Die Konzeption des kritischen Realismus soll durch die **fiktionale Gestaltung eines Gesamtzusammenhangs gesellschaftlicher Wirklichkeit** verwirklicht werden.

Die Erkenntnismöglichkeiten des Romans stehen auch im Zentrum der **Romankonzeption Claríns**, der die Entwicklung des Romans in den 1870er und 1880er Jahren mit einer Fülle von Aufsätzen und Rezensionen kritisch begleitet. Er versteht den **Roman als aufklärerisches Medium**, als »vehículo [...] para llevar al pensamiento general [...] el germen fecundo de la vida contemporánea« (Alas 1971, S. 72). Dabei sieht er Galdós (zusammen mit Juan Valera, s. Kap. 4.6.3) als wichtigsten Repräsentanten dieser Entwicklung an.

Politische Gegensätze: Mit deutlich politischer Akzentuierung grenzt Clarín seine Konzeption des Romans gegen den kostumbristischen Realismus ab, indem er Alarcón und Pereda als Repräsentanten der »reacción en la novela« bezeichnet. Seine ideologiekritisch begründete Unterscheidung argumentiert mit den Verstehensmöglichkeiten, die der Roman eröffnen soll.

>»La lucha es desigual, porque Galdós y Valera son ingenios de primer orden, pensadores profundos [...], y Alarcón y Pereda son meramente artistas, y al querer buscar tendencia trascendental para sus obras demuestran que son espíritus vulgares en cuanto

se refiere a las ideas más altas e importantes de la filosofía y de las ciencias sociales.« (Clarín 1971, S. 74)

Clarín formuliert mit dieser Wertung zugleich das **Postulat, dass der Roman zum gesellschaftlichen Fortschritt beitragen soll.** Durch eine wissenschaftlich fundierte Gestaltung von gesellschaftlicher Wirklichkeit ermögliche er ein Verständnis des gesellschaftlichen Wandels. Mit dem Verweis auf die Bedeutung von »filosofía« und »ciencias sociales« grenzt Clarín die kostumbristische und die kritische Tendenz des Romans voneinander ab. Er deutet damit eine **wissenschaftliche Fundierung des Romanschreibens** an, die sich der Position des Naturalismus annähert.

Das Problem des Naturalismus   Die Diskussion über die gesellschaftliche und erkenntnistheoretische Funktion des Romans verschärft sich Ende der 1870er Jahre durch die Auseinandersetzung mit den theoretischen Ansätzen Zolas. Sie werden von Clarín in seinen Literaturkritiken und von Emilia Pardo Bazán mit der Aufsatzsammlung *La cuestión palpitante* (1882/83) in die spanischen Debatten eingebracht. In der Diskussion um den Naturalismus spielt das französische Vorbild mehr die Rolle eines Auslösers als die eines intensiv nachgeahmten Modells.

Der naturalistische Determinismus: Die Verfechter eines spanischen Naturalismus lehnen insbesondere das für Zolas Konzeption des Naturalismus grundlegende **Postulat eines naturwissenschaftlichen Determinismus ab.** Zola begründet damit eine Konzeption des Romangeschehens, nach der Verhalten und Entwicklungsmöglichkeiten von Romanfiguren durch **historische, gesellschaftliche und biologische Faktoren** bestimmt werden. Aufgabe des naturalistischen Romans wäre es dann, die Auswirkungen dieser determinierenden Faktoren auf das Denken und Handeln der Figuren – auch gegen deren Intentionen – zu beobachten und literarisch zu gestalten.

Kritik am Determinismus: Clarín kritisiert diese Position eher aus ästhetischen Gründen, als Einschränkung literarischer Gestaltungsfreiheit, Pardo Bazán vornehmlich aus religiösen. Eine deterministische Sicht des menschlichen Verhaltens negiert nämlich das für die katholische Moraltheologie entscheidende Postulat der Willensfreiheit, der eigenverantwortlichen Entscheidung des Menschen für oder gegen Gottes Gebote (denn wenn das Handeln des Menschen determiniert ist, kann er auch nicht sündigen). Sie ist daher im traditionell katholischen Spanien besonders skandalträchtig. Trotz solcher Vorbehalte kann man in den Romanen beider Autoren Ansätze zu einer deterministischen Konstruktion der erzählten Welt feststellen – so etwa die ausschlaggebende Bedeutung der Familiengeschichte und des sozialen Milieus von Vetusta für das Schicksal der Protagonistin in Claríns *La Regenta* (s. S. 234 f.).

Ästhetik und Moral: Clarín wie Pardo Bazán geht es mit der teilweisen Übernahme naturalistischer Positionen vor allem darum, **den Roman von den ästhetischen und moralischen Verpflichtungen zu entlasten**, die er aus Sicht einer traditionsorientierten Kritik zu erfüllen hat. Gegen den Naturalismus verteidigt beispielsweise Alarcón die Forderung einer moralischen Verpflichtung der Kunst und die Notwendigkeit ästhetischer Idealisierung. In seiner programmatischen Akademierede »Sobre la moral en el arte« (1877) polemisiert er im Namen der Moral und der Theologie gegen ein deterministisches Menschenbild, das aus dem »humanismo« einen »bestialismo« mache. In einer anderen Rede erklärt er 1883 den Naturalismus zur »mano sucia de la literatura«. Alarcóns Auseinandersetzung mit dem Naturalismus zeigt, welch grundlegende ideologische Differenzen den literarischen Unterschieden zwischen kostumbristischem und kritischem Realismus zugrunde liegen.

Die Romanpraxis von Clarín und Galdós wie teilweise auch die von Emilia Pardo Bazán wird von einer zunehmend **pessimistischen Sicht der Möglichkeiten gesellschaftlichen Wandels** bestimmt. Diese Position zeigt sich in der Konstruktion scheiternder Romanprotagonisten (und mehr noch Protagonistinnen) sowie zunehmend zielloser und erzählerisch nicht mehr verstehbar gemachter Handlungsverläufe.

Clarín zieht sich auf ein **Ideal exakter Beobachtung** als Rechtfertigung für die Negativität der im Roman konstruierten fiktiven Wirklichkeit zurück. Diese defensive Position ist charakteristisch für die ideologische Stagnation der Restaurationszeit. Angesichts des Scheiterns des politischen Liberalismus erscheint eine auf Veränderung der Gesellschaft zielende Konzeption des Romans nicht mehr sinnvoll (vgl. dazu Beser 1972; Gumbrecht 1983; Lissorgues 1988 und Schmitz 2000). Seit dem Ende der 1880er Jahre treten neben die Versuche einer erzählerischen Konstruktion der spanischen Lebenswelt und ihrer Probleme **Ansätze eines psychologischen Romans**. Damit verlagert sich das im Roman erzählte Geschehen auf die Gestaltung individueller Probleme und innerer Konflikte der Figuren, die der Roman um die Jahrhundertwende verstärkt aufgreifen wird (s. Kap. 4.7.2).

Die Romandiskussion in der zweiten Hälfte des 19. Jahrhunderts

1856	Im Prolog zur Buchausgabe von *La Gaviota* formuliert Cecilia Böhl de Faber programmatisch die **Position des kostumbristischen Realismus**
1870	Galdós' »Observaciones sobre la novela contemporánea en España« enthalten ein **Programm eines kritischen Realismus**
1875	Claríns »El libre examen y nuestra literatura presente« begründet die **erkenntnistheoretische Bedeutung des kritischen Realismus** im Dienst des gesellschaftlichen Fortschritts
1877	Alarcóns Akademierede »Sobre la moral en el arte« kritisiert den Naturalismus aus der Perspektive des **kostumbristischen Realismus** und eines moralisch und religiös begründeten Literaturverständnisses
1882/83	Emilia Pardo Bazáns Artikelserie *La cuestion palpitante* (1883 als Buch) vertritt trotz religiöser Vorbehalte einen

	gemäßigten Naturalismus; zugleich veröffentlicht auch Clarín eine Artikelserie »Del naturalismo«
1886/87	Juan Valeras *Apuntes sobre el nuevo arte de escribir novelas* formulieren eine scharfe **Kritik am Naturalismus** im Namen einer **ästhetizistischen Konzeption des Romans**
1890	Claríns Rezension des Romans *Realidad* von Galdós begründet in teilweiser **Abwendung vom Naturalismus** Prinzipien des **psychologischen Romans**
1897	Galdós' Antrittsrede in der *Real Academia*, »La sociedad presente como materia novelable« formuliert eine skeptische **Absage an die Konzeption des gesellschaftskritischen Realismus**

4.6.3 | Zwischen kostumbristischem und kritischem Realismus: Tendenzen und Werke

Die Vielfalt der Romane, die im letzten Drittel des 19. Jh.s erscheinen, kann man summarisch mit der zuvor bereits angesprochenen Unterscheidung zwischen kostumbristischer und kritischer Modellierung der erzählten Wirklichkeit strukturieren. Häufig konkretisiert sich dieser Unterschied in einer je nach Tendenz verschiedenartig entworfenen Sicht auf den **Gegensatz zwischen der Stadt und dem Landleben**. Das folgende Schaubild zeigt schematisch die wichtigsten Unterschiede zwischen beiden Tendenzen.

Kostumbristischer Realismus		**Kritischer Realismus**
Bewahrung der Tradition und/oder Nostalgie	**Gesellschaftliche Perspektive**	Last der Tradition, Kritik und Überwindung
Lebenswelt des Landes positiv und/oder Lebenswelt der Stadt negativ	**Situierung des Geschehens**	Lebenswelt der Stadt positiv und/oder Lebenswelt des Landes negativ
in Traditionen geborgen oder durch/an deren Verlust scheiternd	**Romanfiguren**	im Konflikt mit den Traditionen, an diesen scheiternd

Der moralisch verderbliche Einfluss des Stadtlebens ist schon in der Handlungskonstruktion von *La Gaviota* (s. Kap. 4.5.6) für das Scheitern der aus einem als harmonische ländliche Idylle dargestellten andalusischen Dorf stammenden Protagonistin verantwortlich. Sie verleugnet ihre Herkunft, um als Sängerin in Sevilla und Madrid Karriere zu machen. Derartige wertende Konstruktionen der Bedeutung von Land- und Stadtleben, die auch den **Gegensatz von Tradition und Fortschritt** implizieren, finden sich vielfach im kostumbristischen Realismus.

Alarcón: Der bekannteste und ideologisch militanteste Vertreter dieser Richtung ist Pedro Antonio de Alarcón, dessen Erzählung *El sombrero de tres picos* (1874) mit der Grundidee eines im unverdorbenen Volk verankerten spanischen Wesens weltberühmt wird. Ein aus Madrid stammender Amtmann, der *corregidor,* scheitert darin mit seinen tollpatschigen Nachstellungen an der moralischen Integrität und der Bauernschläue der von ihm verehrten Müllerin. Inmitten der Umbrüche des 19. Jh.s, die den historischen Rahmen des Geschehens bilden, soll diese Geschichte die **Kontinuität des spanischen Volksgeists** zur Geltung bringen, der die Modernisierungsprozesse der spanischen Gesellschaft unbeschadet übersteht.

In seinem 1875 erschienenen Roman *El escándalo* entwirft **Alarcón** darüber hinaus eine theologisch begründete Konfliktlösung, die den **Stadt-Land Gegensatz aus anderer Perspektive** durchspielt, mit einer negativen Wertung des städtischen Lebens. Die Großstadt **Madrid** erscheint dort als ein **Ort des Verderbens**, dem der Protagonist ausgeliefert scheint und dem er nur durch die unfehlbaren Ratschläge seines geistlichen Beistands entkommen kann. Bei aller erzählerischen Komplexität (s. S. 78.) ist dieses Werk vor allem ein konservativer **Thesenroman**. Mit seiner propagandistischen Wirkungsintention ergreift es im Gegensatz zwischen Tradition und Fortschritt massiv zugunsten der Tradition Partei.

Pereda: Literarisch komplexer sind die Romane von **José Maria de Pereda**. Er verfasst neben kostumbristischen Szenen eine Reihe von Romanen, die in der traditionellen Lebenswelt der Fischer und Seeleute von Santander (*Sotileza*, 1885) bzw. der Bergregionen Kantabriens (*Peñas arriba*, 1895) spielen und diese nostalgisch, aber auch kritisch reflektieren. Auch wenn seine Romane diese Milieus idealisieren, gestalten sie sie **im Bewusstsein ihrer Bedrohung durch eine unaufhaltsame Modernisierung**. In *Sotileza* durchkreuzt zudem der Gegensatz zwischen dem sozialen Elend des einfachen, aber moralisch vorbildlichen Volkes und der von Geschäftsinteressen bestimmten bürgerlichen Welt der Reeder und Handelshäuser eine bloße Verherrlichung der Traditionen.

Problematisierungen des costumbrismo

Der kostumbristische Roman bewahrt die traditionelle Lebenswelt, die in der Moderne verschwindet

Zur Vertiefung

»Todo esto aconteció en una hermosa mañana del mes de junio, bastante años..., muchos años hace, en una casa de la calle de la Mar de Santander, de aquel Santander sin escolleras ni ensanches; sin ferrocarriles ni tranvías urbanos [...]; de aquel Santander, en fin, que [...] es el único refugio que le queda al arte cuando con sus recursos pretende ofrecer a la consideración de otras generaciones algo de lo que hay de pintoresco, sin dejar de ser castizo, en esta raza *pejina* [=der Fischer und Seeleute] que va desvaneciéndose entre la abigarrada e insulsa confusión de la modernas costumbres.«

(Pereda: *Sotileza*, Kap. I)

In der Perspektive, die Pereda hier aufbaut, erscheint der Untergang der traditionellen Lebenswelt als ein unumkehrbarer, zum Zeitpunkt des

Realismus/
Naturalismus

Erzählens bereits weitgehend vollzogener Prozess. Das alte Santander steht in einem Prozess der Modernisierung, der durch Hafenausbau, Eisenbahn und Straßenbahnen charakterisiert wird, und der seine Traditionen zerstört. Angesichts der »abigarrada e insulsa confusión de la modernas costumbres« wird der kostumbristische Roman hier zu einem **Ort der Erinnerung** an die Traditionen, denen nun nur noch ästhetische Bedeutung zukommt (»el único refugio que le queda al arte«).

Juan Valera: *Pepita Jiménez*: Auch Juan Valera kann man dem kostumbristischen Realismus zurechnen. In seinem bekanntesten Roman **Pepita Jiménez** (1874) erprobt er, anders als die meisten Werke dieser Tendenz, eine erzählerisch komplexe und psychologisch differenzierte Romankonzeption, teilweise mit der **Form des Briefromans** und mit unterschiedlichen Erzählstimmen. Dieses Werk erzählt die Geschichte des verliebten Priesterkandidaten Luis de Vargas, der seine geistliche Berufung nach langen inneren Kämpfen zugunsten einer Verwirklichung seiner Gefühle für die Titelheldin aufgibt, die er am Schluss heiratet. In der intensiven Gestaltung des Widerspruchs zwischen Liebe und Priesteramt in den Briefen Luis de Vargas', die einen großen Teil des Romans ausmachen, zeigen sich bereits **Ansätze eines psychologischen Realismus**.

Der Roman entwirft **einen ideologisch brisanten Konflikt**. Luis de Vargas muss sich zwischen der konkreten Liebe zu Pepita Jiménez und der für ihn abstrakt bleibenden göttlichen Liebe entscheiden. Seine Berufung als Priester scheitert an seiner Liebe zu der Frau, die seine Beziehung zu Gott durchkreuzt: »Toda otra consideración, toda otra forma, no destruye la imagen de esta mujer. Entre el Crucifijo y yo se interpone [...]«, formuliert Luis de Vargas in einem seiner Briefe. Die **psychologische Dynamik**, die in der fortschreitenden Zuwendung Luis de Vargas' zu seiner weltlichen Liebe zum Ausdruck kommt, wirft implizit **die Frage nach der lebenspraktischen Bedeutung des Priesterberufs** auf. Dennoch lösen sich alle religiösen Probleme, alle inneren Konflikte und erzählerischen Verwicklungen in der Harmonie eines idyllischen Landlebens auf, in der die Liebesbeziehung zwischen Luis de Vargas und Pepita Jiménez am Ende ihre Erfüllung findet.

Galdós und die
Entwicklung
des kritischen
Realismus

Die ersten Werke Galdós' sind **Thesenromane**. Sie gestalten aus liberaler Sicht den unversöhnlichen Gegensatz zwischen dem Fortschritt auf der einen und der Negativität der spanischen Traditionen auf der anderen Seite (so etwa in *Gloria*, 1876/77 oder *La familia de León Roch*, 1878). Besonders nachdrücklich geschieht dies in **Doña Perfecta** (1876), wo der **Stadt-Land-Gegensatz** des kostumbristischen Realismus **in sein Gegenteil verkehrt** wird. Das Provinznest Orbajosa erscheint darin als Hort wirtschaftlicher Misere und eines reaktionären religiösen Fanatismus, an dem die Liebe des jungen Madrider Ingenieurs Pepe Rey zu seiner dort lebenden Kusine wie auch sein Reformwille scheitern.

Kostumbristischer
und kritischer
Realismus

Der 46 Bände umfassende Zyklus der *Episodios nacionales*
hat Galdós von 1873 bis fast zum Ende seines Lebens beschäftigt. Sie bieten in unterschiedlichen Romanhandlungen eine erzählerische **Konstruktion entscheidender Momente der spanischen Geschichte im 19. Jh.** Vor allem die zehn Bände der ersten
Folge (erschienen 1873–1875), die die Vorgeschichte und einige
zentrale Episoden des Unabhängigkeitskriegs gegen Frankreich
gestalten (s. Kap. 3.1.3), werden von einem Fortschrittsdenken
bestimmt, das die spanische Geschichte als einen zielgerichteten
Entwicklungsprozess zu einer Reform des Landes verstehen will.
Sie stehen damit in deutlichem Gegensatz zu dem wachsenden
Pessimismus der weiteren Folgen, insbesondere der 6 Bände der
fünften und letzten Folge (erschienen 1908-1912). Diese behandeln das *sexenio revolucionario* (1868–1874), dessen Verlauf mit
dem Scheitern der Septemberrevolution geradezu als Negation jeder Möglichkeit eines Fortschritts in der spanischen Geschichte dargestellt wird.

Ein Galdós-
Denkmal im
Retiro Park
in Madrid

Darüber hinaus verfasst Galdós ein umfangreiches **Romanwerk**, das
vom kritischen Realismus über dessen Intensivierung durch **Elemente des Naturalismus** bis hin zum **psychologischen und ästhetischen
Modernismus** der Jahrhundertwende reicht (umfassend dargestellt in
Gilman 1981; vgl. Wolfzettel 1999, Kap. 7 sowie Stenzel/Wolfzettel 2003).
Die Verbindung von realistischen und naturalistischen Tendenzen zeigt
sich in *La desheredada* (1882) ebenso wie in seinem bedeutendsten Roman
Fortunata y Jacinta (s. dazu Textauszug und Interpretation in Kap. 4.6.4;
vgl. die Beiträge in Gullón 1986). In diesen Werken wendet sich Galdós
von der **dualistischen Konfliktkonstruktion seiner Thesenromane ab**
und entwirft komplexe, erzählerisch nicht mehr gedeutete Wirklichkeitsmodellierungen. Der naturalistische Einfluss zeigt sich vor allem in einer
Begründung des Geschehens und des Verhaltens der Figuren durch die
negativ prägenden Strukturen der spanischen Lebenswelt.

Galdós' Fortunata y Jacinta und Claríns *La Regenta* (1884/85, Textaus-
züge und Interpretationen in Kap. 4.6.4; vgl. Gullón 1986 sowie die Beiträge in Durand 1988) sind die aufschlussreichsten und lesenwertesten
Romane der spanischen Literatur des 19. Jh.s. Beide entwerfen skeptisch
und kritisch modellierte Wirklichkeitskonstruktionen, in denen die **Hoffnungen und Befreiungsversuche** der jeweils titelgebenden Frauengestal-
ten letztlich **an den einengenden Strukturen der Lebenswelt scheitern.**
Beide Werke, insbesondere aber dasjenige Claríns, geben der Gestaltung
der jeweiligen Protagonistin durch die interne Fokalisierung von Erinne-
rungsfragmenten, Wünschen und Ängsten zugleich eine **psychologische
Dimension**, die über das realistisch-naturalistische Projekt des Erzählens
hinausweist.

Mit den oben gemachten Einschränkungen (s. S. 228) orientieren sich
auch einige Romane von **Emilia Pardo Bazán** an **naturalistischen Tendenzen**, insbesondere *La Tribuna* (1882), einer der ersten spanischen Romane über die Arbeitswelt in einer Tabakfabrik und *Los pazos de Ulloa*
(1886). Dieser Roman, der bekannteste von Pardo Bazán, erzählt eine fern

Naturalismus
und Sozialroman

Realismus/
Naturalismus

Arbeiterinnen
in einer Tabak-
fabrik in Sevilla
(Doré 1874)

jeder kostumbristischen Idealisierung angesiedelte Geschichte über den **Niedergang und moralischen Verfall des spanischen Landadels**. Dessen Lebenswelt erscheint in dem Roman in naturalistischer Manier als ein sozial wie familiär negativ determiniertes Milieu, dessen bestimmender Einfluss jeden Versuch einer Veränderung unmöglich macht.

Naturalistische Umdeutungen der kostumbristischen Wirklichkeitsmodellierung bestimmen auch die Romane von **Vicente Blasco Ibáñez** (1867–1928). Dies gilt insbesondere für seine erste Phase mit Werken, die in der ländlichen Lebenswelt der Küstenregion um Valencia (*La barraca*, 1899 und *Cañas y barro*, 1902) und in Andalusien (*La bodega*, 1905) spielen. In den valencianischen Romanen geht es um den bestimmenden Einfluss der Naturlandschaft und der wirtschaftlichen Abhängigkeitsverhältnisse auf das Verhalten der Protagonisten. *La bodega* behandelt das **soziale Elend der andalusischen Landarbeiter** und die daraus resultierenden Konflikte und Streikbewegungen, so dass man Blasco Ibáñez als einen der wenigen spanischen Vertreter des **Sozialromans** bezeichnen kann.

Der Roman und die Modernisierung Spaniens: Allen hier genannten Romanen ist der Anspruch gemeinsam, im Erzählen einer Geschichte Probleme der gegenwärtigen Lebenswelt zu gestalten. Die Vielfalt der Perspektiven, der unterschiedlichen Formen des Erzählens wie auch der ideologischen Positionen, in denen dies geschieht, verweisen auf die **kulturelle Bedeutung der Gattung**. Sie ist prominenter Teil einer Diskussion über die Probleme und Perspektiven eines zögerlich sich modernisierenden Landes (s. Kap. 3.2.3). Diese Auseinandersetzungen werden auch zu Beginn des 20. Jh.s weitergeführt. Deshalb ist auch die vielfach als Endpunkt angesetzte Jahrhundertwende eine höchst problematische Grenze für diese Periode. Galdós, Pardo Bazán und Blasco Ibáñez setzen ihr Werk bis weit ins 20. Jh. hinein fort. Andererseits tritt die realistisch-naturalistische Orientierung schon vor der Jahrhundertwende nach und nach zurück und geht in die Anfänge einer literarischen Moderne in Spanien über.

4.6.4 | Textbeispiele und Interpretationen

Leopoldo Alas (Clarín): *La Regenta*

Strukturen
des Werks

Der Erzählauftakt des Romans entwirft mit dem Blick auf die Kathedrale von Vetusta symbolisch sein zentrales Thema: **die Dominanz der Kirche über die Lebenswelt der Stadt,** die als trauriger Abglanz (möglicher) vergangener Bedeutung erscheint. In dieser Lebenswelt, deren verschiedene Orte (Domkapitel, Adelshaus, Kasino als Treffpunkt des liberalen Bürgertums u. a.) im ersten Teil breit dargestellt werden, wird die Geschichte der Titelheldin Ana Ozores situiert, die einer Familie des Adels von Vetusta entstammt. Sie ist nach einer tristen Kindheit als Halbwaise und später als

Waise aufgewachsen (Fragmenten ihrer Erinnerung an die Kindheit wird in interner Fokalisierung breiter Raum eingeräumt) und wird mangels standesgemäßer Bewerber mit einem sehr viel älteren Gerichtspräsidenten (*regente*, daher ihr Titel) verheiratet. Als das Ehepaar nach der Pensionierung ihres Mannes nach Vetusta zurückkehrt, findet die Protagonistin in der engstirnigen Gesellschaft, in der sie verkehrt, keine Orientierung und schon gar keine Erfüllung ihrer aus religiösen und romantischen Lektüren genährten Wünsche und Sehnsüchte (das **Vorbild von Gustave Flauberts berühmtem Roman *Madame Bovary*** [1857] ist hier wie in anderen Elementen des Geschehens deutlich präsent).

Da ihr Mann allein Interesse für die Jagd und die spanischen Traditionen hat (symbolisch im Roman präsent durch seine mehrfach evozierte Begeisterung für die Ehrendramen Calderóns, s. S. 177) und sich für ihre Wünsche und Sehnsucht nicht interessiert, erscheint sie als das prädestinierte Opfer der Verführungskünste von Alvaro Mesía, dem Präsidenten des Kasinos und stadtbekannten Don Juan. Zeitweise sucht sie Zuflucht in einer religiösen Schwärmerei, die von ihrem Beichtvater Fermín de Pas genährt wird, zu dem sie sich geistig hingezogen fühlt, der sich jedoch höchst fleischlich in sie verliebt.

Diese Verehrer repräsentieren symbolisch **die beiden bestimmenden Kräfte des gesellschaftlichen und politischen Lebens** im Spanien der Restaurationszeit: die katholische Kirche und ein in der Restauration saturiertes und angepasstes Bürgertum. Zugleich verkörpern sie die erbärmlichen Alternativen, die sich der Regenta bei ihren Fluchtversuchen aus der Enge ihrer Lebenswelt bieten. Der Versuch, durch Selbsterfahrung im Erleben der Natur zu sich selbst zu finden, treibt sie schließlich in die Arme Mesías. Durch eine Intrige des eifersüchtigen de Pas' entdeckt ihr Mann diese Beziehung und fordert trotz seiner Selbstzweifel in traditionell spanischer Manier den Ehebrecher zum Duell. Dieser erschießt ihn, verlässt die Stadt und überlässt seine Geliebte der gesellschaftlichen Verachtung. Das pessimistische Ende zeigt in einer dramatischen Schlussszene die symbolische Vernichtung der Protagonistin. Vor dem Beichtstuhl wird sie von Fermín de Pas zurückgestoßen, in der Kathedrale, an dem Ort, an dem sie nach religiösem Trost suchen wollte.

La heroica ciudad dormía la siesta. El viento Sur, caliente y perezoso, empujaba las nubes blanquecinas que se rasgaban al correr hacia el Norte. En las calles no había más ruido que el rumor estridente de los remolinos de polvo, trapos, pajas y papeles que iban de arroyo en arroyo, de acera en acera, de esquina en esquina revolando y persiguiéndose, como mariposas que se buscan y huyen y que el aire envuelve en sus pliegues invisibles. Cual turbas de pilluelos, aquellas migajas de la basura, aquellas sobras de todo se juntaban en un montón, parábanse como dormidas un momento y brincaban de nuevo sobresaltadas, dispersándose, trepando unas por las paredes hasta los cristales temblorosos de los faroles, otras hasta los carteles de papel mal pegado a las esquinas, y había pluma que llegaba a un tercer piso, y arenilla que se incrustaba para días, o para años, en la vidriera de un escaparate, agarrada a un plomo.

Textbeispiel
Clarín: *La Regenta*
(Band I, Kap. 1)

Vetusta, la muy noble y leal ciudad, corte en lejano siglo, hacía la digestión del cocido y de la olla podrida, y descansaba oyendo entre sueños el monótono y familiar zumbido de la campana de coro, que retumbaba allá en lo alto de la esbelta torre en la Santa Basílica. La torre de la catedral, poema romántico de piedra, delicado himno, de dulces líneas de belleza muda y perenne, era obra del siglo dieciséis, aunque antes comenzada, de estilo gótico, pero, cabe decir, moderado por un instinto de prudencia y armonía que modificaba las vulgares exageraciones de esta arquitectura. La vista no se fatigaba contemplando horas y horas aquel índice de piedra que señalaba al cielo; no era una de esas torres cuya aguja se quiebra de sutil, más flacas que esbeltas, amaneradas, como señoritas cursis, que aprietan demasiado el corsé; era maciza sin perder nada de su espiritual grandeza, y hasta sus segundos corredores, elegante balaustrada, subía como fuerte castillo, lanzándose desde allí en pirámide de ángulo gracioso, inimitable en sus medidas y proporciones. Como haz de músculos y nervios la piedra enroscándose en la piedra trepaba a la altura, haciendo equilibrios de acróbata en el aire; y como prodigio de juegos malabares, en una punta de caliza se mantenía, cual imantada, una bola grande de bronce dorado, y encima otra más pequeña, y sobre ésta una cruz de hierro que acababa en pararrayos.

Cuando en las grandes solemnidades el cabildo mandaba iluminar la torre con faroles de papel y vasos de colores, parecía bien, destacándose en las tinieblas, aquella romántica mole; pero perdía con estas galas la inefable elegancia de su perfil y tomaba los contornos de una enorme botella de champaña. Mejor era contemplarla en clara noche de luna, resaltando en un cielo puro, rodeada de estrellas que parecían su aureola, doblándose en pliegues de luz y sombra, fantasma gigante que velaba por la ciudad pequeña y negruzca que dormía a sus pies.

Interpretation Die den Roman einleitende Beschreibung der Stadt Vetusta wird, wie schon die ambivalente Bedeutung ihres Namens zeigt (von lat. *vetustus*=die ›altehrwürdige‹, aber auch: die ›veraltete‹ [Stadt]), **aus ironischer Distanz** entworfen. In den einleitenden Passagen inszeniert die Erzählinstanz die Unmöglichkeit, diese Wirklichkeit kohärent darzustellen. Im ersten Satz, dessen Struktur zu Beginn des zweiten Absatzes wieder aufgegriffen wird, erscheint die Stadt **in einer Perspektive, die sich nicht vereinheitlichen lässt.** Durch die Unvereinbarkeit von »heroica ciudad« und »siesta« und noch deutlicher von »muy noble y leal ciudad« und »digestión del cocido y de la olla podrida« (die rhetorische Figur des Zeugmas) wird ein komisch-verfremdender Effekt erzeugt. Dieser kennzeichnet mit seinem Gegensatz zwischen Vergangenheit und Gegenwart zugleich den Verfall einstiger Größe (Vetusta war »corte en lejano siglo«). Die groteske Charakterisierung der Stadt bildet zugleich den Auftakt eines Erzählverfahrens, in dem die Erzählinstanz sich durchgängig weigert, die Negativität der erzählten Wirklichkeit verstehbar zu machen.

Dies geschieht im ersten Absatz durch die **Darstellung des Drecks** in den Straßen, die **mit sprachlich elaborierten Bildern und Vergleichen** arbeitet (»revoleando y persiguiéndose, como mariposas que se buscan y huyen y que el aire envuelve en sus pliegues invisibles«). Diese sprachlichen Mittel erscheinen schon durch das Missverhältnis

zwischen Gegenstand und sprachlichem Aufwand als deplaziert.
Ähnliches gilt auch für die Intensität, in der die Erzählinstanz die
vorgebliche ästhetische Einzigartigkeit der Kathedrale stilisiert (»poema romántico de piedra, delicado himno, de dulces líneas de belleza
muda y perenne«) und dann diskret wieder in Frage stellt. Der Turm
erscheint »como prodigio de juegos malabares« und wird dann nachei-
nander mit einer »enorme botella de champaña« und einem »fantasma
gigante« verglichen, was komische Effekte mit einer bedrohlichen
Assoziation verbindet.

Solche **inkohärente Elemente der Beschreibung** erzeugen eine
Unsicherheit über den Geltungsanspruch des Erzählens und über die
Verstehensmöglichkeiten, die darin entworfen werden sollen. Man
kann sie aber zugleich als gewollten Sinneffekt verstehen. Indem die
Erzählinstanz trotz ihres Wissens (in dem Textausschnitt weiß sie
über Vergangenheit und Gegenwart Vetustas ebenso Bescheid wie
über die Bau- und Stilgeschichte der Kathedrale) im Erzählen keine
kohärente Wirklichkeit konstruiert, fordert sie implizit die Leser/in-
nen dazu auf, sich mit den Widersprüchen dieser Wirklichkeit auseinander zu setzen.

Der Anfang von *La Regenta* wird im Erzählmodus der Nullfokalisierung (s. S. 86f.) erzählt, ohne dass die damit verbundene Wissens-
funktion der Erzählinstanz eine eindeutige Perspektive des Überblicks
und des Verstehens ermöglicht. Im ersten Kapitel und noch mehr im
weiteren Verlauf des Romans werden andere Instanzen der Fokalisierung eingesetzt, deren Sicht Vetustas oder des Romangeschehens mit
derjenigen der Erzählinstanz konfrontiert werden kann, sie weiter-
führt oder ihr widerspricht. Durch diese inhaltlichen Ambivalenzen
wird eine **Uneindeutigkeit der erzählten Wirklichkeit** erzeugt. Sie
kann als Ausdruck einer generellen Absage an ein deutendes Verstehen verstanden werden, das die Erzählinstanz trotz ihrer Wissenspo-
sition im Erzählen der Geschichte immer deutlicher verweigert.

Benito Pérez Galdós: *Fortunata y Jacinta*

Diese »**Dos historias de casadas**« (so der Untertitel) entfalten mit den
beiden Titelheldinnen zunächst eine Dreiecksgeschichte. Der dem Groß-
bürgertum angehörende Juanito Santa Cruz ist einerseits standesgemäß
mit Jacinta verheiratet, hält sich aber zudem eine Geliebte, die aus dem
einfachen Volk stammende Fortunata, die im Lauf der Handlung mit Ma-
ximiliano Rubín (im Text: Maxi) verheiratet wird. Dieser eigentlich banale Plot wird jedoch in einen komplex strukturierten historischen und
gesellschaftlichen Kontext integriert. Bedeutungstragend für das erzählte
Geschehen werden zum einen **die sozialen Gegensätze, die von den beiden Protagonistinnen verkörpert werden**, zum anderen **die Situation**

Strukturen
des Werks

gesellschaftlicher Umbrüche in Spanien zwischen Septemberrevolution und Restaurationsmonarchie, in die die Geschichte mit vielen Verweisen auf und Parallelen zu den historischen Ereignissen in der Zeit zwischen 1868 und 1876 eingeordnet wird.

In dem Beziehungsdreieck zwischen Ehemann, Ehefrau und Geliebter erscheint die soziale Hierarchie einerseits durchgängig als bestimmend, da die ideologische wie die lebenspraktische Dominanz des Großbürgertums nie ernsthaft in Frage gestellt werden. Andererseits wird diese Hierarchie dadurch brüchig, dass im Verlauf des Romans Fortunata immer weiter ins Zentrum des Geschehens rückt und vor allem der dritte und vierte Teil des Romans **ihre allmähliche Emanzipation** entwerfen. Fortunata durchläuft einen Prozess individueller Bewusstwerdung, in dem der Textauszug, der sich am Ende des zweiten Teils findet, einen Ausgangspunkt bildet. Sie löst sich aus der ihr mehr oder weniger aufgezwungenen Ehe, um schließlich ihr Projekt zu verwirklichen, mit Juanito Santa Cruz in einer letzten Episode ihrer Beziehung ein Kind zu zeugen.

Diesem Vorhaben und zuvor schon einem ersten, früh verstorbenen Kind von Juanito und Fortunata kommt durch den ganzen Roman hindurch eine symbolische Bedeutung zu. Jacinta nämlich ist unfruchtbar, was ihre soziale Überlegenheit als bürgerliche Ehefrau in der Dreiecksbeziehung in Frage stellt und zugleich für die soziale Konstellation von Bedeutung ist (steriles Bürgertum vs. fruchtbares Volk). Dass Fortunata kurz vor ihrem Tod dieses Kind Jacinta vermacht, kann als **eine Art Versöhnung der sozialen Gegensätze** gelesen werden, aber auch als **ein Akt weiblicher Solidarität** der beiden Rivalinnen gegen den selbstsüchtigen Juanito.

Dieser Schluss bleibt allerdings dadurch uneindeutig, dass die Übergabe des Kindes auch das Resultat einer Intrige ist, die eine Verwandte Jacintas eingefädelt hatte. Zudem endet der Roman nicht mit dieser Übergabe, die als mögliche Konfliktlösung verstanden werden könnte. Die beiden letzten Abschnitte erzählen vielmehr die Beerdigung Fortunatas und die Überführung ihres durch ihre Treulosigkeit in den Wahnsinn getriebenen Ehemanns in eine Irrenanstalt. Friedhof und Irrenhaus erscheinen symbolisch als Orte, die am Ende des Romans jeden möglichen Sinn in Frage stellen. Auch der Umstand, dass der anfangs ganz dominant erscheinende Erzähler in den letzten Kapiteln auf jeden Kommentar oder eine Bewertung des Geschehens verzichtet, trägt zu der **ambivalenten Offenheit des Romanendes** bei.

Textbeispiel
Galdós:
Fortunata y Jacinta
(2. Teil, Kap. VII, v)

Fortunata determinó volverse a su casa, pues tenía algo que hacer en ella, y repitiéndole a Papitos las varias disposiciones dictadas por la autócrata en el momento de su segunda salida, se puso el mantón y cogió calle. No tenía prisa y se fue a dar un paseíto, recreándose en la hermosura del día, y dando vueltas a su pensamiento, que estaba como el Tío Vivo, dale que le darás, y torna y vira... Iba despacio por la calle de Santa Engracia, y se detuvo un instante en una tienda a comprar dátiles que le gustaban mucho. Siguiendo luego su vagabundo camino, saboreaba el placer íntimo de la libertad, de estar sola y suelta siquiera poco tiempo. La idea de poder ir a donde gustase la excitaba haciendo circular su sangre con más viveza. Tradújose esta disposición de ánimo en un sentimiento filantrópico, pues toda la calderilla que tenía la iba dando a los pobres que encontraba, que no eran pocos...Y anda que andarás, vino a hacerse la consideración de que no sentía malditas ganas de meterse en su casa. ¿Qué iba ella a hacer en su casa? Nada. Conveníale sacudirse, tomar el aire. Bastante esclavitud había tenido dentro de las Micaelas. ¡Qué gusto poder coger de punta a punta una calle tan larga como la de Santa Engracia! El principal goce del paseo era ir solitaria, libre. Ni Maxi ni doña Lupe ni Patricia ni nadie podían contarle los pasos, ni vigilarla ni detenerla. Se hubiera ido así... sabe Dios hasta dónde. Miraba todo con la curiosidad alborozada que las cosas más insignificantes inspiran a la persona salida de un largo cautiverio. Su pensamiento se gallardeaba en aquella dulce libertad, recreándose con sus propias ideas. ¡Qué bonita, *verbi gracia*, era la vida sin cuidados, al lado de personas que la quieren a una y a quien una quiere...! Fíjose en las casas del barrio de las Virtudes, pues las habitaciones de los pobres le inspiraban siempre cariñoso interés. Las mujeres mal vestidas que salían a las puertas y los chicos derrotados y sucios que jugaban en la calle atraían sus miradas, porque la existencia tranquila, aunque fuese oscura y con estrecheces, le causaba envidia. Semejante vida no podía ser para ella, porque estaba fuera de su centro natural. Había nacido para menestrala; no le importaba trabajar *como el obispo* con tal de poseer lo que por suyo tenía. Pero alguien la sacó de aquel su primer molde para lanzarla a vida distinta; después la trajeron y la llevaron diferentes manos. Y por fin, otras manos empeñáronse en convertirla señora. La ponían en un convento para moldearla de nuevo, después la casaban... y tira y dale. Figurábase ser una muñeca viva, con la cual jugaba una entidad invisible, desconocida, y a la cual no sabía dar nombre.

Ocurrióle si no tendría ella *pecho* alguna vez, quería decir iniciativa... si no haría alguna vez lo que le saliera *de entre sí*. Embebecida en esta cavilación, llegó al Campo de Guardias, junto al Depósito. Había allí muchos sillares, y sentándose en uno de ellos, empezó a comer dátiles. Siempre que arrojaba un hueso, parecía que lanzaba a la inmensidad del pensar general una idea suya, calientita, como se arroja la chispa al montón de paja para que arda.

»Todo va al revés para mí... Dios no me hace caso. Cuidado que me pone las cosas mal... El hombre que quise, ¿por qué no era un triste albañil? Pues no; había de ser señorito rico, para que me engañara y no se pudiera casar conmigo... Luego, lo natural era que yo le aborreciera... pues no señor, sale siempre la mala, sale que le quiero más... Luego lo natural era que me dejara en paz, y así se me pasaría esto; pues no señor, la mala otra vez; me anda rondando y me tiene armada una trampa.... También era natural que ninguna persona decente se quisiera casar conmigo; pues no señor, sale Maxi y ... ¡tras!, me pone en el disparadero de casarme, y nada, cuando apenas lo pienso, bendición al canto...¿Pero es verdad que estoy casada yo?...«

Interpretation

In dem Textauszug zieht sich die Erzählinstanz durch den **Erzählmodus der internen Fokalisierung** (s. S. 188 f.) weitgehend aus
seiner die Geschichte anfangs beherrschenden Position zurück und

vertritt keine kohärente Sichtweise des Geschehens. Auch wenn sie
die Gefühlslage Fortunatas genau kennt (vgl. »recreándose en la
hermosura del día« und »Su pensamiento se gallardeaba en aquella
dulce libertad, recreándose con sus propias ideas«) und diese wie den
Spaziergang passagenweise in Nullfokalisierung darstellt, lässt sie wiederholt die Reflexionen Fortunatas über ihre Situation der Unfreiheit
und Abhängigkeit in den Vordergrund treten, ohne diese zu ordnen
oder zu bewerten.

Die Erzählinstanz berichtet zunächst, wie Fortunatas Gedanken
von den Beobachtungen eines einfachen Lebens im »barrio de las
Virtudes« angestoßen werden. Danach lässt sie **Fortunatas Gedanken
im Modus der erlebten Rede** (s. S. 88)) zunächst in Ausrufen und
Fragen (vgl. etwa: »¡Qué gusto poder coger de punta a punta una calle
tan larga como la de Santa Engracia!«), dann auch in Aussagesätzen
(etwa: »Pero alguien la sacó de aquel su primer molde para lanzarla a
vida distinta; después la trajeron y la llevaron diferentes manos« etc.)
immer deutlicher selbst zu Wort kommen. Auf diesen Prozess macht
die Erzählinstanz selbst aufmerksam, indem sie diese Gedanken mit
einem Karussell vergleicht (»dando vueltas a su pensamiento que
estaba como el Tío Vivo«) und Fortunatas Nachdenken über ihre Situation damit **eine zunehmende Eigendynamik** zuschreibt.

Die Uneindeutigkeit der erlebten Rede bietet die Möglichkeit, den
Übergang zwischen einer von der Erzählinstanz verantworteten Darstellung der Gedankenbewegung und der unvermittelten Entfaltung
dieser selbst zu verwischen. Wie viele andere Passagen des Textauszugs können die oben zitierten Ausrufe und Aussagesätze sowohl
der Erzählinstanz, die über Fortunatas Gedanken berichtet, wie auch
Fortunatas Bewusstsein selbst zugerechnet werden. So kann der Satz
»alguien la sacó de su primer molde para lanzarla a vida distinta;
después la trajeron y la llevaron diferentes manos« als Versuch Fortunatas gelesen werden, sich die ungreifbare Fremdbestimmung ihres
Lebens zu vergegenwärtigen, aber auch als verallgemeinernder Kommentar der Erzählinstanz über die Lebenssituation der Protagonistin.

Die innere Zerrissenheit der Protagonistin wird so in eine uneindeutige Perspektive gerückt, die zugleich ihre Perspektivlosigkeit wie
ihre potentielle Sprengkraft anklingen lässt. Beide Aspekte hebt die
Erzählinstanz in dem in sich widersprüchlichen Bild hervor, in dem
Fortunatas Gedanken zugleich mit dem (folgenlosen) Wegwerfen der
Dattelkerne und mit dem (möglicherweise gefährlichen) Funken verglichen werden, der in einen Strohhaufen fällt. Auch die am Schluss
des Auszugs in einem inneren Monolog (s. S. 89) wiedergegebenen
Gedanken Fortunatas bleiben unaufgelöst zwischen einer Unterwerfung unter die Fremdbestimmung und einer in der abschließenden
Frage angedeuteten Auflehnung gegen ihre Ehe. Dieser Widerspruch
wird für den Fortgang der Handlung zum entscheidenden Problem

werden. Den skandalösen **Bruch mit den Normen,** der sich hier anbahnt (die gerade erst verheiratete Fortunata wird zur Ehebrecherin), lässt die Erzählinstanz unkommentiert stehen. Sie rückt damit **Fortunatas innere Konflikte als offenen Prozess** in den Mittelpunkt der Geschichte und bewertet die Motive einer möglichen Rebellion nicht. Angesichts der tristen Lage der Protagonistin verzichtet sie auf eine Deutung des erzählten Geschehens. Dessen Bewertung erscheint in dieser erzählerischen Inszenierung als kaum noch möglich und bleibt den Leser/innen überlassen.

Neuschäfer, Hans-Jörg: »Realismus und Naturalismus. Die Literatur der Restaurationszeit«. In: Ders. (Hg.): *Spanische Literaturgeschichte.* Stuttgart/Weimar ³2006, S. 272–317.

Oleza, Juan: *La novela del XIX. Del parto a la crisis de una ideología.* Valencia 1976.

Rico, Francisco (Hg.): *Historia y crítica de la literatura española.* Bd. 5 und 5.1: *Romanticismo y realismo.* Barcelona 1983 ff.

Wolfzettel, Friedrich: *Der spanische Roman von der Aufklärung bis zur frühen Moderne.* Tübingen/Basel 1999.

Grundlegende Literatur

Alas, Leopoldo (Clarín): *Solos de Clarín.* Madrid 1971.

Beser, Sergio (Hg.): *Leopoldo Alas: Teoría y crítica de la novela española.* Barcelona 1972.

Durand, Frank (Hg.): *Clarín: La Regenta.* Madrid 1988.

Ferreras, Juan Ignacio: *El triunfo del liberalismo y de la novela histórica (1830–1870).* Madrid 1976.

Ferreras, Juan Ignacio: *Catálogo de novelas y novelistas españoles del siglo XIX.* Madrid 1979.

Gilman, Stephen: *Galdós and the Art of the European Novel.* Princeton 1981.

Gullón, German: *El narrador en la novela del siglo XIX.* Madrid 1976.

Gullón, German (Hg.): *Fortunata y Jacinta de B. Pérez Galdós.* Madrid 1986.

Gumbrecht, Hans-Ulrich: »Lebenswelt als Fiktion/Sprachspiele als Antifiktion. Über Funktionen des realistischen Romans in Frankreich und Spanien«. In: Dieter Henrich/Wolfgang Iser (Hg.): *Funktionen des Fiktiven.* München 1983, S. 239–275.

Kreutzer, Winfried: *Grundzüge der spanischen Literatur des 19. und 20. Jahrhunderts.* Darmstadt ²1991.

Lissorgues, Yvain (Hg.): *Realismo y Naturalismo en España en la segunda mitad del siglo XIX.* Barcelona 1988.

Matzat, Wolfgang (Hg.): *Peripherie und Dialogizität: Untersuchungen zum realistischen Roman in Spanien.* Tübingen 1995.

Montesinos, José F.: *Introducción a una historia de la novela en España en el siglo XIX.* Madrid 1982.

Pardo Bazán, Emilia: *La cuestión palpitante.* Hg. von José Manuel González Herrán. Barcelona 1989.

Pérez Galdós, Benito: *Ensayos de crítica literaria.* Hg. von Laureano Bonet. Barcelona 1990.

Schmitz, Sabine: *Spanischer Naturalismus. Entwurf eines Epochenprofils im Kontext des ›Krausopositivismo‹.* Tübingen 2000.

Stenzel, Hartmut/Wolfzettel, Friedrich (Hg.): *Estrategias narrativas y construcciones de una ›realidad‹: Lecturas de las ›Novelas contemporáneas‹ de Galdós y otras novelas de la época.* Las Palmas 2003.

Zavala, Iris M.: *Ideología y política en la novela española del siglo XIX.* Salamanca 1971.

Weiterführende und zitierte Literatur

4.7 | Jahrhundertwende und Avantgarden des 20. Jahrhunderts (etwa 1890–1939)

4.7.1 | Begriffsprobleme und allgemeiner Überblick

Seit dem Ende des 19. Jh.s ist die literarische Entwicklung in Spanien wie in allen europäischen Kulturen so vielgestaltig, dass ihre **Einteilung in Epochen problematisch** wird. Die mit möglichen Abgrenzungen verbundenen Probleme zeigen sich an dem in spanischen Literaturgeschichten gängigen Verfahren, die Perioden der literarischen Entwicklung als **Unterschiede zwischen ›Generationen‹** zu ordnen.

Probleme
des Generationen-
begriffs

Eine solche Ordnung geht davon aus, dass es Gemeinsamkeiten gibt, die aus dem Lebensalter und aus in gleicher Weise prägenden Erfahrungen resultieren. Diese werden dann als Grundlage für die Einheit einer ›Generation‹ angesehen. Diese Annahme ist schon deshalb fragwürdig, weil mit ihr Kohärenzen konstruiert werden, deren Grundlage nicht gesellschaftliche oder kulturelle Problembestände selbst, sondern deren **lebensgeschichtliche Bedeutung** ist. Zudem geht der Generationenbegriff in einer fragwürdigen Einengung davon aus, dass es jeweils **ein einzelnes markantes Ereignis** gibt, das die Werke einer gesamten ›Generation‹ in vergleichbarer Weise bestimme.

Die beiden gängig verwendeten Epochenbegriffe der *generación del 98* und der *generación del 27* für die literarischen Tendenzen um die Jahrhundertwende bzw. in den Jahrzehnten vor dem Bürgerkrieg setzen für diese ›Generationen‹ Ereignisse als Bezugspunkte an, die mit den Jahreszahlen 1898 und 1927 markiert werden. Das erste Datum steht für die politische und ideologische Krise Spaniens nach der Niederlage im Kubakrieg (s. Kap. 3.2.3), das zweite verweist mit dem 300. Todestag des Barockdichters Góngora (s. S. 165) auf eine ästhetische Diskussion in den 1920er Jahren.

Es handelt sich also um **Ereignisse, die auf ganz unterschiedlichen Ebenen** angesiedelt sind, aber in gleicher Weise ›epochemachend‹ sein sollen. Schon deshalb können solcher einzelnen Ereignisse keine sinnvolle Abgrenzung zweier ›Generationen‹ und **keinen einheitlichen Zusammenhang der literarischen Entwicklung** begründen. Innerhalb beider ›Generationen‹ wie auch in der Entwicklung einzelner ihnen zugerechneter Autoren finden sich zudem grundlegende Divergenzen und Widersprüche, die der mit dem Generationenbegriff verbundenen Annahme zuwiderlaufen, aus der Gemeinsamkeit der mit den Daten 1898 und 1927 bezeichneten Ereignisse lasse sich ein epochaler Zusammenhang begründen.

Historische
Zäsuren als
Grundlage der
Periodisierung

Angesichts solcher Probleme der Periodisierung werden **historische Daten als Grundlage der Gliederung** der letzten Abschnitte dieses Überblicks über die Geschichte der spanischen Literatur angesetzt. Es handelt sich um die Zäsuren in der Geschichte Spaniens, die die Krise der Jahrhundertwende, das Ende des Bürgerkriegs und den Beginn der Diktatur

Begriffsprobleme
und allgemeiner
Überblick

Francos 1939 sowie dann den Übergang von der Diktatur zur Demokratie 1975 markieren (s. Kap. 3.1.4).

Diese historischen Zäsuren sind so einschneidend, dass die Literatur und Kultur zwischen dem Ende des 19. Jh.s und dem Bürgerkrieg trotz ihrer vielfältigen Tendenzen von den politischen Umbrüchen zwischen Restaurationsmonarchie, Republik und Diktatur deutlich geprägt wird. Zum Teil kann man den kulturellen Zusammenhang dieser durch historische Zäsuren gebildeten Perioden zudem mit dem Avantgardebegriff erfassen.

Mit dem Begriff → Avantgarde bezeichnet man Gruppierungen, die in allen europäischen Kulturen zwischen der Wende zum 20. Jh. und dem Beginn des Zweiten Weltkriegs auftreten (vgl. allgemein Bürger 1974; Asholt/Fähnders 1995 sowie für die Situation in Spanien Ilie 1969; Bonet 1995; Asholt/Fähnders 1997, S. 161–183). Dieser (ursprünglich militärische) Begriff verweist auf die Vorstellung, dass sich **Kunst und Literatur als ›Vorhut‹ eines Umbruchs** verstehen, der zu einer **Modernisierung von Kultur und Gesellschaft** führen soll. In unterschiedlicher Radikalität und mit divergierenden Perspektiven streben die Avantgarden eine grundlegende Erneuerung von Kultur und Literatur (sowie häufig auch der Gesellschaft) an. Zumeist tun sie dies bewusst, wie die Vielzahl von Programmschriften und Manifesten avantgardistischer Gruppierungen zeigt. Der **Bruch mit den Traditionen des 19. Jh.s** und insbesondere mit der dominanten Welt- und Lebenssicht des Bürgertums ist grundlegend für die kulturelle und literarische Entwicklung der Avantgarden in der ersten Hälfte des 20. Jh.s.

Zum Begriff

Die spanische Literatur steht – ähnlich wie die französische oder die deutsche – um die Jahrhundertwende wie in den ersten Jahrzehnten des 20. Jh.s in einem Spannungsverhältnis zwischen dem **Traditionsbruch der literarischen Avantgarden** und der **Politisierung der Literatur**. In Spanien wird dieses Spannungsverhältnis von der Krise der Jahrhundertwende und der Vorgeschichte des Bürgerkriegs bestimmt (s. Kap. 3.1.4).

Die Orientierung an europäischen Vorbildern ist ein gemeinsames Kennzeichen der verschiedenen Gruppierungen der literarischen und künstlerischen Avantgarden in Spanien. Der Zusammenhang zwischen den beiden Phasen der Avantgarden wird zudem – neben der bereits erwähnten politischen Dimension ihrer Bestrebungen – auch durch eine teilweise **Kontinuität von Autoren** hergestellt, die in dem gesamten Zeitraum tätig und in unterschiedlicher Weise auch an der kulturellen und literarischen Entwicklung der 1920er und 1930er Jahre beteiligt sind.

Die Entwicklungs- und Konfliktlinien der spanischen Avantgarden zwischen Jahrhundertwende und Bürgerkrieg unterscheiden sich jedoch sowohl in Hinblick auf die **jeweils maßgeblichen Vorbilder** als auch auf **die politischen Kontexte**, in denen sie sich situieren. In beiden Bereichen

Die Avantgarden
in Spanien

kann man eine zunehmende **Radikalisierung der ästhetischen und politischen Bestrebungen** beobachten. Sie führt einerseits vom Symbolismus zum Surrealismus als ästhetischen Bezugspunkten und andererseits von der Diskussion um das Spanienproblem (s. Kap. 3.2.3) zum Engagement für oder gegen die Republik (s. S. 112 f.). Ästhetisch wie politisch werden die Tendenzen der Avantgarde in den gesellschaftlichen Konflikten, die zum Bürgerkrieg führen, von einer **wachsenden ideologischen Divergenz und Lagerbildung bestimmt.**

Das folgende Schaubild bietet ausgehend von den grundlegenden Charakteristika avantgardistischer Bestrebungen einen **Überblick über die Grundlagen der spanischen Avantgarden,** die in den beiden folgenden Abschnitten genauer dargestellt werden. Die mittlere Spalte listet **die allgemeinen Faktoren** auf, die sie gemeinsam prägen. Deren jeweils **unterschiedliche konkrete Umsetzung** um die Jahrhundertwende und in den 1920er und 1930er Jahren wird in der linken und rechten Spalte dargestellt.

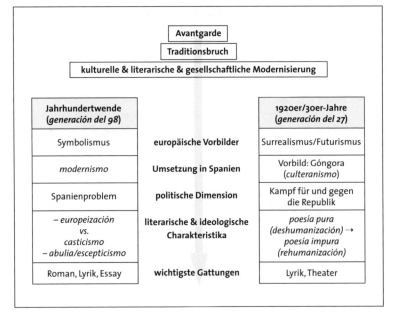

Grundlagen der
spanischen
Avantgarden

	Avantgarde	
	Traditionsbruch	
	kulturelle & literarische & gesellschaftliche Modernisierung	
Jahrhundertwende *(generación del 98)*		**1920er/30er-Jahre** *(generación del 27)*
Symbolismus	europäische Vorbilder	Surrealismus/Futurismus
modernismo	Umsetzung in Spanien	Vorbild: Góngora *(culteranismo)*
Spanienproblem	politische Dimension	Kampf für und gegen die Republik
– *europeización* vs. *casticismo* – *abulia/escepticismo*	literarische & ideologische Charakteristika	*poesía pura (deshumanización)* → *poesía impura (rehumanización)*
Roman, Lyrik, Essay	wichtigste Gattungen	Lyrik, Theater

4.7.2 | Die Krise der Jahrhundertwende und der *Modernismo*

Die Entwicklung der Avantgarde in Spanien um die Jahrhundertwende wird in allen gängigen Darstellungen der spanischen Literaturgeschichte mit den beiden Begriffen ›*generación del 98*‹ und ›*modernismo*‹ bezeichnet (vgl. etwa Rico 1983; Neuschäfer 2006). Im Bereich der Literatur werden unter dem Begriff ›*modernismo*‹ die Autoren eingeordnet, die vom europäischen Ästhetizismus, und insbesondere vom französischen Symbolismus beeinflusst werden. Der Begriff der ›*generación del 98*‹ fasst dagegen Autoren zusammen, die im Horizont der philosophischen und politischen Diskussion um den Niedergang Spaniens schreiben.

Die Unterscheidung zwischen den beiden Bezeichnungen **generación del 98** und **modernismo** wirft ein grundlegendes Problem auf. Mit dem ersten Begriff werden die ideologische Dimension und die Eigenständigkeit der spanischen Entwicklung betont. Damit wird ein spanischer Weg in die Moderne von den im *modernismo* prägenden ästhetischen Einflussfaktoren der europäischen Moderne abgegrenzt. Der Begriff der ›*generación del 98*‹ impliziert die **Konstruktion eines spanischen Sonderwegs**, mit dem das ›Eigene‹ (die Auseinandersetzung mit dem Spanienproblem) und das ›Fremde‹ (der Einfluss der europäischen Avantgarden) voneinander getrennt werden sollen. Die Konstruktion dieser ›Generation‹ negiert also den bereits angesprochenen Zusammenhang zwischen spanischer Identitätskrise und Rezeption der europäischen Moderne um die Jahrhundertwende.

Das Problem
der Trennung
von Ästhetik
und Ideologie

Der Begriff der ›*generación del 98*‹ wird 1913 von einem der bedeutendsten Repräsentanten dieser Periode, Azorín (Pseudonym von José Martínez Ruiz) eingeführt und von der spanischen Literaturwissenschaft in der Zeit der Franco-Diktatur aufgegriffen und systematisiert (insbesondere Laín Entralgo 1945). Damit wird das Ende des einstigen spanischen Weltreichs durch den Verlust der letzten Kolonien im Jahr 1898 und die dadurch ausgelöste Identitätskrise als entscheidender Bezugspunkt der literarischen Produktion jener Zeit herausgestellt (s. Kap. 3.2.3; vgl. Laín Entralgo 1945; Shaw 1975; Rodriguez Puertolas 1999).

Modernismo in
der Architektur:
Antoni Gaudís Ka-
thedrale »Sagrada
Familia« in Barce-
lona (Baubeginn
1882, bis heute
unvollendet)

Die Auseinandersetzung mit dem Spanienproblem und die Orientierung an den neuen ästhetischen Impulsen des **modernismo** stehen jedoch bei den meisten Autoren in einem untrennbaren Zusammenhang. **Die Infragestellung ideologischer und ästhetischer Traditionen** bedingt sich wechselseitig. Trotz aller Unterschiede zwischen einzelnen Autoren und Gruppierungen bietet das in vielen Literaturgeschichten beliebte Verfahren, die Autoren jener Periode nach ihrer Zugehörigkeit zu einem der beiden Begriffe zu sortieren, keinen produktiven Zugang zu den Gegenständen – schon deshalb, weil eindeutige Zuordnungen ohnehin nicht möglich sind. Die Begriffe ›*generación del 98*‹ und ›*modernismo*‹ bezeichnen **zwei untrennbare Faktoren** geistiger und literarischer Orientierungsmöglichkeiten um die Jahrhundertwende – die philosophische und ideologische Auseinandersetzung mit dem Spanienproblem und die Aneignung von Tendenzen der ästhetischen Moderne.

Die Diskussion über die Defizite Spaniens ist keineswegs erst eine Folge der Ereignisse von 1898. Die **Auseinandersetzung um die Frage einer Modernisierung des Landes** wird zwar nach 1898 intensiviert (s. Kap. 3.2.3), bestimmt aber im Grunde über das gesamte Jahrhundert hinweg den Konflikt der sog. *dos Españas* (s. S. 106 f.). Auf der Seite der li-

Die ideologische
Dimension
der Krise

beralen Kräfte treten mit dem *krausismo* sowie mit den Bestrebungen des *regeneracionismo* (bedeutendster Vertreter Joaquín Costa, 1846–1911) bereits seit der Mitte des 19. Jh.s Positionen hervor, die entschieden auf eine ideologische, politische und wirtschaftliche Modernisierung des Landes (seine *regeneración*, so der von Costa geprägte Begriff) drängen.

Der *krausismo*: Insbesondere mit der philosophisch wie pädagogisch bedeutsamen Schule des *krausismo* entsteht schon seit der Mitte des 19. Jh.s eine Orientierung, die eine **Gegenposition zur ideologischen Dominanz der katholischen Theologie** begründet (vgl. dazu Gutierrez Girardot 1983, Kap. 1, Abellán 1989, Bd. 3, Kap. IV–VI). Mitte des 19. Jh.s wird das Lehrgebäude des Heidelberger Philosophen Christian Friedrich Krause unter kuriosen Umständen nach Spanien eingeführt (vgl. Krauss 1972, Kap. I). Ausgangspunkt ist der für die geistige Öde Spaniens bezeichnende offizielle Auftrag eines liberalen Erziehungsministers an den Philosophen Sanz del Río (1814–1869), in Westeuropa nach einem philosophischen System zu suchen, das für Spanien als Gegengewicht gegen den Katholizismus tauglich ist. Dieser kehrt dann als überzeugter Anhänger der Philosophie Krauses nach Spanien zurück.

Diese ›Entdeckung‹ hat zur Folge, dass sich unter dem Einfluss von Krauses in Deutschland weitgehend unbekannt gebliebener Lehre die **Schule des *krausismo*** bildet. Sie bleibt **für das liberale Denken in Spanien bis zum Bürgerkrieg bestimmend**. Aus der von Hegel beeinflussten Lehre Krauses entwickelt der *krausismo* ein **idealistisches Fortschrittsdenken**, das auf dem Prinzip geistiger Freiheit aufbaut und das ideologisch, mehr aber noch pädagogisch wirksam ist. Maßgeblich hierfür ist die Gründung der für den spanischen Liberalismus lange Zeit prägenden *Institución Libre de Enseñanza* (1876) durch den bedeutenden krausistischen Philosophen Francisco Giner de los Ríos (1839–1915). Diese Gründung erfolgt als Reaktion auf die Entlassung bedeutender vom *krausismo* inspirierter Universitätslehrer durch die Restaurationsmonarchie und soll eine von staatlichen Zwängen freie Bildung ermöglichen.

Die Entstehung der *Institución Libre de Enseñanza* ist ein Indiz für die ideologische Zuspitzung der Konflikte um die Erneuerung Spaniens. Aus Krauses Lehren übernimmt Giner de los Ríos ein philosophisch wie pädagogisch bedeutsames **Ideal geistiger Offenheit und Eigenständigkeit des Individuums**, das eine Gegenposition zum Geltungsanspruch der theologischen Dogmatik wie zur Dominanz der Kirche im Bildungswesen ermöglicht. Mit der Grundidee des »**libre examen**«, der vorurteilslosen und kritischen Überprüfung aller überlieferten Positionen und Glaubenssätze, gibt der *krausismo* Impulse für eine Diskussion über die Modernisierung Spaniens. Sie bleiben allerdings weitgehend auf einer philosophisch-theoretischen Ebene (s. Kap. 3.2.3). Berühmt wird die *Residencia de estudiantes* in Madrid, eine Einrichtung der *Institución Libre de Enseñanza*, in der sich in den 1920er Jahren die wichtigsten Repräsentanten der Avantgarde von Lorca bis Dalí begegnen.

Die Entwicklung der modernen Lyrik in Spanien wird insbesondere von der Rezeption von Vorbildern aus dem Umfeld des französischen

Symbolismus (mit Autoren wie Baudelaire, Verlaine oder Mallarmé) bestimmt (grundlegend dazu Gutierrez Girardot 1983; Gullón 1963 und 1980
sowie Litvak 1975). Für die zögerliche Rezeption dieser Modelle in der
spanischen Lyrik ist es bezeichnend, dass sie in Spanien auf einem ›Umweg‹ erfolgt. Begründer des *modernismo* ist nämlich der nicaraguanische
Autor Rubén Darío (1867–1916).

Rubén Darío: Daríos erste bedeutende Veröffentlichung, *Azul* (1888),
eine Sammlung von Vers- und Prosagedichten, wird in der literarischen
Öffentlichkeit Spaniens breit rezipiert. Neu ist die von den französischen
Vorbildern inspirierte **Arbeit an der sprachlichen Struktur der Texte**, die
ästhetische Ausgestaltung teils märchenhafter, sprachlich konstruierter
Vorstellungswelten. Daríos elaborierte sprachliche Bilder eröffnen nur
assoziativ die Möglichkeit, die Texte in Beziehung zu lebensweltlichen
Problemen zu verstehen.

»El velo de la reina Mab«: Die ästhetizistische Verzauberung
der Lebenswelt

Zur Vertiefung

»Entonces, la reina Mab, del fondo de su carro hecho de una sola perla, tomó un velo
azul, casi impalpable, como formado de suspiros, o de miradas de ángeles rubios y
pensativos. Y aquel velo era el velo de los sueños, de los dulces sueños, que hacen ver
la vida del color de rosa. [...] Y desde entonces, en la buhardillas de los brillantes infelices, donde flota el sueño azul, se piensa en el porvenir como en la aurora, y se oyen
risas que quiten la tristeza, y se bailan extrañas farándulas alrededor de un blanco
Apolo, de un lindo paisaje, de un violín viejo, de un amarillento manuscrito.«

(aus Rubén Darío: *Azul*)

Der Schleier der »reina Mab«, der im Zentrum des gleichnamigen Prosa-
gedichts steht, kann als **Evokation der poetologischen Grundlagen des
*modernismo*** verstanden werden. Er symbolisiert eine Abwendung vom
konkreten Elend der Lebenswelt, das mit Begriffen wie »buhardilla« und
»infelices« vage im Text präsent ist, und verdeckt dieses Elend mit dem
»sueño azul«, der Illusion ästhetischer Verzauberung der Lebenswelt.
Der Text entwirft eine märchenhafte Welt ohne klare Referentialisierung
zur außersprachlichen Wirklichkeit (s. S. 10). Er inszeniert eine **sprachliche Überwindung der Realität** in den Bildern, die er aufbaut und in
den Assoziationen, die diese Bilder ermöglichen.

Daríos Werke haben mit dieser ästhetizistischen Orientierung die Lyrik der Jahrhundertwende nachhaltig beeinflusst. Unter dem Eindruck
dieser Werke verbreiteten sich bei vielen Autoren von der Jahrhundertwende bis in die 1920er Jahre Tendenzen eines Ästhetizismus, in dem
die sprachliche Gestalt der Texte wichtiger wird als ihr Wirklichkeitsbezug oder ihre Aussage.

Die Entwicklung der Lyrik des *modernismo* ist literarisch **die wichtigste
Innovation der Jahrhundertwende** in der spanischsprachigen Literatur.
Dort werden Daríos Ansätze beispielsweise in Dichtungen von Manuel

Machado (1874–1947; *Alma*, 1901), von Juan Ramón Jiménez (1881–1958, *Arias tristes*, 1903) oder von Antonio Machado (1875–1939, *Soledades*, 1903) aufgenommen und weitergeführt. Alle drei Autoren setzen ihr Werk auch in den 1920er Jahren fort. **Juan Ramón Jiménez** ist der bedeutendste Lyriker nach der Jahrhundertwende (Literaturnobelpreis 1956). Sein umfangreiches Werk stellt ein wichtiges Verbindungsglied zwischen dem *modernismo* und der poetischen Avantgarde der 1920er Jahre dar (insbesondere mit dem *Diario de un poeta recién casado*, 1917).

Die bedeutendsten Formen der literarischen Produktion um die Jahrhundertwende sind neben der Lyrik der **Roman** und vielfältige Spielarten des philosophischen und historischen **Essay**. Letzterer floriert insbesondere in der Auseinandersetzung mit der schwierigen Situation des Landes.

Miguel de Unamuno: Mit seinen philosophisch-politischen Essays wie mit seinen Romanen ist Miguel de Unamuno (1864–1936) der bekannteste und einflussreichste Autor der Jahrhundertwende und weit darüber hinaus. In seiner Jugend steht er sozialistischen Ideen nahe, wendet sich nach

der Jahrhundertwende aber zunehmend existentialistisch geprägten philosophischen Perspektiven zu. Gemeinsam ist Unamuno mit vielen Autoren der Zeit eine **Überhöhung Kastiliens**, aus dessen karger Landschaft er **Elemente eines spanischen Nationalcharakters** (des *casticismo*) ableiten will (s. Kap. 3.2.3).

In *En torno al casticismo* (1895/1902), einer berühmten Sammlung von Essays über das Spanienproblem, begreift er die vergangene Größe Spaniens als Resultat einer Weltoffenheit, die im einfachen Volk noch lebendig sei und an die das Land wieder anknüpfen müsse. Er entwirft den inneren Zusammenhang der spanischen Geschichte und die Möglichkeit einer Erneuerung des Landes nicht aus den großen historischen Ereignissen (wie der *Reconquista* etc.), sondern aus der Alltagswelt des Volkes (der *intrahistoria*). Mit dieser Argumentation vertritt er in der Kontroverse um das Spanienproblem eine liberale Perspektive. Spaniens Zukunft liege in einer **Erneuerung seines Volksgeistes** durch die **Öffnung nach Europa**:

Unamuno auf dem
Cover von *Sombras
de sueño*

> »¿Está todo moribundo? No, el porvenir de la sociedad española espera dentro de nuestra sociedad histórica, en la intrahistoria, en el pueblo desconocido, y no surgirá potente hasta que le despierten vientos o ventarrones del ambiente europeo.«
>
> (Unamuno: *En torno al casticismo*, Teil V: »Sobre el marasmo actual de España«)

Das erzählerische Werk Unamunos ist von einem **existentiellen und erkenntnistheoretischen Skeptizismus** bestimmt. Dieser philosophische Wandel manifestiert sich auch in seinem bekanntesten Roman, der den in Hinsicht auf die Darstellbarkeit von Wirklichkeit programmatischen Titel ***Niebla*** (1914) trägt. *Niebla* ist nicht nur eine Metapher für die Undurchschaubarkeit der Realität. Wie auch die Bezeichnung des Werks als *nivola* (womit der Gattungsbegriff ›novela‹ verfremdet wird) stellt dieser Titel zugleich eine Romankonzeption in Frage, die einen Geschehensverlauf so erzählen will, dass er einen Sinn erhält (s. Kap. 2.4.2). Im Zentrum des Geschehens steht die Handlungsunfähigkeit des Protagonisten, die *abulia*, die viele Romanfiguren der Jahrhundertwende charakterisiert.

Pío Baroja: Der bedeutendste und meistgelesene Romanautor in der ersten Jahrhunderthälfte ist Pío Baroja (1872–1956), dessen erste Werke in den Figuren unterschiedlicher, meist scheiternder Protagonisten die **existentielle wie die soziale Dimension des Spanienproblems** entwerfen (*Camino de perfección*, 1902; *La lucha por la vida*, 1904; *El árbol de la ciencia*, 1912). *La lucha por la vida* ist eine Trilogie von Sozialromanen mit einem auf Darwins Konzept vom »struggle for life« verweisenden Titel. In den dazu zählenden Werken (vor allem in dem ersten Teil *La busca*) führt Baroja Tendenzen des Sozialromans fort, die deutlich vom Naturalismus beeinflusst sind (s. Kap. 4.6.3). Er entwickelt eine **illusionslos-nüchterne und distanzierende Erzählhaltung,** die ohne jede Idealisierung die **Perspektivlosigkeit der Lebenswelt der Unterschicht** entwirft, in der der Kampf um das Überleben allein bestimmend ist. Barojas erste Romane stellen die spanische Lebenswelt als eine ebenso von der Tradition bestimmte wie den Protagonisten feindliche und unverständliche Wirklichkeit dar.

José Martínez Ruiz (Azorín): In Hinblick auf die erzählerische Gestaltung von Wirklichkeit noch radikaler als Baroja ist Azorín. Sein Roman **La Voluntad** (1902) verzichtet weitgehend auf die Konstruktion eines geschlossenen Geschehens. Er beschränkt sich auf detailreich gestaltete **Einzelszenen,** in denen **fragmentarische Innenperspektiven** des Protagonisten Antonio Azorín sowie **unterschiedliche Blicke auf die spanische Lebenswelt** aneinander gereiht werden (s. S. 79). Der Protagonist scheitert an der Beharrungskraft der spanischen Traditionen. Sein Wille zu deren Veränderung, den der Titel hervorhebt, verwandelt sich nach einem gescheiterten Ausbruchsversuch in Madrid am Ende in sein Gegenteil, die in Zusammenhang mit dem Spanienproblem viel diskutierte *abulia*, in der er sich den Traditionen seines Heimatorts und dem Willen seiner Ehefrau ergibt.

Für die **Entwicklung Azoríns** ist es aufschlussreich, dass er den Namen seines Protagonisten wenig später als Pseudonym wählt. Dessen im Roman noch uneindeutig perspektivierte **Flucht in die Tradition** wird er mehr und mehr zu einem Bezugspunkt seines Werks machen. Ähnlich wie andere Autoren, deren Schaffen in der Zeit der Jahrhundertwende beginnt, wechselt er nach den anarchistischen Sympathien seiner Jugendzeit zu einem immer deutlicher ausgeprägten Traditionalismus (beginnend mit einer Reihe von Essays zum Spanienproblem mit dem den Kastilienmythos aufgreifenden Titel *Castilla*, 1912, s. S. 129 f.).

Ramón María del Valle-Inclán: Den umgekehrten Weg schlägt Valle-Inclán (1866–1936) ein, der einige Zeit mit den konservativen politischen Bestrebungen des Karlismus (s. S. 107 f.) sympathisiert. Mit dem Zyklus seiner *Sonatas* (1902–1905) verfasst er eine Prosa, die in ihrer Subjektivierung, nostalgischen **Beschwörung des Verfalls** und **ästhetizistischen**

Jahrhundertwende
und Avantgarden
des 20. Jahrhunderts

Karikatur
Valle-Inclán
von Bagaría

Wirklichkeitsabwendung entschieden modernistisch orientiert ist und zu den bedeutendsten Erzähltexten der Jahrhundertwende zählt (s. Textauszug und Interpretation in Kap. 4.7.5). Dieser Zyklus, insbesondere sein letzter Teil, *Sonata de invierno*, der den letzten Karlistenkrieg thematisiert, verdeutlicht exemplarisch den Zusammenhang zwischen modernistischen Schreibweisen und der Auseinandersetzung mit dem Spanienproblem.

Valle-Incláns Werk in der Zeit nach dem Ersten Weltkrieg radikalisiert sich mit der **Konzeption einer kritischen Verzerrung der Wirklichkeit** (dem *esperpento*, insbesondere in dem Drama *Luces de Bohemia*, 1922) ideologisch und literarisch. Die Ästhetik des *esperpento* rechtfertigt Max Estrella, der Protagonist von *Luces de Bohemia*, mit einem Verweis auf den hoffnungslosen Zustand der spanischen Gesellschaft: »España es una deformación grotesca de la civilización europea«. Valle-Inclán wendet sich in dieser Entwicklung vom Traditionalismus ebenso ab wie vom Ästhetizismus des *modernismo* (der in *Luces de Bohemia* parodistisch demontiert wird) und **nähert sich dem republikanischen Engagement der Avantgarden an** (s. Kap. 4.7.3). Die Entwicklung Valle-Incláns ist damit auch ein aufschlussreiches Beispiel für den engen **Zusammenhang zwischen der Avantgarde der Jahrhundertwende und der der 1920er Jahre**.

Antonio Machado: Trotz des avantgardistischen Traditionsbruchs nehmen viele Autoren der Jahrhundertwende eine politisch eher konservative Position ein. Dem stehen wenige Ausnahmen gegenüber, die vor allem aus der liberalen Tradition der *Institución Libre de Enseñanza* hervorgegangen sind. Hier ist vor allem Antonio Machado (1875–1939) zu nennen, der mit einer in der Tradition des *modernismo* stehenden Lyrik beginnt, in der mit der Faszination der spanischen Landschaft zugleich indirekt das Spanienproblem thematisiert wird (*Campos de Castilla*, 1912).

Anders als sein älterer Bruder Manuel (1874–1947), ebenfalls ein bedeutender Repräsentant der modernistischen Dichtung, vertritt er eine **demokratische und republikanische Position**. Neben einer umfangreichen Lyrikproduktion bringt er diese in philosophisch-didaktischen Prosatexten zur Geltung. *Juan de Mairena*, eine in den 1920er Jahren konzipierte Sammlung von Dialogen und Unterweisungen, inszeniert das pädagogische Ideal des *krausismo* in einer Methode des systematischen Zweifels an allem (zu) offensichtlich erscheinenden Wissen, zu der die fiktive Titelgestalt ihre Schüler erziehen will.

Autoren
und Werke

Überblick über die literarische Avantgarde der Jahrhundertwende:

1888	Rubén Darío (1867–1916) gibt mit *Azul* den ersten wesentlichen Impuls für die Entwicklung des literarischen *modernismo*.
1895	Miguel de Unamuno (1864–1936): *En torno al casticismo* (1902 als Buch), entwirft die Diskussion um die Entwick-

	lung Spaniens im Spannungsfeld von Volkstradition und europäischer Moderne. Diese Diskussion wird u. a. 1897 in *Idearium español* von Àngel Ganivet (1865–1898) und 1899 in *Hacia otra España* von Ramiro de Maeztu (1875–1936) weitergeführt.
1901/1903	*Alma* von Manuel Machado (1874–1947) sowie zwei Jahre später *Arias tristes* von Juan Ramón Jiménez (1881–1958) und *Soledades* von Antonio Machado (1875–1939) sind die ersten bedeutenden spanischen Publikationen modernistischer Lyrik.
1902	Der seit 1902 erscheinende Zyklus der *Sonatas* von Ramón María del Valle-Inclán (1866–1936) sowie die Romane *Voluntad* von Azorín (Pseudonym von José Martínez Ruiz, 1873–1967) und *Camino de perfección* von Pío Baroja (1872–1956) verbinden modernistische Schreibweisen mit einer Thematisierung des Spanien-problems.
1907/1909	Die Aufarbeitung des Spanienproblems wird von Valle-Inclán in den *Comedias bárbaras* (1907/08) und in einer Romantrilogie über die Karlistenkriege (*La guerra carlista*, 1908/09) weitergeführt.
1912	Die Gedichtsammlung *Campos de Castilla* von Antonio Machado wie die Artikelsammlung *Castilla* von Azorín umkreisen den Mythos von Kastilien (s. Kap. 3.2.3); Pío Barojas Roman *El árbol de la ciencia* wie schon zuvor die Trilogie *La lucha por la vida* (1904) entwerfen die Frage nach der Erneuerung Spaniens in einer pessimistischen philosophischen Perspektive.
1913	Azorín prägt in seiner Artikelserie »*Clásicos y modernos*« den Begriff ›generación del 98‹.
1914	Der Roman *Niebla* von Miguel de Unamuno stellt in erkenntnistheoretischer und metafiktionaler Skepsis die Verstehbarkeit und Darstellbarkeit von Welt grundsätzlich in Frage.

4.7.3 | Zwischen Weltkrieg und Bürgerkrieg: Literarische Avantgarde und Politisierung der Literatur

Die Kontinuität der Avantgarden: Die avantgardistischen Bestrebungen, die sich in den 1920er Jahren in Spanien manifestieren, stehen ebenso wie die Avantgarde um die Jahrhundertwende weithin **im Zeichen europäischer Vorbilder**, insbesondere dem des französischen Surrealismus. Aus den bereits weiter oben angeführten Gründen ist daher auch der verbreitete Begriff der ›generación del 27‹ kein sinnvoller Periodisierungsbegriff für die Weiterentwicklung der spanischen Avantgarden (s. S. 242 f.).

Jahrhundertwende und Avantgarden des 20. Jahrhunderts

Gerade im Bereich der **Lyrik** gibt es seit der Jahrhundertwende eine **kontinuierliche Entwicklung**, wie bereits die Beispiele Valle-Incláns, Juan Ramón Jiménez' oder der beiden Brüder Machado zeigen (s. S. 249 f.). Deren am *modernismo* geschulte Lyrik ist für die Dichter der 1920er Jahre ein wesentliches Vorbild, auch wenn sie es durch stärker hermetische und assoziative Schreibweisen weiter entwickeln. Wie die Genannten führen viele Autoren, die um die Jahrhundertwende zu schreiben beginnen, ihre literarische Produktion bis hin zum Bürgerkrieg weiter.

Manifeste und Leitbegriffe

Vom Ästhetizismus des *modernismo* führt ein direkter Weg zu einer **Verabsolutierung der poetischen Sprache** und der durch sie erzeugten Bilder in den Sprachexperimenten des *ultraísmo*. Dessen Manifeste, die Guillermo de Torre (1900–1971) inspiriert von denen des italienischen Futurismus seit 1918 veröffentlicht, fassen die Dichtung als eine eigenständige Wirklichkeit von durch Sprache erzeugten Empfindungen (»ultra-sensaciones«) auf. In dieser Orientierung werden ebenso Grundlagen einer avantgardistischen Lyrik gelegt wie im *creacionismo* des Chilenen Vicente Huidobro (1893–1948), der in den 1920er Jahren in Frankreich und Spanien lebt. Huidobro bestimmt das poetische Bild als einen von der außersprachlichen Wirklichkeit unabhängigen sprachlichen Schöpfungsakt (»creación«). All diesen Orientierungsversuchen ist gemeinsam, dass sie die **poetische Sprache als autonome Wirklichkeit** begreifen, als *poesía pura*, die sich nicht durch ihre Referentialisierung (s. S. 10), sondern nur durch ihre ästhetischen Qualitäten legitimieren muss.

Surrealistische Verfremdung der Wirklichkeit: Salvador Dalís (funktionsfähiges!) Hummertelefon (1936)

Die Bedeutung des Surrealismus: Zu diesen Tendenzen trägt die in Spanien zunächst zögerliche **Rezeption des Surrealismus** bei. Für dessen französische Repräsentanten wie André Breton ist die Revolutionierung der Sprache unter Ausschaltung eines sie ordnenden Verstandes (in der sogenannten »écriture automatique«) grundlegend. Die **autonome Logik der Sprache** wird als Möglichkeit aufgefasst, nach dem Vorbild der Freud'schen Traumdeutung eine anders nicht zugängliche, unbewusste Wirklichkeit zu erschließen. Damit soll die Grundlage für eine Veränderung der Lebenspraxis und der Lebenswelt gelegt werden. Der Surrealismus verbindet die allen Tendenzen der Avantgarden gemeinsame Abwendung vom Ziel literarischer Sinnstiftung sowie die Betonung einer eigenen Logik der sprachlichen Zeichen mit dem **Anspruch, die Trennung von Kunst und Lebenspraxis aufzuheben.** Dieser Anspruch führt über die *poesía pura* hinaus zu der Politisierung der Avantgarden, die in Spanien seit dem Ende der 1920er Jahre einsetzt.

Die avantgardistische Lyrik

All diese Vorbilder und Neuansätze tragen dazu bei, die beiden Jahrzehnte vor dem Bürgerkrieg zu einer **Blütezeit der Lyrik** in Spanien zu machen, die man in Anlehnung an die Epochenkonstruktion des *Siglo de Oro* als *edad de plata* bezeichnet hat (Mainer 1983). Der berühmteste Repräsentant dieser Periode ist sicherlich **Federico García Lorca** (1898–1936), daneben sind unter anderen Rafael Alberti (1902–1999), Gerardo Diego (1896–1987), Vicente Aleixandre (1898–1984, Literaturnobelpreis

1977), Jorge Guillén (1893–1984) und Luis Cernuda (1903–1963) zu nennen.

Diese Gruppe wird gängig als *generación del 27* bezeichnet, mit einem Begriff, auf dessen Problematik oben schon hingewiesen wurde (s. S. 242 f.; vgl. Gumbrecht 1982; Geist 1980). Als ihr Gründungsmanifest gilt die Rede, die Lorca 1927 zum dreihundertsten Todestag von **Góngora** hält. Diese Rede zeigt, wie dieses Vorbild mit dem der europäischen Avantgarden eine Verbindung eingeht, die ebenso produktiv wie ambivalent ist.

Lorcas Góngora-Rede: Der Barockdichter wird bis in die 1920er Jahre in der spanischen Literaturgeschichtsschreibung als dunkel und unverständlich abgewertet (s. Kap. 4.3.2). Dagegen hat es Lorcas Rückgriff auf Góngora zum Ziel, **die Lyrik der Avantgarde an ein spanisches Vorbild anzuschließen**, sie damit in die Nationalliteratur einzuordnen und zu legitimieren. Góngoras kühne Bildlichkeit und seine Technik der überraschenden Metaphern stellt Lorca nun zugleich **als nationale Tradition und als Vorbild für die Dichtung der Gegenwart** dar. Gerade die Aspekte von Góngoras Dichtung also, die dazu geführt haben, dass sie bis dahin als gewollt hermetisch und unpoetisch abgewertet wurde, begründen für Lorca seine Bedeutung für die Avantgarde.

Lorca: Góngoras Dichtung entwirft eine abstrakte Schönheit sprachlicher Bilder

Zur Vertiefung

»Todo el polvo de Castilla le [=Góngora] llenaba el alma y la sotana de racionero [=Domherr]. [...] con su instinto estético fragante empezó a construir una nueva torre de gemas y piedras inventadas que irritó el orgullo de los castellanos en sus palacios de adobes. Se dio cuenta de la fugacidad del sentimiento humano y de los débiles que son las expresiones espontáneas que solo conmueven en algunos momentos, y quiso que la belleza de su obra radicara en la metáfora limpia de realidades que mueren [...]. Amaba la belleza objetiva, la belleza pura e inútil, exenta de congojas comunicables.«

(aus Lorca: »La imagen poética de Don Luis de Góngora«, 1927)

In dieser Neubewertung Góngoras spielt eine negative Charakterisierung der spanischen Lebenswelt, der »polvo de Castilla« und die »palacios de adobes« eine wichtige Rolle. Von dieser bedrückenden Wirklichkeit wende sich Góngoras Dichtung ab, um eine ganz anders geartete Wirklichkeit zu entwerfen. Die **Autonomie ästhetischer Arbeit an der Sprache** erscheint zugleich als Abwendung von der Realität (als Rückzug in »una nueva torre de gemas y piedras inventadas«) und als Befreiung von ihr.

Die Sprachbilder, mit denen die Dichtung Góngoras arbeiteten, **ihre Metaphern**, sollen von der Vergänglichkeit der Wirklichkeit unberührt bleiben (»la metáfora limpia de realidades que mueren«). Sie erschaffen Lorca zufolge eine von ihr unabhängige und ihre Negativität überwindende sprachliche Schönheit, eine »belleza objetiva, la belleza pura e inútil, exenta de congojas comunicables«. Der **Traditionsbezug**, den Lorca mit Góngora aufbauen will, beinhaltet damit auch eine **Negation der Traditionen**, die die spanische Lebenswelt prägen.

Deshumanización/
rehumanización

Die Lyrik begreift Lorca in seiner Góngora-Rede als **eine durch die Dichtungssprache erzeugte autonome Welt**, die von der Anforderung entlastet wird, Aspekte der Lebenswelt zu gestalten oder sich auf sie zu beziehen. Diese ästhetische Position, die für die Kunstauffassung der Avantgarden grundlegend ist, problematisiert einer der bedeutendsten spanischen Philosophen der ersten Jahrhunderthälfte, José **Ortega y Gasset** (1883–1955), bereits 1925 in seinem Essay *La deshumanización del arte*.

Der etwas dramatisch klingende Begriff der ›*deshumanización*‹ bezeichnet ein **Abstraktwerden der künstlerischen Darstellung**, ihre Abwendung von den Lebensfragen der Menschen. Diese Tendenz ist ja nicht nur in der *poesía pura*, sondern auch bei Künstlern wie Picasso oder Dalí zu beobachten. Ortegas Darstellung ist zunächst nur beschreibend gemeint, sie führt jedoch zu einer Kritik an der Abwendung der Kunst von der gesellschaftlichen Wirklichkeit. Aus Ortegas Begriff der ›*deshumanización*‹ wird das **Postulat einer *rehumanización* der Kunst und Literatur** entwickelt, das man dann im politischen Engagement der 1930er Jahre als verwirklicht ansehen kann.

Zwischen Tradition
und Modernität

Lorcas *Romancero gitano*: Die ambivalente Verbindung von literarischer Tradition und Modernität, die der Góngora-Rede zugrunde liegt, spielt bei einigen der oben genannten Dichter eine wichtige Rolle. Der Titel von Lorcas berühmtestem Gedichtband *Romancero gitano* (1928) verweist auf die spanische Tradition des *romance* (s. S. 6 f., 143). Dieser **Traditionsbezug** wird allerdings durch das Attribut »gitano« durchkreuzt, das ja auf eine aus der spanischen Tradition ausgegrenzte und von ihr unterdrückte Volksgruppe verweist. Entsprechend wird auf der Textebene die inhaltliche und formale Anknüpfung an das volkstümliche Erzählgedicht durch **fragmentarische Handlungselemente** und **kühne Metaphern** durchkreuzt (Textbeispiel und die Interpretation in Kap. 4.7.5).

Die ersten Gedichtbände Rafael Albertis greifen ebenfalls auf volkstümliche (*Marinero en tierra*, 1925) oder literarisch-religiöse Traditionen zurück (*Sobre los ángeles*, 1929). Auch bei Alberti werden diese Traditionen vor allem in dem zweiten Gedichtband durch die Auflösung der Gedichtform und befremdliche Sprachbilder von deutlich surrealistischer Inspiration durchkreuzt.

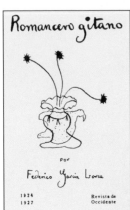

Titelblatt
von Lorcas
Romancero gitano

Der große Erfolg des *Romancero gitano* führt zu heftigen Auseinandersetzungen innerhalb der Gruppe der avantgardistischen Künstler der 1920er Jahre. Andere Autoren der Avantgarde wie Jorge Guillén, Luis Cernuda oder Guillermo de Torre intendieren in ihrer **hermetischen und bisweilen nahezu abstrakten Poesie** einen völligen Bruch mit der spanischen Tradition. Surrealistische Künstler wie der Regisseur Luis Buñuel oder der Maler Salvador Dalí verurteilen die Gedichte Lorcas als zu wenig radikal in ihrer Bildlichkeit und inkonsequent in ihrer Annäherung an den Surrealismus.

Die Großstadt als Gegenstand der Lyrik: Diese Kritik seiner Freunde trifft Lorca so sehr, dass er sich für ein Jahr in die USA zurückzieht und dort den Gedichtband ***Poeta en Nueva York*** konzipiert (1929/30, erst posthum veröffentlicht). Mit der nordamerikanischen Großstadt (und in einigen Gedichten dem Börsenkrach von 1929) als Gegenstand signalisiert dieses Projekt bereits im Titel eine maximale **Distanz zu den Elementen spanischer Tradition**, die im *Romancero gitano* noch präsent sind. Es arbeitet sehr viel intensiver als dieses Werk mit einer verstörenden Bildlichkeit und fragmentarischen Assoziationen, die vom Surrealismus beeinflusst sind.

Deutlich ist die **surrealistische Orientierung in verschiedenen Dramenexperimenten Lorcas** nachweisbar, vor allem in den beiden 1930/31 entstandenen »dramas irrepresentables« (wie er sie selbst nennt) *El público* und *Así que pasen cinco años*. Hier mischen sich Traumbilder mit hermetischen Figuren und uneindeutigen Handlungsverläufen oder allegorischen Evokationen.

Lorcas »tragedias rurales«: Doch auf der Bühne erzielt Lorca seine großen Erfolge mit den trotz symbolischer und mythischer Handlungselemente **stärker realistisch konzipierten** »tragedias rurales« *Bodas de sangre* (1933), *Yerma* (1934) und vor allem *La casa de Bernarda Alba* (1936). Dieses letzte Werk, das berühmteste Drama Lorcas, gestaltet eine intensive, als Anklage verstehbare Handlung, in der die repressiven Auswirkungen rigider moralischer und religiöser Normen im Zentrum stehen.

In allen diesen Werken spielen **Frauenfiguren** eine zentrale Rolle. Trotz ihrer Ausbruchsversuche zerbrechen sie an dem **Konflikt zwischen ihren Bedürfnissen und der Enge der spanischen Lebenswelt**, der sie als Frauen besonders unterworfen sind. Lorcas politisches Engagement zeigt sich auch darin, dass er in den 1930er Jahren im Auftrag der republikanischen Regierung mit einer Theatertruppe durch die spanische Provinz zieht.

Die »tragedias rurales« zeugen von einer zunehmenden **Politisierung vieler Repräsentanten der spanischen Avantgarde** in den 1930er Jahren. Schon die vornehmlich gegen literarische Traditionen gerichtete Radikalität der 1920er Jahre hat zum Teil deutlich gesellschaftskritische Untertöne. Diese Entwicklung führt dazu, dass sich bereits vor dem Ausbruch des Bürgerkriegs auch Schriftsteller aus dem Umfeld der Avantgarde politisch engagieren.

Avantgarde
und Politik

Rafael Albertis Engagement: Alberti wendet sich zu Beginn der 30er Jahre von seiner avantgardistischen Orientierung ab und tritt – wie auch andere Schriftstellerkollegen – der kommunistischen Partei bei. Er verschreibt sich nun einer engagierten Dichtung, die trotz ihrer Wirkungsabsichten nicht auf komplexe Sprach- und Bildstrukturen verzichten will (*El poeta en la calle*, 1935). Diese Entwicklung beinhaltet eine deutliche **Absage an das Ideal einer »poesía pura«**, wie es in Lorcas Góngora– Rede entworfen wird, und den Anspruch einer *rehumanización* der Dichtung durch die Annäherung an die »masas populares«.

Jahrhundertwende
und Avantgarden
des 20. Jahrhunderts

Zur Vertiefung

Rafael Alberti: Ein Manifest der engagierten *poesía impura*

»De mi contacto con las masas populares surgió en mí la necesidad de una poesía como la que se intenta - muy lejos aún de conseguirse - en este libro. [...] De acuerdo o no de acuerdo con esta posición que es un camino, yo sé que esta salida al aire libre, este dejar de devorarnos oscuramente nuestras propias uñas, puede traernos, compañeros poetas - hoy ya la estamos viendo - la nueva clara voz que tan furiosamente pide España, liquidados ya estos últimos años de magnífica poesía.«

(Prolog zu *El poeta en la calle*, 1935)

Alberti stellt hier das Engagement als eine **Befreiung aus der Isolation ästhetizistischer Sprachspiele** dar (»esta salida al aire libre, este dejar de devorarnos oscuramente nuestras propias uñas«). Die Orientierung an den »masas populares« impliziert eine Absage an die Dichtung der 1920er Jahre, die zwar noch als »magnífica poesía« bezeichnet wird, die aber den Anforderungen der spanischen Gesellschaft (»la nueva clara voz que tan furiosamente pide España«) nicht gerecht zu werden vermöge. Diesem Wechsel von der *poesía pura* zur *poesía impura* liegt eine **aufklärerische Konzeption von der Funktion der Literatur** zugrunde (s. S. 13). Demgegenüber erscheint die Vorstellung vom Eigenwert der poetischen Sprache, wie sie Lorca in seiner Góngora-Rede formuliert, als eine Sackgasse.

Die Ermordung Lorcas und der Ausbruch des Bürgerkriegs: In der Entwicklung der Avantgarde zeichnen sich zunehmend die Fronten ab, die im Bürgerkrieg politisch wie kulturell aufbrechen. Angesichts dieser Konflikte wie angesichts der **Unversöhnlichkeit der Gegensätze** ist es in gewisser Weise konsequent, dass der bei der Rechten verhasste Federico García Lorca kurz nach dem Ausbruch des Bürgerkriegs von falangistischen Milizen ermordet wird. Diese Bluttat macht den Toten zum **Symbol der kulturellen Konfrontation zwischen den beiden Lagern**, zu einem Symbol, das auch nach dem Ende des Kriegs nichts von seiner Bedeutung verliert.

Für die Verteidiger der Republik ist die Bedeutung des Dichters damit durch eine politische Wertung bestimmt, die ihn zum literarisch überragenden **Gewährsmann der republikanischen Sache** macht. Für die Parteigänger Francos hingegen bleibt er sowohl als Avantgardist wie als für die Republik engagierter Dichter und nicht zuletzt auch als Homosexueller ein **Inbegriff der politischen und kulturellen Orientierungen, die sie beseitigen wollen.** Diese Deutungen Lorcas sind ebenso einseitig wie die, die ihn nach dem Zweiten Weltkrieg vor allem in Deutschland zum Repräsentanten eines die Zeit überdauernden ›spanischen Wesens‹ macht.

Die Zuspitzung der politischen Auseinandersetzungen in der Zweiten Republik und mehr noch der Bürgerkrieg lassen schließlich kaum noch Raum für die dichterischen Experimente und die Sprachrevolution, mit denen die Dichter der *edad de plata* Texte verfasst hatten, die zu den bedeutendsten der europäischen Avantgarden zählen.

Die literarischen Avantgarden zwischen Weltkrieg und Bürgerkrieg

Autoren
und Werke

1918/19	Publikationen der ersten Manifeste des *ultraísmo* von Guillermo de Torre (1900–1971) (fortgeführt in der Zeitschrift *Ultra*, 1921/22).
1920	Valle-Incláns Drama *Luces de bohemia* begründet die gesellschaftskritische Darstellungstechnik des *esperpento*.
1921	*Libro de poemas*, die erste Gedichtsammlung Federico García Lorcas (1898–1936), noch weitgehend an der modernistischen Lyrik orientiert.
1925	*Marinero en tierra* von Rafael Alberti (1902–2003), Erneuerung traditioneller Elemente der Volksdichtung; *La deshumanización del arte* von José Ortega y Gasset (1883–1955), scharfe Kritik der ›entmenschlichten‹ avantgardistischen Lyrik.
1927	Lorca: »La imagen poética de Don Luis de Góngora«.
1928	Lorca: *Romancero gitano*; erste Gedichtbände von Vincente Aleixandre (1898–1984) und Jorge Guillén (1893–1984).
1929	Alberti: *Sobre los Ángeles*, vom Surrealismus beeinflusste Dichtungen; Beginn der Arbeit Lorcas an dem ebenfalls surrealistische Verfahren aufgreifenden Gedichtzyklus *Poeta en Nueva York* (posthum 1939).
1931	Gründung der studentischen Theatergruppe *La Barraca* unter Leitung Lorcas, unterstützt vom Volksbildungsministerium der Republik. Von 1932 bis 1936 Tourneen durch Spanien.
1933	Alberti gründet die kulturpolitische Zeitschrift *Octubre* und engagiert sich in der kommunistischen Partei. Seine politische Dichtung der folgenden Jahre erscheint 1935 mit dem programmatischen Titel *El poeta en la calle* (erweiterte Ausgabe 1938).
1934	Gerardo Diego (1896–1987) gibt die Anthologie *Poesía española contemporánea* heraus, die alle Angehörigen der poetischen Avantgarden seit der Jahrhundertwende versammelt und ihre Zusammengehörigkeit dokumentieren soll.
1936	Lorca: *La casa de Bernarda Alba*; letztes Werk einer Trilogie traditionskritischer »comedias rurales« (*Bodas de sangre*, 1933; *Yerma*, 1934). Kurz nach Ausbruch des Bürgerkriegs Ermordung Lorcas; Gründung der *Alianza de intelectuales antifascistas*, in der viele Vertreter der Avantgarden mitarbeiten.

4.7.4 | Die Literatur im Bürgerkrieg

Der Bürgerkrieg von 1936 bis 1939 spaltet das Land politisch wie ideologisch in **zwei sich unerbittlich bekämpfende Lager**. In dieser Auseinandersetzung müssen auch die Intellektuellen und Schriftsteller Position beziehen. Viele erklären sich für die republikanische oder – unter den bedeutenden Autoren eine Minderheit – für die ›nationalistische‹ Seite und engagieren sich zum Teil auch propagandistisch oder militärisch (ausführliche Darstellungen in Lentzen 1984 und Schmigalle 1986). Dieses **Engagement** hat einschneidende **Konsequenzen für die literarische Orientierung der Avantgarde** und für die Funktion der Literatur.

Die intellektuelle Vorbereitung des Bürgerkriegs: Die **Politisierung der Kultur und Literatur** ist eine Entwicklung, die sich nicht erst unter dem Eindruck dieser kriegerischen Zuspitzung der Krise Spaniens manifestiert. Vielmehr treten Konflikte nun deutlich zutage, die latent schon lange wirksam waren. Bereits in der Position mancher Autoren der Jahrhundertwende finden sich in der Reflexion über die historischen Wurzeln der Krise Spaniens **Ansätze eines militanten Traditionalismus** und eines autoritären Denkens (vgl. Lopez-Morillas 1972; Blanco Aguinaga 1978).

Dessen Vertreter sind nun durchaus bereit, sich in der **Hoffnung auf eine Erneuerung Spaniens** mit einer diktatorischen Lösung anzufreunden (so z. B. Azorín oder Maeztu, teilweise auch Unamuno oder Baroja). José Antonio Primo de Rivera, der Gründer und Chefideologe der Falange (s. S. 113 f.), ist in seinem Denken von den Diskussionen der Jahrhundertwende deutlich beeinflusst. Die Idee einer Rückbesinnung auf Kastilien, damit auch auf **Spaniens katholische und imperiale Identität**, durch die eine Erneuerung des Landes erreicht werden soll, gehört zu den ideologischen Konstanten der Franco–Diktatur (s. Kap. 3.2.3).

Auch aus den Reihen der literarischen Avantgarde der 1920er und 1930er Jahre wenden sich einige Autoren Franco zu, so Ernesto Giménez Caballero, der Begründer der für die literarische Modernisierung einflussreichen *Gaceta literaria*. Manuel Machado, einer der bedeutendsten Dichter des *modernismo*, verfasst ebenso Hymnen auf den Diktator wie Gerardo Diego, der sich in den 1920er Jahren als avantgardistischer Dichter profiliert hatte.

Ein Beispiel

Die Ambivalenzen Unamunos
Für das ambivalente Verhältnis vieler Autoren zu den Aufständischen ist **das Ende Miguel de Unamuno**s (s. S. 248) bezeichnend, der Francos Putsch zunächst als Verteidigung der spanischen Kultur begrüßt. Am 12. Oktober 1936, bei einem Festakt zum *Día de la raza* (s. S. 117 f.) an der Universität von Salamanca, deren Rektor er war, protestiert er jedoch entschieden gegen die blutrünstige Rede eines Generals Francos. Gegen dessen Ausruf »¡Abajo la inteligencia!« wendet er sich mit der berühmt gewordenen, für die zwiespältige Position

Die Literatur
im Bürgerkrieg

des Intellektuellen bezeichnenden Formulierung: »venceréis, que duda cabe, porque tenéis la razón de la fuerza, pero nunca podréis convencer«. Danach verlässt er sein Haus nicht mehr und stirbt wenige Wochen später.

Im Bürgerkrieg engagieren sich nicht nur viele Autoren politisch, er führt auch zu einer **Politisierung der Literatur**. Es bilden sich Gruppierungen von Intellektuellen, die zur Verteidigung der Republik aufrufen und ihr Schreiben in den Dienst dieser Sache stellen. So versucht die *Alianza de intelectuales antifascistas para la defensa de la cultura*, die Erfahrungen des Kampfs gegen die Aufständischen literarisch aufzuarbeiten. Die von der *Alianza* herausgegebene Literaturzeitschrift **El Mono Azul** (dt. etwa ›der Blaumann‹, traditionelle Arbeitsbekleidung) veröffentlicht Texte und Gedichte von Frontkämpfern und ruft zur Mitarbeit an einer Gedichtsammlung unter dem Titel **Romancero de la guerra civil** auf, zu der bedeutende Mitglieder der poetischen Avantgarde Beiträge liefern. Neben Rafael Alberti gehören dazu etwa Vicente Aleixandre, Luis Cernuda und Antonio Machado.

Die Avantgarde im Kampf für die Republik

Der Kampf um die Kultur: Bei vielen dieser Autoren hat das Engagement für die Republik auch eine **kritische Revision der avantgardistischen Positionen** zur Folge, wie schon das weiter oben angeführte Beispiel Rafael Albertis zeigt. Die Intellektuellen beider Lager des Bürgerkriegs führen auch einen Kampf um die Traditionen der spanischen Kultur, die beide für sich beanspruchen. Die Suche nach Vorbildern für eine engagierte Literatur, die auf der Seite des kämpfenden Volkes steht, führt beispielsweise zu einer Neubewertung der Literatur der *Siglos de oro*. Während die Anhänger Francos sich auf die imperiale Bedeutung dieser Tradition berufen, sehen republikanische Intellektuelle sie als besonders volksnah an. In dieser Entwicklung erhält das nationale Erbe den Vorrang gegenüber den europäischen Vorbildern der Avantgarden.

Plakat für
El Mono Azul

Die nationale Literaturtradition im Dienste des Kampfs für die Republik

Zur Vertiefung

»Al fuego de la guerra [...] desaparece toda una literatura amanerada, decadente, a la francesa, que era la que se hacía en España en estos últimos tiempos. Se ha ido como empujada por la que ahora revive. Porque no sólo el viejo romance ha vuelto a la vida, sino que día por día, Cervantes, Calderón, Lope, Quevedo vienen atropelladamente reclamando su puesto en la soberbia escena que levanta nuestro pueblo ante el mundo.«

(Salas Viu: »Una tradición revolucionaria«. In: *El Mono Azul*, November 1937, zit. nach Monleón 1979, S. 251)

Jahrhundertwende
und Avantgarden
des 20. Jahrhunderts

Diese Stellungnahme entstammt der Rezension einer Aufführung von Cervantes' historischem Drama *Numancia* (s. Kap. 4.3.4) in einer Bearbeitung durch Rafael Alberti. Diese Bearbeitung konstruiert eine explizite Parallele zwischen dem Kampf der keltiberischen Bevölkerung von Numantia gegen die römischen Eroberer (s. S. 119) und dem Kampf der Republik gegen die Aufständischen. Aus dieser Konstruktion einer historischen Kontinuität entwickelt die Rezension ihre Sicht von der Bedeutung der nationalen Literaturtradition. Sie wertet die Sprachspiele der avantgardistischen Literatur als »amanerada, decadente, a la francesa« ab, um eine Identitätskonstruktion zu entwerfen, in der die bedeutendsten Autoren der *Siglos de oro* als Vorkämpfer der Republik gedeutet werden (s. Kap. 4.3.1). Der **Kampf um die Republik** wird so zugleich zu einem **Kampf um die Kulturtradition**, deren Überlieferung die Vertreter der Republik für sich beanspruchen.

Das Engagement der europäischen Intellektuellen: Im Juli 1937 findet ein internationaler **Kongress antifaschistischer Schriftsteller in Valencia und Madrid** statt, den die *Alianza* vorbereitet (ein erster war 1935 unter der Präsidentschaft von Heinrich Mann in Paris organisiert worden). Daran beteiligen sich neben spanischen auch viele deutsche, französische, englische und lateinamerikanische Autoren. Einige von ihnen (wie André Malraux, Ludwig Renn oder George Orwell) kämpfen auch in den internationalen Brigaden auf Seiten der Republik. Der Bürgerkrieg ist im intellektuellen wie im praktischen Engagement ein **Höhepunkt der antifaschistischen Orientierung vieler europäischer Schriftsteller**, die seit Beginn der 30er Jahre zunimmt. Sie verbindet sich nicht nur in Spanien mit einem gewachsenen Bewusstsein von der Bedeutung literarischer Traditionen für die Verteidigung der Demokratie.

Die Niederlage der Republik als kulturelle Zäsur

Wegen des nachhaltigen Engagements vieler Autoren hat die Niederlage der Republik in doppelter Hinsicht **tiefgreifende Folgen für die kulturelle Entwicklung**. Die Machtlosigkeit des literarischen Engagements gegenüber dem Kalkül europäischer Machtpolitik ist für viele spanische wie internationale Intellektuelle eine einschneidende Erfahrung. Hinzu kommt das **Ende der avantgardistischen Traditionen** aus der Zeit vor dem Bürgerkrieg. Dieser Traditionsbruch ist für die literarische Entwicklung Spaniens in der Diktatur von entscheidender Bedeutung. Die Ansätze und Innovationen der Avantgarden bleiben in den ersten Jahrzehnten der Diktatur verpönt; bedeutende Autoren wie Lorca, die man nicht verschweigen kann, sind lange Zeit nur in zensierten Ausgaben zugänglich.

Mit den 1936 verstorbenen Unamuno und Valle-Inclán, den im Bürgerkrieg ermordeten oder umgekommenen Autoren wie Lorca oder dem auf dem Weg ins Exil verstorbenen Antonio Machado und vielen anderen verliert Spanien einen Großteil seiner wichtigsten Intellektuellen, Künstler und Schriftsteller. Von Picasso oder Buñuel über Manuel de Falla bis hin zu Rafael Alberti, Juan Ramón Jiménez, Luis Cernuda oder Ramón J.

Die Schrecken des Bürgerkriegs: Picassos *Guernica* (1937) gestaltet in surrealistischer Bildlichkeit die Barbarei der deutschen Luftwaffe, die am 26. April 1937 im Auftrag Francos das schutzlose Guernica, die heilige Stadt der Basken, an einem Markttag bombardiert und ein grauenhaftes Blutbad verursacht. Das monumentale, fast acht Meter breite und dreieinhalb Meter hohe Gemälde wurde für den Pavillon der spanischen Republik auf der Weltausstellung in Paris gemalt. Es ist ganz in Grautönen gehalten, um jede ästhetische Überhöhung des Geschehens durch Farben zu vermeiden. Seine Anlage wie einzelne Bildelemente erinnern an ein dreigeteiltes Gemälde (Triptychon), eine gängige Form von Altarbildern. Das Licht, das entsprechend dieser Bildtradition von oben vor allem die Mitte des Bildes erhellt, ist aber kein göttliches, sondern wird von einer Glühbirne ausgestrahlt, was die religiösen Bezüge durchkreuzt und eine Assoziation der Glühbirne (span. *bombilla*) mit den Bomben ermöglicht, die auf Guernica gefallen sind. Das Bild ist zu einem Politikum geworden, weil Picasso es der Republik vermacht hat und es deshalb erst 1981 in das demokratische Spanien zurückkehrte (heute im *Museo Reina Sofía* in Madrid). Die Wirkung, die es immer noch ausübt, verdeutlicht der Umstand, dass eine Kopie, die vor dem Sitzungssaal der UN hängt, verhängt wurde, als dort am 5. Februar 2003 der amerikanische Außenminister in einer Pressekonferenz den bevorstehenden Irakkrieg rechtfertigte.

Sender (s. Kap. 4.8.2) gehen sie zu Hunderten mit über einer halben Million ihrer Landsleute ins (zumeist nord- oder südamerikanische) Exil.

4.7.5 | Textbeispiele und Interpretationen

Ramón María del Valle-Inclán: *Sonata de otoño*

Der Zyklus der *Sonatas* von Valle-Inclán trägt den Untertitel »Memorias del marqués de Bradomín«. Er präsentiert sich also als **eine (fiktive) Autobiographie** (s. S. 84). Von deren Konventionen weicht er allerdings dadurch ab, dass die vier Teile nur jeweils einzelne signifikante Episoden dieser Lebensgeschichte entwerfen, die, der Jahreszeitensymbolik entsprechend, von der Jugend (*Sonata de primavera*) bis zum Alter reichen

Strukturen des Werks

(*Sonata de invierno*). Der Ich-Erzähler wird in einer Vorbemerkung zu der als erster Teil des Zyklus erschienenen *Sonata de otoño* als **Inkarnation der Figur des Don Juan** bezeichnet. Allerdings werden ihm dabei Attribute zugeschrieben (»un don Juan [...] feo, católico y sentimental«), die die wichtigsten Eigenschaften dieses Verführers negieren, der ja in einer langen literarischen Tradition als ebenso attraktiv wie berechnend und irreligiös dargestellt wird. In der *Sonata de otoño* erzählt Bradomín von der letzten Begegnung mit seiner todkranken Geliebten Concha, die ihn zu sich gerufen hat und mit der er nun, fasziniert von ihrem körperlichen Verfall, eine letzte Episode ihrer Beziehung erlebt, in der sie am Ende in seinen Armen stirbt.

Den Text durchzieht ein **Spannungsverhältnis zwischen nostalgisch evozierter Vergangenheit** (im Textauszug mit dem Palast als Inbegriff vergangener Größe und Ort der Kindheit präsent) **und der Faszination vor deren Dekadenz**, die zu einem ästhetischen Erlebnis stilisiert wird. In der Perspektive des Ich-Erzählers verbinden sich ästhetische Stilisierung und historischer Verfall zu einer widersprüchlichen Konstruktion, die aus den im Erzählen erzeugten sprachästhetischen Effekten aufgebaut wird. Die Elemente von Bradomíns Lebensgeschichte, die nur in Andeutungen und Fragmenten präsent sind, erhalten so einen Sinn, der aus den Widersprüchen zwischen der Erinnerung einerseits und der Gegenwart des erzählten Geschehens andererseits entsteht und zugleich in Frage gestellt wird.

El Palacio de Brandeso, aunque del siglo décimo octavo, es casi todo de estilo plateresco: Un Palacio a la italiana con miradores, fuentes y jardines, mandado edificar por el Obispo de Corinto Don Pedro de Bendaña, Caballero del Hábito de Santiago, Comisario de Cruzada y Confesor de la Reina Doña Amelia de Parma. Creo que un abuelo de Concha y mi abuelo el Mariscal Bendaña sostuvieron pleito por la herencia del Palacio. No estoy seguro, porque mi abuelo sostuvo pleitos hasta con la Corona. Por ellos heredé toda una fortuna en legajos. La historia de la noble Casa de Bendaña es la historia de la Cancillería de Valladolid.

Como la pobre Concha tenía el culto de los recuerdos, quiso que recorriésemos el Palacio evocando otro tiempo, cuando yo iba de visita con mi madre, y ella y sus hermanas eran unas niñas pálidas que venían a besarme, y me llevaban de la mano para que jugásemos, unas veces en la torre, otras en la terraza, otras en el mirador que daba al camino y al jardín.... Aquella mañana, cuando nosotros subíamos la derruida escalinata, las palomas remontaron el vuelo y fueron a posarse sobre la piedra de armas. El sol dejaba un reflejo dorado en los cristales, los viejos alelíes florecían entre las grietas del muro, y un lagarto paseaba por el balaustral. Concha sonrió con lánguido desmayo:
– ¿Te acuerdas?

Y en aquella sonrisa tenue, yo sentí todo el pasado como un aroma entrañable de flores marchitas, que trae alegres y confusas memorias... Era allí donde una dama piadosa y triste, solía referirnos historias de Santos. Cuántas veces, sentada en el hueco de una ventana, me había enseñado las estampas del Año Cristiano abierto en su regazo. Aún recuerdo sus manos místicas y nobles que volvían las hojas lentamente. la dama tenía un hermoso nombre antiguo: se llamaba Águeda: Era la madre de Fernandina, Isabella y Concha. Las tres niñas pálidas con quienes yo jugaba. ¡Después de tantos años volví a ver aquellos salones de respeto y aquellas salas familiares! Las salas entarimadas de nogal, frías y silenciosas, que conservan todo el año el aroma de las manzanas agrias y otoñales puestas a madurar sobre el alféizar de las ventanas. Los salones con antiguos cortinajes de damasco, espejos nebulosos y retratos familiares: Damas con basquiña, prelados de doctoral sonrisa, pálidas abadesas, torvos capitanes... En aquellas estancias nuestros pasos resonaban como en las iglesias desiertas, y al abrirse lentamente las puertas de floreados herrajes, exhalábase del fondo silencioso y oscuro, el perfume lejano de otras vidas. Solamente en un salón que tenía de corcho el estrado, nuestras pisadas no despertaron rumor alguno: Parecían pisadas de fantasmas, tácitas y sin eco. En el fondo de los espejos el salón se prolongaba hasta el ensueño como en un lago encantado, y los personajes de los retratos, aquellos obispos fundadores, aquellas tristes damiselas, aquellos avellanados mayorazgos parecían vivir olvidados en una paz secular. Concha se detuvo en la cruz de dos corredores, donde se abría una antesala redonda, grande y desmantelada, con arcones antiguos. En un testero arrojaba cerco mortecino de luz la mariposa de aceite que día y noche alumbraba ante un cristo desmelenado y lívido. Concha murmuró en voz baja:

   – ¿Te acuerdas de esta antesala?
   – Sí. ¿La antesala redonda?
   – Sí... ¡Era dónde jugábamos!

Una vieja hilaba en el hueco de una ventana. Concha me la mostró con un gesto:

   – Es Micaela... La doncella de mi madre. ¡La pobre está ciega! No le digas nada...

Seguimos adelante. Algunas veces Concha se detenía en el umbral de las puertas, y señalando las estancias silenciosas, me decía con su sonrisa tenue, que también parecía desvanecerse en el pasado:

   – ¿Te acuerdas?

Ella recordaba las cosas más lejanas. Recordaba cuando éramos niños y saltábamos delante de las consolas para ver estremecerse los floreros cargados de rosas, y los fanales ornados con viejos ramajes áureos, y los candelabros de plata, y los daguerrotipos llenos de un misterio estelar. ¡Tiempos aquellos en que nuestras risas locas y felices habían turbado el noble recogimiento del Palacio, se desvanecían por las claras y grandes antesalas, por los corredores oscuros, flanqueados con angostas ventanas de montante donde arrullaban las palomas!...

Interpretation

In dem Textauszug sind, vom Zeitpunkt des Erzählens abgesehen, **drei Zeitebenen** präsent, die sich beständig miteinander vermischen. Der Ich-Erzähler entwirft zum einen die Vergangenheit des Palastes von Brandeso und der Adelsfamilie, der er selbst angehört. Diese Zeitebene historischer Tradition ist in der erzählten Zeit des Gangs durch den Palast noch als der »perfume lejano de otras vidas« oder als die »paz secular« gegenwärtig, die die Porträts der Ahnen auszeichnet. Eine zweite Vergangenheitsebene wird mit den Kindheitserinnerungen eingeführt, die das erzählte Ich mit seiner früheren Geliebten Concha gemeinsam hat und die durch beider Erinnerungen in die erzählte Gegenwart eingebracht werden. Mit der wie ein Leitmotiv wiederholten Frage »¿Te acuerdas?« wird der Palast zu einem Ort, an dem in der erzählten Zeit des Gangs durch den Palast zugleich die beiden Zeitebenen der Vergangenheit evoziert werden und als noch erfahrbar erscheinen (vgl. »exhalábase del fondo silencioso y oscuro el perfume lejano de otras vidas«).

Die Episode aus seinem Leben, die der Marqués de Bradomín in der *Sonata de otoño* erzählt, wird insgesamt durch diese verschiedenen Zeitebenen strukturiert. In ihrem Wechselspiel wird die **Erinnerung an die Vergangenheiten** (vor allem an die Kindheit und die frühere Liebesbeziehung, implizit aber auch an den Wandel der Gesellschaft) thematisiert. In dieser Konstruktion erscheint die nostalgisch evozierte Vergangenheit als zugleich faszinierend und unwiederbringlich verloren. Der Ich-Erzähler entwirft weniger ein Geschehen (den Gang durch den Palast) als vielmehr einen Prozess der Erinnerung, in dem Elemente der Vergangenheit ästhetisch und religiös überhöht werden. **Die ästhetische Verzauberung der Erinnerung** klingt beispielsweise in der Evokation der »manos místicas y nobles« von Conchas Mutter an, in dem Vergleich der Schrittgeräusche mit denen in »iglesias desiertas« oder im Vergleich der Spiegelbilder des Salons mit einem »lago encantado«.

In der Überhöhung der Vergangenheit erscheint ihr **Verfall als Grund für ihre ästhetische Faszination**. Ihr Niedergang in der Gegenwart ist etwa im Bild der verfallenen Schlosstreppe präsent, in der Evokation der verlassenen Säle und Flure oder der erblindeten Zofe. Dem Verfall des Vergangenen entspricht die Wahrnehmung, mit der das erzählende Ich seine Erinnerungsarbeit charakterisiert: »[...] yo sentí todo el pasado como un aroma entrañable de flores marchitas, que trae alegres y confusas memorias...«. In einer Spannung zwischen vage evozierten Vergangenheitsebenen und der Gegenwart konstruiert es als Geschichte nicht eine Abfolge von Ereignissen, sondern ein in der Beschwörung des Gewesenen evozierbares **Lebensgefühl der Dekadenz**, das schon der Titel des Werks mit der Symbolik des Herbstes konnotiert.

Federico García Lorca: *Romance sonámbulo*

Strukturen des Werks

Ähnlich wie der Romantiker Espronceda greift auch der der avantgardistischen Generation von 1927 angehörende Federico García Lorca – wie sein Zeitgenosse und Freund Rafael Alberti – vor allem in seinen Jugendjahren auf **volkstümliche Dichtungsformen** zurück. Was die beiden Dichter an der volkstümlichen Dichtung besonders reizt, sind – gerade im Gegensatz zur Kunstdichtung des voran gegangenen Modernismus – ihre Spontaneität, ihre authentisch erscheinende Emotionalität, ihre abstandslose

Direktheit, ihre sprachlich-stilistische und metrische Schlichtheit sowie ihr ausdrucksstarker Bilderreichtum. Freilich war García Lorcas neopopulistische Dichtung alles andere als bloß imitierend oder restaurierend. Vielmehr geht er davon aus, dass die volkstümliche Dichtung Merkmale enthält, die es ermöglichen, sie zu der modernen, avantgardistischen Lyrik in Beziehung zu setzen.

Wenn die **Elemente der volkstümlichen Tradition** vertieft und intensiviert werden, können daraus höchst **moderne Effekte** entstehen. Einfachheit und Kürze können sich dabei in **Verkürzung, Verdichtung und Verrätselung** verwandeln. Die Suggestivkraft der Bilder kann, wenn diese ihrer rein untermalenden Funktion entkleidet werden, zu symbolischer Aufladung und zu surrealistischen Rätselhaftigkeit führen. Beides lässt sich eindrucksvoll an dem Gedicht »Romance sonámbulo« demonstrieren, das aus der 1928 erstmals erschienenen Gedichtsammlung des *Romancero gitano* stammt, die die Welt der andalusischen *gitanos* evozieren will. Mit dieser Sammlung griff Lorca auf die große Tradition der spanischen Romanzendichtung zurück und verfremdete sie zugleich durch die Bezugnahme auf die aus der spanischen Tradition ausgegrenzte Volksgruppe.

1 Verde que te quiero verde.	25 Compadre, quiero cambiar
Verde viento. Verdes ramas.	mi caballo por su casa,
El barco sobre la mar	mi montura por su espejo,
y el caballo en la montaña.	mi cuchillo por su manta.
5 Con la sombra en la cintura	Compadre, vengo sangrando,
ella sueña en su baranda,	30 desde los puertos de Cabra.
verde carne, pelo verde,	Si yo pudiera, mocito,
con ojos de fría plata.	este trato se cerraba.
Verde que te quiero verde.	Pero yo ya no soy yo.
10 Bajo la luna gitana,	Ni mi casa es ya mi casa.
las cosas la están mirando	35 Compadre, quiero morir
y ella no puede mirarlas.	decentemente en mi cama.
*	De acero, si puede ser,
Verde que te quiero verde	con las sábanas de holanda.
Grandes estrellas de escarcha,	¿No veis la herida que tengo
15 vienen con el pez de sombra	40 desde el pecho a la garganta?
que abre el camino del alba.	Trescientas rosas morenas
La higuera frota su viento	lleva tu pechera blanca.
con la lija de sus ramas,	Tu sangre rezuma y huele
y el monte, gato garduño,	alrededor de tu faja.
20 eriza sus pitas agrias.	45 Pero yo ya no soy yo
¿Pero quién vendrá? ¿Y por dónde...?	ni mi casa es ya mi casa.
Ella sigue en su baranda,	Dejadme subir al menos
verde carne, pelo verde,	hasta las altas barandas,
soñando en la mar amarga.	¡dejadme subir!, dejadme
*	

*Textbeispiel
García Lorca:
Romance
sonámbulo*

50 hasta las verdes barandas.
Barandales de la luna
por donde retumba el agua.
*
Ya suben los dos compadres
hacia las altas barandas.
55 Dejando un rastro de sangre.
Dejando un rastro de lágrimas.
Temblaban en los tejados
farolillos de hojalata.
Mil panderos de cristal,
60 herían la madrugada.
*
Verde que te quiero verde,
verde viento, verdes ramas.
Los dos compadres subieron.
El largo viento dejaba
65 en la boca un raro gusto
de hiel, de menta y de albahaca.
Compadre! ¿Dónde está, dime?

¿Dónde está tu niña amarga?
¡Cuántas veces te esperó!
70 ¡Cuántas veces te esperara,
cara fresca, negro pelo,
en esta verde baranda!
*
Sobre el rostro del aljibe,
se mecía la gitana.
75 Verde carne, pelo verde,
con ojos de fría plata.
Un carámbano de lina
la sostiene sobre el agua.
La noche se puso íntima
80 como una pequeña plaza.
Guardias civiles borrachos
en la puerta golpeaban.
Verde que te quiero verde.
Verde viento. Verdes ramas.
85 El barco sobre la mar.
Y el caballo sobre la montaña.

Interpretation

Das Gedicht besteht aus 86 *octosílabos* polyrhythmischer Struktur mit a-a-Assonanz in den Versen gerader Zählung (s. Kap. 2.2.2). Die Gesamtverse sind auf 6 Strophen ungleicher Länge verteilt. Der **narrative Charakter der Romanze** bestimmt auch den *Romance sonámbulo*, insofern eine anonyme, außerhalb des Geschehens stehende Erzählinstanz Bruchstücke einer Handlung wiedergibt. Allerdings sind die narrativen Elemente **mit dramatischen und lyrischen Passagen vermischt**. Während das lyrische Ich sich lediglich in dem leitmotivisch wiederholten Vers *Verde que te quiero verde* (V. 1, 9, 13, 61 und 83) zu erkennen gibt, schlagen sich die dramatischen Passagen in einem Dialog zwischen zwei als *compadre* und *mocito* bezeichneten männlichen Figuren nieder (V. 25–52 und 67–72).

Die avantgardistische Verwandlung der Tradition zeigt sich bereits in den narrativen Passagen, die keineswegs mehr eine zusammenhängende und eindeutige Handlung vermitteln, die man mühelos erzählen könnte. Vielmehr liefert die anonyme Erzählinstanz dem Leser nur **fragmentarische Handlungselemente**, die dieser selbst zusammensetzen muss, um daraus einen halbwegs verstehbaren Handlungsablauf rekonstruieren zu können. Es entsteht nicht der Eindruck von Klarheit, sondern von hermetischer Verrätselung.

In der 1. und 2. Strophe werden eine nächtliche Landschaft mit Meer und Bergen sowie ein Haus mit einem Balkongeländer evoziert,

an dem ein Mädchen mit ›silberharten Augen‹ lehnt. In der 3. Strophe
wechselt die Beschreibung unvermittelt zu dem erwähnten Dialog
zwischen einem alten und einem jungen Mann. Der Junge ist schwer
verwundet und möchte vor seinem Tod zu dem Geländer des Balkons
emporsteigen; der Alte ist verzweifelt und scheint sich selbst wie
sein Haus verloren zu haben. In der 4. Strophe steigen die beiden die
Treppe zum Balkon hinauf, wobei sie eine Spur von Blut und Tränen
zurücklassen. Oben angekommen fragt der junge Mann nach dem
Mädchen, augenscheinlich Tochter des Alten und Geliebte des jungen
Zigeuners (5. Strophe). Doch in der letzten Strophe treibt die Zigeune-
rin im Wasser einer Zisterne. An die Tür klopfen betrunkene Zivilgardisten, die den verletzten jungen Mann offensichtlich verfolgen.

Aus diesen Fragmenten und einigen anderen Hinweisen kann man
ein mögliches Geschehen erschließen, in dem der junge Zigeuner
als Schmuggler von der Polizei verfolgt und angeschossen worden
ist und sich mit letzter Kraft in das Haus seiner Geliebten geschleppt
hat, wo er auf einen verzweifelten Vater trifft, dessen Tochter höchst
wahrscheinlich tot ist. Vom Tod des Mädchens ist nirgends direkt die
Rede. Auch er kann nur vermutet werden. Aus einzelnen Handlungs-
fragmenten lässt sich so ein Handlungsgerüst konstruieren, in dem
freilich noch vieles unklar, unaufgelöst und geheimnisvoll bleibt.
Doch der narrative, eher deskriptive Teil ist nicht entscheidend.
Entscheidend ist vielmehr die Evokation oder besser die Suggestion
einer Stimmung. Die eigentliche Wirkung geht von den **Farbevo-
kationen**, der semantischen und phonetischen Qualität einzelner
Begriffe und Bilder sowie von den vielfachen **Wiederholungen** aus.
Sie strukturieren das Gedicht und verleihen ihm alle gemeinsam einen
poetisch-lyrischen Charakter. Das in seiner Bedeutung höchst ambivalente, vielfach evozierte Grün dominiert hier in seinem Charakter als
magische Farbe, die den **irreal-traumhaften Grundton der Romanze**
verstärkt. Düstere, aggressive und kalte Farben (*rosas morenas, rostro
de sangre, fría plata*) evozieren dagegen Unglück und Tod. Die semantische und phonetische Qualität einzelner Schlüsselbegriffe evoziert
Kälte (*escarcha, carámbano*), Gefahr (*gato gaduño, agria, erizar, cu-
chillo*), Bitterkeit (*agria, amarga, hiel*), Härte (*acero, hojalata, cristal*)
und Verwundung (*herida, sangre*).

Verstärkt wird diese Atmosphäre noch durch das bei Lorca stets **Un-
heil und Tod evozierende Motiv des Mondes,** der die gesamte Szene
beherrscht (*bajo la luna gitana*). Die düstere Stimmung hat ihre doppelte Verwurzelung in der Liebe (*niña amarga*) und in der Gesellschaft
(*guardia civil*). **Unglückliche Liebe** (*amor frustrado*) sowie **soziale
Marginalisierung** und Bruch mit der etablierten Gesellschaft sind die
beiden zentralen Themen des *Romancero gitano* und die wichtigsten
Ursachen der Not (*pena negra*) der *gitanos*, die als seine zentrale Sinn-
figuren zugleich mythisch aufgeladen und überhöht werden.

Jahrhundertwende
und Avantgarden
des 20. Jahrhunderts

Trotz der Darstellung der *pena negra* ist Lorcas Romanze kein sozialkritisches, realistisches Gedicht. In ihm herrschen vielmehr ein emotional-elegischer und zugleich poetisch-lyrischer Grundton sowie **eine diffuse, vage, unbestimmte Wirklichkeitsempfindung** vor. Sie werden vor allem durch magisch-traumhafte Bilder und Schlüsselbegriffe, durch impressionistische Beschreibungen, durch **Entrealisierung und Dekontextualisierung des Geschehens**, durch offene Fragen und Suspensionspunkte hervorgerufen. Auch die zahlreichen Wiederholungen und Parallelismen verstärken die **Poetisierung der Wirklichkeit**. Die Dialogpartien hingegen tragen ihrerseits durch ihre wiederholten Klagen, Bitten, Fragen und Ausrufe zur Intensivierung der emotionalen, elegischen Grundstimmung bei.

García Lorcas *Romance sonámbulo* ist weder das Produkt realistischer noch folkloristischer Lyrik. Vielmehr stellt es ausgehend vom Modell der traditionellen Romanzendichtung und vor dem vagen Hintergrund der andalusischen Lebenswelt die poetische Evokation der auf unerfüllter Liebe und sozialer Marginalisierung beruhenden *pena negra* dar, wobei die analysierten Techniken die schlichte Romanzenform zu einem ungemein kunstvollen und ausdrucksstarken sowie zugleich höchst modernen Gedicht machen.

Grundlegende
Literatur

Arranda, Francisco: *El surrealismo español.* Barcelona 1981.
Franzbach, Martin: *Die Hinwendung Spaniens zu Europa. Die Generación del '98.* Darmstadt 1988.
Gutiérrez Girardot, Rafael: *Modernismo.* Barcelona 1983.
Mainer, José-Carlos: *La edad de plata (1902–1939). Ensayo de interpretación de un proceso cultural.* Madrid 1983.
Neuschäfer, Hans-Jörg: »Modernismo und 98. Die Abkehr vom Traditionalismus«/»Die 20er und 30er Jahre«. In: Ders. (Hg.): *Spanische Literaturgeschichte.* Stuttgart/Weimar ³2006, S. 323–363.
Rico, Francisco (Hg.): *Historia y crítica de la literatura española.* Bd. 6 und 6.1: *Modernismo y 98;* Bd. 7 und 7.1: *Época contemporánea: 1914–1939;* Bd. 8 und 8.1: *Época contemporánea: 1939–1980.* Barcelona 1983ff.
Schmigalle, Günter (Hg.): *Der spanische Bürgerkrieg. Literatur und Geschichte.* Frankfurt a.M. 1986.

Weiterführende
und zitierte
Literatur

Abellán, José Luis: *Historia crítica del pensamiento español.* Teil V: *La crisis contemporánea (1875–1936).* 3 Bde. Madrid 1989.
Asholt, Wolfgang/Fähnders, Walter: *Manifeste und Proklamationen der europäischen Avantgarde.* Stuttgart/Weimar 1995.
Asholt, Wolfgang/Fähnders, Walter: »*Die ganze Welt ist eine Manifestation«. Die europäische Avantgarde und ihre Manifeste.* Darmstadt 1997.
Blanco Aguinaga, Carlos: *Juventud del 98.* Barcelona ²1978.
Bonet, Juan Manuel: *Diccionario de las vanguardias en España (1907–1936).* Madrid 1995.
Bürger, Peter: *Theorie der Avantgarde.* Frankfurt a.M. 1974.
Floeck, Wilfried: *Spanisches Theater im 20. Jahrhundert.* Tübingen 1990.

Geist, Anthony Leo: *La poética de la generación del '27 y las revistas literarias: de la vanguardia al compromiso (1918–1936).* Barcelona 1980.
Gullón, Ricardo: *Direcciones del Modernismo.* Madrid 1963.
Gullón, Ricardo (Hg.): *El Modernismo visto por los modernistas.* Barcelona 1980.
Gumbrecht, Hans-Ulrich: »Warum gerade Góngora? Poetologie und historisches Bewusstsein in Spanien zwischen Jahrhundertwende und Bürgerkrieg«. In: Winfried Wehle (Hg.): *Lyrik und Malerei der Avantgarde.* München 1982, S. 145–192.
Ilie, Paul (Hg.): *Documents of the Spanish Vanguard.* Chapel Hill 1969.
Krauss, Werner u. a.: *Spanien 1900–1965. Beitrag zu einer modernen Ideologiegeschichte.* München 1972.
Laín Entralgo, Pedro: *La generación del noventa y ocho.* Madrid 1945.
Lentzen, Manfred: *Der spanische Bürgerkrieg und die Dichter. Beispiele des politischen Engagements in der Literatur.* Heidelberg 1984.
Litvak, Lily (Hg.): *El Modernismo.* Madrid 1975.
Litvak, Lily: *Transformación industrial y literatura en España (1895–1905).* Madrid 1980.
López-Morillas, Juan: *Hacia el 98: literatura, sociedad, ideología.* Barcelona 1972.
Monleón, José: *El Mono azul. Teatro de urgencia y Romancero de la guerra civil.* Madrid 1979.
Rodríguez Puertolas, Julio: *El desastre en sus textos. La crisis del 98 vista por los escritores coetáneos.* Madrid 1999.
Rogmann, Horst: *García Lorca.* Darmstadt 1981.
Shaw, David L.: *The Generation of 1898 in Spain.* London 1975.
Strausfeld, Michi (Hg.): *Spanische Literatur.* Frankfurt a. M. 1991.

4.8 | Exil und Diktatur: Die Literatur der Nachkriegszeit (*Pos[t]guerra*, 1939–1975)

4.8.1 | Die Literatur unter der Diktatur. Überblick, Lyrik und Drama

Der Sieg Francos im Bürgerkrieg bedeutet zunächst einen **Bruch mit der Avantgarde der 1920er Jahre** und mit der Politisierung der Literatur in der Zeit der Zweiten Republik und im Bürgerkrieg. Zudem hat er eine Spaltung der weiteren kulturellen Entwicklung zur Folge: einerseits **die Literatur des Exils** und andererseits **der literarische Neubeginn in Spanien**. Ins Exil gegangene wie in Spanien gebliebene Autoren, die mit der Republik sympathisiert oder sich offen für sie engagiert haben, müssen die **Erfahrung eines Scheiterns** verarbeiten, das auch grundsätzliche Fragen aufwirft – letztlich die Frage nach dem Sinn ihres Schreibens überhaupt. Verstärkt wird eine derart mit negativen Perspektiven belastete Selbstreflexion in Spanien durch die über ein Jahrzehnt andauernde ökonomische Misere nach dem Ende des Bürgerkriegs und die politische Repression, die trotz der triumphalistischen Selbstdarstellung des Regimes einen tiefen Pessimismus hervorrufen.

Pessimismus und Perspektivlosigkeit: Dámaso Alonso, einer der wenigen im Nachkriegsspanien überlebenden Repräsentanten der Avantgarden der 1920er Jahre, entwirft im ersten Vers des berühmten Gedichts »Insomnio« (aus *Hijos de la ira*, 1944), Madrid metaphorisch als einen riesigen Friedhof: »Madrid es una ciudad de más de un millón de cadáveres«. Weiter stellt das Gedicht eine Verbindung zwischen dieser Todesvision und dem inneren Verfall des lyrischen Ich her: »Y paso largas horas preguntándole a Dios, preguntándole/por qué se pudre lentamente mi alma«. Eine derart **negative Sicht der Nachkriegssituation** ist symptomatisch für einen Großteil der literarischen Werke in den Anfängen der Diktatur. Sie müssen sich mit einer bedrückenden Wirklichkeit auseinandersetzen und diese literarisch gestalten.

Literatur und Propaganda: Auch Autoren, die mit der *Falange* und deren nationalrevolutionären Erneuerungsvorstellungen sympathisieren oder sie gar militant vertreten, werden in ihren Erwartungen an die Diktatur zunehmend enttäuscht. Zwar betreibt diese eine aktive Literatur- und Propagandapolitik, die einige anspruchsvolle, allerdings kurzlebige Literaturzeitschriften hervorbringt. Zunächst findet die neue Ordnung Anklang bei einer ganzen Reihe von Autoren (vgl. die Dokumentationen in Mainer 1971 und Rodriguez Puertolas 1986/87 sowie Gumbrecht 1990, Bd. 1, S. 939 ff.). Doch die zaghaften Versuche einer produktiven Auseinandersetzung mit der nach dem Umsturz zunächst geächteten Tradition des Ästhetizismus oder der Avantgarden ersticken schnell im **nationalen und katholischen Traditionalismus der herrschenden Ideologie**.

Grundlegend ist die Zensur, der sich alle Bücher, Dramen und Filme unterwerfen müssen (vgl. Neuschäfer 1991; Knetsch 2000). Selbst ein in seiner Jugend so eindeutig falangistisch gesinnter Autor wie José Camilo

Cela (1916–2002, Literaturnobelpreis 1989) hat Probleme mit deren Borniertheit. Sein bedeutendster Roman *La colmena* (s. den Textauszug und die Interpretation in Kap. 4.8.4) kann erst 1955 in Spanien erscheinen (zuerst 1951 in Buenos Aires).

Die Auseinandersetzung mit der Zensur bestimmt grundsätzlich die gesamte literarische Produktion – zumindest soweit ihre Autoren eine Veröffentlichung in Spanien zum Ziel hatten. Sie erzwingt eine zumindest oberflächliche Anpassung an die moralischen und ideologischen Kriterien der Diktatur. Auch wenn die Zensur durchaus nicht lückenlos und homogen funktioniert, auch wenn ihre Zwänge in einer Reihe berühmter Fälle mit beträchtlicher literarischer Raffinesse unterlaufen werden können (s. das Beispiel von Delibes' *Cinco horas con Mario*, S. 20 f.), trägt sie doch zu einem **Klima allgegenwärtiger Repression** bei, das zumindest bis in die 60er Jahre hinein das literarische Leben bestimmt.

Literarische Verhüllungsstrategien, die unkommentierte Darstellung einer tristen Realität und ästhetizistische Verweigerung charakterisieren die literarische Produktion der *Postguerra*, die zum großen Teil von einer untergründig präsenten **Oppositionshaltung zur Diktatur** bestimmt wird (vgl. Mangini 1987). So sehr diese Politisierung für viele Autoren identitätsbildend und inspirierend ist, so sehr hemmt sie doch den Austausch der spanischen Literatur mit europäischen Vorbildern, zumal die Zensur auch Übersetzungen einschränkt. Trotz der Notwendigkeit, kritische Aussagen zu verhüllen, sind bis in die 1960er Jahre **realistische Tendenzen in Roman, Lyrik und Drama dominant**. Sie erproben vor allem den Spielraum, den die Zensur für eine Auseinandersetzung mit den gesellschaftlichen und ideologischen Problemen unter der Diktatur doch mehr oder weniger einräumt.

Die *poesía social*: Dies zeigt sich in der Entwicklung einer *poesía social* in den 50er Jahren etwa bei Blas de Otero (1916–1979) oder Gabriel Celaya (1911–1991). Celayas Gedichttitel »La poesía es una arma cargada de futuro« (aus *Cantos íberos*, 1955) deutet bereits an, wie hier unter den Bedingungen der Zensur versucht wird, Traditionen einer engagierten Lyrik weiterzuführen.

Auch die wegen der Zensur zuerst in Lateinamerika publizierten Gedichtbände Blas de Oteros (*Pido la paz y la palabra*, 1955; *Que trata de España*, 1964) erproben Formen einer kritisch-oppositionellen Dichtung. Erst seit den 60er Jahren werden die ästhetizistischen Bestrebungen der Avantgarden der Vorkriegszeit von Dichtern wie Pedro Gimferrer (geb. 1945) oder Jaime Siles (geb. 1951) wieder stärker aufgegriffen und in spielerischer Umformung weitergeführt (eine ausführliche Darstellung der Entwicklung der Lyrik gibt García de la Concha 1987).

Auch die bedeutendsten Dramenautoren verwenden relativ traditionelle Formen. Im **Drama der Franco-Zeit** werden kritische Akzente durch symbolisch verstehbare Handlungselemente und Anspielungen oder durch unangreifbare Verallgemeinerungen gesetzt (das Drama ist wie der Film einer besonders strikten Vorzensur unterworfen).

Das Drama
unter der Diktatur

Antonio Buero Vallejo: Buero Vallejos (1916–2000) *Historia de una escalera* (1949) stellt die Perspektivlosigkeit des Lebens und die scheiternden Hoffnungen der Bewohner eines Mietshauses unter fast völliger Ausblendung der politischen Dimension dar. Allerdings spielen die drei Akte dieses Dramas in einem zeitlichen Abstand von zehn bzw. zwanzig Jahren, so dass ein historischer Bezug vage präsent ist. Rechnet man vom Aufführungsdatum zurück, könnten die Akte des Dramas 1919, 1929 und 1949 spielen, wodurch das Jahr 1939, das Ende des Bürgerkriegs, ausgeblendet, aber als als Verstehensmöglichkeit implizit präsent wäre.

Das Auf und Ab des Treppenhauses als Symbolisierung eines Lebens ohne Perspektiven

»Fernando. [...] Hemos crecido sin darnos cuenta, subiendo y bajando la escalera [...] Y mañana o dentro de diez años que pueden pasar como un día, como han pasados estos últimos... ¡sería terrible seguir así! Subiendo y bajando la escalera, una escalera que conduce a ningún sitio; haciendo trampas en el contador, aborreciendo el trabajo... perdiendo día tras día...«

(Buero Vallejo: *Historia de una escalera*, Acto primero)

Schon zu Beginn des Dramas erscheint das Treppenhaus trotz der zeitlichen Ausdehnung der Handlung als Ort einer immer wiederkehrenden Bewegung, in der sich nichts verändert. Die Protagonisten des Stücks wachsen zwar heran, entwerfen Zukunftspläne, haben Konflikte miteinander und gehen Beziehungen ein, doch es verändert sich nichts – außer leichten Spuren einer Modernisierung im 3. Akt. Die existentielle **Symbolik des Treppenhauses** verweist auf eine **Schicksalhaftigkeit**, in der alle Hoffnungen und Ausbruchsversuche der Figuren scheitern – auch wenn das Ende in ambivalenter Weise die Hoffnungen der Kinder der Protagonisten in den Vordergrund rückt.

Alfonso Sastre: Die von der Zensur erzwungene Ausblendung historischer und politischer Zusammenhänge zeigt sich auch bei **Sastre** (geb. 1926). Sein erstes Werk, *Escuadra hacia la muerte* (1953), ist ein von existentialistischem Pessimismus geprägtes, die Todesproblematik symbolisch verallgemeinerndes Antikriegsstück. Es wird ebenso wie spätere Stücke dieses Autors (etwa *La Mordaza*, 1954) zeitweise verboten. Buero Vallejo wie Sastre, die beiden bedeutendsten Dramenautoren der Franco-Zeit, sind deutlich vom epischen Theater Brechts beeinflusst, ziehen jedoch aus dessen Postulat einer kritischen und lehrhaften Funktion des Theaters unterschiedliche Konsequenzen.

Die **Kontroverse um den** *posibilismo*, die sie in den 1960er Jahren austragen, kreist um die Frage, ob die kritischen Intentionen des Dramas sich an den Freiräumen orientieren sollten, die die Zensur eröffnet (so die Position Buero Vallejos), oder ob sie diese durch Verletzung ihrer Grenzen herauszufordern hätten (wie es Sastre versucht). Erst seit den 60er Jahren setzen Buero und Sastre, wie auch andere Dramenautoren, Elemente des avantgardistischen Theaters in ihren Stücken ein (so etwa Buero Vallejo Traumsequenzen in seinem Goya–Drama *El sueño de la razón*, 1970 oder Sastre die Aufhebung der Trennung zwischen Bühne und Zuschauerraum in *Crónicas romanas*, 1968).

Dominant bleibt jedoch in der Franco-Zeit das traditionelle bürgerliche Unterhaltungstheater (s. S. 223), das ein Erfolgsautor wie Alonso Paso (1926–1978) versiert bedient. **Theaterexperimente** im Umfeld des sogenannten *Teatro Independiente* (seit 1962) sind auf experimentelle Kleinbühnen beschränkt und ohne größere Wirkung (vgl. ausführliche Darstellungen der Entwicklung des Dramas bei Ferreras 1988 und Ruiz Ramón 1986).

4.8.2 | Die Literatur im Exil

Ein Großteil der bedeutenden und international angesehenen spanischen Literaten und Künstler geht in der Überzeugung ins Exil, jenen besseren Teil der *dos Españas* zu repräsentieren, für den in dem Mutterland unter den gegebenen Verhältnissen kein Bleiben mehr ist. In den Zentren des Exils, in Frankreich sowie in Nord- und Südamerika, beginnt sehr bald eine intensive Publikationstätigkeit, in der die Kultur eine wichtige Funktion für die Legitimation der politischen Positionen des Exils hat (ausführlich dazu Velilla Barquero 1981). Die Exilierten beanspruchen, die Kontinuität einer spanischen Kulturtradition zu repräsentieren, die von der Diktatur missachtet werde. Die **Funktion der kulturellen Tradition** als wichtigster Bezugspunkt der **Konstruktion einer nationalen Identität** tritt in dieser Situation besonders deutlich hervor (s. auch S. 259 f.). Die Aneignung des nationalen Kulturerbes im Exil, die sich auf das spanische Volk beruft, steht in direkter Konkurrenz zu der Indienstnahme der Literaturtradition für Gott und Vaterland, wie sie die Diktatur betreibt.

Die kulturelle Tradition und die Sache der Republik.
Rafael Alberti: *Noche de guerra en el museo del Prado*

Ein Beispiel

In nachdrücklicher Symbolik setzt das 1956 in Buenos Aires entstandene Drama *Noche de guerra en el museo del Prado* von Rafael Alberti (s. Kap. 4.7.3) den Anspruch in Szene, dass die spanische Kulturtradition auf Seiten der Republik stehe. Ort des Geschehens ist ein Saal des berühmtesten spanischen Museums, das während der Belagerung Madrids durch die Armeen Francos von Soldaten der republikanischen Armee bewacht wird. Im Verlauf des vielgestaltigen, auf verschiedenen Zeit- und Fiktionsebenen spielenden Geschehens treten unter anderem Figuren aus berühmten Gemälden Goyas über den Unabhängigkeitskrieg (1808–1813, s. S. 106 und 203) auf, vergleichen ihren Widerstand gegen die französischen Besatzer mit dem Engagement für die Republik im Bürgerkrieg und schließen sich dann dem

Kampf der Republikaner an. Diese surreal anmutende Szene soll symbolisieren, wie die kulturelle Tradition Spaniens in einer Kontinuität mit dem Kampf für die Republik steht.

Aufarbeitung der Erfahrungen von Bürgerkrieg und Exil

Neben den Auseinandersetzungen um die Aneignung und Deutung der kulturellen Tradition Spaniens spielt für die Autoren des Exils die **Aufarbeitung der Erfahrungen des Bürgerkriegs und der Trennung von der Heimat** eine wesentliche Rolle. Diese Verlusterfahrung wie die daraus resultierende Sehnsucht wird in vielen im Exil entstandenen Gedichten entworfen, in denen Autoren wie Alberti oder León Felipe (1884-1968) auch auf volkstümliche Elemente ihrer Dichtung vor dem Bürgerkrieg zurückgreifen konnten.

Im Exil beginnt auch eine intensive **Romanproduktion**, die den Verlauf des Bürgerkriegs aufarbeitet und aus republikanischer Sicht Deutungen des Scheiterns entwirft. Diese Thematik kann ja im Mutterland nur in verhüllenden Andeutungen in die Literatur eingehen, soweit sie nicht aus der triumphierenden Perspektive der Sieger gestaltet wird (vgl. Bertrand de Muñoz 1982-1987). Als Beispiele hierfür sind etwa **Max Aub** (1903-1972) mit seinem Romanzyklus *El laberinto mágico* (sechs Bände, 1943-68) zu nennen, eine Gestaltung der wichtigsten Phasen des Kriegsgeschehens anhand der Lebensschicksale einer Vielzahl von Protagonisten, oder das umfangreiche Romanwerk von **Ramón José Sender** (1902-1982).

Eine zweite Phase des Exils

Bezeichnend für die Situation unter der Franco–Diktatur ist eine andere, nicht mehr durch das Ende des Bürgerkriegs, sondern **durch die Repression unter der Diktatur erzwungene Form des Exils**. Schriftsteller wie **Fernando Arrabal, Jorge Semprún** (geb. 1923) oder **Juan Goytisolo** (geb. 1931) gehen in den 1950er Jahren nach Frankreich, da sie wegen ihres politischen Engagements und der Unvereinbarkeit ihrer Werke mit den Zensurbedingungen in Spanien weder leben noch publizieren können oder wollen.

Jorge Semprún: Semprúns meist zuerst auf Französisch verfassten Romane kreisen um seine persönlichen und politischen Erfahrungen als nach Buchenwald deportierter Kämpfer in der französischen Résistance (*Le grand voyage*, span. *El largo viaje*, 1963 u. a.) und als im Untergrund arbeitender Kader der kommunistischen Partei Spaniens, aus der er später ausgeschlossen wird (*Autobiografía de Federico Sánchez*, 1977). Semprún wurde darüber hinaus auch als Drehbuchautor bedeutender politischer Filme von Alain Resnais und Costa Gavras berühmt.

Juan Goytisolo: Die Anfänge Goytisolos stehen ganz im Zeichen eines sozialkritischen Realismus (etwa mit der *Romantrilogie El mañana efímero*, 1947-58). Im Exil entwickelt er eine Form des Romans, die die Gestaltung politischer Gehalte durch komplexe Erzählverfahren bricht und differenziert. Mit seinen wichtigsten Romanen *Señas de identidad* (1966; Textauszug und Interpretation in Kap. 4.8.4) und *Reivindicación del Conde Don Julián* (1970) gestaltet er aus der Perspektive des Exilierten die

Brüchigkeit und Sinnleere der traditionellen spanischen Identität. Er nutzt Erzählverfahren wie die Auflösung kohärenter Strukturen des Geschehens, die Polyphonie der Erzählstimmen oder die multiple Fokalisierung (s. Kap. 2.4.3), um die **Suche nach einer individuellen und kollektiven Identität** zu entwerfen, die in der Spaltung zwischen Exil und Diktatur keine Orientierungsmöglichkeiten finden kann.

Autoren im Exil

Rafael Alberti (1902–1999) | Vertreter der Avantgarde der 1920er Jahre; vor und im Bürgerkrieg als Kommunist politisch und literarisch für die Republik engagiert; Exil in Argentinien und Italien; 1976 Rückkehr nach Spanien; hoch geehrt und gefeiert (*Premio Cervantes* 1983 u. a.).

Fernando Arrabal (*1932) | Nach Problemen mit der Zensur und politischer Verfolgung seit 1957 im Exil in Paris; veröffentlicht seine Dramen zum Teil auf Französisch; größte Erfolge im Umfeld der Bewegungen von Mai 68; nach 1975 Veröffentlichung von Romanen in Spanien, trotz Literaturpreisen nur noch wenig beachtet.

Max Aub (1902–1973) | Nach ersten Publikationen um 1930, im Bürgerkrieg Kampf auf Seiten der Republik; in Frankreich interniert, 1942 nach Mexiko entkommen. Im Exil entsteht eine umfangreiche Romanproduktion, die um den Bürgerkrieg kreist. Sieht Spanien erst kurz vor seinem Tod auf zwei Reisen wieder.

Luis Cernuda (1902–1963) | Vertreter der Avantgarde der 1920er Jahre; 1938 nach England, später über die USA nach Mexiko emigriert und als Hochschuldozent tätig; stirbt zurückgezogen im Exil.

León Felipe (1884–1968) | Vertreter der Avantgarde der 1920er Jahre; Exil in den USA und Mexiko; bedeutende lyrische Produktion um Probleme von Exil und Heimatlosigkeit; stirbt verbittert und wenig beachtet im Exil.

Juan Goytisolo (*1931) | Literarische Anfänge mit sozialkritischen Romanen und Reiseberichten; nach Problemen mit der Zensur und Verfolgung seit 1956 in Paris; bedeutendes Romanwerk um Probleme des Exils und spanischer Identität; schon vor 1975 in Spanien berühmt geworden; lebt heute in Paris und Marrakesch.

Jorge Guillén (1893–1984) | Vertreter der Avantgarde der 1920er Jahre und Hochschuldozent; 1938 Exil in Nord- und Lateinamerika; Intensivierung seiner dichterischen Tätigkeit; 1976 nach Spanien zurückgekehrt und gefeiert (*Premio Cervantes* 1976).

Juán Ramón Jiménez (1881–1958) | Vertreter der Avantgarden der Jahrhundertwende; schon seit 1936 Exil in Nordamerika und Puerto Rico; als Hochschuldozent und Dichter tätig; 1956 Literaturnobelpreis; stirbt im Exil.

Ramón José Sender (1901–1982) | Anfänge als sozialkritischer Schriftsteller; politisch als Kommunist und im Kampf für die Republik engagiert; 1938 Flucht nach Frankreich, dann Exil in den USA. Dort entsteht ein Großteil seines Romanwerks, das die Bürgerkriegsthematik umkreist; 1976 zeitweise Rückkehr nach Spanien.

Autoren
und Werke

> **Jorge Semprún** (*1923) | Lebt seit 1939 vornehmlich in Frankreich; als
> Jugendlicher Engagement in der kommunistischen Partei und der
> Résistance; ins KZ Buchenwald deportiert; 1953 bis 1964 Unter-
> grundtätigkeit in Spanien; intensive schriftstellerische Tätigkeit mit
> Romanen und Drehbüchern, zum größten Teil auf Französisch; nach
> 1975 zeitweise Rückkehr nach Spanien; von 1988–91 Kulturminister
> der sozialistischen Regierung; angesehen und hoch geehrt.

4.8.3 | Der Roman in der Zeit der Diktatur

Der Roman der Nachkriegszeit wird wesentlich von **kritischer Distanz und Opposition** zur Diktatur bestimmt (vgl. die Überblicksdarstellungen von Sobejano 1976, Sanz Villanueva 1980 und Vilanova 1995). In den ersten Jahrzehnten nach Kriegsende steht die Auseinandersetzung mit einer (aus Zensurgründen mehr oder weniger literarisch verfremdeten) elenden, sinn- und perspektivlos erscheinenden Lebenswelt im Zentrum. Zudem schreiben die Romanautoren in den ersten beiden Jahrzehnten nach dem Bürgerkrieg vor dem Hintergrund der Erfahrung der Vorkriegs- und Bürgerkriegszeit. Dies gilt im Übrigen auch für die in den ersten Nachkriegsjahren florierende »**Literatur der Sieger**« (Schmolling 1990), die sich bemüht, den Triumph der Aufständischen wie deren ›Heldentaten‹ zu glorifizieren und daraus eine positive Sicht der Nachkriegswirklichkeit abzuleiten.

Cela und die novela existencial Zu den wichtigsten Werken der Nachkriegszeit gehören die ersten Romane von Camilo José Cela (1916–2002, Literaturnobelpreis 1989). *La familia de Pascual Duarte* (1942) nimmt die **Tradition der *novela picaresca*** auf (s. Kap. 4.3.3) und entwirft mit den Bekenntnissen eines zum Tode verurteilten Verbrechers die bedrückende Wirklichkeit erbärmlicher und das Individuum abstumpfender Verhältnisse. Sicherlich auch aus Rücksicht auf die Zensur wird die Geschichte Pascual Duartes in eine moralisierende Rahmenhandlung eingekleidet und in die Vorkriegszeit verlegt. Celas bedeutendstes Werk *La colmena* hingegen gestaltet in einem fragmentarischen Geschehensverlauf und distanzierender Erzählperspektive die bedrückende Nachkriegswirklichkeit selbst (1951; s. Textauszug und Interpretation in Kap. 4.8.4). Cela charakterisiert die Tendenzen des Romans nach dem Bürgerkrieg selbst mit dem Schlagwort des *tremendismo* als Gestaltung einer schrecklichen Wirklichkeit, deren Elend und Kommunikationslosigkeit sich dem Verstehen entziehen.

Die weitgehende Beschränkung des Romangeschehens auf existentielle Probleme hat man mit dem Begriff ›*novela existencial*‹ zusammengefasst. Die durchgängige **Ausklammerung einer politischen Dimension im Romangeschehen** trägt natürlich dem Tabu Rechnung, mit dem die Zensur alle explizit kritisch lesbaren Handlungselemente oder ideologisch verdächtigen Aussagen belegte. Sie ermöglicht jedoch auch die Intensivierung der Gestaltung einer inneren Erfahrungswelt, der scheiternden Hoffnungen oder der Ausbruchsversuche von Individuen, die nach einem Lebenssinn suchen: »*Caminos inciertos*, título general del ciclo iniciado por Cela con *La colmena*, podría servir como denominador común del sentido de estas novelas: Expresar un existir desorientado e intranscendente« (Sobejano 1976, S. 52).

Die Tendenzen der *novela existencial* finden sich beispielsweise bei Carmen Laforet (1921–2004, *Nada*, 1945), Ana Maria Matute (geb. 1926; *Fiesta en el noroeste*, 1952) oder auch in den ersten Romanen von Miguel Delibes (1920–2010; *La sombra del ciprés se ha alargada*, 1948; *El camino*, 1950).

Seit den 1950er Jahren wird die *novela existencial* von den **deutlicher sozialkritischen Tendenzen einer *novela social*** abgelöst. Diese orientiert sich an den bedeutenden, meist auf dem Umweg über Veröffentlichungen in Lateinamerika in Spanien bekannt werdenden Repräsentanten des Exilromans wie Sender und Aub (s. Kap. 4.8.2). Dazu zählen beispielsweise die Werke von Jesús Fernández Santos (1926–1988). Sein Roman *Los bravos* (1954) gestaltet eindringlich die sozialen und individuellen Probleme, die von den Selbsterhaltungs- und Ausbruchsversuchen in den bedrückenden Lebens- und Herrschaftsverhältnissen in einem bitterarmen spanischen Dorf aufgeworfen werden. *Von der* novela existencial *zur* novela social

Sánchez Ferlosios *El Jarama*: Die Verbindung einer Gestaltung existentieller Probleme mit Ansätzen von Sozialkritik zeigt sich auch bei Rafael Sánchez Ferlosio (geb. 1927). Sein bedeutender Roman *El Jarama* (1956) entwirft in einer fast mikroskopisch genauen, ganz in externer Fokalisierung (s. S. 89) erzählten Wirklichkeitskonstruktion einen Sonntagsausflug junger Leute aus dem Madrider Kleinbürgertum, der ein tragisches Ende findet. In langen, weitgehend unkommentiert wiedergegebenen Dialogen stellt Sánchez Ferlosio die Auswegslosigkeit einer Flucht aus dem monotonen Alltag der Arbeitswelt dar. *El Jarama* verdeutlicht exemplarisch die Verbindung von *novela existencial* und *novela social*. Beiden Formen des Romans ist gemeinsam, dass sie die erzählte Wirklichkeit relativ kohärent strukturieren (von wenigen Ausnahmen wie *La colmena* einmal abgesehen).

Ein zentraler Gegenstand des Nachkriegsromans: Kommunikationslosigkeit und Sinnleere des Daseins Zur Vertiefung

[Lucita] -Anda, cuéntame algo, Tito.

-Que te cuente, ¿el qué?

-Hombre, algo, lo que se te ocurra, mentiras, da igual. Algo que sea interesante.

-¿Interesante? Yo no sé contar nada, qué ocurrencia. ¿De qué tipo? ¿qué es lo interesante para ti, vamos a ver?

-Tipo aventuras, por ejemplo, tipo amor.

-¡Huy, amor! -sonreía, sacudiendo los dedos-. ¡No has dicho nada! ¡Y de qué amor? Hay muchos amores distintos.

-De lo que tu quieras. Con que sea emocionante.

-Pero si no sé relatar cosas románticas, mujer, ¿de dónde quieres que lo saque? Eso, mira, te compras una novela.

-¡Bueno! Hasta aquí ya estoy de novelas, hijo mío. Ya está bien de novelas, ¡bastante me tengo leídas! Además es ahora, ¿qué tiene que ver?, que me contaras tú algún suceso llamativo, aquí en este rato.

(aus: Rafael Sánchez Ferlosio: *El Jarama*)

In der Unterhaltung zwischen Lucita und Tito wird nicht nur die Unfähigkeit gestaltet, miteinander zu kommunizieren. Ihre **Beziehungslosigkeit** verbindet sich vielmehr mit einer existentiellen Problematik. Die Geschichte, die Lucita von Tito erbittet, soll »interessante« oder »emocionante« sein, eine Liebes- oder Abenteuergeschichte. Sie soll also eine Möglichkeit bieten, die **Ereignislosigkeit der Existenz der Figuren** zu überwinden.

Zugleich kann man diesen Dialog als **metafiktionalen Kommentar** über gängige Unterhaltungsromane lesen, die genau die von Lucita genannten Qualitäten aufweisen. Sie werden von ihr jedoch verworfen, da sie nicht ihrem Bedürfnis nach Kommunikation und nach einer Überwindung der Alltäglichkeit angemessen erscheinen. In diesem Bedürfnis nach Evasion kann man auch eine **implizite pessimistische Sozialkritik** sehen: die Gesellschaft der Nachkriegszeit bietet keine Perspektive an und ein Ausbruch aus ihr erscheint unmöglich.

**Roman-
experimente der
1960er Jahre**

Erst mit der allmählichen Liberalisierung der Diktatur finden sich auch im spanischen Roman Erzählverfahren, die an die des modernen Romans in Europa und Amerika anschließen. Diese Entwicklung wird eingeleitet von dem einflussreichen Roman *Tiempos de silencio* (1962) von **Luis Martín Santos** (1924–1964), einem Werk, das **eine gängige Thematik der *novela social*** (das erbärmliche Leben der Madrider Unterschichten) in einer **Polyphonie von Erzählstimmen, Sprachebenen und Perspektiven** entwirft. Diese erzählerische Komplexität rückt die Frage nach den Möglichkeiten einer verstehenden Gestaltung der Lebenswelt ins Zentrum des Romans.

Die Entwicklung experimenteller Formen des Romans zeigt sich am deutlichsten im Werk Juan Goytisolos, der in seinen im Exil geschriebenen Werken zudem das **Vorbild des französischen *Nouveau Roman*** aufgreift (s. S. 274 f.; Textauszug und Interpretation in Kap. 4.8.4). Auch in dem erzählerischen Kunstgriff, mit dem **Miguel Delibes** seinen Roman *Cinco horas con Mario* (1966) als inneren Monolog strukturiert (s. S. 20 f.), zeigen sich **Ansätze zu einer erzählerischen Komplexität des Romanschreibens**, in denen sich der Nachkriegsroman in den 60er Jahren aus seiner realistisch-kritischen Orientierung löst.

Tendenzen einer Modernisierung des Romans beginnen so schon vor der *transición*. Sie lösen traditionelle realistische Erzählverfahren ab und nähern den spanischen Roman an die internationalen Entwicklungstendenzen der Gattung an. Dieser Wandel ist auch allgemein charakteristisch für die spanische Literatur, in deren Entwicklung der **Übergang zur Demokratie keinen grundsätzlichen Einschnitt** markiert (s. S. 290). Weder tauchen nach der *transición* die vor der Zensur verborgenen Meisterwerke auf, die manche erwartet haben, noch können die aus dem Exil zurückkehrenden Autoren wesentliche neue Impulse einbringen. Es vollzieht sich ein ganz **unspektakulärer Übergang zu einer ›Normalität‹**, in der die Gesetze des literarischen Marktes eine Lenkungsfunktion übernehmen, die effektiver wirkt als jede ideologische Kontrolle und Zensur.

Romane in der Zeit der Diktatur
Camilo José Cela | *La familia de Pascual Duarte* (1942); *La colmena* (1951); *Mrs. Caldwell habla con su hijo* (1953); *San Camilo 1936* (Roman über den Ausbruch des Bürgerkriegs, 1969)
Miguel Delibes | *La sombra del ciprés se ha alargada* (1948); *El camino* (1950); *Las ratas* (1960); *Cinco horas con Mario* (1960)
Jesús Fernández Santos | *Los bravos* (1954); *En la hoguera* (1957)
Carmen Laforet | *Nada* (1944); *La isla de los demonios* (1954); *La mujer nueva* (1955)
Ana María Matute | *Fiesta al noroeste* (1953); *Los hijos muertos* (1958); *Primera Memoria* (Romantrilogie über den Bürgerkrieg, 1960–1969)
Rafael Sánchez Ferlosio | *Industrias y andanzas de Alfanhuí* (1951); *El Jarama* (1956)
Luis Martín Santos | *Tiempo de silencio* (1962)

Autoren
und Werke

4.8.4 | Textbeispiele und Interpretationen

José Camilo Cela: *La colmena*

Das Café der Doña Rosa, in dem auch der unten abgedruckte Textausschnitt spielt, steht im Zentrum des Geschehens, das in Celas Roman erzählt wird. Dieser Ort des Kommens und Gehens einer Vielzahl von Gästen ist der Schauplatz von **fragmentarischen Szenen, Begegnungen und Gesprächen**. Dieser Handlungsort ist zugleich charakteristisch für die Struktur des Romans. Er weist keinen klaren Handlungsverlauf oder Zeitstruktur auf. Erzählt wird vielmehr von drei Tagen im Madrid der Nachkriegszeit, vom **Auftauchen und Verschwinden einer Vielzahl von Figuren**, die in einer Erwähnung, einer Szene oder einem Dialog von der Erzählinstanz in den Blick genommen werden. Eine Reihe von Figuren (vor allem natürlich die Stammgäste des Cafés) treten dabei mehrfach auf, und bei einem Teil von ihnen ist es möglich, nach und nach zumindest Umrisse einer Existenz oder eines Schicksals zu rekonstruieren. Von den insgesamt über dreihundert erwähnten Personen treten acht so häufig (über zehn Mal) auf, dass sie als Hauptgestalten bezeichnet werden kön-

Strukturen
des Werks

nen. Doch schon die offene und fragmentarische Form des Erzählens lässt es kaum zu, den Roman als Geschichte dieser Figuren zu lesen.

Wohl aber geben die Handlungsfragmente dem eigentlichen Gegenstand des Erzählens Konturen, nämlich der **Evokation der Lebenswelt im Madrid der Hungerjahre** nach dem Ende des Bürgerkriegs. Im Verhalten, in den Reaktionen der Figuren und in ihren Dialogen profilieren sich Misere und Überlebenskampf, **Gewinner und Verlierer des Kriegs** in einer Perspektivlosigkeit, die für alle gleichermaßen zu gelten scheint. Der Gestus und die Äußerungen der Gäste des Cafés verdeutlichen, wie dieser meist nur angedeutete und bisweilen allenfalls in knappen Erläuterungen der Erzählinstanz angesprochene Hintergrund (vgl. die Informationen über Alfonsito) die erzählte Wirklichkeit prägt. Die meisten Figuren, die hier wie im weiteren Verlauf des Romans auftauchen, erscheinen ganz geprägt von dem alltäglichen **Kampf um das Überleben** in einer feindlichen, bisweilen auch grausamen und gemeinen Lebenswelt. Emotionen, Wünsche und Hoffnungen kommen in der erzählten Welt kaum vor. Es ist bezeichnend für ihre Grundstrukturen, dass die einzige Szene, in der eine gewisse Vertrautheit und Geborgenheit entworfen wird, in einem Bordell spielt.

Alfonsito, el niño de los recados, vuelve de la calle con el periódico.

- Oye, rico, ¿dónde has ido por el papel?

Alfonsito es un niño canijo, de doce o trece años, que tiene el pelo rubio y tose constantemente. Su padre, que era periodista, murió dos años atrás en el Hospital del Rey. Su madre, que de soltera fue una señora llena de remilgos, fregaba unos despachos de la Gran Vía y comía en Auxilio Social.

- Es que había cola, señorita.

- Sí, cola; lo que pasa es que ahora la gente se pone a hacer cola para las noticias, como si no hubiera otra cosa más importante que hacer. Anda, ¡trae acá!

- *Informaciones* se acabó, señorita; le traigo *Madrid*.

- Es igual. ¡Para lo que se saca en limpio! ¿Usted entiende algo de eso de tanto Gobierno como anda suelto por el mundo, Seoane?

- ¡Psché!

- No, hombre, no; no hace falta que disimule; no hable si no quiere. ¡Caray con tanto misterio!

Seoane sonríe, con su cara amarga de enfermo del estómago, y calla. ¿Para qué hablar?

- Lo que pasa aquí, con tanto silencio y tanto sonreír, ya lo sé yo, pero que muy bien. ¿se quieren convencer? ¡Allá ustedes! Lo que les digo es que los hechos cantan, ¡si cantan!

[...]

Doña Rosa lee las noticias de la guerrra.

- Mucho recular me parece ése... Pero, en fin, ¡si al final lo arreglan! ¡Usted cree que al final lo arreglarán, Macario?

El pianista pone cara de duda.

- No sé, puede que sí. ¡Si inventan algo que resulte bien!

Doña Rosa mira fijamente para el teclado del piano. Tiene el aire triste y distraído y habla como consigo misma, igual que si pensara en algo.

- Lo que hay es que los alemanes, que son unos caballeros como Dios manda, se fiaron demasiado de los italianos, que tienen más miedo que ovejas ¡No es más!
Suena la voz opaca, y los ojos, detrás de los lentes, parecen velados y casi soñadores.
- Si yo hubiera visto a Hitler, le hubiera dicho: ¡No se fíe, no sea usted bobo, que ésos tienen un miedo que ni ven!
Doña Rosa suspira ligeramente.
- ¡Que tonta soy! Delante de Hitler, no me hubiera atrevido ni a levantar la voz...
A doña Rosa le preocupaba la suerte de las armas alemanas. Lee con toda atención, día a día, el parte del Cuartel General del Führer, y relaciona, por una serie de vagos presentimientos que no se atreve a intentar ver claros, el destino de la Wehrmacht con el destino de su Café.
[...]
- Delante de Hitler me quedaría más azorada que una mona; debe ser un hombre que azore mucho; tiene una mirada como un tigre.
Doña Rosa vuelve a suspirar. El pecho tremendo le tapa el cuello durante unos instantes.
- Ese y el Papa, yo creo que son los dos que azoran más.
Doña Rosa dio un golpecito con los dedos sobre la tapa del piano.
- Y, después de todo, él sabrá lo que se hace: para eso tiene a los generales.
Doña Rosa está un momento en silencio y cambia la voz:
- ¡Bueno!
Levanta la cabeza y mira para Seoane:
- ¿Cómo sigue su señora de sus cosas?
- Va tirando; hoy parece que está un poco mejor.
- Pobre Sonsoles; ¡con lo buena que es!
- Sí, la verdad es que está pasando una mala temporada.
- ¿Le dio usted las gotas que le dijo don Francisco?
- Sí, ya se las ha tomado. Lo malo es que nada le queda dentro del cuerpo; todo lo devuelve.
- ¡Vaya por Dios!
Macario teclea suave y Seoane coge el violín.
- ¿Qué va?
- »La verbena«, ¿le parece?
- Venga.
[...]
Tocan sin papel. No hace falta.
Macario, como un autómata, piensa:
- Y entonces le diré: - Mira, hija, no hay nada que hacer; con un durito por las tardes y otro por las noches, y dos cafés, tú dirás -. Ella, seguramente, me contestará: - No seas tonto, ya verás; con tus dos duros y alguna clase que me salga... -. Matilde, bien mirado, es un ángel; es igual que un ángel.
Macario, por dentro, sonríe; por fuera, casi, casi. Macario es un sentimental mal alimentado que acaba, por aquellos días, de cumplir los cuarenta y tres años.
Seoane mira vagamente para los clientes del Café, y no piensa en nada. Seoane es un hombre que prefiere no pensar; lo que quiere es que el día pase corriendo, lo más de prisa posible, y a otra cosa.

Interpretation

In dem Textauszug wie im Roman insgesamt dominiert der **Erzähl-modus der externen Fokalisierung** (s. Kap. 2.4.3). Damit wird ein Geschehen entworfen, dessen einziger Zusammenhang aus der Abfolge der dargestellten Handlungsfragmente besteht, in einem beständigen Wechsel zwischen den Äußerungen und den Gesten verschiedener Figuren. Bestimmend erscheint in diesen Einzelszenen ihre **Gleichgültigkeit und Beziehungslosigkeit**. Diese Grundstruktur des Geschehens kommt bereits in dem Dialog zwischen Doña Rosa und Seoane zum Ausdruck, der fast ein Monolog der Besitzerin des Cafés ist. Die Frage »¿Para qué hablar?« kann gleichermaßen als Ge-danke des Musikers (im Modus der erlebten Rede; s. Kap. 2.4.3) wie als verallgemeinernder Kommentar der Erzählinstanz gelesen werden, der indirekt darauf hinweist, dass Reden und Schweigen sich in der erzählten Welt gleichkommen. Der resignative Gestus der beiden Mu-siker (vgl. auch die ausweichende Reaktion Macarios auf die Fragen Doña Rosas) charakterisiert sie implizit als Besiegte des Bürgerkriegs, die keine Zukunftsperspektive haben. Darauf verweist auch die abschließende Charakterisierung der Einstellung Seoanes: »Seoane es un hombre que prefiere no pensar; lo que quiere es que el día pase corriendo, lo más de prisa posible«. Der **Verlauf der Zeit** erscheint im Roman auch insgesamt als **ein sinnleeres Kontinuum**, in dem für die meisten Figuren alleine wichtig ist, jeden Tag neu ihre unmittelbaren Bedürfnisse zu befriedigen und damit ihre Existenz zu sichern.

Die Emphase Doña Rosas, die die Seite der Sieger vertritt, bildet einen komischen Kontrast zu dieser Haltung. Selbst ihre übersteigerte, andeutungsweise erotisch konnotierte Bewunderung für Hitler (»debe ser un hombre que azore mucho; tiene una mirada como un tigre«) kann noch als ironische **Modellierung der Sinnleere der Lebenswelt der Diktatur in den ersten Nachkriegsjahren** gelesen werden. Doña Rosa tritt zwar dominant auf, aber ihre Begeisterung für die Diktatur (»los hechos cantan«) prallt an der Kommunikationsverweigerung der anderen Figuren ab. Keine der Gestalten scheint etwas zu erwarten, und ihre resignative Haltung verweist auf **die Perspektivlosigkeit, die das Geschehen beherrscht**. Die distanzierte Position der Erzählin-stanz, die Strukturen des erzählten Geschehens wie die Reaktionen der Romanfiguren erscheinen so als implizites Dementi des ersten Satzes des Romans, dessen Sprecher nicht genannt wird, der jedoch aufgrund des Adjektivs Doña Rosa, der Repräsentantin der herrschen-den Ideologie, zugerechnet werden kann: »No perdamos nunca la perspectiva, yo ya estoy harta de decirlo, es lo único importante.«.

Juan Goytisolo: *Señas de identidad*

Der in Paris im Exil lebende Journalist Alvaro Mendiola kehrt nach einem Herzanfall und vermutlich einem Selbsttötungsversuch in sein Elternhaus in Barcelona (im Text:»el Mas«) zurück. Dort begibt er sich im
Sommer 1963, angestoßen von seinen Erinnerungen, von Fotoalben und
Familiendokumenten, in einer tiefen Lebenskrise drei Tage lang auf die
Suche nach seiner Identität. Dominant ist die Erzählperspektive einer
heterodiegetischen Erzählinstanz (s. S. 82 f.), die den Text so gestaltet,
dass sie den Protagonisten anspricht und ihm seine Gedanken- und Erinnerungsfragmente erzählt. Den uneindeutigen Adressatenbezug des
»tú« hat Goytisolo aus dem französischen »Nouveau Roman« in den spanischen Roman eingeführt; sie findet sich danach in einer ganzen Reihe von
Romanen der 1970er und 80er Jahre.

Strukturen
des Werks

Diese Erzählperspektive kann als **Selbstgespräch des Protagonisten,**
damit als Indiz seiner inneren Zerrissenheit, aber auch als Anrede an ihn
wie an einen impliziten Leser verstanden werden. Sie unterstreicht die
grundsätzlichen Verstehensprobleme, mit denen sich die erzählte Welt
wie die Erinnerungen des Protagonisten dem Zugriff der Erzählinstanz
entzieht. In diese Erzählperspektive mischen sich im Verlauf des Romans
jedoch auch **andere Erzählstimmen und -modi.** Diese sind zum Teil Bestandteile des Prozesses der Erinnerung (Dokumente oder Erzählungen
von Familienangehörigen), zum Teil relativieren und verfremden sie ihn
von außen (so das Programm einer *Fiesta*, Protokolle der *Guardia civil* oder
die Erläuterungen eines Touristenführers, die den Bewusstseinsstrom (s.
S. 88) des Protagonisten durchkreuzen).

In einem beständigen **Wechsel zwischen verschiedenen Perioden
der Vergangenheit und einer erzählten Gegenwart**, in der der Prozess
der Erinnerung immer neue Impulse erhält und zugleich reflektiert wird,
kommen in den sieben Kapiteln des Romans verschiedene Bereiche der
Identitätssuche zur Sprache. Die **Zeitebenen der Erinnerung** reichen von
der Familiengeschichte und der Kindheit des Protagonisten über den Bürgerkrieg und die Zeit seines Studiums im Nachkriegsspanien, weiter über
seinen von der Guardia civil unterbundenen Versuch, einen Dokumentar-
film über die Lage der spanischen Landarbeiter zu drehen bis hin zu seinem Leben in Paris, der Beziehung zu seiner Ehefrau Dolores und seinen
enttäuschenden Kontakten mit den dortigen Zirkeln des spanischen Exils.

All diese Aspekte der Lebensgeschichte werden in Bruchstücken entworfen. In einem beständigen Wechsel der Perspektiven und Zeitebenen
ist allein die Erinnerungsarbeit des Protagonisten ein kohärenter Bezugspunkt. Die Lebensgeschichte selbst kann allenfalls in der Rezeption nach
und nach zusammengesetzt werden; zum eigentlichen Gegenstand des
Romans werden die **Schwierigkeiten und Brüche einer Identitätssuche,**
die letztlich scheitert. Angesichts der Unmöglichkeit, einen sinnstiften-
den Zusammenhang zwischen erinnerten Vergangenheiten und der Gegenwart herzustellen, bleibt dem Protagonisten am Ende des Romans nur
der Anspruch, **das Angedenken an seine gebrochene Identität und die**

seines Landes zu bewahren: »dejar constancia al menos de este tiempo no olvides cuanto ocurrió en él no te calles«. Damit rückt die Frage nach der Möglichkeit, im Erinnern Vergangenheit zu vergegenwärtigen, ins Zentrum des Erzählprozesses.

Textbeispiel
Goytisolo:
Señas de identidad
(Auszug aus Kap. III)

No se olvide nunca: en la provincia de Albacete, siguiendo la comarcal 3212, a una docena de kilómetros de Elche de la Sierra, entre el cruce de la carretera de Alcatraz y la bifurcación que conduce al pantano de la Fuensanta, se alza a la derecha del camino, en medio de un paisaje desértico y árido, una cruz de piedra con un zócalo tosco:

R.I.P.

AQUI FUERON ASESI
NADOS POR LA CANA
LLA ROJA DE YESTE
CINCO CABALLEROS
ESPAÑOLES
UN RECUERDO Y UNA O
RACION POR SUS ALMAS.

Viniendo de la llanura lineal de La Mancha, tras los trigales y ejidos del monótono campo albaceteño, albarizos y canchales se suceden a pérdida de vista bajo el desolado esplendor del sol. Senderos abruptos rastrean las frecuentes paradas de colmenas y, a trechos, el forastero divisa algún rebaño de cabras con su pastorcillo, como figuras convencionales de un belén de corcho. La vegetación crece apenas - matojos de romero y tomillo, espartizales secos y desmedrados - y en agosto - a lo largo de aquellos caminos polvorientos, ignorados aún por los turistas - arde el suelo y escasea el aire, ajeno todo a la vida, piedra inerte, cielo vacío, puro calor inmóvil.

La primera y única vez que visitaste el país habías estacionado el coche junto a la cuneta y, encaramado en la cresta del cerro, observaste silencioso la cruz conmemorativa, las lomas, erosionadas y desnudas, las montañas informes e incoloras. En 1936 tu padre y cuatro desconocidos - sus nombres y apellidos aparecían escritos también en la lápida - habían caído allí tronchados por las balas de un pelotón de milicianos e inútilmente trataste de reconstituir la escena con la mirada fija en el panorama último que se ofreciera a sus ojos antes del estrépito de los fusiles y el consabido tiro de gracia: un colmenar, una choza en ruina, el tronco retorcido de un árbol. Era a comienzos de agosto - el día cinco, según las actas encontradas luego - y el decorado, te decías, debía de ser aproximadamente el mismo que contemplaste entonces: el páramo aletargado por el sol, el cielo sin nubes, las colinas ocres humeando como hogazas recién salidas del horno. Alguna culebra asomaba quizá prudentemente su cabeza entre las piedras y del suelo ascendía, como una queja el denso zumbido de las cigarras.

Te habías inclinado, recordabas, y recorriste con la mano la superficie rugosa de los esquistos con la esperanza absurda de avanzar un paso en el conocimiento de los hechos, pesquisando las huellas y señales como un aplicado aprendiz de Sherlock Holmes. Había llovido mucho desde el día de la ejecución (incluso en aquella estepa recocida y avara) y las manchas de sangre (si las hubo) y los impactos y esquirlas de los disparos (¿cómo encontrarlos, al cabo de veintidós años, en medio del pedregal baldío?) formaban parte ya de la estructura geológica del paisaje, fundidos definitivamente a la tierra e integrados en ella, horros, desde hacía casi un cuarto de siglo, de su primitiva significación y culpabilidad.

El tiempo había borrado poco a poco los vestigios del suceso (como si no hubiera sido, pensabas) y el monumento fúnebre te parecía a intervalos un espejismo (criatura súbita de tu ofuscada imaginación). Otras violencias, otras muertes habían desaparecido sin dejar rastro y la vida adocenada y somnolienta de la tribu proseguía, insaciable, su curso. Los ejecutores de tu padre se pudrían igualmente en la fosa común del cementerio del pueblo y ninguna lápida solicitaba para ellos un recuerdo ni una oración. Evocados unos y olvidados otros, fusilados del verano del 36 y de la primavera del 39 eran todos, juntamente, verdugos y víctimas, eslabones de la cadena represiva iniciada meses antes de la guerra a raíz de la matanza acaecida en Yeste en pleno gobierno del Frente Popular.

De vuelta al Mas – tras la amargura del entierro de Ayuso y el paseo sin rumbo por Montjuich – el escenario del fusilamiento se había impuesto de modo paulatino a tu memoria, entreverado con numerosas imágenes e impresiones de la excursión a Yeste el año del rodaje de los encierros y de vuestra interpelación por la guardia civil. Los hechos se yuxtaponían en el recuerdo como estratos geológicos dislocados por un cataclismo brusco y, tumbado en el diván de la galería – la lluvia seguía cayendo fuera sobre la tierra borracha de agua – examinaste la amalgama de papeles y documentos de la carpeta – periódicos antiguos, fotografías, programas – en una última y desesperada tentativa de descubrir las coordenadas de tu extraviada identidad. Fotocopiados por Enrique en la hemeroteca barcelonesa los recortes de *ABC*, *El Diluvio*, *Solidaridad Obrera*, *La Vanguardia* referentes a los sucesos de mayo del 36 se amontonaban en heterogénea mezcla con los clisés de los encierros tomados por ti en agosto del 58. Con ayuda de unos y otros podías no obstante reconstituir las incidencias e imaginar las situaciones, zambullirte en lo pasado y emerger a lo presente, pasar de la evocación a la conjetura, barajar lo real con lo soñado. Pese a tus esfuerzos de síntesis los diversos elementos de la historia se descomponían como los colores de un rayo luminoso refractado en un prisma y, en virtud de un extraño desdoblamiento, asistías a su desfile ocioso simultáneamente como actor y como testigo, espectador, cómplice y protagonista a la vez del remoto y obsesionante drama.
[...]
El paisaje de la sierra de Yeste es hermoso en agosto. La comarcal 3212 serpentea por en medio de los bosques madereros, domina el agua azul del pantano de la Fuensanta, baja, bordea la orilla, vuelve a escalar, deja atrás los pinos, atraviesa el llano. Los canchales empiezan poco después y poco a poco la vegetación desaparece. Los alberos suceden a los espartizales. El sol llamea blanco e incoloro. Toda vida se extingue.
La cruz conmemorativa se alza en un recodo áspero y, al apearse del camión, tu padre contempla el mismo panorama que contemplas tú: en primer término, un colmenar, una choza en ruina, el tronco retorcido de un árbol; más lejos, el páramo aletargado por el sol, el cielo sin nubes, las colinas humeando como hogazas recién sacadas del horno. Alguna culebra asoma quizá prudentemente su cabeza entre las piedras. Del suelo asciende como una queja el hondo zumbido de las cigarras. El pelotón está frente a él y un condenado se orina de miedo cuando el jefe de la patrulla levanta el brazo y los campesinos apuntan sus fusiles...
¿Cómo explicarlo? A menudo en las fases de depresión y zozobra (tan frecuentes en ti), la muerte de aquel desconocido (tu padre) y la imposibilidad material de vuestro encuentro (fuera del vínculo azaroso y gratuito de su paternidad) te roen por dentro como la imagen de una ocasión perdida, el pesar de una cosa no hecha, el espectro de una aleve e incurable nostalgia. Piensas que en otro país, en otra época la historia común de los dos hubiera sido distinta y, poco o mucho, os hubierais llegado a comprender. Ahora vuestra comunión se reduce a este segundo estricto e irremplazable. Con la negra boca de los fusiles delante de ti tratas en vano de apresar el tiempo.
Bruscamente sonó la descarga.

Interpretation

Der Textauszug umkreist Erinnerungen des Protagonisten an die Suche nach Spuren seines Vaters, den er kaum gekannt hat, da dieser zu Beginn des Bürgerkriegs von der republikanischen Miliz erschossen worden ist. Die bereits erwähnte Erzählinstanz, die den Protagonisten anspricht, berichtet von seinen Versuchen, **am Ort der Erschießung dieses Geschehen zu vergegenwärtigen.** Trotz eines Steinkreuzes, das aus der Perspektive der späteren Sieger des Bürgerkriegs an das Geschehen erinnert, trotz seiner genauen zeitlichen Situierung und genauen Lokalisierung ist es dem Protagonisten nicht möglich, mit diesen Beobachtungen aus der Anschauung das vergangene Geschehen zu rekonstruieren. Seine »esperanza absurda de avanzar un paso en el conocimiento de los hechos« scheitert an der Materialität einer Landschaft, an der »estructura geológica del paisaje«, in der die Vergangenheit aufgehoben und ausgelöscht scheint.

Das Erzählen verzichtet darauf, einen Zusammenhang herzustellen, den das in der Erzählung dargestellte erinnernde Bewusstsein in der Vergangenheit nicht mehr aufzufinden vermag. »Los hechos se yuxtaponían en el recuerdo como estratos geológicos dislocados por un cataclismo brusco« heißt es im Textauszug programmatisch über eine Form des Erzählens, in der die Erzählinstanzen nicht ein Geschehen entwerfen, sondern im Erzählen **das Scheitern eines Erinnerungsprozesses** umkreisen. Die Polyphonie der Erzählinstanzen inszeniert die scheiternde Suche nach einer Identität, die in den Fragmenten der erzählten Erinnerungen keinen kohärenten Bezugspunkt zu finden vermag.

In dem Textauszug sind zumindest **vier Zeitebenen** präsent, in denen der Bewusstseinstrom des Protagonisten in dem schon angesprochenen uneindeutigen Erzählmodus Spuren der Vergangenheit und damit der eigenen Identität zu rekonstruieren versucht. Die ersten Abschnitte geben Eindrücke von der Besichtigung des Ortes der Erschießung bei Albacete wieder (im August 1958 nach der Angabe am Ende des ersten Textteils). Von dieser Zeitebene gehen die Gedanken des Protagonisten wiederholt an den Beginn des Bürgerkriegs und zu diesem Ereignis selbst (am 5. August 1936) zurück. Erst danach wird der Auslöser dieses Gedankenstroms in der Gegenwart der erzählten Zeit (dem Sommer 1963) eingeführt: die Beerdigung Ayusos, eines von dem Protagonisten in seiner Studienzeit verehrten Professors und die »vuelta al Mas«, dem Elternhaus des Protagonisten, wo er in alten Unterlagen nach Anhaltspunkten für eine Rekonstruktion des Geschehens sucht. Diese Entwicklung vollzieht sich in einem imaginären **Wechselspiel der Erinnerung, die sich zwischen Vergangenheit und Gegenwart bewegt** (vgl. »zambullirte en lo pasado y emerger a lo presente [...] barajar lo real con lo soñado«).

Im zweiten Teil des Textauszugs führt ein erneuter Gedankenstrom zu **Versuchen einer Imagination des Geschehens um die Erschie-**

ßung zurück. Diese Gedankenbewegung vermischt sich erneut mit Fragmenten aus der späteren Anschauung der Landschaft und mit Reflexionen aus der Gegenwart der erzählten Zeit. Das Durchspielen möglicher Elemente des Geschehens führt den Protagonisten schließlich dahin, dass er in einem »segundo estricto e irremplazable« am Ende des Textauszugs zumindest die Gewehre zu sehen und die Gewehrsalve zu hören meint und so vielleicht einen Moment gelungener Annäherung an seinen Vater erlebt.

Die erzählerische Komplexität des Textauszugs erklärt sich auch daraus, dass die **Suche des Protagonisten nach Erinnerungen**, die seine Identität begründen könnten, zugleich eine **nationale und historische Dimension** hat. Der Tod des Vaters, der als Grundbesitzer von rebellierenden Landarbeitern erschossen wurde, wird in der Imagination des Protagonisten wiederholt zum Sinnbild einer sinnlos erscheinenden Kette von Gewalttaten, die doch an der Lethargie des spanischen Volkes (abwertend als »tribu« bezeichnet) nichts geändert haben: »Otras violencias, otras muertes habían desaparecido sin dejar rastro y la vida adocenada y somnolienta de la tribu proseguía, insaciable, su curso.«

Der Tod des Vaters erscheint in den Reflexionen des Protagonisten letztlich zugleich als **Ausdruck der Absurdität des Geschichtsprozesses** und als **Vernichtung einer möglichen Identität des Sohnes**: »Muerto nulo y absurdo como todos los de su bando (¿quién había ganado a quién?, ¿a cuáles honraba aquella victoria cruel e infanticida?)«. Diese historische Dimension, die Last einer Gegenwart, in der die Diktatur problemlos zu herrschen scheint, bedingt letztlich die radikal pessimistischen Konnotationen, mit denen die Suche nach identitätsstiftenden Erinnerungen im Erzählprozess erscheint. Letztlich ist es die in den 1960er Jahren noch perspektivlos erscheinende Situation des Landes, in deren Negativität im Roman die Negativität der Identitätssuche eingeschrieben wird.

Cardona, Rodolfo (Hg.): *Novelistas españoles de Postguerra*. Madrid 1976.
Ferreras, Juan Ignacio: *El teatro en el siglo XX (desde 1939)*. Madrid 1988.
Neuschäfer, Hans-Jörg: »Exil und Zensur: Die Literatur vor und in der Francodiktatur«. In: Ders. (Hg.): *Spanische Literaturgeschichte*. Stuttgart/Weimar ³2006, S. 362–389.
Rico, Francisco (Hg.): *Historia y crítica de la literatura española*. Bd. 8 und 8.1: *Época contemporánea: 1939–1975*. Barcelona 1983ff.
Schmolling, Renate: *Die Literatur der Sieger. Der spanische Bürgerkriegsroman im gesellschaftlichen Kontext des frühen Franquismus*. Frankfurt a. M. 1990.

Grundlegende Literatur

Bertrand de Muñoz, Maryse: *La Guerra Civil española en la novela. Bibliografía comentada*. 3 Bde. Madrid 1982–87.
García de la Concha, Víctor: *La poesía española de 1935 a 1975*. 4 Bde. Madrid 1987.

Weiterführende und zitierte Literatur

Gumbrecht, Hans Ulrich: Eine *Geschichte der spanischen Literatur.* 2 Bde. Frankfurt a. M. 1990.

Knetsch, Gabriele: *Die Waffen der Kreativen – Bücherzensur und Umgehungsstrategien im Franquismus.* Frankfurt a. M. 2000.

Kreis, Karl-Wilhelm: *Zur Ästhetik des Obszönen. Arrabals Theater und die repressive Sexualpolitik des Franco-Regimes.* Hamburg 1990.

Mainer, José Carlos (Hg.): *Falange y literatura.* Barcelona 1971.

Mainer, José Carlos: *La corona hecha trizas* (1930–1960). Barcelona 1989.

Mangini, Sergio: *Rojos y rebeldes. La cultura de la disidencia durante el franquismo.* Madrid 1987.

Neuschäfer, Hans-Jörg: *Macht und Ohnmacht der Zensur. Literatur, Theater und Film in Spanien (1933–1976).* Stuttgart 1991.

Rodríguez Puertolas, Julio: *Literatura fascista española.* 2 Bde. Madrid 1986/87.

Ruiz Ramón, Francisco: *Historia del teatro español. Siglo XX.* Madrid ⁷1986.

Sanz Villanueva, Santos: *Historia de la novela social española (1942–1975).* 2 Bde. Madrid 1980.

Sobejano, Gonzalo: »Direcciones de la novela española de Postguerra«. In: Cardona 1976, S. 50–71.

Velilla Barquero, Ricardo: *La literatura del Exilio a partir de 1936.* Madrid 1981.

Vilanova, Antonio: *Novela y sociedad en la España de la posguerra.* Barcelona 1995.

4.9 | Von der *transición* zur Gegenwart

4.9.1 | Rahmenbedingungen

Für die Auseinandersetzung mit der nach 1975 entstandenen Literatur sind verschiedene allgemeine Rahmenbedingungen zu berücksichtigen:

- **Abschaffung der Zensur:** Artikel 20 der spanischen Verfassung
- **Literatur in vier Sprachen:** Spanisch, Galicisch, Katalanisch und Baskisch
- **Transición:** Kein radikaler Bruch mit der Literatur vor Francos Tod
- **Kommerzialisierung des Literaturbetriebs:** Flut literarischer Preise und Vermarktung der Autoren in den Medien
- **Situation des Dramas:** Vom kommerziellen zum subventionierten Theaterbetrieb

Rahmenbedin-
gungen der
Literatur nach 1975

Abschaffung der Zensur: Der Tod Francos am 20. November 1975 bedeutete für Spanien den Beginn der Normalisierung, des Übergangs von einem aus dem Bürgerkrieg hervorgegangenen autoritären Regime zu einer konstitutionellen Monarchie, die durch das Verfassungsreferendum am 6. Dezember 1978 legitimiert wird (s. Kap. 3.2.4). Für die Entwicklung der Literatur und Kultur war die faktische Abschaffung der Zensur 1976 ein wichtiges Ereignis. Auch wenn die von manchen erwarteten großen literarischen Entwürfe nicht aus den Schubladen gezaubert wurden, war es nun dennoch erstmals möglich, bisher in Spanien verbotene und im Ausland erschienene Texte zu veröffentlichen. Dies gilt etwa für Juan Goytisolos Roman *Señas de identidad* (1966) oder für wichtige Theaterstücke der Vor-Bürgerkriegszeit von Autoren wie Valle-Inclán, García Lorca oder Rafael Alberti, die zwischen 1976 und 1980 erstmals in Spanien aufgeführt werden konnten (vgl. dazu Ruiz Ramón 1990).

Literatur in vier Sprachen: Als mindestens genauso bedeutend wie die Verankerung der Meinungsfreiheit in der Verfassung (Artikel 20) hat sich der Artikel 3 für die **Entwicklung von Kultur und Literatur** erwiesen. Darin wird das Spanische (*el castellano*) als Staatssprache bestimmt. Nach Absatz 1 hat jeder Spanier die Pflicht, diese zu beherrschen und das Recht, sie zu gebrauchen. In Absatz 2 wird festgeschrieben, dass die übrigen Sprachen Spaniens offiziellen Charakter in den jeweiligen Autonomen Gemeinschaften haben und dass diese Sprachen ein kulturelles Gut seien, das es zu respektieren und zu schützen gelte (Absatz 3). Dies hat dazu geführt, dass man, wenn man von Literatur in Spanien spricht, seit spätestens Anfang der 1980er Jahre von Literatur in vier Sprachen sprechen muss: neben der spanischsprachigen auch von katalanischer, baskischer und galicischer Literatur.

Das Problem der Regionalsprachen in der Literatur der Gegenwart

In seinem Roman *El amante bilingüe* (1990) setzt sich der spanisch schreibende katalanische Autor Juan Marsé (geb. 1933) auf ironisch amüsante Weise mit den Auswüchsen der katalanischen Sprachpolitik, der sog. *normalización lingüística* auseinander, d. h. der sprachlichen Umstellung aller Bereiche des öffentlichen Lebens vom Spanischen ins Katalanische. Der ebenfalls spanisch schreibenden Baske Borja Ortiz de Gondra (geb. 1965) thematisiert in dem Theaterstück *¿Dos?* (1993) Sprache – das Baskische im Gegensatz zum Spanischen – als Ort intimer Erinnerung. Der Roman *El hijo del acordeonista* (2004) – der Original-titel lautet *Soinujolearen semea* (2003) – des baskisch schreibenden Autors Bernardo Atxaga (geb. 1951) hat die Bedrohung des Baskischen durch das strikte Verbot von dessen Gebrauch während der Franco-Zeit zum Gegenstand.

Für die meisten jüngeren Autoren, die aus einer *Comunidad Autónoma* mit eigener Sprache stammen ist es, wie für Atxaga selbst, der Normal-fall, in der Sprache der jeweiligen *Comunidad Autónoma* zu schreiben. Zu nennen wären etwa Sergi Belbel (geb. 1963), einer der wenigen Theatera-toren, dessen Stücke in Deutschland regelmäßig auf die Bühne kommen, für das Katalanische (z. B. *La sang*, 1998 und *El temps de Planck*, 1999) und Manuel Rivas (geb. 1957) für das Galicische, dessen Erfolgsroman *El lápiz del carpintero* (1998) in galicischer Sprache geschrieben ist (*O lapis do carpinteiro*, 1998). Durch die schnelle Übersetzung der Texte ins Spa-nische, zum Teil durch die Autoren selbst, und deren Integration in den kommerziellen Literaturbetrieb wird die in baskischer, galicischer und katalanischer Sprache geschriebene Literatur als zur spanischen Literatur gehörig wahrgenommen.

Transición und Literatur: Ebenso wie man in der Politik von einem **all-mählichen Übergang** (*transición*) sprechen muss, kommt es auch im lite-rarischen Bereich zu keinem radikalen Bruch mit der Literatur vor Francos Tod. Vielmehr werden im Verlauf der ersten Jahre der *transición* Tendenzen in der literarischen Produktion virulent, die ihren Ausgangspunkt bereits Ende der 1960er Jahre hatten. Schon zu Beginn der 70er Jahre ist deutlich wahrzunehmen, dass **experimentelle Formen des Schreibens**, wie sie in den Romanen von Juan Goytisolo, Luis Martín Santos (*Tiempo de silencio*, 1962, s. Kap. 4.8.2 und 4.8.3) oder in den Theaterproduktionen des sog. *tea-tro independiente*, in denen das Happening den traditionellen Textbezug der Theateraufführung ersetzt hatte, abnehmen und bis zum Ende des Jahr-zehnts fast ganz aus dem Literaturbetrieb verschwinden. Deutlich wahr-nehmbar ist auch, dass die Intellektuellen ihre Rolle als ethische, politische und moralische Instanz in der Gesellschaft verloren bzw. aufgegeben ha-ben. Ihre Rolle als kritischer Kommentator der gesellschaftlichen Entwick-lung wurde von den Massenmedien eingenommen, die aber in den folgen-den Jahrzehnten immer unkritischer wurden (vgl. Villanueva 1992a, S. 18).

Dies ändert sich erst wieder Mitte der 1980er Jahre, als eine Generation von Autorinnen und Autoren zu schreiben beginnt, die mit der *transición* groß geworden ist und die nun anfängt, sich mit den Folgen des in allen Bereichen dominierenden Neoliberalismus sowie mit dem allgemein von der Gesellschaft akzeptierten Schweigen der Politik über die kollektive Vergangenheit in Bürgerkrieg und frankistischer Diktatur auseinander zu setzen (vgl. dazu Stucki/López de Abiada 2004). Dieser Verlust der Rolle des Intellektuellen als öffentlicher kritischer Instanz und der verlorenen Hoffnungen auf eine radikale politische Veränderung (*desencanto*) hat zur Folge, dass literarisch ein **Rückzug in die Privatsphäre** stattfindet. In einer permanenten Selbstbespiegelung wird das eigene Ich und seine Beziehung zum Anderen in spielerischer, postmoderner Manier im Akt des Schreibens be- und hinterfragt (vgl. Mainer 1992, S. 68 f. und Rico 1992, S. 89 f.).

Die Kommerzialisierung des Literaturbetriebs durch eine **Unzahl literarischer Preise** (*Premio Planeta*, *Premio Nadal* etc.) und durch die fast gleichzeitige Verfilmung erfolgreicher Texte ist ein Phänomen, das insbesondere den Roman betrifft. Die Kommerzialisierung spiegelt sich auch in der Tendenz der Verlage, immer jüngere Autorinnen und Autoren zu suchen und ihnen durch die Präsenz in allen Medien den meist kurzlebigen Status eines Popstars zu geben. Beispiele dafür sind der 1970 geborene Juan Manuel de Prada, der 1996 seinen ersten Roman *Las máscaras del héroe* veröffentlichte und von der Kritik überschwänglich gefeiert wurde. Sein zweiter Roman *La tempestad* (1997) bekam den *Premio Planeta* und kam im gleichnamigen Verlag mit einer Erstauflage von 200.000 Exemplaren auf den Markt. Ähnlich erging es Lucía Extebarria (geb. 1966), deren dritter Roman *Beatriz y los cuerpos celestes* 1998 den *Premio Nadal* bekam und die das ganze Jahr hindurch von einer Talkshow zur anderen gereicht wurde. Der Höhepunkt der Vermarktungsstrategie war schließlich eine Serie von Aktphotos der Autorin in der Boulevardpresse (vgl. Neuschäfer 2004; Haubrich 2008).

Der spanische Theaterbetrieb war während der Franco-Zeit fast ausschließlich kommerziell orientiert, d. h. es gab kaum ein Theater, das von der öffentlichen Hand subventioniert wurde, was zur Folge hatte, dass nur Stücke gespielt werden konnten, die den Publikumsgeschmack trafen und zumindest die anfallenden Kosten wieder einspielten. Diese Situation ändert sich erst in den 1980er Jahren mit den ersten sozialistischen Regierungen. Mit der **Schaffung eines Kulturministeriums** (1978), dem eine für Theater und Musik zuständige Abteilung zugeordnet ist, das *Instituto Nacional de las Artes Escénicas y de la Música* (*INAEM*), beginnt für das Theater ein tiefgreifender Strukturwandel. Dieser führt zu einer langsamen Dezentralisierung des immer noch auf Madrid und Barcelona konzentrierten Theaterbetriebs sowie zu einer deutlichen Erhöhung des institutionellen, von der Zentralregierung, den *Comunidades Autónomas* sowie von Kreis- und Stadtverwaltungen geförderten Theaterangebots. Symptomatisch dafür ist die Schaffung von offiziellen Theaterzentren (*Centro Dramático Nacional*, *Compañía Nacional de Teatro Clásico* u. a.) zwischen 1978 und 1986, die sich der Pflege des spanischen und interna-

Die Situation
des Dramas

tionalen Theaters widmen sollten (zur Entwicklung des Theaterwesens in Spanien vgl. Floeck 1997).

Salas alternativas: Ab Mitte der 90er Jahre wurden die Subventionen im Zuge einer neoliberalen Kulturpolitik teilweise wieder zurückgenommen. Aber bereits vorher war gegen den Gigantismus und den Repräsentationscharakter der öffentlichen Theater eine Bewegung hin zu intimeren Theaterformen entstanden, bei denen der vom Autor geschriebene Text wieder eine größere Rolle spielte, die ihren Niederschlag in den sogenannten *salas alternativas* in Madrid (*Cuarta Pared*, *Ensayo 100*) und Barcelona (*Sala Beckett*, *Artembrut*) fand. Gegenwärtig ist das spanische Theaterleben von einem Nebeneinander der weiter bestehenden kommerziellen Bühnen, der *salas alternativas* und der offiziellen Theater geprägt. Seit Mitte der 1990er Jahre setzten sich Formen von Mischfinanzierung aus staatlichen Subventionen und gewinnorientierten Betriebsformen durch, die aber dennoch auf ein qualitativ hochwertiges Theater setzen. Ein gelungenes und erfolgreiches Beispiel dafür ist das Madrider *Teatro de la Abadía* (vgl. González 2004).

Die Theaterpreise, insbesondere die prestigeträchtigen und traditionsreichen *Premio Calderón de la Barca*, *Premio Lope de Vega* sowie neuerdings der *Premio Marqués de Bradomín*, der 1985 speziell für Dramatikerinnen und Dramatiker unter 30 Jahren vom Ministerio de la Juventud geschaffen wurde, spielen für die Autoren eine weitaus wichtigere Rolle als die Preise für Romane. Sie sind eine gute Möglichkeit, einer größeren Öffentlichkeit bekannt zu werden und zudem eine der wenigen Einnahmequellen für die Autorinnen und Autoren. Insbesondere der *Premio Marqués de Bradomín* spielte in den 90er Jahren für die Weiterentwicklung des spanischen Dramas eine bedeutende Rolle. Einige der Preisträger, wie z.B. Yolanda Pallín, Borja Ortiz de Gondra, Lüisa Cunillé oder José Ramón Fernández (alle um 1965 geboren), haben sich in den letzten fünf Jahren im spanischen Theaterbetrieb durchzusetzen begonnen und schaffen ein Theater, das sich wieder stärker mit gesellschaftlichen und sozialen Problemen auseinandersetzt (vgl. dazu Pascual 1999 und Fritz 1999, S. 36–46). Ebenso wichtig für die Verbreitung der dramatischen Texte sind spezielle Theaterzeitschriften wie *Primer Acto* oder *ADE Teatro*, da in ihnen neben der Dokumentation und Analyse des Theaterbetriebs auch regelmäßig aktuelle Dramentexte veröffentlicht werden. Dies ist umso wichtiger, da Gegenwartsdramen bei den großen Verlagen kaum im Programm auftauchen.

Insgesamt ist das Theater aber im Vergleich zum Roman kaum im öffentlichen Bewusstsein der Leser präsent, wenngleich insbesondere dasjenige der 90er Jahre einen qualitativen Vergleich zu Europa und den USA nicht zu scheuen braucht. Dies wird auch dadurch belegt, dass die spanischen Produktionen auf der Biennale in Bonn (seit 2004 in Wiesbaden), die alle zwei Jahre europäische Stücke nach Deutschland holt, bisher immer mit am erfolgreichsten waren. Einen guten Überblick über die jeweilige spanische Theaterproduktion eines Jahres bietet die von dem Theaterautor und Regisseur Guillermo Heras organisierte *Muestra de Teatro*

Español de Autores Contemporáneos. Das Festival findet seit 1993 jeweils Mitte November in Alicante statt und versteht sich als Werkschau des spanischen Gegenwartstheaters, in dem alle Tendenzen, vom kommerziellen bis zum experimentellen Theater, ihren Platz haben.

4.9.2 | Tendenzen der Gegenwartsliteratur

Im Folgenden sollen einige **wichtige Tendenzen der spanischen Literatur nach 1975** vorgestellt werden. Angesichts der Diversität der Gegenwartsliteratur kann es dabei nur um exemplarische Gesichtspunkte gehen, bei denen Roman und Drama im Vordergrund stehen, während auf die Lyrik nur in Ausnahmefällen verwiesen wird. Im Einzelnen handelt es sich um folgende Aspekte:

- Literatur als Spiegel postmoderner Befindlichkeit
- Gegen den Mainstream: Sozialkritik in Roman und Drama
- Die Aufarbeitung des Bürgerkriegs und des Frankismus
- Von der Nichtidentität zur Selbstfindung: ein Paradigmenwechsel?

Tendenzen
der spanischen
Literatur nach 1975

Einleitend sei jedoch ein Überblick über wichtige Untersuchungen gegeben, die eine über die folgende Darstellung hinausgehende Orientierung in diesem Zeitraum ermöglichen.

Einen Versuch, die ausufernde Gegenwartsproduktion systematisch zu ordnen, hat für den Roman Santos Sanz Villanueva (1992) unternommen, der seine Einteilung der Romanproduktion von 1975 bis 1990 teils nach Generationen und teils nach Themen vornimmt. Andere **Überblicksdarstellungen** bestehen meist aus einer Reihe von Einzeldarstellungen von Autorinnen und Autoren und deren Werken (Felten/Prill 1995; Ingenschay/Neuschäfer 1991; »Número especial« 1999; Toro/Ingenschay 1995; Bodenmüller/Scherer/Schönberger 2004). Eine Systematisierung des spanischen Theaters seit 1975 unternehmen María José Ragué-Arias (1996) und Wilfried Floeck (1990). Autoren und Tendenzen des spanischen Gegenwartsdramas werden bei Herbert Fritz und Klaus Pörtl (1999 und 2002), Floeck/Vilches de Frutos (2004), Hartwig (2005) sowie in den dem Theater gewidmeten Nummern der Zeitschriften *Hispanorama* (»Schwerpunkt« 1995) und *Matices* (»Schwerpunkt« 1999) untersucht. Einen ausführlichen, sehr systematischen Überblick über die Lyrik seit 1975 gibt Andrew W. Debicki im Rahmen seiner Geschichte der spanischen Lyrik des 20. Jh.s (Debicki 1997, S. 193–304). Zur zunehmend wichtiger werdenden Rolle der Frauen im spanischen Literaturbetrieb findet sich ein Überblick in der Literaturgeschichte von Hans-Jörg Neuschäfer (2006, S. 408 ff.). Der Sammelband *Nicht Muse, nicht Heldin* (Bierbach/Rössler 1992) analysiert die Werke einiger wichtiger Autorinnen.

Überblicks-
darstellungen

4.9.2.1 | Literatur als Spiegel postmoderner Befindlichkeit

Der Begriff ›postmodern‹ soll hier nicht als Summe stilistischer Merkmale von Texten verstanden werden sondern als philosophischer Begriff. Er bezeichnet eine Befindlichkeit des Menschen im letzten Drittel des 20. Jh.s, die durch den Verlust des Glaubens an gesellschaftliche Utopien und sinnstiftende philosophische Theorien gekennzeichnet ist. Das Individuum verliert in der Postmoderne seinen Status als Persönlichkeit, seine Autonomie und seine Identität und wird von den allgegenwärtigen Medien ständig mit Informationen bombardiert, die es nicht mehr ordnen kann. Sie rufen in ihm das Gefühl hervor, in ein kompliziertes und undurchsichtiges Netzwerk eingebunden zu sein, dessen Mechanismen es nicht verstehen und dem es keinen Sinn abgewinnen kann.

- Fragmentarisierte Wirklichkeitswahrnehmung
- Auflösung des Ich
- Rekonstruktion der eigenen Persönlichkeit durch deren multiperspektivische Projektion
- Demaskierung von gesetzten Wahrheiten als Mythen und Lebenslügen

Fermín Cabals *Caballito del diablo*: Die **fragmentarisierte Wirklichkeitswahrnehmung** zeigt sich deutlich in dem Drama *Caballito del diablo* (1981) von Fermín Cabal (geb. 1948). Das Stück besteht aus ca. 80 kurzen Sequenzen, die nicht chronologisch geordnet sind und spiegelt so die Realitätssicht der heroinabhängigen Protagonistin Blanca, die versucht, einen Roman über ihr Leben zu schreiben. Es gelingt ihr aber nicht, Ordnung in die schlaglichtartig auftauchenden **Erinnerungsfragmente** zu bringen. Die Rekonstruktion der Lebensgeschichte Blancas, ihren Abstieg von der Journalistin zum Junkie, bleibt dem Zuschauer überlassen. Deutlich wird durch diese Struktur des Dramas, dass eine kohärente, logisch nachvollziehbare **Konstruktion einer Autobiographie** mit traditionellen Mitteln realistischer Darstellung nicht mehr möglich ist. Vielmehr spiegelt sich in der Struktur des Stückes die durch Drogen zerstörte Persönlichkeit der Protagonistin.

Borja Ortiz de Gondras *Metropolitano*: Kaleidoskopartig nimmt auch der Protagonist Oscar von Borja Ortiz de Gondras (geb. 1965) *Metropolitano* (1992) die Wirklichkeit war. Auf die Bühne gebracht wird seine Odyssee durch die Pariser Metro mittels der Montage von 17 voneinander unabhängigen Sequenzen, die einen ungeordneten, zusammenhanglosen Ausschnitt aus der Wirklichkeit repräsentieren. Im Verlauf des Stückes verliert der Protagonist allmählich seine Selbstgewissheit, mit der er sich zu Beginn präsentierte. Stellte er sich in der ersten Sequenz noch mit »Soy Oscar. Yo« vor, so reduziert sich das Ich in der neunten Sequenz bereits auf den Namen (»Oscar. O-S-C-A-R. Mi nombre«) und wird am Schluss lediglich zur Identifikation mit dem Oscar der amerikanischen Filmindustrie (»Oscar. Me llamo Oscar. Como el famoso. No lo olviden«). Deutlich wird hier die Reduktion eines anfänglich postulierten Ich zu einem von den Medien vorgeformten Bild (vgl. auch Fritz/Pörtl 1999, S. 36–46).

Juan Marsés *El amante bilingüe*: Der **Verlust der Persönlichkeit** und seine **Projektion auf vorgeformte Klischees** zeigt sich auch deutlich in *El amante bilingüe* (1990) von Juan Marsé (geb.1933). Der Protagonist des Romans hat sich gerade von seiner Frau getrennt und seine bürgerliche Existenz aufgegeben. Seine Persönlichkeit spaltet sich im Verlauf des Romans in die eines Straßenmusikanten und die eines andalusischen Macho, dem es gelingt, in dieser Verkleidung seine ehemalige Frau zu verführen. Zu der **Auflösung der Individualität in unterschiedliche Rollen** kommt hier noch eine sprachliche Doppelung hinzu. Der Protagonist in seiner Rolle als andalusischer Macho sieht sich mit dem sprachpolitischen Druck der katalanischen Metropole Barcelona konfrontiert, der von seiner Ex-Frau, die im Ministerium für sprachliche Normalisierung arbeitet, repräsentiert wird. Zur Spaltung der Individualität des Protagonisten kommt hier also noch der Zwang zur Anpassung an eine für ihn in allen seinen Rollen nicht authentische Sprache. Das führt schließlich zur völligen **Auflösung seiner Persönlichkeit**.

Javier Marías' *Corazón tan* blanco (1992); *Mañana en la batalla piensa en* mi (1994): Das sich seiner selbst unsicher gewordene Ich wird auch in den Romanen von Javier Marías (geb. 1951; *Corazón tan blanco*, 1992; *Mañana en la batalla piensa en mi*, 1994) thematisiert, in denen sich die Protagonisten hinter den unterschiedlichsten Rollen verstecken, um Ersatz für ein nicht vorhandenes authentisches Ich zu schaffen (vgl. Neuschäfer 2006, S. 407 f. und López de Abiada/Theile-Becker 2004) oder in dem Roman *El desorden de tu nombre* (1988) von Juan José Millás (geb. 1946). Dieser zeichnet sich besonders durch seine **Polyperspektivität** und **Selbstreferenzialität** aus (vgl. dazu Segler-Meßner 1999, S. 74–78).

Antonio Muñoz Molinas *Beatus Ille*: Mit der **Demaskierung von vorgegebenen Wahrheiten als Mythen und Lebenslügen** setzen sich zwei Romane von Antonio Muñoz Molina (geb. 1956) auseinander: *Beatus Ille* (1986) und *Beltenebros* (1989). In ersterem beschäftigt sich der Autor mit dem **Mythos der Generation von 1927** (s. Kap. 4.7) und deren Auslöschung durch die frankistischen Schergen. Der Student Minaya kehrt 1969 aus Madrid, wo er wegen seines Protestes gegen das Franco-Regime gerade eine Gefängnisstrafe verbüßt hat, in seinen Heimatort Mágina zurück, um eine Doktorarbeit über einen apokryphen Autor der *generación del 27* zu schreiben. Bei seinen Nachforschungen findet er heraus, dass der von seinem Onkel als Held verehrte Solana noch lebt, und nicht, wie allgemein angenommen, in den 1940er Jahren von Frankisten ermordet wurde. Außerdem stellt sich heraus, dass Solana den nur vom Hörensagen bekannten Roman »Beatus Ille« nie geschrieben hat und sein Verschwinden nur inszeniert hatte, um in Ruhe weiterleben zu können. Als Erzählmodell wählte der Autor für diesen Roman die **Kriminalgeschichte**. Der wissenschaftlichen Nachforschung des Doktoranden Minaya wird die Aufklärung eines mysteriösen Mordes, der 1937 geschah, parallel geschaltet.

Für *Beltenebros* wählt Muñoz Molina das **Modell des Spionageromans** und als Thema den antifrankistischen Kampf im Untergrund in den 1940er und 50er Jahren. Der vor allem von der Spanischen Kommunistischen Partei (PCE) im Ausland organisierte Untergrundkampf gegen Franco ist einer der konstituierenden Mythen für das linke Selbstverständnis. In seinem Roman dekonstruiert Muñoz Molina diesen Mythos und zeigt, dass der Kampf gegen Franco von der PCE vor allem dazu genutzt wurde, um die Partei von missliebigen Kritikern, die zu Verrätern erklärt wurden, zu säubern. Die postmodernen Aspekte dieses Romans, seine Konstruktion in Anlehnung an unterschiedliche literarische Modelle (**Cervantes** und den **Spionageroman**) sowie die zahlreichen intertextuellen Anspielungen hat Raija Fleischer (1995) im Einzelnen herausgearbeitet. Mit dem Thema des Untergrundkampfes gegen Franco beschäftigt sich auch Jorge Semprún in dem Roman *Veinte años y un día* (2003), der unter dem Pseudonym Federico Sánchez in den 1950er Jahren selbst aktiv daran beteiligt war.

4.9.2.2 | Gegen den Mainstream: Sozialkritik in Roman und Drama

Kriminalroman

Ist eines der allgemeinen Charakteristika der spanischen Literatur seit 1975 deren **Entpolitisierung** und der Rückzug ins Private, so hat die Gesellschaftskritik ihren Platz insbesondere im **Kriminalroman** gefunden, den Manuel Vázquez Montalbán nicht mehr als Trivialliteratur (*literatura de género*) sehen wollte, sondern als gleichberechtigten, ernst zu nehmenden Teil des Romanschaffens (*novela a secas*): »Sostengo desde hace tiempo que el destino final de la novela policiaca renovada es dejar de ser policiaca y obligar a ser asumida como novela a secas« (Vázquez Montalbán in Colmeiro 1994, S. 11). Der in diesem Sinne erneuerte Kriminalroman findet sich bei verschiedenen Autoren.

Zur Vertiefung

Kriminalroman und gesellschaftlicher Wandel

Die in Barcelona angesiedelte *Serie Carvalho* des 1939 geborenen und 2003 überraschend verstorbenen Manuel Vázquez Montalbán (23 Bände zwischen 1974 und 2003) und die in Madrid spielenden Romane von Juan Madrid (geb. 1947) mit dem Privatdetektiv Toni Romano als Protagonisten (6 Bände zwischen 1980 und 1997) sowie die Krimis von Andreu Martín (geb. 1949), die keine durchgehende Detektivfigur haben, sind regelrechte **Chroniken der gesellschaftlichen Veränderungen Spaniens während der Demokratie**. Die Romane von Lorenzo Silva (*El lejano país de los estanques*, 1998; *El alquimista impaciente*, 2000; *La niebla y la doncella*, 2002; *Nadie vale más que otro*, 2004 und *La reina sin espejo*, 2005), mit dem Zivilgardisten Bevilacqua und seiner Assistentin Chamorro als positiv gezeichnete Protagonisten, zeigen die drastische Veränderung des Ansehens der Polizei, insbesondere der Guardia Civil, in der Gesellschaft; hatte diese doch bis weit nach Francos Tod den Ruf, frankistische und autoritäre Prinzipien in der Polizeiarbeit über den Rechtsstaat zu stellen.

Als Genre mit einem eigenständigen Charakter existiert der Kriminalroman in Spanien erst seit Anfang der 1970er Jahre. Seine Entstehung
hängt u. a. auch mit einem objektiven Ansteigen der Kriminalität beim
Übergang zur Demokratie als eine der negativen Folgen der Auflösung der
autoritären Strukturen des Franco-Regimes zusammen. Vor allem aber
bringt der Boom des Kriminalromans ein geschärftes gesellschaftliches
Bewusstsein von den bis dahin weitgehend ausgeblendeten Schattensei-
ten der Gesellschaft zum Ausdruck (zur Geschichte des spanischen Kriminalromans vgl. Colmeiro 1994).

*Kriminalroman
als Spiegel der
sozialen Realität*

Die Funktion des Privatdetektivs in der Gesellschaft

Zur Vertiefung

»- Los detectives privados somos los termómetros de la moral establecida, Biscuter. Yo te digo
que esta sociedad está podrida. No cree en nada.
- Sí, jefe.
Biscuter no le daba la razón a Carvalho sólo porque adivinara que estaba borracho, sino
porque siempre estaba dispuesto a admitir catástrofes.
- Tres meses sin comernos un rosco. Ni un marido que busque a su mujer. Ni un padre que
busque a su hija. Ni un cabrón que quiera la evidencia del adulterio de su mujer. ¿Es que ya
no se fugan las mujeres de casa? ¡Ni las muchachas? Sí, Biscuter. Más que nunca. Pero hoy a
sus maridos y a sus padres les importa un huevo que se fuguen. Se han perdido los valores
fundamentales. ¿No queríais la democracia?«

(Vázquez Montalbán: *Los mares del sur*, [7]1989, S. 13)

Mit einem nicht zu überhörenden ironischen Unterton denkt der Privatdetektiv Pepe Carvalho in diesem Textauszug laut über die veränderte
Rolle seines Berufsstandes nach, der mit der gesellschaftlichen Liberalisierung nach der *transición* seine Funktion bedroht sieht. Aufgrund der
sich verändernden Moral kann er nicht mehr davon leben, weggelau-
fene Töchter zu suchen oder untreue Ehefrauen zu überführen. Seine
neuen Auftraggeber konfrontieren ihn mit der neuen sozialen, wirtschaftlichen und politischen Realität des Landes nach dem Übergang
zur Demokratie.

Manuel Vázquez Montalbán (1939–2003): Der neue spanische Kriminalroman beginnt mit Vázquez Montalbáns *Tatuaje* (1974). Mit diesem Roman
wird die **Detektivfigur Pepe Carvalho** geschaffen, die ihren Ursprung in
dem 1972 erschienenen experimentellen und eigentlich nicht zur Carval-
ho-Serie gehörenden Roman *Yo maté a Kennedy* hat. Pepe Carvalho ist ein
skeptischer, manchmal zynischer Ex-CIA-Agent und Ex-Kommunist, dessen Lieblingsbeschäftigungen gutes Essen und das Verbrennen von Bü-
chern sind. Rezepte und rituelle Bücherverbrennungen (er zündet mit den
einst geliebten Beständen seiner umfangreichen Bibliothek seinen Kamin
an) ziehen sich wie ein roter Faden durch alle Romane. In *Tatuaje* wird als
symbolischer Bruch mit der Vergangenheit Pedro Laín Entralgos Essay
España como problema (1949), einer der grundlegenden Texte der ideologischen Fundierung des frankistischen Regimes, verbrannt. Thematisch

*Der neue
Kriminalroman*

Von der *transición*
zur Gegenwart

Manuel Vázquez
Montalbán
(Photo:
Herbert Fritz)

reflektiert der Roman, der noch unter der Herrschaft Francos entstand, das Auftauchen harter Drogen in Spanien und damit verbunden, die zunehmende Internationalisierung des Verbrechens.

Serie Carvalho: *Los mares del sur* (1979) gilt, literarisch gesehen, als einer der besten Romane der Serie. Inhaltlich geht es um die Auswirkungen der Bodenspekulation und des Baus von minderwertigen Trabantenstädten rund um Barcelona Ende der 1950er Jahre. Um Bodenspekulation im Vorfeld der Olympischen Spiele und den katalanischen Mythos vom FC Barcelona geht es in *El delantero centro fue asesinado al atardecer* (1988). *Sabotaje olímpico* (1993) ist eine Groteske auf den triumphalistischen Diskurs um das Jahr 1992 (Olympische Spiele in Barcelona; 500-Jahrfeiern zum Abschluss der *reconquista* und der Entdeckung Amerikas, Weltausstellung in Sevilla). In *El hermano pequeño* (1994) setzt sich Vázquez Montalbán mit der von Korruptionsfällen krisengeschüttelten PSOE auseinander und gibt einen ernüchternden Einblick in die Funktionsmechanismen der Macht.

Pepe Carvalho hat sich im Lauf der Zeit eine gesicherte soziale Stellung in der gehobenen Mittelschicht erarbeitet, und seine zu Beginn der Reihe noch skandalös erscheinende Beziehung zu dem Callgirl Charo verbürgerlicht immer mehr und bleibt von den entsprechenden Beziehungskrisen nicht verschont. Im Verlauf der Serie muss sich der Detektiv immer häufiger mit den **negativen Auswirkungen der neoliberalen Gesellschaft** auseinandersetzen. Hierbei wird immer deutlicher, dass die Wahrheit, die der Detektiv aufzudecken gewillt ist, oft weit über das Interesse seiner Auftraggeber hinausgeht, die meist selbst in schmutzige Geschäfte verwickelt sind. Dementsprechend bleibt die Arbeit des Detektivs für die Täter oft folgenlos, da die offizielle Version eines von ihm aufgeklärten Verbrechens meist von der von ihm gefundenen Wahrheit abweicht und so nicht die vom klassischen Detektivroman geforderte Wiederherstellung der von einem Verbrechen gestörten Ordnung erreicht wird. Vielmehr wird eine Wahrheit veröffentlicht, die den Machtinteressen der Auftraggeber gerecht wird (zur Serie Carvalho vgl. Stenzel 1991 und Colmeiro 1994, S. 170–193).

Juan Madrid: Die Romanserie von Juan Madrid um den **Privatdetektiv Toni Romano**, von Colmeiro als »novela del hampa« (ebd., S. 246) bezeichnet, entwirft ein weitaus düstereres Bild der spanischen Gesellschaft, als dies Vázquez Montalbán tut. Dies liegt zum einen an der Auswahl der Probleme, mit denen sich Madrid in seinen Romanen beschäftigt. Er zeigt eine deutliche Präferenz für die sozial Marginalisierten der Madrider Halbwelt, für Bettler, Verrückte, Trinker, Prostituierte, Zuhälter, Dealer und kleine Gauner. Zum anderen gründet die Beunruhigung, die von diesen Romanen ausgeht, auch in der zunehmenden sozialen und ökonomischen Verelendung des Protagonisten, der den Kleinkriminellen der Madrider Unterwelt, mit denen er es in seinen Fällen hauptsächlich zu tun bekommt, immer ähnlicher wird (vgl. ebd., S. 246 ff.).

Weitere Beispiele: Weitere Kriminalromane, die sich mit gesellschaftlichen Entwicklungen auseinandersetzen sind: Jorge M. Reverte: *El mensajero* (1982), Andreu Martín: *Barcelona Connection* (1987), Eugenio Ibarzábal: *La trampa* (1988), Lorenzo Silva: *El alquimista impaciente* (2000), Jorge M. Reverte: *Gálvez en la frontera* (2001).

Sozialkritik im Drama: Die Beschäftigung mit gesellschaftlich relevanten Problemen ist aber nicht ein Privileg des Kriminalromans. Auch im spanischen Theater seit den 1980er Jahren gibt es Autoren, denen dies am Herzen liegt. So thematisieren das bereits genannte *Caballito del diablo* von Fermín Cabal, *Madre Caballo* (1997) von Antonio Onetti (geb. 1962) und *La negra* (2002) von Luis Miguel González Cruz (geb. 1965) das immer drängender werdende **Drogenproblem**. Borja Ortiz de Gondra setzt sich in seinem Drama *Mane, Thecel, Phares* (1997) mit **Rassismus, Ausländerfeindlichkeit** und dem **ETA-Terror** auseinander. In *Tú estás loco, Briones* (1978) parodiert Fermín Cabal die **Wendehals-Mentalität vieler ehemaliger Franco-Anhänger** in den ersten Jahren der *transición*. *Ello dispara* (1990) thematisiert den vom Staat zumindest geduldeten **Terrorismus** und das Zusammenspiel von Medien und Machtapparat bei dessen Vertuschung. *Castillos en el aire* (1993) hat die **Korruption** in der damals regierenden Sozialistischen Arbeiterpartei Spaniens (PSOE) zum Thema. Auch diese Reihe sozialkritischer Dramen ließe sich fast beliebig fortsetzen.

Es bleibt also festzuhalten, dass sich trotz des vielfältig postulierten **Fazit** Rückzugs der Autoren ins Private eine recht große Zahl von Dramen und Romanen findet, die sich mit gesellschaftlich relevanten Problemen auseinandersetzen. Im Unterschied zur engagierten Literatur in der ersten Hälfte des Jahrhunderts oder zur Protestliteratur gegen Ende des Franco-Regimes ist die Sozialkritik in der Literatur seit 1975 keiner ideologischen Prämisse untergeordnet. Was deutlich wird, ist das Unbehagen der Autoren an diesen Missständen, für die sie aber keine Lösungsvorschläge anbieten wollen und können.

4.9.2.3 | Die Aufarbeitung des Bürgerkriegs und des Frankismus

Pacto de silencio: Der Übergang zur Demokratie hat eine Verdrängung des Bürgerkriegs und der Diktatur aus dem politischen Diskurs als Grundlage.»Im nachfrankistischen Spanien unternahmen die Politiker keinerlei Anstrengung die Vergangenheit aufzuarbeiten« (Rosenberg 1997, S. 458). Trotz des von der spanischen Politik während der *transición* sich selbst verordneten und stillschweigend von allen gesellschaftlichen und politischen Gruppen akzeptierten **Schweigegebots** (*pacto de silencio*) über die unmittelbare Vergangenheit (Bürgerkrieg und Franco-Zeit), beschäftigen sich verschiedene Autoren immer wieder mit ihr (s. Kap. 3.2.4) War die Auseinandersetzung älterer Autoren wie Miguel Delibes (geb. 1920), Camilo José Cela (1916–2002) oder Juan Benet (1927–1993) mit dem Bürgerkrieg noch davon geprägt, dass sie ihn bewusst miterlebt hatten, so ist dieser für die jüngeren Autoren entweder nur eine Kindheitserinnerung oder ein historisches Ereignis, das man nur aus zweiter Hand kennt. Zur Problematik der selbst verordneten Amnesie nach dem Tod Francos vgl. Luengo 2004, S. 15–98 und Stucki/López de Abiada 2004.

Dramen   Die beiden bekanntesten **Dramen**, die sich mit dem **Bürgerkrieg** auseinandersetzen, sind *¡Ay, Carmela!* (1987) (s. Kap. 4.9.3) von José Sánchis Sinisterra (geb. 1940) und *Las bicicletas son para el verano* (1984) des Schauspielers und Autors Fernando Fernán Gómez (1921–2007). *¡Ay, Carmela!* schildert das Schicksal der in frankistische Kriegsgefangenschaft geratenen Schauspieler Carmela und Paulino. Fernando Fernán Gómez beschäftigt sich mit den Auswirkungen des Bürgerkriegs auf die Zivilbevölkerung am Beispiel zweier Familien in einem Madrider Mietshaus. Dabei wird deutlich, dass sich einerseits die Lebensbedingungen der Zivilbevölkerung im Verlauf des Bürgerkrieges immer weiter verschlechtern und andererseits der Krieg alle Lebensplanungen der Protagonisten über den Haufen wirft. Insbesondere die Verlierer, die Anhänger der demokratisch gewählten republikanischen Regierung, haben nach Ende des Krieges unter harten Repressalien zu leiden. Don Luis, der Familienvater, sagt am Ende des Stückes zu seinem Sohn: »Pero no ha llegado la paz, Luisito: ha llegado la victoria« (vgl. Floeck 2005 und Sandner 2003).

Romane   Von den **jüngeren Romanautoren**, die sich mit dem **Bürgerkrieg** beschäftigen, sollen hier Julio Llamazares (geb. 1955) (*Luna de lobos*, 1985), Juan Manuel de Prada (geb. 1970) (*Las máscaras del héroe*, 1996) Manuel Rivas (geb. 1957) (*El lápiz del carpintero*, 1998) und Javier Cercas (geb. 1962) (*Soldados de Salamina*, 2001) genannt werden.

Manuel Rivas' *El lápiz del carpintero*: Manuel Rivas entwirft in seinem Roman, der 1998 mit dem *Premio de la Crítica*, einem der wenigen nicht kommerziellen Literaturpreise, ausgezeichnet wurde, die Lebensgeschichte des Arztes Daniel da Barca, eines republikanischen Intellektuellen, und die eines jungen, namenlos bleibenden Malers. Die Lebensgeschichte der beiden Männer wird aus der Erinnerung von Herbal erzählt. Dieser hatte da Barca während des Krieges an die frankistische Geheimpolizei verraten und später den jungen Maler im Auftrag einer faschistischen Organisation ermordet. Herbal erzählt diese Geschichte einer zwanzigjährigen, aus Afrika stammenden Prostituierten, die in seinem Oben-Ohne-Lokal arbeitet. Mit der mündlichen Erzählung will Herbal einerseits sein Gewissen erleichtern, andererseits aber dafür sorgen, dass diese Geschichte nicht in Vergessenheit gerät.

Die Weitergabe der Vergangenheit an die gegenwärtige Generation erfolgt symbolisch dadurch, dass Herbal den Bleistift, den er seinem Opfer abgenommen hatte, der jungen Prostituierten schenkt. Der Bleistift hatte einer Reihe von Schreinern und Gewerkschaftern gehört, war nach der Ermordung des letzten Besitzers durch faschistische Schlägertrupps an den jungen Maler gegangen und schließlich nach dessen Erschießung in die Hände seines Henkers Herbal gelangt. Der Bleistift repräsentiert im Roman die **politische und humanistische Tradition des Klassenkampfes**,

deren moralisch-ethischem Anspruch sich die Kunst anschließt, indem
er von einem Arbeiter an den Maler übergeht. Von Herbal, der mit seinem
Mord an dem jungen Maler diese Traditionslinie unterbrochen hatte, geht
diese Tradition nun als Legat an eine Generation, die der Geschichte abge-
schworen zu haben scheint.

Javier Cercas' *Soldados de Salamina*: Der 2001 erschienene Roman
war ein großer kommerzieller Erfolg und wurde auch von der Kritik überschwänglich gelobt. So schrieb etwa Mario Vargas Llosa am 3.9.2001 in *El
País*: »El libro es magnífico, en efecto, uno de los mejores que he leído en
mucho tiempo [...] y quienes creían que la llamada literatura comprometida
había muerto deben leerlo para saber qué viva está, qué original y enrique-
cedora es en manos de un escritor como Javier Cercas«. Der Roman rekonstruiert einerseits eine Anekdote aus den letzten Tagen des Spanischen
Bürgerkrieges: Der Schriftsteller und Mitbegründer der Falange, Rafael
Sánchez Mazas, sollte in Collell wenige Tage vor Ende des Bürgerkrieges
hingerichtet werden, konnte aber vor dem Erschießungskommando in den
Wald fliehen. Ein republikanischer Soldat, der ihn im Wald fand, ging aber
an ihm vorbei, ohne ihn erneut gefangen zu nehmen oder zu erschießen.
Ein weiterer Erzählstrang, ausgelöst von der Unzufriedenheit des Erzählers mit der Rekonstruktion der Lebensgeschichte von Sánchez Mazas,
ist die Suche nach dem Soldaten, der den Falangisten in einem Akt des
Mitleids und der Menschlichkeit das Leben schenkte. Der Erzähler findet
schließlich einen republikanischen Soldaten, der zu der Zeit in Collell war,
jetzt in einem Altenheim in Dijon lebt. Der Hauptteil des Romans besteht in
der Rekonstruktion der Lebensgeschichte dieses republikanischen Helden,
dem eigentlichen Protagonisten des Romans, der aber bestreitet, der von
dem Erzähler gesuchte positive Held zu sein (zu dem Roman vgl. Luengo
2004, S. 233–256). Der große Erfolg des Romans dürfte u. a. darin begründet sein, dass im Zentrum der Handlung ein Akt des Mitgefühls und der
Menschlichkeit steht, in einer Zeit, die von blindem Hass und Rachsucht
auf den jeweiligen Gegner im Bürgerkrieg geprägt war.

José Sanchis Sinisterras *Terror y miseria en el primer franquismo*: In
struktureller Anlehnung an Brechts *Furcht und Elend des Dritten Reiches*
(1935–38) setzt sich der Autor in seinem Drama von 2002 in neun Szenen mit den ersten Jahren (1939–1953) der Franco-Zeit auseinander. Dabei
werden unterschiedliche Bereiche des Lebens in diesen Jahren, zum Teil
humorvoll und ironisch, thematisiert: von der Unbehaustheit der direk-
ten Nachkriegszeit, der Revision der Geschichte im Schulunterricht, der
mangelhaften Versorgung der Bevölkerung mit Lebensmitteln über den
Terror in den frankistischen Gefängnissen, von den ›Maulwürfen‹ (*topos*),
die sich zum Teil jahrelang vor den frankistischen Verfolgern in Kellern
oder Höhlen versteckt hielten, bis hin zu den Kriegsgewinnlern und zum
Aufstieg des Opus Dei als neuer politischer Kraft zu Beginn der 1950er
Jahre (vgl. dazu Floeck 2005).

Pallín/Fernández/Yagüe: *Las manos* und *Imagina*: Im Rahmen der
Trilogía de la juventud des Autorenkollektivs Yolanda Pallín (geb. 1965),
José Ramón Fernández (geb. 1962) und Javier García Yagüe (geb. 1961)

Die Aufarbeitung
der Franco-Zeit
in Theater und
Roman

thematisieren zwei Stücke die Franco-Zeit. *Las manos* (1999) setzt sich mit der Situation der Jugendlichen Mitte der 1940er Jahre auf dem Land auseinander. Das repressive Klima und die Perspektivlosigkeit auf dem Land führen dazu, dass die Jugendlichen ihr Dorf verlassen und in die Großstadt ziehen. Die Kinder dieser Migranten sind die Protagonisten des zweiten Teils der Trilogie. *Imagina* (2001) spielt zu Beginn der 1970er Jahre in einem Industriearbeitervorort einer nicht näher bezeichneten Großstadt und thematisiert vor allem die politische Auseinandersetzung der Jugendlichen mit dem Franco-Regime, wobei das Leitmotiv des Stückes Popsongs aus den 1970er Jahren sind, wie etwa *Imagine* von John Lennon. Das letzte Stück der Trilogie (*24/7*) aus dem Jahr 2002 analysiert schließlich die aktuelle Situation der Enkel der Migranten der 1940er Jahre in der aktuellen globalisierten Dienstleistungsgesellschaft. Die ersten beiden Teile der Trilogie haben es sich explizit zur Aufgabe gemacht, die Erinnerungen der Großeltern und Eltern in dem seit dem Amnestiegesetz vom 14.10.1977 geschichtslos gewordenen politischen Diskurs zu bewahren (zur *Trilogía de la juventud* vgl. García Martínez 2004).

Rafael Chirbes' La larga marcha; La caída de Madrid; Los viejos amigos: Von den Romanautoren, die sich mit dem Franco-Regime auseinander setzen, sollen hier nur zwei behandelt werden: Rafael Chirbes (geb. 1949) und Manuel Vázquez Montalbán (1939–2003).

Das mittlerweile zu einer **Trilogie der Franco-Zeit** gewordene Romanprojekt von Rafael Chirbes entwirft ein Panorama von den 1940er Jahren bis in die unmittelbare Gegenwart. *La larga marcha* (1996) thematisiert das Leben zwischen 1948 und dem Ende der 1960er Jahre in einem Panorama, das zwei Generationen und alle sozialen Schichten umfasst, wobei der zweite Teil des Romans sich vor allem mit dem Widerstand der Studierenden gegen das Regime auseinandersetzt. *La caída de Madrid* (2000) schildert aus der Innenperspektive von acht Personen, die alle mit der Unternehmerfamilie Ricart in Verbindung stehen, den Tag vor dem Tod Francos, den 19. November 1975. In *Los viejos amigos* (2003) geht Chirbes der Frage nach, was aus den ehemaligen Revolutionären der letzten Jahre der Franco-Zeit geworden ist. Er lässt diese mittlerweile gesellschaftlich mehr oder weniger etablierten ehemaligen Mitglieder einer ultralinken Splittergruppe bei einem Abendessen in Form von inneren Monologen ihr Leben Revue passieren. Dabei vermischen sich die einzelnen Erzählstimmen im Verlauf des Romans und sind am Ende kaum mehr zu unterscheiden (vgl. López Bernasocchi/López de Abiada 2002; López de Abiada/López Bernasocchi 2004 und Luengo 2004, S. 205–232).

Manuel Vázquez Montalbáns Autobiografía del General Franco: In *Autobiografía del General Franco* (1992) rekonstruiert und dekonstruiert Manuel Vázquez Montalbán in einer komplexen Montage aus unterschiedlichen Perspektiven und Originalzitaten die Lebensgeschichte des Diktators, in der auch die Opfer des Regimes zu Wort kommen und schreibt damit gegen eine Tendenz in der Gesellschaft an, die diese Epoche als abgeschlossen betrachtet und somit eine wirkliche Auseinandersetzung mit der eigenen Vergangenheit verhindert (vgl. Buschmann 1995).

Literatur als Ort des Erinnerns

Ziel von Chirbes und Vázquez Montalbán wie auch der anderen Autoren, die sich in Roman und Theater mit dem Bürgerkrieg und der Franco-Zeit beschäftigen, ist es, auf die Gefahr einer geschichtslosen Gegenwart und Zukunft hinzuweisen. Mit ihren literarischen Werken wollen sie zur Herausbildung eines **historischen Bewusstseins** und einer neuen**, problembewussten nationalen Identität**, gerade auch im politischen Diskurs, beitragen. Die Erinnerung und die damit verbundene Aufarbeitung der Konflikte der Vergangenheit ist hierfür eine wesentliche Voraussetzung (ausführlich dazu Albert 1999 und Juliá 1996).

Die Aufarbeitung von Bürgerkrieg und Diktatur spielte sich, wie gesehen, weitgehend in der Literatur wie auch im Film ab. Mittlerweile ist hier ein gewisser Sättigungsgrad eingetreten, der seinen Ausdruck in einem Roman von Issac Rosa (geb. 1974), *¡Otra maldita novela sobre la guerra civil!* (2007), findet. Hier kommentiert ein verärgerter Leser am Ende eines jeden Kapitels Rosas Bürgerkriegsroman *La mala memoria* von 1999. Die Auseinandersetzung mit Bürgerkrieg und Diktatur in einer breiten Öffentlichkeit wurde erst im Jahre 2000 mit der von Emilio Silva gegründeten Bürgerinitiative *Asociación para la Recuperación de la Memoria Histórica* angestoßen, die es sich zur Aufgabe gemacht hatte, Massengräber ausfindig zu machen und die Opfer, vorwiegend Republikaner, die während des Bürgerkrieges erschossen worden waren, zu exhumieren und zu identifizieren. Diese in den folgenden Jahren zum Teil kontrovers geführte Auseinandersetzung mündete schließlich im *Ley de la Memoria Histórica*, das im Oktober 2007 vom spanischen Parlament verabschiedet wurde (s. S. 133; vgl. Brinkmann 2008).

»1. Como expresión del derecho de todos los ciudadanos a la reparación moral y a la recuperación de su memoria personal y familiar, se reconoce y declara el carácter radicalmente injusto de todas las condenas, sanciones y cualesquiera formas de violencia personal producidas por razones políticas, ideológicas o de creencia religiosa, durante la Guerra Civil, así como las sufridas por las mismas causas durante la Dictadura.
2. Las razones a que se refiere el apartado anterior incluyen la pertenencia, colaboración o relación con partidos políticos, sindicatos, organizaciones religiosas o militares, minorías étnicas, sociedades secretas, logias masónicas y grupos de resistencia, así como el ejercicio de conductas vinculadas con opciones culturales, lingüísticas o de orientación sexual.
3. Asimismo, se reconoce y declara la injusticia que supuso el exilio de muchos españoles durante la Guerra Civil y la Dictadura«.

4.9.2.4 | Von der Nichtidentität zur Selbstfindung: ein Paradigmenwechsel?

In den letzten Jahren wird in der spanischen Literatur eine Tendenz deutlich, die die Sehnsucht nach einem autonomen, authentischen Ich durchscheinen lässt. Ist eine Selbstfindung angesichts der postmodernen, global geltenden Herausbildung einer fragmentarisierten und nicht authentischen Persönlichkeit im Rahmen einer internationalisierten Sozialisation ohnehin schon schwierig, so wird dieses Unterfangen in Anbetracht der spanischen Geschichte seit dem Bürgerkrieg noch problematischer.

Juan Goytisolo setzt in seinem Roman *Señas de identidad* von 1966 (s. Textauszug und Interpretation in Kap. 4.8.4) eine **radikale Nicht-Identität** seines Protagonisten mit der spanischen Geschichte und Gegenwart in Beziehung. In *El pianista* (1985) von Vázquez Montalbán ist das Verhältnis der Protagonisten zu ihrer eigenen Vergangenheit und zur Geschichte des Landes gebrochen, und sie selbst reagieren darauf mit Sarkasmus und Zynismus oder mit Schweigen.

Versuche der
Selbstfindung Ein erstes positiveres Anzeichen, wenn auch nur als **Hoffnung auf eine Veränderung in der Zukunft**, findet sich in Fermín Cabals Drama *Fuiste a ver a la abuela???* (1979). Der etwa dreißigjährige Protagonist Antonio durchlebt in einem Traum seine eigene problematische Sozialisation in der von rigiden Normen, Ängsten, Verboten und Strafen geprägten Franco-Zeit. Von einem Telefonanruf aus dem Schlaf gerissen erfährt er von der Geburt seiner Tochter Elisa und dem Tod Francos am gleichen Tag. In seine Tochter, die den Namen der in der Zweiten Republik aufgewachsenen Großmutter tragen soll, projiziert er die Hoffnung auf ein neues Leben, frei von den Einschränkungen eines autoritären Regimes.

Musste Antonio seine Hoffnungen noch auf eine neue Generation verlagern, so zeigen sich bei den jüngeren Autoren bereits **Möglichkeiten der Identitätsfindung**. Eine gelungene, wenn auch mühsame und zum Teil schmerzliche Selbstfindung entwirft **Antonio Muñoz Molina** (geb. 1956) in seinem Roman *El jinete Polaco* (1991) (s. Textauszug und Interpretation in Kap. 4.9.3). Entscheidendes Kriterium für das Gelingen der Selbstfindung ist die Auseinandersetzung mit den eigenen Wurzeln und deren Akzeptanz. Diese Suche nach der Vergangenheit wird auch in *Las manos* (1999), dem ersten Teil der **Trilogía de la juventud** von José Ramón Fernández, Yolanda Pallín und Javier García Yagüe thematisiert (s. Kap. 4.9.2.3). Dass ein breites Bedürfnis nach Beschäftigung mit der kollektiv verdrängten Vergangenheit der Großeltern und Eltern zu bestehen scheint, wird von dem großen Erfolg der Inszenierung von *Las manos* in der kleinen *sala alternativa* »Cuarta Pared« bestätigt (in der Spielzeit 1999/2000 mehr als 200 Aufführungen). In die gleiche Richtung geht auch der Gedichtband *La latitud del caballo*, (1999) des der gleichen Altersgruppe angehörenden **Juan Vicente Piqueras** (geb. 1965). Auch hier geht es um die eigene Sozialisation auf dem Land und vor allem um das Leben der Eltern- und Großelterngeneration.

Deutlich wird in diesen Texten, dass eine Selbstfindung in einer Zeit, die von globalisierten, von den Medien vorgegebenen und entindividualisierten Sozialisationserfahrungen geprägt ist, die Herausbildung einer authentischen Persönlichkeit nur über die Suche nach den eigenen, autochthonen Wurzeln und deren Assimilierung möglich ist.

Auf zwei weitere Tendenzen soll abschließend zumindest noch verwiesen werden, und zwar auf die manchmal kritische, manchmal spielerische Reflexion der **Geschlechterrollen** und der **Sexualität** in der spanischen Gegenwartsliteratur (vgl. Febel 1999) sowie auf **die Entstehung eines neuen historischen Romans** (vgl. Karimi 1999) und eines **neuen Geschichtsdramas** (ausführlich dazu Hüttmann 2000).

4.9.3 | Textbeispiele und Interpretationen

José Sanchis Sinisterra: *¡Ay, Carmela!*, 1987

Das **Zwei-Personen-Stück** gehört in den Kontext der Aufarbeitung von aus dem kollektiven Bewusstsein verdrängter Vergangenheit, wie es für einen Teil der spanischen Literatur der 1980er und 90er Jahre typisch ist (s. Kap. 4.9.2.3). Das Drama erzählt die Geschichte von zwei Varieté-Schauspielern, Carmela und Paulino, die es in den Wirren des Spanischen Bürgerkriegs (1936–1939) durch Zufall von der republikanischen auf die Seite der aufständischen Frankisten verschlägt. Sie werden gefangen genommen und gezwungen, zu Ehren der Eroberung Belchites einen Varietéabend zu gestalten. Unter dem Publikum, das in der Hauptsache aus Soldaten besteht, die für Franco kämpfen (Deutsche, Italiener und Spanier), sind auch einige Kriegsgefangene der Internationalen Brigaden, die am nächsten Morgen hingerichtet werden sollen. Im Verlauf des Stückes ergreift Carmela Partei für die Interbrigadisten und wird deswegen mit diesen am folgenden Morgen erschossen. Ein weiteres Thema des Stückes ist, über die **Aufarbeitung kollektiv verdrängter Vergangenheit** hinaus, die Frage nach der Situation von Theater und Schauspielern in einer bestimmten historischen und gesellschaftlichen Situation, wie der Autor dies bereits in dem Stück *Ñaque o de piojos y actores* (1980) für das 17. Jh. unternommen hat. *¡Ay, Carmela!* ist bisher Sanchis Sinisterras wohl bekanntestes Stück, das insbesondere in der gleichnamigen Verfilmung von Carlos Saura von 1991 einem breiten Publikum bekannt geworden ist. Bezeichnend ist in diesem Zusammenhang, dass der Regisseur die komplexe ästhetische Struktur des Dramas im Drehbuch vereinfacht und in eine chronologische Abfolge von Handlungssequenzen umgeschrieben hat.

Das Drama *¡Ay, Carmela!* konstituiert seine dramatische Handlung hingegen nicht durch die chronologische Abfolge von Handlungssequenzen, sondern basiert auf dem Nebeneinander und der Überlagerung von drei Fiktionsebenen, was das Drama typologisch der offenen Form zuordnet (s. Kap. 2.3.2). Die Realitätsebene des Dramas (F1) wird durch Paulino repräsentiert, der sich in einem leeren Theater alleine auf der dekorations-

Strukturen des Werks

losen Bühne befindet. Diese Ebene ist durch die unordentliche Alltagsklei-
dung Paulinos und eine schwache Probenbeleuchtung für den Rezipienten
deutlich markiert. Eine zweite, ebenfalls szenisch dargestellte Ebene ent-
wächst der Erinnerung Paulinos an die Varietévorstellung vom Vorabend
(F2). Diese ist durch das Auftreten Carmelas in einem andalusischen Kostüm und gleißendes Bühnenlicht markiert. Die dritte Fiktionsebene (F3)
schließlich, die durch das Auftreten Carmelas in einem schlichten Kleid
(»discreto traje de la calle«) markiert ist, zeigt uns die bereits tote Carmela,
die aus dem Jenseits zurück kommt und Paulino von dort berichtet. F3 hat
aber in seiner theatralischen Realisierung nichts Phantastisches an sich,
sondern weist vielmehr Charakteristika einer realistischen Wirklichkeitskonstitution auf (Verhalten der Figuren, Alltagssprache, Kleidung usw.).

Schematische Darstellung der Fiktionsebenen in *¡Ay, Carmela!*

Fiktions-ebene	Fiktionaler Status	Beteiligte Personen	Markierung der Fiktionsebene durch thea-tralische Zeichen
F 1	Realitätsebene	Paulino	Paulino auf dekorationsloser Bühne, unordentliche Alltagskleidung, schwaches Probenlicht
F 2	Erinnerungs-ebene	Carmela und Paulino	Carmela in andalusischem Kostüm, gleißen-des Bühnenlicht
F 3	Carmela aus dem Jenseits	Carmela und Paulino	Carmela in schlichtem Straßenkleid, dekora-tionslose Bühne, Paulino in unordentlicher Alltagskleidung, schwaches Probenlicht

Textauszug Sanchis Sinisterra: *¡Ay, Carmela!* (1987; Beginn des 2. Aktes)

1. PAULINO. ¡Carmela! ¡Ven, Carmela! ¡Como sea, pero ven! ¿De truco, o de mentira, o de teatro...! ¡Me da igual! ¡Ven Carmela!...
(*La escena se ilumina bruscamente, como al final del primer acto, y vuelve a sonar el mismo pasodoble: »Mi jaca«. Pero esta vez, además, entra CARMELA con su vestido andaluz y un gran abanico, desfilando y bailando garbosamente. PAULINO, tras el lógico sobresalto, reacciona con airada decepción y se retira, muy digno, al fondo. Queda allí de espaldas, con los brazos cruzados; evidentemente, de mal humor. Carmela ejecuta su número sin reparar en él hasta que, a mitad de la pieza, la música comienza a descender de volumen –o a reducir su velocidad–, al tiempo que la luz de escena disminuye y el baile se extingue. Queda, finalmente, una iluminación discreta, y CARMELA, en el centro, como ausente, casi inmóvil, en truncada posición de baile. Silencio. PAULINO se vuelve y la mira. Sigue irritado, no directamente con CARMELA.*)
Demasiado, ¿no?...
2. CARMELA. (*Como despertando.*) ¿Qué?
3. PAULINO. No era preciso tanto, caramba...
4. CARMELA. ¿Tanto, qué?
5. PAULINO. Tampoco hay que exagerar, me parece a mí...
6. CARMELA. Ay, hijo: no te entiendo.
7. PAULINO. (*Parodiándose a sí mismo.*) ¡Carmela, ven, ven...! Y ¡prrrooom! ¡Tarará, ta, ta! ¡Chunta, chunta...! (*Remeda levemente la entrada de CARMELA.*) Vaya manera de... Ni que uno fuera tonto... ¡Carmela, ven, ven...! Y prrrooom... Qué vulgaridad... Y uno se lo tiene que tragar, y darlo por bueno, y apechugar con lo que venga, como si tal cosa...

8. CARMELA. *(Que, evidentemente, no entiende nada, algo molesta ya.)* Bueno, Paulino: ya me dirás qué vendes...
9. PAULINO. No, si tú no tienes la culpa, ya lo sé...
10. CARMELA. ¿La culpa? ¿De qué?
11. PAULINO. De nada, Carmela, de nada... Tú, bastante haces, pobre... Ahora aquí, ahora allá... Que si viva, que si muerta...
12. CARMELA. Mira que te lo tengo dicho: no abuses del conejo.
13. PAULINO. ¿Qué?
14. CARMELA. Siempre te sienta mal. Y peor con los nervios de antes de empezar.
15. PAULINO ¿De qué hablas?
16. CARMELA. ¿A quién se le ocurre merendarse un conejo entero, a menos de dos horas de una función que ni Dios sabe cómo nos va a salir? Pero no dirás que no te he avisado [...] Y ya ves... ¿Qué te notas? ¿Mareos, fiebre? *(Le toca la frente.)*
17. PAULINO. No me noto nada... Estoy perfectamente...
18. CARMELA. Pues dices unas cosas... y tienes una cara...
19. PAULINO. ¿Y qué cara quieres que tenga?
20. CARMELA. Como querer, querer... la de »Car« Cable. Pero ya me conformaba con que te volvieran los colores...
21. PAULINO. ¿Es que estoy pálido?
22. CARMELA: Tirando al verde.... Claro que yo... ¡Mira que tener que hacer la función casi sin pintarme! Y encima, la regla me va a venir...
23. PAULINO. Bueno, no discutamos.
24. CARMELA. Vale, pero ¿de dónde saco paños?
25. PAULINO. ¿Y yo qué sé?
26. CARMELA. Claro, a ti te da igual. como vosotros siempre estáis secos...
27. PAULINO. *(Que, durante el diálogo, ha ido »ingresando« paulatinamente en la situación definida por CARMELA.)* Secos o mojados, lo principal es no apocarse, hacer de tripas corazón y echarle toda el alma a la cosa... *(Con ánimo resuelto, va sacando de escena lo que pueda estorbar la actuación: la gramola, la garrafa...)* Como si estuviéramos actuando en el Ruzafa...

Am Anfang des zweiten Aktes sind diese Fiktionsebenen sowohl für Paulino als auch für den Zuschauer bereits etabliert. Zu Beginn des Textauszugs befindet sich Paulino alleine auf der Bühne (F1) und will Carmela evozieren, und zwar die Carmela der Fiktionsebene 3, wobei ihm aber klar geworden zu sein scheint, dass es dabei nicht mit rechten Dingen zugehen kann (1). Anders als von Paulino und auch vom Zuschauer erwartet, kommt Carmela aber in ihrem andalusischen Kostüm (F2) auf die Bühne, und das gleißende Bühnenlicht geht unvermittelt an (2). Paulino ist irritiert. Im folgenden Dialog (3–12) wird deutlich, dass Paulino davon ausgeht, die Carmela der F3 vor sich zu haben, während diese sich aber wie die Carmela der Erinnerungsebene (F2) verhält. Dies hat zur Folge, dass kein Dialog zustande kommt, da sich die Repliken der beiden auf den Kontext unterschiedlicher Fiktionsebenen beziehen.

Interpretation

Zu Beginn des Dialogs (4, 6, 8) befindet sich Paulino in F1 und bezieht seine Repliken auf die erwartete Carmela aus F3. Carmela, die deutlich der Fiktionsebene F2 angehört (Kleid, Licht) kann Paulinos Repliken nicht zuordnen (7, 9, 11), da sie davon ausgeht, den Paulino der F2 vor sich zu haben, d. h. den Partner des erinnerten Varieté-abends. In den Repliken 13–17 kehrt sich die Situation um. Carmela übernimmt die Initiative und versucht, sich die für sie unverständlichen Reaktionen und Repliken Paulinos aus ihrer Fiktionsebene heraus zu erklären und deutet Paulinos seltsames Verhalten als Folge davon, dass er kurz vor der Vorstellung zu viel Kaninchenbraten gegessen habe. Nun ist es Paulino, der Carmelas Repliken nicht einordnen kann (14 u. 16). Der Schluss der Replik 17 und die Replik 18 können sich sinnvoll sowohl auf F3 als auch auf F2 beziehen. Damit beginnt das Hinübergleiten Paulinos in die Erinnerungsebene (F2), das mit der Replik 28 (»Como si estuviéramos actuando en el Ruzafa...«) abgeschlossen ist. Paulino befindet sich nun vollständig in der von Carmela zu Beginn des Textauszugs repräsentierten Erinnerungs-ebene (F2).

Zu Beginn des Textauszugs ist es Paulino, der mit der Evozierung Carmelas eine bestimmte dramatische Konstellation schaffen will. Dies scheitert aber, da Carmela nicht in der erwarteten F3, sondern als Carmela der Erinnerungsebene (F2) auf die Bühne kommt. Die Zugehörigkeit der Figuren zu verschiedenen Fiktionsebenen führt zu einem Scheitern des Dialogs. Erst als Carmela die Initiative ergreift, gelingt es ihr, gegen den anfänglichen Widerstand Paulinos eine gemeinsame Fiktionsebene, nämlich F2, als Spielebene durchzusetzen. Dies hat auch für den Zuschauer zur Folge, dass die im Stück bis dahin durch die oben erwähnten theatralischen Zeichen etablierte Trennung der verschiedenen Fiktionsebenen partiell aufgehoben wird und kurzfristig eine neue Metaebene entsteht, in der die unterschiedlichen Ebenen aufgehen.

Aus dem weiteren Fortgang der Handlung wird deutlich, warum Paulino sich gegen seine Erinnerungen sträubt. Im Verlauf des erinnerten Varietéabends kommt es zu dem Eklat auf der Bühne, der zu Carmelas Tod führt und den Paulino trotz aller Bemühungen nicht verhindern kann. Carmela solidarisiert sich offen mit den anwesenden Kriegsgefangenen, die durch einen Sketch, der die Fahne der Republik verunglimpft, gedemütigt werden sollen. Paulino versucht, das anwesende Publikum, die frankistischen Offiziere, von Carmela abzulenken, indem er seine Furznummer zum Besten gibt, von der er kurz vorher in einem Gespräch mit Carmela sagte, dass diese unter seiner Würde sei und er sie nie mehr wiederholen werde. Aber auch mit dieser Selbsterniedrigung gelingt es ihm nicht, Carmela davor zu bewahren, dass sie am nächsten Morgen zusammen mit den gefangenen Interbrigadisten erschossen wird. Das Sich-Sträuben Paulinos, sich an eine unangenehme und möglicherweise schuldbeladene Vergangenheit zu erinnern – schuldbeladen insofern, als Paulino sich nicht zusammen mit Carmela gegen die Unmenschlichkeit der Frankisten solidarisiert und sich opportunistisch angepasst hat (F1) – verweist auf die Absicht des Dramas, kollektiv verdrängte Geschichte in Erinnerung zu rufen und damit zu deren Aufarbeitung beizutragen.

Antonio Muñoz Molina: *El jinete polaco*, 1991

Manuel, der Protagonist des Romans, ein Simultandolmetscher, erinnert sich in einem New Yorker Hotel zusammen mit seiner Geliebten Nadia an seine Kindheit und Jugend. In diesem Erinnerungsprozess arbeitet er an Hand von alten Photografien die Geschichte seines Heimatortes Mágina von 1870 bis in die Erzählgegenwart auf (die Protagonisten erfahren auf dem Rückflug nach Spanien, mit dem der Roman schließt, vom Beginn des ersten Golfkrieges). Dabei spielt auch die Lebensgeschichte Nadias, die die Tochter des ins Exil verbannten Kommandanten Galaz ist, eine wichtige Rolle. Galaz hatte 1936 dafür gesorgt, dass das in Mágina stationierte Militär der Republik treu blieb. In den Lebensgeschichten Nadias und Manuels verbindet sich das aus dem öffentlichen Bewusstsein weitgehend verdrängte Spanien des Exils mit dem ländlichen Spanien, in dem Manuel in den 1960er und 70er Jahren seine prägenden Erfahrungen gemacht hat. Durch die gemeinsame Aufarbeitung der Erinnerung findet Manuel, der als Dolmetscher immer mit der Stimme anderer spricht, erstmals zu einer eigenen Stimme und die Rückkehr des Paares nach Mágina, in dem sie ihre Wurzeln haben, entwirft eine mögliche Zukunft, in der beide ein authentisches Leben führen können.

Strukturen des Werks

Puedo inventar ahora, impunemente, para mi propia ternura y nostalgia, uno o dos recuerdos falsos pero no inverosímiles, no más arbitrarios, sólo ahora lo sé, que los que de verdad me pertenecen, no porque yo los eligiera ni porque se guardara en ellos una simiente de mi vida futura, sino porque permanecieron sin motivo flotando sobre la gran laguna oscura de la desmemoria, como manchas de aceite, como esos residuos arrojados a la playa por el azar de las mareas con los que el náufrago debe mal que bien arreglárselas para urdir en su isla un simulacro de conformidad con las cosas. Hasta ahora supuse que en la conservación de un recuerdo intervenían a medias el azar y una especie de conciencia biográfica. Poco a poco, desde que vi las fotografías innumerables de Ramiro Retratista y fui impregnándome del rostro y de la voz y de la piel y la memoria de Nadia igual que una cartulina blanca y vacía se impregna de sombras grises y luces sumergida en la cubeta del revelado, empiezo a entender que en casi todos los recuerdos comunes hay escondida una estrategia de mentira, que no eran más que arbitrarios despojos lo que yo tomé por trofeos o reliquias: que casi nada ha sido como yo creía que fue, como alguien, dentro de mí, un archivero deshonesto, un narrador paciente y oculto, embustero, asiduo, me contaba que era.

Textauszug Muñoz Molina: *El jinete polaco*, 1991

Von der *transición*
zur Gegenwart

Todavía me desconcierta la extensión del olvido, la magnitud de todo lo que he ignorado no ya sobre los otros, vivos y muertos, sino sobre mí mismo, sobre mi cara y mi voz en el pasado lejano, en los días finales de la primera mitad de mi vida, cuando me creía, acobardado y temerario, en las vísperas acuciantes de un porvenir que era falso y que también se ha extinguido. Pero ahora imagino cautelosamente el privilegio de inventarme recuerdos que debiera haber poseído y que no supe adquirir o guardar, cegado por el error, por la torpeza, por la inexperiencia, por una aniquiladora voluntad de desdicha abastecida de excusas y hasta de fulgurantes razones por el prestigio literario de la pasión. Le dije a Nadia: por qué no nos encontramos definitivamente entonces, cuando nada nos había gastado ni envilecido, cuando todavía no nos había manchado el sufrimiento. Pero en realidad no quiero modificar en su origen el curso del tiempo, sólo concederme unas pocas imágenes que pueden no ser del todo falsas, que tal vez estuvieron durante fracciones de segundo en mi retina y no llegaron a alcanzar la conciencia y sin embargo permanecen en alguna parte dentro de mí, en lo más hondo de la oscuridad y del olvido, avisándome de que lo que yo supongo invención en realidad es una forma invulnerada de memoria, de modo que si ahora imagino una mañana de hace dieciocho años en que la vi cruzar con su padre la puerta encristalada del bar Martos, a contraluz, caminando sobre la mancha del sol que brillaba en las baldosas y apenas reverberaba en la penumbra donde mis amigos y yo estábamos oyendo una canción de Jim Morrison o de John Lennon o de los Rolling Stones en la máquina de discos, si no logro definir su cara pero sí la orla deslumbrante de su pelo rojizo, si me atribuyo la sensación de curiosidad y extrañeza que entonces provocaban siempre en nosotros los forasteros, tal vez actúo como un adivino de mi propio pasado, y por eso me gana una emoción de verdad de la que hace mucho quedaron despojados esos recuerdos que ya no estoy tan seguro de que sean veraces, que se parecen a los cuadros rutinarios y a las fotografías enmarcadas de una casa en la que uno no desea vivir, despojos, no trofeos, innobles como reliquias degradadas por el escarnio, por el abandono y las telarañas, colgadas en capillas siniestras a las que nadie acude.

Interpretation In dem Textauszug entwirft der Protagonist, als eine von mehreren Erzählstimmen hier als **intra- und homodiegetischer Ich-Erzähler** auftretend, **Konturen seines Erinnerungsprozesses**, den er im Dialog mit Nadia und deren Wahrnehmungen sowie in Auseinandersetzung mit anderen Stimmen, erinnerten Erzählungen und einer Sammlung von Aufnahmen des örtlichen Fotografen – mit dem ironisch-spielerischen Namen Ramiro Retratista – entfaltet. Der entscheidende **Unterschied zu *Señas de identidad*** – dieser Roman entwirft ja gerade einen radikalen Bruch mit der spanischen Identität des Protagonisten (s. Kap. 4.8.4) – besteht nun aber darin, dass in den Reflexionen des Protagonisten der Prozess der Erinnerung selbst als eine Konstruktion erscheint, die sich ihres Konstruktionscharakters bewußt ist (vgl.: »que en casi todos los recuerdos comunes hay escondida una estrategia de mentira«). Die **Erinnerung wird in dieser Perspektive zu einem identitätsstiftenden Spiel,** das von den Belastungen der Vergangenheit befreit erscheint (»no quiero modificar en su origen el curso del tiempo, sólo concederme unas pocas imágenes que pueden no ser del todo falsas«) und damit zu einer »forma invulnerada de memoria« werden kann. Die Last der Geschichte, die auch in den Erinnerungen präsent bleibt, die im Roman entworfen werden, kann in der Bearbeitung dieser Erinnerungen aus einer Gegenwartsperspektive überwunden werden, in der die Beziehung des Liebespaars und dessen gemeinsame Identitätsfindung im Zentrum steht (s. Kap. 4.9.2.4). Diese Öffnung der Perspektive des Romans auf eine Bewältigung der Gegenwart kann verdeutlichen, wie die erzählerische Konstruktion im postmodern wirkenden Spiel mit möglichen Erinnerungen zugleich die Vergangenheit bearbeiten und auf eine Bewältigung in der Gegenwart öffnen kann. Muñoz Molinas Werk zeigt in seiner **erzählerischen Bewältigung der Vergangenheit** exemplarisch die Vielfalt der Möglichkeiten, die sich dem spanischen Gegenwartsroman nach dem Ende der Diktatur eröffnen.

Bierbach, Christine/Rössler, Andrea: *Nicht Muse nicht Heldin. Schriftstellerinnen in Spanien seit 1975.* Berlin 1992.
Colmeiro, José F.: *La novela policiaca española: teoría e historia crítica.* Barcelona 1994.
Floeck, Wilfried: *Spanisches Gegenwartstheater I. Eine Einführung.* Tübingen 1997.
Ingenschay, Dieter/Neuschäfer, Hans-Jörg (Hg.): *Aufbrüche. Die Literatur Spaniens seit 1975.* Berlin 1991.
Neuschäfer, Hans-Jörg (Hg.): *Spanische Literaturgeschichte.* Stuttgart/Weimar ³2006.
Ragué-Arias, María José: *El teatro de fin de milenio en España (De 1975 hasta hoy).* Barcelona 1996.

Grundlegende Literatur

Albert, Mechthild: »La guerra civil y el franquismo en la novela desde 1975«. In: *Iberoamericana* 23 (1999), Nr. 3/4 (75/76), S. 38–67.
Bodenmüller, Thomas/Scheerer, Thomas M./Schönberger, Axel (Hg.): *Romane in Spanien: Band 1 – 1975–2000.* Frankfurt a. M. 2004.
Brinkmann, Sören: »Die Rückkehr der Vergangenheit: Bürgerkrieg und Diktatur im öffentlichen Meinungsstreit«. In: Walther L. Bernecker (Hg.): *Spanien heute. Politik, Wirtschaft, Kultur.* Frankfurt a. M. ⁵2008, S. 109–132.
Buschmann, Albrecht: »Perspectivas ex-céntricas sobre el centro del poder: La narración detectórica en Autobiografía del general Franco de Manuel Vázquez Montalbán y en la obra de Leonardo Sciascia«. In: Hans Felten/Ulrich Prill (Hg.): *Juegos de la interdiscursividad. Actas de la sección VII del Hispanistentag (Bonn).* Bonn 1995, S. 145–153.
Debicki, Andrew P.: *Historia de la poesía española del siglo XX. Desde la modernidad hasta el presente.* Madrid 1997.
Febel, Gisela: »Mit Humor und Ironie: Beziehungen der Geschlechter und Sexualität im spanischen Roman nach 1975«. In: *Iberoamericana* 23 (1999), Nr. 3/4 (75/76), S. 94–121.
Felten, Hans/Prill, Ulrich (Hg.): *La dulce mentira de la ficción. Ensayos sobre narrativa española actual.* Bonn 1995.
Fleischer, Raija: »Antonio Muñoz Molina: *Beltenebros* (1989)«. In: Felten/Prill 1995, S. 153–166.
Floeck, Wilfried (Hg.): *Spanisches Theater im 20. Jahrhundert. Gestalten und Tendenzen.* Tübingen 1990.
Floeck, Wilfried/Vilches de Frutos, María Francisca (Hg.): *Teatro y sociedad en la España actual.* Frankfurt a. M./Madrid 2004, S. 185–209.
Floeck, Wilfried: »Del drama histórico al teatro de la memoria. Lucha contra el olvido y búsqueda de indentidad en el teatro español rechiente«. In: José Romera Castillo (Hg.): *Tendencias escénicas al inico del siglo XXI.* Madrid 2005.

Weiterführende und zitierte Literatur

Von der *transición*
zur Gegenwart

Fritz, Herbert/Pörtl, Klaus (Hg.): *Teatro contemporáneo español posfranquista. Autores y tendencias.* Berlin 1999.

Fritz, Herbert/Pörtl, Klaus (Hg.): *Teatro contemporáneo español posfranquista II. Autores y tendencias.* Berlin 2002.

García Martínez, Ana: »Die Bühne als Ort der Erinnerung – Kulturelles Gedächtnis und Identitätssuche in *Trilogía de la juventud* von José Ramón Fernández, Yolanda Pallín und Javier G. Yagüe«. In: *Forum Modernes Theater* 19/2 (2004), 109–129.

González, Antonio B.: »Teatro y gestión: del Teatro de La Abadía de Madrid«. In: Floeck/Vilches de Frutos 2004, S. 31–50.

Hartwig, Susanne: *Chaos und System. Studien zum spanischen Gegenwartstheater.* Frankfurt a. M./Madrid 2005.

Haubrich, Walter: »Spaniens literarischer Betrieb«. In: Walther L. Bernecker (Hg.): *Spanien heute. Politik, Wirtschaft, Kultur.* Frankfurt a. M. ⁵2008, S. 464–479.

Hüttmann, Andrea: *Die Ästhetik der Geschichte. Das zeitgenössische historische Drama Spaniens im Spannungsfeld zwischen Sinn und Spiel.* Tübingen 2000.

Juliá, Santos (Hg.): *La memoria de la transición.* Madrid 1996.

Karimi, Kian-Harald: »Die Historie als Vorratskammer der Kostüme – der zeitgenössische spanische Roman und die Auseinandersetzung mit der Geschichte vor dem Bürgerkrieg«. In: *Iberoamericana* 23 (1999) Nr. 3/4 (75/76), S. 5–37.

Ley de la Memoria: »LEY 52/2007, de 26 de diciembre, por la que se reconocen y amplían derechos y se establecen medidas en favor de quienes padecieron persecución o violencia durante la guerra civil y la dictadura«. In: *BOE* 310 (2007), S. 53410–53416 (http://www.boe.es/boe/dias/2007/12/27/pdfs/A53410-53416.pdf).

López de Abiada, José Manuel/Theile-Becker, Angelika: »Javier Marías: *Corazón tan blanco*«. In: Bodenmüller/Scherer/Schönberger 2004, S. 151–171.

López de Abiada, José Manuel/López Bernasocchi, Augusta: »Gramáticas de la memoria. Variaciones en torno a la transición española en cuatro novelas recientes (1985–2000): *Luna de Lobos, Beatus ille, Corazón tan blanco* y *La caída de Madrid*«. In: *Iberoamericana* 15 (2004), S. 123–142.

López Bernasocchi, Augusta/López de Abiada, José Manuel: »Para una primera lectura de *La larga marcha* de Rafael Chirbes«. In: *Versants* 41 (2002), S. 159–204.

Luengo, Ana: *La encrucijada de la memoria. La memoria colectiva de la Guerra Civil Española en la novela contemporánea.* Berlin 2004.

Mainer, José-Carlos: »Cultura y sociedad«. In: Villanueva 1992, S. 54–71.

Neuschäfer, Hans-Jörg: »Von der *movida* zum Kulturbusiness. Ein Einblick in den Literaturbetrieb der Jahrtausendwende«. In: Walther L. Bernecker/Klaus Dirscherl: *Spanien heute. Politik. Wirtschaft. Kultur.* Fraunkfurt a. M. ⁴2004, S. 607–630.

»Número especial: La novela española contemporánea«. In: *Iberoamericana* 23 (1999), Nr. 3/4 (75/76), S. 3–87.

Pascual, Itztiar: »Paisaje de una generación. Del Premio Marqués de Bradomín hasta hoy«. In: Schwerpunkt Teatro español 1999, S. 45–46.

Rico, Francisco: »La literatura de la libertad«. In: Villanueva 1992, S. 86–93.

Rosenberg, Tina: *Die Rache der Geschichte. Erkundungen im neuen Europa.* München 1997.

Ruiz Ramón, Francisco: »Bemerkungen zum spanischen Theater in den Jahren des Übergangs (1975–1982)«. In: Floeck 1990, S. 259–272.

Sandner, Rowena: »Theater des Gedächtnisses: José Sánchez Sinisterras Stück *¡Ay, Carmela!* zwischen Gedächtnis und Erinnerung«. In: Astrid Erll/Marion Gymnich/Ansgar Nünning (Hg.): *Literatur, Erinnerung, Identität. Theaterkonzeptionen und Fallstudien.* Trier 2003, S. 307–321.

Sanz Villanueva, Santos: »La novela«. In: Villanueva 1992, S. 249–284.

»Schwerpunkt: Teatro español contemporáneo«. In: *Hispanorama* (1995), Nr. 71, S. 7–61.

»Schwerpunkt: Teatro español«. In: *Matices* 6 (1999), Heft 21, S. 29–57.

Segler-Meßner, Silke: »La herencia de Cervantes en la era de la diferencia – formas de autodescripción en la novela española contemporánea«. In: Número especial 1999, S. 68–93.

Stenzel, Hartmut: »Manuel Vázquez Montalbán: Die Kriminalromane – Pepe Carvalho auf der Suche nach der Identität des postfranquistischen Spanien«. In: Ingenschay/ Neuschäfer 1991, S. 175–184.

Stucki, Andreas/López de Abiada, José Manuel: »Culturas de la memoria: transición democrática en España y memoria histórica. Una reflexión historiográfica y político-cultural«. In: *Iberoamericana (Nueva época)* 15 (2004), S. 103–122.

Toro, Alfonso de/Ingenschay, Dieter (Hg.): *La novela española actual. Autores y tendencias*. Kassel 1995.

Villanueva, Darío u. a. (Hg.): *Los nuevos nombres: 1975–1990* (Historia y crítica de la literatura española, Bd. 9). Barcelona 1992.

Villanueva, Darío: »Los marcos de la literatura española (1975–1990): esbozo de un sistema«. In: Villanueva 1992, S. 3–40 (=1992a).

5. Das Studium der spanischen Literaturwissenschaft: Praktische Hinweise und Lektürevorschläge

5.1 | Lerntechniken und Schreibkompetenzen im Studium

Wesentlicher Gegenstand des Studiums der spanischen Literatur- und Kulturwissenschaft (wie der Geisteswissenschaften insgesamt) ist die **Auseinandersetzung mit Texten.** Vorrangig natürlich mit literarisch oder kulturell relevanten, aber auch mit Texten über solche Texte: diese Einführung beispielsweise, Abschnitte aus Literaturgeschichten, Beiträge aus der Forschungsliteratur etc. Diese Auseinandersetzung hat das Ziel, Leitbegriffe und wissenschaftliche Verfahrensweisen in der Analyse und Deutung von Texten zu entwickeln und anzuwenden. Der darauf gerichtete Lernprozess wiederum findet im universitären Alltag vor allem durch die **Produktion von Texten** verschiedenster Art durch die Studierenden statt: Mitschriften in Vorlesungen, mündliche Beiträge in Seminaren oder Übungen, Protokolle, Klausuren und schriftliche Hausarbeiten. In aller Regel münden diese Formen akademischer Textproduktion in die Examensarbeit. Für deren Abfassung sind natürlich vertiefte Kenntnisse in einem Gegenstandsbereich sowie in den für dessen Analyse grundlegenden Verfahren und Begriffen unabdingbar. Zugleich wird aber die Fähigkeit verlangt, **kohärent argumentierende Texte zu verfassen**, die die Anforderungen an wissenschaftliche Darstellungskonventionen erfüllen.

Der Erwerb von Lerntechniken und Schreibkompetenzen ist damit ein wesentlicher Bestandteil des Studiums (vgl. Sommer 2006, 16 ff.; Frank u. a. 2008). Leider ist es im universitären Alltag bis heute häufig so, dass die dafür erforderlichen Lernprozesse hinter die Vermittlung von fachlichem Wissen zurücktreten. Umso mehr ist es für ein erfolgreiches Studium wichtig, bewusst auf den Erwerb dieser Kompetenzen hinzuarbeiten und in der Auseinandersetzung mit den Gegenständen des Studiums zugleich die Techniken zu entwickeln, die dafür erforderlich sind. Diese Kompetenzen sind allgemeiner Art und von den Gegenständen des Studiums unabhängig; sie sind **Schlüsselqualifikationen**, die in vielen beruflichen Feldern unabdingbar sind:

»Eine Arbeit schreiben bedeutet also zu lernen, in die eigenen Gedanken Ordnung zu bringen: Es ist das Erfahren der methodischen Arbeit; d.h. es geht darum, einen ›Gegenstand‹ zu erarbeiten, der im Prinzip auch für andere nützlich sein kann. Und darum ist das *Thema der Arbeit weniger wichtig als die Erfahrung, die sie mit sich bringt.* Wer das Material zur Kritik an Manzonis Roman erarbeiten konnte, dem wird es auch möglich sein, sich methodisch Angaben zu erarbeiten, die er für das Fremdenverkehrsamt braucht«. (Eco 1993, 12)

Diese Qualifikationen sind nicht das Resultat einer ›natürlichen‹ Begabung. Sie sind vielmehr **Fähigkeiten, die man erlernen kann** und die, nicht anders als Violine spielen oder Auto fahren, durch Üben erworben und verbessert werden können. Es gibt eine ganze Reihe guter einführender Darstellungen, die eine Orientierung ermöglichen und auch mit praktischen Beispielen beim Erwerb von Lern- und Schreibkompetenzen helfen (vgl. die Präsentation der Bücher von Eco, Esselborn-Krumbiegel, Moenninhof/Meyer-Krentler und Sommer in Kap. 5.5.1). Hier sollen im Folgenden nur einige Aspekte angesprochen werden, die für die Entwicklung von Lerntechniken und Schreibkompetenzen grundlegend sind.

Studieren bedeutet vor allem die beständige Auseinandersetzung mit unbekannten **Informationen und Fakten**, zugleich jedoch auch mit den **Perspektiven wissenschaftlichen Verstehens**, durch die Fakten eine Bedeutung zugewiesen wird. Angesichts dieser Informationsflut neigen Studierende häufig dazu, sich vor allem die neuen Fakten anzueignen, mit denen sie konfrontiert werden, und weniger die Zusammenhänge, in denen diese Fakten erst Bedeutung erhalten. Faktenwissen, das für ein Studium natürlich unabdingbar ist, das man aber auch wieder vergessen kann (auch Dozenten passiert das!) ist jedoch leicht zu erlangen – man muss nur wissen, wo man Informationen finden kann: in Lexika, in Handbüchern (s. Kap. 5.5) oder im Internet, etwa bei Wikipedia (s. Kap. 5.3). Entscheidend für den Erfolg des Studiums ist nicht die Menge an Informationen, über die man verfügt, sondern deren Strukturierung und Verknüpfung. Erst dadurch entsteht ein wissenschaftlicher Umgang mit diesen Informationen, der ja **das wesentliche Ziel des Studiums** ist.

Verfahren der verstehenden Aneignung der Einzelinformationen sollten daher im Verlauf des Studiums beständig erprobt, entwickelt und angewendet werden. Damit kann man sich eine wesentliche Grundlage für schriftliche Arbeiten entwickeln, in denen solche Verfahren in einem größeren Arbeitszusammenhang für die Ausarbeitung des Textes unabdingbar sind. Es gibt unterschiedliche Lernertypen und daher auch unterschiedliche Möglichkeiten der Aneignung und Anwendung solcher Verfahren. Um etwa die Notizen aus einer Vorlesung oder aus einem Seminar zu überarbeiten und zu strukturieren, kann man für die wichtigsten Aspekte **Karteikarten** mit Stichworten anlegen, die dann nach ihrem inhaltlichen Zusammenhang sortiert werden können. Man kann sich die Gegenstände der Vorlesung oder eines Referats auch **graphisch** in ihrem Zusammenhang veranschaulichen, etwa indem man sogenannte **Mindmaps** entwirft, die einen offenen, erweiter- und veränderbaren Überblick über wesentliche Aspekte eines Gegenstandsbereichs ermöglichen. Wichtig bei solchen Verfahren ist vor allem, dass sie geeignet sein müssen, ein eigenes Verstehen der Zusammenhänge zu entwickeln, indem sie individuelle Strukturierungen der erlernten faktischen Informationen erlauben.

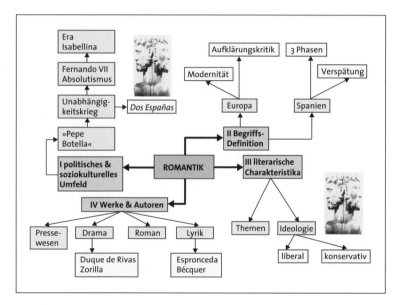

Mindmap zur
spanischen
Romantik

Dieses einfach strukturierte Mindmap veranschaulicht grafisch wesentliche Strukturen und Leitbegriffe der spanischen Romantik (s. Kap. 4.5). Es stellt einen offenen Zusammenhang unterschiedlicher Informationen über die spanische Romantik her, indem es sie ausgehend von dem Oberthema in vier Bereiche ordnet, die wiederum in unterschiedliche Aspekte unterteilt werden. Diese Unterteilungen sind jeweils erweiterbar bzw. können weiter untergliedert werden, so dass die Möglichkeit besteht, weitere Informationen jeweils in einen strukturellen Zusammenhang einzuordnen. Bei komplexeren Mindmaps ist es zudem auch möglich, einzelne Unterpunkte zu verschieben und umzugruppieren, um unterschiedliche mögliche Gliederungen des Themas zu erproben.

Der Januskopf veranschaulicht bildlich an zwei Stellen in dem Mindmap den inneren Konflikt der spanischen Gesellschaft wie den zwischen unterschiedlichen Repräsentanten der Romantik, deren einer Teil sich an der Vergangenheit orientiert, während der andere den Blick auf die Zu-

Lerntechniken und
Schreibkompetenzen
im Studium

kunft richtet. Solche aussagekräftigen Bildelemente sind zur Veranschaulichung und für den Lernprozess häufig von Vorteil.

Grundlagen
schriftlicher
Arbeiten

Die wesentliche Dimension, die zu solchen Techniken verstehender Aneignung von studienrelevanten Informationen bei der Abfassung einer schriftlichen (Haus- oder Examens-)Arbeit hinzukommt, ist die der **Kommunikation**. Wenn man sich in individuellen Lernprozessen Zusammenhänge und Deutungen für sich selbst strukturiert und damit aneignet, so tritt man mit einer schriftlichen Arbeit in einen Dialog ein, in dem eigene Erkenntnisse entstehen und vermittelt werden sollen: »Jeder, der anderen seine Erkenntnisse mitteilt, tritt in diesen Dialog ein. Es ist ein Dialog mit der Forschung einerseits und mit [den] potenziellen Lesern andererseits« (Esselborn-Krummbiegel 2008, 9). Auch wenn eine Arbeit nicht als Referat vorgetragen wird und der Dialogpartner nur der Dozent/die Dozentin ist, der die Hausarbeit liest und beurteilt, wird die Planung der Arbeit von ihrer kommunikativen Funktion bestimmt: wie kann das, was ihr/e Verfasser/in zu sagen hat, so gesagt werden, dass es anderen verständlich wird und sie (möglichst) überzeugt?

Wissenschaftliche Argumentation: In schriftlichen Arbeiten muss man sich an den Erwartungen orientieren, die an wissenschaftliche Kommunikation gerichtet werden, und an den für diese geltenden Konventionen. Auch dies ist ein Lernprozess, der sich durch das ganze Studium zieht und den man bei der Produktion von studienbezogenen Texte aller Art immer weiter treiben kann. Selbst in einer Examensarbeit können Prüfer/innen keine so ausgedehnte Kenntnis des Gegenstandsbereichs und keine so differenzierte Argumentation erwarten wie in wissenschaftlichen Untersuchungen. Dennoch sollte sie einigen Anforderungen an sie genügen.

Anforderungen an
eine schriftliche
Arbeit

Eine schriftliche Arbeit hat:

- einen **klar abgegrenzten Gegenstandsbereich** (d. h. Texte etc., die so in Beziehung zueinander gesetzt werden, dass ihre gemeinsame Untersuchung sinnvoll erscheint)
- eine **plausible Fragestellung** (d. h. eine Fragestellung, die aus den Gemeinsamkeiten und/oder Besonderheiten des Gegenstandsbereichs sowie aus vorliegenden Forschungsergebnissen über ihn begründet wird)
- eine **kohärent entwickelte Argumentation** (›roter Faden‹, d. h. die Argumente bauen aufeinander auf bzw. beziehen sich aufeinander und auf die Fragestellung)
- eine Abfolge von **Beobachtungen, Beispielen und Einzelanalysen**, die in einer auf den Argumentationsgang und aufeinander selbst bezogenen Struktur den Gegenstandsbereich untersuchen (d. h. die konkrete Untersuchung des Gegenstandsbereichs und die Aufarbeitung der einschlägigen Forschungsliteratur ermöglicht Aussagen, die die Argumentation weiterentwickeln)
- **interpretierende Aussagen** über den Gegenstandsbereich, die **aus den konkreten Untersuchungen entwickelt** werden, die eine **Antwort auf die Fragestellung** geben und das Ergebnis in den Stand der Forschung über den Gegenstandsbereich einordnen.

Je nach Art der Arbeit werden diese Grundlagen in unterschiedlicher Weise umgesetzt. Sie schließen jedoch etwa die Darlegung von Meinungen, Empfindungen oder Eindrücken aus oder auch Ausführungen, die nicht zur Weiterführung der Argumentation beitragen (auch wenn diese an sich ›interessant‹ sein sollten). Die Argumentation einer wissenschaftlichen Arbeit muss zudem immer **intersubjektiv nachvollziehbar** sein, d. h. sie soll den/die Dialogpartner durch die Anführung von Gründen und die Analyse von Belegen für Positionen und Deutungen überzeugen und ihre **Grundlagen nachprüfbar** machen (durch das Anführen von Quellen bzw. Forschungsbeiträgen oder von Überlegungen, die eine Deutung plausibel machen etc.).

Die wesentlichen Phasen der Erarbeitung einer wissenschaftlichen Arbeit sind:

Arbeitsphasen

- Die **Entwicklung einer Fragestellung** und **die Abgrenzung eines Gegenstandsbereichs**:
  Worauf richtet sich das Erkenntnisinteresse, welche Probleme sollen behandelt werden, welche Aspekte des Gegenstandsbereichs sind dafür aufschlussreich etc.?
- Die Erstellung einer **vorläufigen Struktur** der Arbeit und eines **Arbeitsplans** nach den folgenden Kriterien:
  Wie könnte eine Argumentation aufgebaut sein, die zu(r) Antwort(en) auf die Fragestellung führt, welche theoretischen Bezüge und Begriffe werden dazu benötigt, welche einzelnen Schritte und welche Belege sind in dem geplanten Argumentationsgang erforderlich, um zu diesen Antworten zu gelangen?
- Die **Materialarbeit** sowohl am Gegenstandsbereich (den **Quellentexten** der Arbeit) als auch an theoretischen **Grundlagentexten** und **einschlägigen Untersuchungen aus der Sekundärliteratur** (s. Kap. 5.2):
  Das Exzerpieren und Ordnen von für Fragestellung und geplanten Argumentationsgang wichtigen Textpassagen, Aussagen der Forschungsliteratur, die die eigene Argumentation stützen oder die kritisiert werden soll etc.
- Die **Textproduktion** zunächst in Entwürfen einzelner Argumentationsgänge oder Textanalysen etc., dann in größeren Abschnitten, zu denen auch diese Entwürfe zusammengesetzt oder ausgebaut werden können.
  Bei der Entstehung der ersten Textstücke und im Übergang von einzelnen Entwürfen zu zusammenhängenden Teilen der Arbeit steht **der kohärente Aufbau der Argumentation** im Vordergrund.
- Das **Überarbeiten und Redigieren**: die so entstandene Rohfassung der Arbeit vor allem in Hinblick auf den Zusammenhang der einzelnen Teile (den ›roten Faden‹ der Argumentation) sowie auf die Klarheit und Genauigkeit der Formulierungen (stilistische Probleme können auch auf Unklarheiten des Gedankengangs hinweisen!).
  Die Überarbeitung sollte möglichst auf der Grundlage der Kommentare von kritischen Leser/innen und/oder mit einer zeitlichen Distanz erfolgen, die es ermöglicht, die Resultate des eigenen Schreibprozes-

ses kritisch zu reflektieren. In der Überarbeitung sollte man auch auf **formale Vereinheitlichung der bibliographischen Angaben** und der Fußnoten achten: es gibt verschiedene Systeme; wichtig ist es vor allem, eines davon konsequent anzuwenden.

Im gesamten Verlauf der Arbeit werden diese **Arbeitsphasen** häufig **nicht linear verlaufen und nicht chronologisch aufeinanderfolgen**. Vielmehr kann es produktiver sein, sich zwischen unterschiedlichen Arbeitsphasen hin und her zu bewegen und dabei deren vorläufige Ergebnisse zu revidieren oder zu präzisieren. So kann die genaue Auseinandersetzung mit den Quellentexten oder der Forschungsliteratur dazu führen, dass man die (vorläufige) Fragestellung überdenken oder den Gegenstandsbereich erweitern oder einschränken muss; es kann sich im Verlauf der Textproduktion auch ergeben, dass die bereits gesammelten Belege nicht ausreichen, um die Argumentation plausibel zu machen oder dass die geplante Struktur verändert werden muss, um die Argumentation kohärent zu entwickeln etc.

Die Textproduktion sollte man **so früh wie möglich beginnen** und etwa schon während der Materialarbeit erste Überlegungen zur Analyse der wichtigsten Textstellen formulieren. Das kann natürlich zunächst in Form von Notizen, von Mindmaps oder Strukturplänen einzelner Passagen oder Abschnitte erfolgen. Der **Prozess des Schreibens** macht es erst möglich, eigene Gedanken klar zu formulieren und in einen Zusammenhang zu bringen. Er hat auch eine **eigene Logik**, die nicht von vornherein vollständig planbar ist. Erst indem Gedanken formuliert werden, werden sie auch ganz in ihren Konsequenzen für die weitere Argumentation überschaubar. Es ist hilfreich, die **Arbeit am eigenen Text** als eine **Baustelle** zu betrachten, in der man immer wieder neu erproben kann, wie sich die einzelnen Bauteile am besten zusammenfügen.

Die **Dreiteilung einer Arbeit in Einleitung, Hauptteil und Schluss** ist unabdingbar. Dies liegt an der bereits angesprochenen dialogischen Natur wissenschaftlicher Texte, die mit Einleitung und Schluss ihrem Kommunikationspartner die Voraussetzungen (Einleitung) und die Ergebnisse (Schluss) der eigentlichen Untersuchung (des Hauptteils) präsentieren und erläutern. Zugleich ermöglichen sie aber auch eine Selbstreflexion über die eigene Arbeit – Einleitung und Schluss geben auch Antworten auf die Fragen: Was will ich? und: Was habe ich erreicht?

Einleitung und Schluss sind also Rahmentexte, die sich aufeinander beziehen und die auf einer anderen Kommunikationsebene angesiedelt sind als der Hauptteil (weshalb es in der Regel auch sinnvoll ist, sie erst dann endgültig zu verfassen, wenn der Hauptteil zumindest im Entwurf abgeschlossen ist). Sie sollten daher auch keine Fakten, Textanalysen oder -deutungen enthalten, die für den Argumentationsgang des Hauptteils wichtig sind. Die Einleitung entwirft eine Art Programm der in der Arbeit geleisteten Untersuchung; der Schluss reflektiert, welche Verstehensmöglichkeiten die Umsetzung dieses Programms im Hauptteil der Arbeit eröffnet hat.

Die Gliederung des Hauptteils bildet die Struktur des theoretischen und gegenstandsbezogenen Argumentationsgangs ab, je nach Art und Umfang der Arbeit natürlich unterschiedlich detailliert. Der konkrete Aufbau ist von der Fragestellung und dem/den untersuchten Gegenstandsbereichen abhängig. Vor allem bei kürzeren Arbeiten kann sich die Gliederung des Hauptteils bereits aus einer durchdachten Fragestellung mehr oder weniger ergeben. Die folgende Grafik veranschaulicht die inhaltliche Funktion und den logischen Zusammenhang der einzelnen Teile.

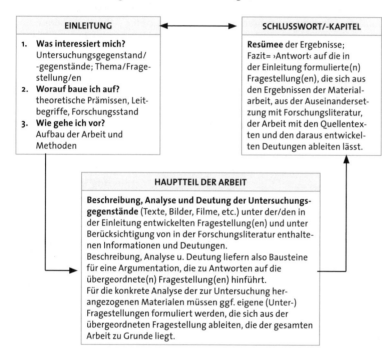

Aufbau einer
wissenschaft-
lichen Arbeit

EINLEITUNG

1. **Was interessiert mich?**
   Untersuchungsgegenstand/
   -gegenstände; Thema/Frage-
   stellung/en
2. **Worauf baue ich auf?**
   theoretische Prämissen, Leitbegriffe, Forschungsstand
3. **Wie gehe ich vor?**
   Aufbau der Arbeit und
   Methoden

SCHLUSSWORT/-KAPITEL

Resümee der Ergebnisse;
Fazit= ›Antwort‹ auf die in
der Einleitung formulierte(n)
Fragestellung(en), die sich aus
den Ergebnissen der Materialarbeit, aus der Auseinandersetzung mit Forschungsliteratur,
der Arbeit mit den Quellentexten und den daraus entwickelten Deutungen ableiten lässt.

HAUPTTEIL DER ARBEIT

**Beschreibung, Analyse und Deutung der Untersuchungs-
gegenstände** (Texte, Bilder, Filme, etc.) unter der/den in
der Einleitung entwickelten Fragestellung(en) und unter
Berücksichtigung von in der Forschungsliteratur enthaltenen Informationen und Deutungen.
Beschreibung, Analyse u. Deutung liefern also Bausteine
für eine Argumentation, die zu Antworten auf die
übergeordnete(n) Fragestellung(en) hinführt.
Für die konkrete Analyse der zur Untersuchung her-
angezogenen Materialen müssen ggf. eigene (Unter-)
Fragestellungen formuliert werden, die sich aus der
übergeordneten Fragestellung ableiten, die der gesamten
Arbeit zu Grunde liegt.

5.2 | Literatursuche und bibliographische Hilfsmittel

Aufsätze oder Bücher zu beliebigen Gegenständen der spanischen Literatur zu finden (also ›Literatur über die Literatur‹, die sog. **Sekundärliteratur**), ist angesichts der heute zur Verfügung stehenden Hilfsmittel kein Problem. Ein großes Problem ist es hingegen, aus der Menge der zu allen nur denkbaren Themen auffindbaren Sekundärliteratur diejenigen Veröffentlichungen auszuwählen, die für ein konkretes Arbeitsvorhaben, ein Kurzreferat, eine Hausarbeit oder eine Examensarbeit wichtig und nützlich sein könnten. Selbst für Spezialisten ist es heute auch in eng abgegrenzten Themenfeldern kaum noch möglich, die Menge der einschlägigen Publikationen zu überschauen. Gerade für Studierende, die sich in der Regel in relativ kurzer Zeit über einen Gegenstand und eine Fragestellung informieren müssen, ist es daher unabdingbar, **Arbeitsschritte und Verfahrensweisen** zu kennen und zu erproben, die einen raschen Einblick in das zu behandelnde Thema ermöglichen. Dabei sollen die Hinweise in diesem Abschnitt helfen.

Suche nach Sekundärliteratur: Die wesentliche Voraussetzung für die Suche nach Sekundärliteratur ist eine erste Orientierung in dem zu behandelnden Bereich und eine **Eingrenzung der die geplante Arbeit leitenden Fragestellung(en)** (s. Kap. 5.1). Nur eine solche Vorarbeit kann erste **Auswahlkriterien** zur Verfügung stellen, die es ermöglichen, eine für die Themenstellung hilfreiche und in der zur Verfügung stehenden Zeit zu bewältigende Auswahl aus der verfügbaren Sekundärliteratur zu treffen. Bei der Orientierung über das zu behandelnde Thema und sinnvolle Leitfragen für die geplante Arbeit kann man auf die Informationen zurückgreifen, die sich in den verschiedenen **Literaturgeschichten** finden (s. S. 142 und Kap. 5.4). Für die Präzisierung der Fragestellung(en) ist es außerdem unabdingbar, sich in den bzw. die Text(e) einzuarbeiten, die im Zentrum des jeweiligen Arbeitsvorhabens stehen.

Erst auf der Grundlage einer allgemeinen Orientierung und einer ersten Textlektüre gewinnt man Anhaltspunkte dafür, welche Untersuchungen der Sekundärliteratur für das eigene Arbeitsvorhaben wichtig sein könnten. Gute **Textausgaben** (s. Kap. 5.4) bieten bereits in einer Einleitung, in Fußnoten oder im Anhang wichtige grundlegende und weiterführende Informationen. In der Regel enthalten sie auch eine Bibliographie, die eine Auswahl der Sekundärliteratur zu dem jeweiligen Text, seinem/r Autor/in und seinem geschichtlichen Umfeld zusammenstellt. In der Regel wird diese Bibliographie auch auf eventuell vorhandene **Spezialbibliographien zu Autor/in und/oder Werk** hinweisen. Je nach dem Umfang des Arbeitsvorhabens machen solche Informationen die weitere Suche in allgemeinen Bibliographien ganz oder teilweise überflüssig, zumindest wenn sie neueren Datums sind.

Ein weiterer Schritt bei der Literatursuche kann dann in der Arbeit mit den für das Thema einschlägigen Abschnitten einer größeren Literaturgeschichte erfolgen (s. Kap. 5.5.3). Insbesondere die *Historia y crítica de la literatura española* bietet durch ihren Aufbau hierfür umfangreiche Informationen. Die Einleitungen zu den einzelnen Kapiteln geben einen **Überblick über den Forschungsstand** zu den darin behandelten Gegenständen, erörtern die wichtigsten Probleme, die er aufwirft sowie offene Fragen und Perspektiven. Außerdem enthält jedes Kapitel mit seiner umfangreichen Bibliographie sowie den daran anschließend auszugsweise abgedruckten Forschungsbeiträgen eine vom Herausgeber als repräsentativ angesehene Auswahl aus der Sekundärliteratur. Damit erhält man nicht nur umfangreiches Material, sondern zudem auch die Möglichkeit, sich einen Eindruck von der Forschungsdiskussion und der Brauchbarkeit einschlägiger Untersuchungen der Sekundärliteratur für das eigene Arbeitsvorhaben zu verschaffen.

Häufig werden schon diese sowie die in guten Textausgaben verfügbaren Informationen ausreichen, um die für die geplante Arbeit nötige Sekundärliteratur zu ermitteln. Allerdings ist es dabei wie bei allen gedruckten Grundlagen für die Literatursuche nötig, auf das **Erscheinungsdatum** der Textausgabe oder des einschlägigen Bandes der Literaturgeschichte zu achten, von dem natürlich die **Aktualität des dargestellten Forschungsstands** wie der bibliographischen Informationen abhängt. Zu den einzelnen Bänden der *Historia y crítica de la literatura española* sind mittlerweile Ergänzungsbände erschienen, die die Forschungsentwicklung seit dem Erscheinen des Bandes selbst berücksichtigen und diese ebenfalls im Überblick, in einer Bibliographie und in Auszügen präsentieren. Textausgaben hingegen werden oft über eine längere Zeit unverändert gedruckt, so dass es erforderlich werden kann, die in ihnen enthaltenen Informationen zu ergänzen. Hinzu kommt außerdem, dass die Genauigkeit und Zuverlässigkeit dieser Informationsquellen immer von dem Herausgeber oder Bearbeiter abhängt, der häufig selbst eine Position in der Forschungsdiskussion verteidigt, aus der er auswählt bzw. die er präsentiert.

Will man einen umfassenden Überblick über die Forschungsentwicklung bis in die Gegenwart bekommen, muss man auf fortgesetzte Bibliographien zurückgreifen, die alle einschlägigen Untersuchungen lediglich mit ihren bibliographischen Daten erfassen. Die beiden wichtigsten (auch) für die spanische Literatur einschlägigen Publikationen sind die *Romanische Bibliographie* (erscheint jährlich seit 1875), deren Bände sich in Instituts- oder Universitätsbibliotheken finden, sowie die **Bibliographie der MLA** (Modern Language Association of America), die seit 1963 erstellt wird, schon seit einiger Zeit als CD-ROM mit vierteljährlichen Updates veröffentlicht wird und in den meisten Universitätsbibliotheken zugänglich ist (bei entsprechender Vernetzung auch über das Internet benutzbar; s. Kap. 5.3).

Fortgesetzte Bibliographien

Die Suche in der *Romanischen Bibliographie* ist relativ aufwendig, da man je nach Intensität der Suche die Bände Jahrgang für Jahrgang durchgehen muss und Einträge nur über die im Registerband ausgewiesenen Autorennamen findet. Sofern man nicht auf der Suche nach älteren For-

Literatursuche und
bibliographische
Hilfsmittel

schungsbeiträgen ist (vor 1963), ist die Benutzung der *MLA* vorzuziehen, in der man in wenigen Arbeitsschritten alle dort nachgewiesenen Beiträge angezeigt bekommt. Dort kann man zudem durch die **Verbindung mehrerer Stichworte** (etwa Autor + thematisches Stichwort, Autor + Werk, Werk + Figur etc.) die Auswahl der Nachweise eingrenzen. Außerdem ist es möglich, alle gefundenen Titel oder eine Auswahl daraus abzuspeichern, so dass man mit den gefundenen Daten weiterarbeiten kann. In Verbindung mit den Informationen über den Forschungsstand, die man der *Historia y crítica de la literatura española* entnehmen kann, dürften die auf diesem Weg gefundenen Nachweise ausreichen, um eine sinnvolle bibliographische Grundlage auch für Examensarbeiten zu erstellen.

Kommentierte
Bibliographien
und Rezensionen

In beiden Fällen steht man allerdings vor dem Problem, dass die fortgesetzten Bibliographien keine **Informationen über den Inhalt** der nachgewiesenen Publikationen enthalten (die *MLA* zeigt in der Volltextanzeige immerhin die – nicht immer sonderlich aussagekräftigen – Stichwörter, nach denen der jeweilige Eintrag auffindbar ist). Zu einigen Autoren und Werken gibt es **kommentierte Bibliographien**, die zumindest summarisch über den Inhalt der verzeichneten Publikationen informieren. Sofern es sich bei interessant erscheinenden Untersuchungen um Bücher handelt, kann man in den etwa zwei bis vier Jahren nach dem Publikationsdatum erschienenen Bänden der *Romanischen Bibliographie* nach **Besprechungen** suchen, aus denen man Informationen über den Inhalt entnehmen kann (in der *MLA* nicht nachgewiesen). Ansonsten ist man auf die eigenen Vorüberlegungen angewiesen, von denen aus man die Bedeutung eines Themas oder von im Titel enthaltenen Stichwörtern für das eigene Arbeitsvorhaben einschätzen muss.

Eine überlegte und nach klaren Kriterien strukturierte Suche nach Sekundärliteratur bewahrt davor, bei der Erstellung einer schriftlichen Arbeit vor Materialbergen zu sitzen, die nicht sinnvoll zu überschauen und zu verarbeiten sind. Bei aller Bedeutung der Informationen und Interpretationsansätze, die man durch die bibliographische Suche ermitteln kann, ist für die Qualität einer wissenschaftlichen Arbeit nicht die Quantität der einbezogenen Forschungsbeiträge entscheidend. Entscheidend sind die Auseinandersetzung mit den Gegenständen der eigenen Arbeit und die **Auswahl** der für ihre Analyse wichtigen Informationen und Überlegungen aus der Menge der Sekundärliteratur **nach den Fragestellung(en)**, die diese Auseinandersetzung leitet (s. Kap. 5.1).

5.3 | Spanische Literatur und Literaturwissenschaft im Internet

Neben den traditionellen Bibliographien bietet das Internet vielfälti-ge Möglichkeiten sowohl zur Orientierung über Gegenstände aller Art wie auch zur Vorbereitung und Erarbeitung literaturwissenschaftlicher Probleme und Themenstellungen. Über die gängigen Formen der In-formationssuche hinaus kann man im Internet ohne großen Aufwand Daten- und Textbanken über viele Autoren, Themen und Probleme der spanischen Literatur und Kultur finden, etwa Materialien für Lehrveran-staltungen, Ergebnisse von Arbeitsgruppen, Sammlungen einschlägiger Forschungsbeiträge, Diskussionsforen, virtuelle Bibliotheken und vieles mehr. Das Problem der Informationssuche liegt hier – anders als vor dem Internetzeitalter – nicht in den Zugangsmöglichkeiten, sondern in der **Verarbeitung** einer ohne genaue Vorüberlegungen vor der Suche nicht zu bewältigenden **Informationsfülle**. Auch im Zeitalter des Internet haben Informationen nur dann einen Wert, wenn man sie auch auswertet und so strukturiert, dass sie für die eigenen Zwecke brauchbar werden.

Suchmaschinen: Eine Recherche im Internet mit Hilfe der gängigen Suchmaschinen führt, wenn man nur grobe Suchbegriffe (etwa Autoren- oder gar Epochennamen) eingibt, zu einer nicht zu überschauenden Zahl von Treffern (der Name ›Cervantes‹ etwa zu Millionen). Deshalb ist es wichtig, sich die Beschreibung der **Suchoptionen**, die alle Suchmaschi-nen bieten, genau anzusehen, um die gesuchten Informationen so weit wie irgend möglich einzugrenzen. Nur eine an der Fragestellung der ge-planten Arbeit orientierte **Kombination verschiedener Suchbegriffe** er-möglicht es, Informationen zu erhalten, die man zur Kenntnis nehmen und sinnvoll verarbeiten kann. Eine übersichtlich, auch nach Spezialge-bieten geordnete und kommentierte Liste von Suchmaschinen findet sich unter der Adresse [http://www.suchmaschinenindex.de]. Ein Verzeich-nis spanischer und hispanoamerikanischer Suchmaschinen findet sich bei »**Deutschsprachige Romanistik im Netz**« [http://www.romanistik. de] unter dem Link ›Kultur‹ und dem weiterführenden Link ›Suchsyste-me‹. Für wissenschaftliche Zwecke ist **Google** [http://www.google.de] ein brauchbarer Internetdienst, da er über relativ viele Suchoptionen und die Möglichkeit der Verbindung von Suchbegriffen verfügt. Noch spezifischer literatur- und kulturwissenschaftlich lässt sich mit der englischsprachi-gen Suchmaschine **Google Scholar** [http://scholar.google.com] die Suche nach Informationen gestalten.

Linksammlungen: Wesentlich schneller als mit Suchmaschinen kommt man über kommentierte Linksammlungen zum Ziel. Hier soll besonders die von Wolf Lustig an der Universität Mainz empfohlen werden, die über die Homepage des **Deutschen Hispanisten Verbandes**, Link Hispanistik-Links, leicht zugänglich ist [http://www.hispanistica.de]. Es handelt sich hier um eine Sammlung von gut kommentierten Internetadressen zu den verschiedensten Bereichen der Hispanistik. Diese Linksammlung kann man als **Bookmark** herunterladen und in den eigenen Browser einbinden. Eine weitere sehr empfehlenswerte Plattform, von der aus man eine literaturwissenschaftliche Recherche starten kann, ist die **Düsseldorfer Virtuelle Bibliothek** [http://digital.ub.uni-duesseldorf.de]. Hier findet man unter dem Link ›Romanistik‹ eine Linksammlung zur spanischen und lateinamerikanischen Literatur- und Sprachwissenschaft, die zu weiteren Sammlungen von Internetquellen, zu Bibliotheken und Bibliographien, zu Wörterbüchern, Institutionen und Verbänden sowie zu Autoren und Zeitschriften führt. Weitere wichtige Sammlungen, die ständig auf dem neuesten Stand gehalten werden, finden sich dort ebenso wie bei der **Deutschsprachigen Romanistik im Netz** [http://www.romanistik.de/index.php?id=104].

Datenbanken zur spanischen Literatur: Es gibt eine unüberschaubare Menge an Internetseiten, auf denen sich **Datenbanken** unterschiedlichster Art und Qualität zur **spanischen Literatur** finden. Selbst eine exemplarische Auflistung ist wegen der nicht einschätzbaren Lebensdauer und wegen der beständigen Veränderung, der diese Informationsquellen unterliegen, äußerst problematisch. Hier nur zwei Beispiele:

- **http://parnaseo.uv.es/Webs/Literatura_es.htm** – Bezeichnet sich als »Ciber-paseo por la literatura«: Links zu allen Epochen (Edad Media, Renacimiento, Siglos de Oro, Siglos XVIII–XIX, Literatura Contemporánea, Literatura en general, Teatro, Foros de discusión), zu einzelnen Autoren, Textsammlungen als virtuelle Bibliotheken, weitere Linksammlungen etc.
- **http://www.cervantesvirtual.com/index** – Elektronische Bibliothek mit vielen Möglichkeiten. Z.B. Biblioteca de Autores: Informationen über einzelne Autoren und ihr Werk (v.a. Klassiker); Bibliotecas del Mundo: Linksammlung zu verschiedenen internationalen elektronischen Bibliotheken; Forschungsinstitute der Hispanistik; elektronische Textsammlungen (thematisch und nach Herkunft der Autor/innen sortiert).

Datenbanken zu einzelnen Autor/innen: Neben solchen Internetseiten, die einen allgemeinen Zugang zu Informationen über alle Bereiche der spanischen Literatur ermöglichen, gibt es (zusätzlich zu den dort auffindbaren Links und Unterverzeichnissen) in Hülle und Fülle auch solche, die **einzelnen Autoren** oder **Epochen** gewidmet sind. So bietet zum Beispiel http://canales.nortecastilla.es/delibes/umfangreiche Informationen und sehr gut aufbereitetes Material zu Leben und Werk von **Miguel Delibes** (s. Kap. 4.8.3) oder http://www.ensayistas.org/filosofos/spain/galdos/Informationen zu **Galdós** und seinem Werk (s. Kap. 4.6.3), eine Bibliographie zu Werkausgaben und Sekundärliteratur sowie Texte zum Herunterladen.

Das Auffinden und die Nutzung solcher Seiten bleiben den Interessen (und dem Zeitbudget) ihrer Nutzer überlassen. Ein Hinweis noch: Bei **lebenden Autoren** kann es von Interesse sein, nach einer **Homepage** zu suchen. So findet man etwa unter http://www.escritores.org/goytisolo.htm

eine Sammlung von Informationen, Links und Texten von und über **Juan Goytisolo** (s. Kap. 4.8.2). Oder auch dies: http://www.vespito.net/mvm/indesp.html ist eine von einem Fan von **Manuel Vázquez Montalbán** (s. Kap. 4.9.2.2) eingerichtete Internetseite, die liebevoll aufbereitetes Informations- und Bildmaterial über diesen immens produktiven Autor und insbesondere über seine Detektivgestalt Pepe Carvalho bietet.

Weitere Datenbanken: Eine ebenso wichtige wie leicht handhabbare Quelle zur **Suche nach Primär- und Sekundärliteratur** ist der Katalog der **Spanischen Nationalbibliothek** (*Biblioteca Nacional*) [http://www.bne.es]. Von der Hauptseite aus kommt man über den Link ›Catálogos‹ und ›Consulta general‹ bzw. ›Consulta precisa‹ direkt in das Suchformular für den Bestand der Bibliothekskataloge, in dem nach unterschiedlichen Kriterien wie Autor, Titel, Thema usw., die sich auch miteinander kombinieren lassen, recherchiert werden kann. Ebenso nützlich für die **Suche nach Monographien** ist das spanische Verzeichnis lieferbarer Bücher (**Agencia Española del ISBN**). Man findet es auf der Webseite des spanischen Kulturministeriums, wo sich auch weitere literarisch und kulturell interessante Datenbanken und virtuelle Bibliotheken befinden [http://www.mcu.es/principal/proyectosculturales.html]. In dem Verzeichnis finden sich alle Bücher, die seit 1972 in Spanien veröffentlicht wurden.

Etwas komplizierter gestaltet sich die Suche nach **Zeitschriftenartikeln** zu bestimmten Themen. Zunächst helfen auch hier die Linksammlungen weiter. Eine Sammlung von im Netz zugänglichen Fachzeitschriften findet man beim Deutschen Hispanistenverband [http://www.romanistik.uni-mainz.de/hispanistica.de/Spanien/fachzeitschriften.htm] ebenso wie auf der bereits genannten Seite von Wolf Lustig. Wesentlich effektiver sind hier die Internetseiten der Universitätsbibliotheken, da diese meist Lizenzen für die Nutzung der entsprechenden Bibliographien wie etwa den *Current Contents Connect* oder die der *MLA* verfügen (s. Kap 5.2), deren Datenbanken häufig über die Internetseiten der Bibliothek eingesehen werden können.

Zitieren von Internetquellen: Hat man nun interessante Webseiten gefunden, die man für eine wissenschaftliche Arbeit nutzen will, stellt sich das Problem des **korrekten Zitierens** von Internetquellen. Der Standard für die Angabe von Internetquellen in einer Bibliographie ist folgender: Name, Vorname des Autors: »Titel des Dokuments«. *Titel des Hauptdokuments* [falls vorhanden]. Erstellungsdatum des Dokuments oder Datum der letzten Aktualisierung [falls vorhanden]. URL (Datum des Aufsuchens des Dokuments).

- Lustig, Wolf: »Internet für Romanisten – Orientierungshilfen«. *Johannes Gutenberg Universität Mainz. Romanisches Seminar.* 16.6.2010. http://www.romanistik.uni-mainz.de/home_main.html#in_romanist (13.6.2010).
- Deutscher *Hispanistenverband.* http://www.hispanistica.de (16.6.2010).
- »Suchsysteme Spanien«. *Deutschsprachige Romanistik im Netz.* http://www.romanistik.de/frames/suchsysteme-Sp.htm (16.06.2010).

Drei konkrete
Beispiele

Probleme der Nutzung von Internetquellen: Ein grundsätzliches Problem von Webseiten ist deren **Lebensdauer und Seriosität.** Man kann davon ausgehen, dass Seiten von offiziellen Institutionen wie etwa die der *Biblioteca Nacional*, von Universitäten oder auch von Verbänden wie dem Deutschen Hispanistenverband eine lange Lebensdauer haben, so dass man auch in einigen Jahren die Informationen noch im Netz findet, die man für seine Arbeit benutzt hat. Zudem bieten sie auch Informationen, auf deren Seriosität man sich verlassen kann. Bei privaten Seiten, insbesondere bei Fanseiten zu einzelnen Autoren, läuft man Gefahr, dass die Informationen nicht zuverlässig sind, die Seiten nach einer gewissen Zeit nicht mehr auf den neuesten Stand gebracht werden oder dass sie nach wenigen Monaten nicht mehr verfügbar sind. Dies sollte man bei der Verwendung von Internetquellen für wissenschaftliche Arbeiten unbedingt beachten und mit den dort gefundenen Informationen genauso kritisch umgehen, wie mit denen der gedruckten Quellen.

Wikipedia [http://de.wikipedia.org:] Das beste Beispiel für den Nutzen, den man aus Internetquellen ziehen kann, aber auch für die Probleme, die sich dabei ergeben, ist die mittlerweile weithin bekannte Internetenzyklopädie Wikipedia. Man findet dort hervorragend informierende Sach- und Personenartikel, aber auch höchst dürftige und nicht selten auch einseitige oder tendenziöse Informationen. Das liegt an der Entstehung der Artikel, die prinzipielle jede/r schreiben kann und die ohne Überprüfung der Kompetenzen des Autors/der Autorin und des Inhalts ins Netz gestellt werden können. Trotz der Grundsätze, Kontrollmechanismen und Diskussionsforen des Projekts gibt es schon angesichts der großen Menge der Artikel keine durchgängig wirksamen inhaltlichen Qualitätskontrollen. Diese Strukturen haben zur Folge, dass man bei nicht rein faktischen Informationen (manchmal sogar bei diesen!) kritisch sein sollte, wenn man sie übernehmen will. Da es Wikipedia in (nahezu) allen Sprachen gibt, ist es sinnvoll, auch die spanische Version zu nutzen [http://es.wikipedia. org] sowie eventuell auch die Artikel in verschiedenen Sprachen zu vergleichen, soweit es sich nicht um Übersetzungen handelt.

Jedenfalls sind im Netz weder den Informationen noch der Phantasie irgendwelche Grenzen gesetzt!

5.4 | Textausgaben und Lektürevorschläge

Ausgedehnte und intensive Lektüre ist die wichtigste Grundlage für jedes Studium der Literaturwissenschaft. Diese Lektüre kann frei nach eigenen Interessen und Anregungen verschiedenster Art durch die Textwelten vagabundieren, die in den Überlieferungen der studierten Literatur(en) zu entdecken sind. Sie sollte aber auch nach Bezugspunkten und Orientierungsmöglichkeiten für deren verschiedene Epochen und wichtigsten Autoren und Themen suchen. Die Vielfalt und die wichtigsten Charakteristika der in der spanischen Literatur und Kultur zu entdeckenden Traditionen erschließen sich erst aus einer **Verbindung von breiter Lektüre und Erarbeitung zentraler Texte**. Das Resultat solcher Lektüren könnte eine aus den eigenen Interessenschwerpunkten wie aus den Anforderungen des Studiums zusammengestellte **Textbibliothek** sein, die durch die Anschaffung einiger wichtiger Handbücher und Überblicksdarstellungen ergänzt werden sollte (s. Kap. 5.5).

Kritische Ausgaben: Will man Anschaffungen für eine solche Sammlung tätigen, sind einige Anhaltspunkte wichtig, nach denen Textausgaben vor allem der älteren Literatur ausgewählt werden können – während bei der neueren und neuesten Literatur häufig überhaupt nur eine Ausgabe zur Verfügung steht. Nicht alle Textausgaben sind in gleicher Weise für eine intensive Auseinandersetzung mit literarischen Werken geeignet. Im Idealfall einer sogenannten **kritischen Textausgabe** stellt der Herausgeber alle ihm wichtig erscheinenden Informationen über den Text zusammen und bietet außerdem in Fußnoten oder im Anhang einen Überblick über alle Veränderungen gegenüber der in der Ausgabe abgedruckten Version, die der Text möglicherweise in seinen verschiedenen Fassungen aufweist.

Neben der Sammlung der *Clásicos castellanos* gibt es für die spanische Literatur erst in jüngster Zeit vermehrt so gründlich erarbeitete Textausgaben. Sie sind vor allem dann für die literaturwissenschaftliche Arbeit mit einem Text erforderlich, wenn dieser von seinem Verfasser im Manuskript oder für spätere Auflagen erweitert oder umgearbeitet worden ist – oder auch in dem selteneren Fall, in dem es keine von dem Verfasser selbst verantwortete Ausgabe des Textes gibt. In solchen Fällen muss der Herausgeber selbst entscheiden (und in seiner Ausgabe begründen), in welcher Form er einen nur in einem oder mehreren Manuskripten überlieferten Text veröffentlicht (dies ist etwa der Fall bei der von Federico García Lorca geplanten, aber nicht mehr selbst für den Druck fertiggestellten Gedichtsammlung *Poeta en Nueva York*) oder wie er mit (möglicherweise fehlerhaften) Drucken arbeitet, die nicht von den Verfassern überprüft und korrigiert worden sind (etwa im Falle der *comedias* aus dem 17. Jh.).

Taschenbuchreihen: Nun sind solche kritischen Ausgaben nicht nur zumeist recht teuer; die in ihnen enthaltenen Detailinformationen sind auch für eine intensive Auseinandersetzung mit den Texten nicht immer von Bedeutung. Zudem sind kritische Ausgaben in der Regel auch in Bibliotheken zugänglich. Für die Lektüre und die Zusammenstellung einer eigenen Textbibliothek bieten sich vor allem die Ausgaben verschiedener spanischer **Taschenbuchreihen** an, die zwar meist keine kritischen Textausgaben bieten, aber doch in einer Einleitung und in Fußnoten die wichtigsten Informationen über den Text sowie gegebenenfalls auch dessen wichtigste Varianten zusammenstellen. Dies gilt insbesondere für die Reihe der **Letras Hispánicas** (LH) sowie der **Clásicos Castalia** (CC), daneben sind weitere Reihen wie etwa **die Clásicos universales Planeta** oder die neueren Ausgaben *der Colección Austral* (*Nueva Austral*, NA), *Selecciones Austral*) zu nennen. Dort finden sich in der Regel auch einführende Informationen zur literaturwissenschaftlichen Diskussion sowie Hinweise auf die wichtigste Forschungsliteratur, die eine eigene Auseinandersetzung mit diesen Fragen ermöglichen (s. Kap. 5.2).

Je nach Herausgeber variiert die Qualität dieser Ausgaben natürlich beträchtlich; eine allgemein gültige Empfehlung lässt sich daher nicht geben. Es gibt in all diesen Reihen Bände, die sich bemühen, den Ansprüchen an eine kritische Ausgabe weitgehend gerecht zu werden und solche, die eher oberflächlich und nachlässig ediert sind. Vor der Anschaffung empfiehlt es sich daher, sich einen Eindruck von den Informationen zu verschaffen, die verschiedene im Buchhandel erhältliche Ausgaben bieten und nicht allein den Preis als Entscheidungskriterium zu nehmen. In der nachfolgenden Zusammenstellung sind soweit möglich mehrere Taschenbuchausgaben genannt, deren Anschaffung empfohlen werden kann (wo solche Ausgaben nicht existieren, wird der Verlag genannt, bei dem der entsprechende Text erschienen ist).

Die nachfolgende Liste stellt Lektürevorschläge zusammen, die durch einen Überblick über zentrale Werke der spanischen Literatur eine Orientierung in deren verschiedenen Bereichen und Traditionen ermöglichen. Natürlich ist eine solche Zusammenstellung immer von subjektiven Kriterien abhängig, und insbesondere für die neuere und neueste Literatur wären viele Alternativen denkbar. Es handelt sich vor allem für das letzte Jahrhundert nicht um eine Aufstellung kanonischer Werke, sondern um Vorschläge und Anregungen, *eine* Möglichkeit, die Vielfalt der spanischen Literatur von den Anfängen bis zur Gegenwart zu entdecken.

Leseliste zur spanischen Literatur

Edad Media (11.–15. Jahrhundert)
Anónimo: *Poema del Mío Cid* (um 1140?, LH 35; CC 75; NA 20)
Fernando de Rojas: *La Celestina* (1499–1514, LH 4)

Siglos de Oro (16./17. Jahrhundert)
Anónimo: *Lazarillo de Tormes* (um 1554, LH 44; CC 58; NA 12)
Miguel de Cervantes Saavedra (1547–1616): *El ingenioso hidalgo Don Quijote de la Mancha* (1605/1615, LH 100/101; CC 77/78)
Félix Lope de Vega Carpio (1562–1635): *La dama boba* (ca. 1613, LH 50); *Funeteovejuna* (ca. 1614, LH 137)

Textausgaben und
Lektürevorschläge

Pedro Calderón de la Barca (1600–1681): *La dama duende* (1629, LH 39); *La vida es sueño* (1635, LH 257; NA 31)

18. Jahrhundert

José Cadalso y Vázquez (1741–1782): *Cartas Marruecas* (posthum ersch. 1789, LH 78)

Leandro Fernández de Moratín (1760–1828): *La comedia nueva o El café* (1792, CC 5); *El sí de las niñas* (1806, LH 21)

19. Jahrhundert

Mariano José de Larra (1809–1837): *Artículos* (1832–35, Auswahl, LH 141)

Angel de Saavedra Duque de Rivas (1791–1865): *Don Alvaro o la fuerza del sino* (1835, LH 33; CC 146)

José Zorrilla y Moral (1817–1893): *Don Juan Tenorio* (1844, LH 114)

Benito Pérez Galdos (1843–1920): *La desheredada* (1880, LH 502); *Fortunata y Jacinta* (1886–87, LH 185/186)

Leopoldo Alas (Clarín) (1852–1901): *La Regenta* (1884–85, LH 182/183; CC 110/111)

Emilia Pardo Bazán (1852–1921): *Los pazos de Ulloa* (1886, CC 151)

Vicente Blasco Ibáñez (1867–1928): *La barraca* (1898, LH 441); *La bodega* (1905, LH 459)

20. Jahrhundert

Pío Baroja (1872–1956): *La busca* (1904, Ed. Caro Raggio); *El árbol de la ciencia* (1912, LH 225)

José Martínez Ruíz (Azorín) (1873–1963): *La voluntad* (1902, CC 3)

Miguel de Unamuno (1864–1936): *En torno al casticismo* (1895, NA 234); *Niebla* (1914, LH 154)

Federico García Lorca (1898–1936): *Romancero gitano* (1928, LH 66); *La casa de Bernarda Alba* (1934/1946, LH 43)

Ramón del Valle-Inclán (1866–1936): *Sonata de otoño* (1902, NA 61); *Luces de Bohemia* (1920, NA 1)

Camilo José Cela (1916–2002): *La colmena* (1951, LH 300; CC 140)

Antonio Buero Vallejo (1916–2000): *Historia de una escalera* (1949, NA 10); *El sueño de la razón* (1970, Austral 1496)

Miguel Delibes (1920–2010): *Cinco horas con Mario* (1966, Destino Libro 144)

Luís Martín Santos (1924–1964): *Tiempo de silencio* (1962, Seix Barral)

Alfonso Sastre (*1926): *Escuadra hacia la muerte* (1954, CC 61); *La sangre y la ceniza* (1962/65, LH 88)

Carmen Martín Gaite (1925–2000): *Entre visillos* (1958, Seix Barral); *Retahílas* (1974, Seix Barral)

Juan Goytisolo (*1931): *Señas de identidad* (1966, Mondadori); *Reivindicación del conde don Julián* (1970 LH 220)

Ester Tusquets (*1936): *El mismo mar de todos los veranos* (1978, Planeta)

Manuel Vázquez Montalbán (*1939): *Los mares del sur* (1979, Planeta); *El pianista* (1980, Seix Barral)

José Sanchis Sinisterra (*1940): ¡*Ay Carmela!* (1987, LH 341)
Antonio Muñoz Molina (*1957): *Beatus Ille* (1986, Seix Barral); *El jinete polaco* (1991, Planeta)

Siglen:
NA: Nueva Austral (Ed. Espasa Calpe)
LH: Letras Hispánicas (Ed. Cátedra)
CC: Clásicos Castalia (Ed. Castalia)

5.5 | Kommentierte Basisbibliographie zur spanischen Literaturwissenschaft

Die nachfolgende Auflistung bietet einen Überblick über Bücher, die für das Studium der spanischen Literaturwissenschaft von grundlegender Bedeutung sind oder die im Verlauf des Studiums, bei der Abfassung größerer Hausarbeiten, der Examensarbeit oder bei der Vorbereitung auf die Abschlussprüfungen wichtig werden. Die Kommentare sollen lediglich ganz knapp skizzieren, wofür diese Werke vor allem benutzt werden können. Sie können natürlich einen eigenen Einblick in sie und den Umgang mit ihnen nicht ersetzen. Erst durch eigene Erfahrungen im Gebrauch der Werke kann der Nutzen wirklich erschlossen werden, den man für das Studium und zur weiteren allgemeinen Orientierung aus ihnen ziehen kann.

Zum Teil handelt es sich um Bücher, deren sukzessive Anschaffung je nach der Intensität des Studiums empfehlenswert ist. Dies gilt natürlich nicht für die vielbändigen Literaturgeschichten oder größeren Lexika, die in aller Regel in Universitäts- oder Seminarbibliotheken zur Verfügung stehen. Doch die Anschaffung einer kleinen Handbibliothek, deren Umfang von individuellen Vorlieben oder Interessenschwerpunkten abhängt, ist im Verlauf des Studiums auf jeden Fall empfehlenswert, schon deshalb, weil eine intensive Nutzung solcher Werke nur möglich ist, wenn man im Lauf der Arbeit mit ihnen auch Unterstreichungen, Notizen und Kommentare anbringen kann.

5.5.1 | Allgemeines: Lexika, Literaturtheorie, wissenschaftliches Schreiben

Thomas Anz (Hg.): *Handbuch Literaturwissenschaft. Gegenstände – Konzepte – Institutionen.* **3 Bde. Stuttgart/Weimar 2007.** – Umfassende und systematisch gegliederte Darstellung aller Bereiche der Literaturwissenschaft, von Gegenständen und Grundbegriffen (Bd.1) über Methoden und Theorien (Bd. 2) bis zu Institutionen (Universitäten, Archive, Akademien, Verlage etc.) und Praxisfeldern (Bd. 3). Das Werk, das Beiträge von über 60 Autor/innen versammelt, intendiert eine grundlegende Bestandsaufnahme von Grundlagen, Verfahren, Positionen und gesellschaftlichen Funktionen literaturwissenschaftlicher Forschung. Zur grundlegenden Orientierung für fortgeschrittene Studierende oder zur Examensvorbereitung zu empfehlen. Ausführliches Sach- und Personenregister.

Heinz Ludwig Arnold/Heinrich Detering (Hg.): *Grundzüge der Literaturwissenschaft.* **München ⁸2008.** – Einführende Darstellung aller Bereiche und Problemfelder der Literaturwissenschaft. Die behandelten Themen reichen von Grundfragen der Gegenstandsbestimmung und der Theoriebildung der Literaturwissenschaft über Grundfragen der

Textstrukturen und Verfahrensweisen der Textanalyse bis hin zu den Problemen der Rezeption und Wertung literarischer Texte. Einige Beiträge sind wegen der theorieorientierten Anlage eher für fortgeschrittene Studierende geeignet. Der Band enthält ein nützliches Glossar wichtiger Begriffe, eine sehr umfangreiche Bibliographie und ein Sach- und Personenregister.

Dieter Burdorf/Christoph Fasbender/Burkhard Moennighoff (Hg.): Metzler Lexikon Literatur. 3., völlig neu bearbeitete Auflage. Stuttgart/Weimar 2007. – Erste Informationen zu allen literaturwissenschaftlich relevanten Begriffen: rhetorische Figuren und sprachliche Strukturen, Textsorten und Gattungen, Theorien und Leitbegriffe, Institutionen und Gruppierungen etc. etc. Knappe weiterführende Literaturhinweise.

Terry Eagleton: *Einführung in die Literaturtheorie.* Stuttgart/Weimar: Metzler [3]1994. – Informativer, pointiert kritischer und gut zugänglicher Überblick über Grundprobleme, Methoden und Theorien der Literaturwissenschaft. Eagleton behandelt nicht alle Theorieansätze und bietet keinen umfassenden Überblick über alle Vertreter und Aspekte der dargestellten Positionen. Er versteht es aber ausgezeichnet, die ihm wichtig erscheinenden Grundprobleme einer Theoriebildung in der Literaturwissenschaft zu umreißen und Impulse für eine theoretische Orientierung und eine Auseinandersetzung mit verschiedenen Positionen zu geben.

Umberto Eco: *Wie man eine wissenschaftliche Abschlussarbeit schreibt.* Heidelberg [11]2005. – Grundprobleme, Techniken und Methoden bei der Planung, Vorbereitung und Abfassung von Haus- und Examensarbeiten. Anregend und hilfreich zur Orientierung, Strukturierung und Überprüfung der Vorgehensweisen und Arbeitsschritte beim Erstellen von schriftlichen Arbeiten (s. Kap. 5.1). Einige Einzelaspekte orientieren sich am italienischen Studiensystem und sind nicht oder nur bedingt übertragbar. Über nützliche Informationen hinaus hilft das Buch vor allem, Zutrauen zu den eigenen Fähigkeiten und das nötige Selbstbewusstsein für die Abfassung schriftlicher Arbeiten zu gewinnen.

Helga Esselborn-Krumbiegel: *Von der Idee zum Text. Eine Anleitung zum wissenschaftlichen Schreiben.* Paderborn [3]2008. – Eine sehr praxisorientierte und anschauliche Einführung in die wichtigsten Phasen der Erarbeitung wissenschaftlicher Texte und Tipps zum Umgang mit den Problemen, die dabei auftreten können. Von der Entwicklung einer Fragestellung über die Materialsuche bis hin zur Erarbeitung von Strukturen der Darstellung und deren Umsetzung finden sich darin grundsätzliche Anregungen und viele hilfreiche Vorschläge und Beispiele.

Andrea Frank/Stefanie Haacke/Swantje Lahm: *Schlüsselkompetenzen: Schreiben in Studium und Beruf.* Stuttgart/Weimar 2008 – Diese Einführung bietet praktische Strategien zu Planung, Material- und Literatursuche, Strukturierung, Zeitplan, Umgang mit Schreibblockaden, Überarbeitung etc. Erläutert werden die Gattungen Referat, Klausur,

Mitschrift und Protokoll, Praktikumsbericht, Thesenpapier, Hausarbeit sowie Bachelor-, Master- und Doktorarbeit.

Rainer Hess u. a.: *Literaturwissenschaftliches Wörterbuch für Romanisten*. Tübingen [4]**2003.** – Erläuterungen zu literaturwissenschaftlichen Begriffen; vornehmlich auf den Bereich der romanischen Literaturen und den dort üblichen Gebrauch bezogen, mit Angabe der terminologischen Äquivalente in den wichtigsten romanischen Sprachen. Die Artikel sind weniger ausführlich als bei Nünning und zum Teil auch etwas oberflächlich. Sie gehen jedoch auch auf konkrete Gegenstände und Probleme aus den romanischen Literaturen ein, die bei Nünning wegen der allgemeinen Anlage des Lexikons nicht behandelt werden. Die neuere Theorieentwicklung in der Literaturwissenschaft wird nur sehr selektiv dargestellt.

***Kindlers Literatur Lexikon*. 3., völlig neu bearbeitete Auflage. Hg. von Heinz Ludwig Arnold. 18 Bde. inkl. ein Registerband. Stuttgart/Weimar 2009.** – Nach Autor/innennamen alphabetisch gegliederte Darstellung aller vom Herausgeber bzw. den sog. Fachberatern für wichtig gehaltener Autor/innen der Weltliteratur; innerhalb der einzelnen Artikel chronologisch nach Entstehungsdatum der Werke geordnet. Nützlich vor allem zur ersten Information über den Inhalt bestimmter Einzelwerke bzw. die wichtigsten Werke einzelner Autor/innen. Auch als Datenbank nutzbar, soweit Bibliotheken über ein Nutzungsrecht verfügen.

Tilmann Köppe/Simone Winko: *Neuere Literaturtheorien. Eine Einführung*. Stuttgart/Weimar 2008. – Systematische Darstellung aller aktuell gängiger Literaturtheorien hinsichtlich der jeweils grundlegenden Annahmen, der Leitbegriffe sowie der Konsequenzen für die Textinterpretation (jeweils auch anhand von Beispielen). Die Anlage der gut lesbaren Kapitel ermöglicht sowohl die Orientierung in einzelnen Theorien als auch deren Vergleich und bietet ausführliche Literaturhinweise.

Angelo Marchese/Joaquín Forradells: *Diccionario de retórica, crítica y terminología literaria*. Barcelona [7]**2000.** – Erläutert in teils sehr ausführlichen, wegen des Fehlens von Registern bisweilen etwas unübersichtlichen Artikeln alle für die literaturwissenschaftliche Analyse von Texten wichtigen spanischen Begriffe, die wichtigsten Stilfiguren aus der Tradition der Rhetorik sowie neuere Theorieansätze vor allem aus dem Bereich der Erzählanalyse. Die Stichworte der einzelnen Artikel ermöglichen nicht immer einen leichten Zugang zu den gesuchten Problemen und setzen manchmal schon Grundkenntnisse voraus. Umfangreiche Bibliographie.

Burkhard Moennighoff/Eckhardt Meyer-Krentler: *Arbeitstechniken Literaturwissenschaft*. München [13]**2007.** – Wichtige auf die Situation an deutschen Universitäten und Bibliotheken bezogenen Informationen sowie mit detaillierten Hinweisen zur formalen Gestaltung schriftlicher Arbeiten.

Ansgar Nünning (Hg.): *Metzler Lexikon Literatur- und Kulturtheorie*. Stuttgart/Weimar [4]**2008.** – Enthält sehr kompakte, in der Regel ausgezeichnet informierende Artikel zu den wichtigsten Theoretikern der Literatur- und Kulturwissenschaft, zu den zentralen Begriffen verschiedener Theorien und Analyseverfahren sowie Überblicksartikel zu Grundproblemen, Methoden, Tendenzen und theoretischen Schulen oder Gruppen. Manche Artikel sind allerdings sehr abstrakt und ohne theoretische Grundkenntnisse nicht leicht lesbar. Jeder Artikel bietet weiterführende Literaturhinweise.

Real Academia Española: *Diccionario de la lengua española.* **Madrid** [22]**2001.** – Ein größeres einsprachiges Wörterbuch ist ein unentbehrliches Arbeitsinstrument für die Lektüre und das Textverstehen, aber auch für die Interpretation literarischer Texte, da die Einträge das in zweisprachigen Wörterbüchern nur in Umrissen präsentierte gesamte Bedeutungsspektrum von Wörtern und Wendungen darstellen. Das Wörterbuch der *Real Academia* ist auch in seiner Neuauflage am ›klassischen‹ Spanisch orientiert. Für den modernen Sprachgebrauch und damit auch für neuere literarische Texte empfiehlt es sich, María Moliner: *Diccionario de uso del español*, 2 Bde., Madrid [2]2003 hinzuzuziehen (oder auch den *Diccionario Salamanca, Vox* o.a.). Die meisten Wörterbücher gibt es auch auf CD-Rom, einige, so das der Real Academia (http://rae.es/<gesuchtes Wort>) auch als Internet-Datenbank.

Roy Sommer: *Schreibkompetenzen. Erfolgreich wissenschaftlich schreiben.* **Stuttgart 2006.** – Eine übersichtlich aufgebaute, klar strukturierte Darstellung der Grundlagen, Probleme und Verfahrensweisen akademischer Textproduktion, der Grundstrukturen schriftlicher Arbeiten (vom Protokoll bis zur Examensarbeit) und der Arbeitsschritte, in denen man den Schreibprozess organisieren und vorantreiben kann. Mit vielen (manchmal etwas abstrakten) Beispielen, Tipps und weiterführenden Hinweisen.

5.5.2 | Geschichte, Landeskunde, Kultur Spaniens

Walther L. Bernecker: *Sozialgeschichte Spaniens im 19. und 20. Jahrhundert.* **Frankfurt a. M. 1990.** – Ausgezeichnet informierte, problemorientierte und gut gegliederte Darstellung; für eine fundierte Kenntnis der neueren spanischen Geschichte unentbehrlich. Der Schwerpunkt liegt auf den gesellschaftlichen und ökonomischen Problemen und Entwicklungen, jedoch werden in dem chronologisch gegliederten Problemaufriss auch die wesentlichen Ereignisse und Gestalten der spanischen Geschichte behandelt. Umfangreiche Bibliographie, Tabellen und Überblicksdarstellungen.

Walther L. Bernecker: *Spaniens Geschichte seit dem Bürgerkrieg.* **München** [3]**1997.** – Umfassende, gut strukturierte Darstellung der neuesten Geschichte Spaniens, die alle wesentlichen Informationen und Probleme der Entwicklung Spaniens von der Diktatur zur Demokratie darstellt. Sinnvolle Ergänzung zu den vorhergehend aufgeführten Titeln.

Walther L. Bernecker/Horst Pietschmann: *Geschichte Spaniens.* **Stuttgart 1993.** – Kompakte und informative Darstellung der Geschichte Spaniens von den Anfängen bis zur Gegenwart. Zur Einführung in die Grundprobleme einzelner Perioden der spanischen Geschichte und zur Orientierung über historische Gestalten und Ereignisse ein unentbehrliches Hilfsmittel. Enthält eine selektive Bibliographie.

Walther L. Bernecker u.a. (Hg.): *Spanien-Lexikon. Wirtschaft, Politik, Kultur, Gesellschaft.* **München 1990.** Fünfte neubearbeitete Auflage unter dem Titel: *Spanien heute. Politik-Wirtschaft-Kultur,* Frankfurt a. M. 2008. – Stichwörter zu allen Aspekten der heutigen spanischen Wirklichkeit sowie den historischen, gesellschaftlichen und kulturellen Phänomenen und Entwicklungen seit Anfang des 20. Jh.s und vornehmlich seit dem Bürgerkrieg: Institutionen, Verbänden, Parteien, Zeitungen, Begriffen, den in Spanien so beliebten Abkürzungen und zu vielem mehr. Knappe, aber meist sehr kompetente und nützliche Informationen mit Literaturhinweisen. Ausführliches deutsches und spanisches Register mit einem Verzeichnis der Abkürzungen.

Walther L. Bernecker: *Spanien Handbuch. Geschichte und Gegenwart.* **Tübingen/Basel 2006.** – Stellt in drei Hauptteilen Politik, Wirtschaft und Bevölkerung/Gesellschaft wesentliche Problemfelder der gesellschaftlichen und kulturellen Entwicklung Spaniens seit dem 19. Jh. bis in die jüngste Gegenwart dar. Die historische Genese der heutigen Konflikte und Problemfelder wird jeweils umrissen; der Schwerpunkt der Darstellung liegt jedoch auf der heutigen Situation. Bis auf das Bildungswesen und die Bedeutung der Kirche werden kulturelle Entwicklungstendenzen bewusst ausgeklammert. Mit umfangreichen chronologischen Überblicken, Literaturangaben und Internetquellen.

Conchita Otero: *Aproximación al mundo hispánico. Einführung in die Landeskunde Spaniens und Lateinamerikas.* **Wilhelmsfeld ³2005.** – Sehr knappe Einführung in einige wesentliche Aspekte von Geographie, Bevölkerung, Wirtschaft, Politik, Bildungssystem, Sprache, Kultur, Geschichte und Literatur in Spanien und Lateinamerika.

Gimber, Arno: *Kulturwissenschaft Spanien.* **Stuttgart 2003.** – Einführende Darstellung wichtiger Bereiche der spanischen Kultur- und Gesellschaftsgeschichte, etwa die Probleme und Stereotypen spanischer Identitätsbildung, die Bedeutung des interkulturellen Austauschs und der Vereinheitlichungsbestrebungen für die spanische Kultur, den kulturellen Wandel und die Modernisierung des 20. Jh.s etc. Selektive Bibliographie.

Babelia: wöchentliche Kultur- und Bücherbeilage der Tageszeitung *El País,* jeweils in der Samstagsausgabe (in der Regel samstags oder sonntags in Bahnhofsbuchhandlungen o. Ä. zu erhalten). Aktuelle Informationen zum spanischen Kulturleben, Besprechungen und Informationen über Neuerscheinungen etc. Die gelegentliche oder besser noch regelmäßige Lektüre einer spanischen Tageszeitung ist ohnehin eine wichtige Ergänzung des Studiums!

5.5.3 | Handbücher, Überblicksdarstellungen und Interpretationssammlungen zur spanischen Literatur

Philip Ward: *The Oxford Companion to Spanish Literature.* **Oxford 1978.** – Kompaktes und übersichtliches Lexikon mit Artikeln über Autor/innen, wichtige Werke, Epochen- und Gattungsbegriffen sowie wichtigen Termini der spanischen Literatur. Die Bibliographie ist sehr summarisch und beschränkt sich meist auf ältere Arbeiten.

Ricardo Gullón (Hg.): *Diccionario de Literatura Española e Hispanoamericana.* **2 Bde. Madrid 1993.** – Vergleichbar mit dem Lexikon von Ward, nur wesentlich ausführlicher, jüngeren Datums und unter Einbeziehung der lateinamerikanischen Literatur. Anders als Ward enthält dieses Lexikon keine Artikel zu einzelnen Werken (diese werden jeweils bei den Verfassern behandelt) oder wesentlichen Begriffen. Dafür bietet es neben den teils sehr umfangreichen Artikeln zu den Autoren eine Reihe von (vornehmlich literaturgeschichtlichen) Überblicksartikeln und ein Werkregister. Die bibliographischen Informationen sind meist sehr ausführlich und reichen bis zum Erscheinungsdatum.

Hans-Jörg Neuschäfer (Hg.): *Spanische Literaturgeschichte.* **Stuttgart/ Weimar 1996, ³2006.** – Gut gegliederte und übersichtliche Darstellung der gesamten spanischen Literaturgeschichte durch insgesamt fünf Autoren mit Schwerpunkt auf dem (vom Herausgeber dargestellten) 19. und 20. Jh., knappe Bibliographie und Register. Einige wesentliche Forschungsdiskussionen und Problemfelder der literarischen Entwicklung werden ebenso behandelt wie Grundfragen der geschichtlichen Entwicklung. Insgesamt ist der Überblick über die Literaturgeschichte eher erzählend gehalten und will – zum Teil auch anhand ausführlicher Darstellungen exemplarischer Autor/innen und Werke – vor allem eine Charakterisierung wesentlicher Aspekte der verschiedenen Epochen bieten. Nicht alle werden gleich intensiv behandelt; die Darstellung ist zum Teil stark wertend, was ihr ein eigenes Profil verleiht, bisweilen jedoch zu nicht unproblematischen Überzeichnungen führt.

Christoph Strosetzki (Hg.): *Geschichte der spanischen Literatur.* **Tübingen ²1996.** – Systematische Gesamtdarstellung der spanischen Literatur, nach Jahrhunderten und meist auch nach Gattungen gegliedert; die einzelnen Kapitel sind jeweils von einem Spezialisten verfasst; jedes Kapitel enthält am Ende eine Bibliographie. Die wesentlichen Tendenzen, Autor/innen und Werke werden dargestellt, der Schwerpunkt liegt jedoch stärker als bei Neuschäfer (s.o.) auf einem Überblick über und einer Einführung in die Forschungsdiskussion, deren Entwicklung und Probleme. Dies hat zur Folge, dass Autoren und Einzelwerke weniger intensiv behandelt werden als übergreifende Aspekte. Das Werk ist daher vor allem nützlich für eine erste Orientierung in Problemfeldern und der Forschungsdiskussion darüber; die Bibliographien ermöglichen eine vertiefende Weiterarbeit.

Christoph Strosetzki: *Einführung in die spanische und lateinamerikanische Literaturwissenschaft.* **Berlin ²2010.** – Einführende Darstellung wichtiger Grundlagen, Verfahren, Fragestellungen und Problemfelder der spanischen und lateinamerikanischen Literaturwissenschaft: Fachgeschichte, Methoden, Textbeziehungen und Kontexte etc.

Winfried Kreutzer: *Spanische Literatur des 19. und 20. Jahrhunderts in Grundzügen.* Darmstadt ²1991. – Informativer Überblick über die spanische Literatur der beiden letzten Jahrhunderte; nützliche Ergänzung zu Neuschäfer und Strosetzki mit zum Teil anderen Gesichtspunkten und Wertungen; umfangreiche Bibliographie.

Michi Strausfeld (Hg.): *Spanische Literatur.* Frankfurt a. M. 1991. – Aufsätze zu Autor/innen und Tendenzen der spanischen Literatur seit dem Ende des 19. Jh.s von vor allem spanischen Autor/innen und Literaturwissenschaftler/inne/n, umfangreiche Bibliographie.

Dieter Ingenschay/Hans-Jörg Neuschäfer (Hg.): *Aufbrüche. Die Literatur Spaniens seit 1975.* Berlin ²1993. – Aufsätze zu Tendenzen und repräsentativen Autor/innen der spanischen Literatur seit dem Ende der Franco-Diktatur, sehr nützlich und informativ zur Orientierung über die spanische Gegenwartsliteratur, vor allem im Bereich des Romans, aber auch zu einigen Lyrikern und Aspekten des Dramas. Für einen Einstieg in Probleme und Tendenzen der neuesten Literatur sehr gut geeignet.

Felipe Pedraza Jiménez/Milagros Rodríguez Cáceres: *Manual de literatura española.* 16 Bde. Tafalla (Navarra) 1980–2006. – Trotz ihres Umfangs ist diese Literaturgeschichte dadurch gut zugänglich, dass sie in manchmal fast übertriebener Weise detailliert untergliedert ist. Die allgemeinen Abschnitte, die die einzelnen Großkapitel einleiten, sind relativ summarisch gehalten. Im Mittelpunkt der Darstellung stehen die für die verschiedenen Epochen von den Verfassern für wichtig gehaltenen Autor/innen und Werke, die in den Unterabschnitten einzeln behandelt werden. Die Bände sind für eine gezielte Suche nach Informationen zu Einzelwerken oder für einen Überblick über das Schaffen eines Autors geeignet. Probleme und Tendenzen der Forschung werden ansatzweise dargestellt; die einzelnen Kapitel enthalten eine Auswahlbibliographie.

Francisco Rico (Hg.): *Historia y crítica de la literatura española.* 9 Bde. und 9 Ergänzungsbände. Barcelona 1980–2001. – Nach Epochen, Themenschwerpunkten sowie Autorengruppen bzw. einzelnen besonders wichtigen Autoren/innen gegliedert. Die einzelnen Kapitel beginnen mit einer von einem Spezialisten/einer Spezialistin zusammengestellten Überblicksdarstellung über Haupttendenzen der Forschung zu den jeweils behandelten Problemen und Gegenständen mit einer umfangreichen Bibliographie. Daran schließen sich exemplarische Auszüge aus wichtigen Forschungsbeiträgen zu den jeweiligen Themen an. Auf Grund ihres Aufbaus sind die einzelnen Kapitel für einen Überblick über die behandelten Gegenstände weniger geeignet. Ihre Lektüre setzt Grundkenntnisse über die einschlägigen Epochen und Texte voraus. Wegen der breiten Darstellung der Forschungslage und der Auszüge aus wichtigen Arbeiten der Sekundärliteratur ist das Werk jedoch zur vertieften Information über die Forschungsdiskussion, zur Vorbereitung von Haus- und Examensarbeiten etc. vorzüglich geeignet (s. Kap. 5.1).

Volker Roloff/Harald Wentzlaff-Eggebert (Hg.): *Der spanische Roman.* **Stuttgart/Weimar** [2]**1995.** – Sammlung von Interpretationen bedeutender Romane der spanischen Literatur von den Anfängen bis zur Gegenwart. Die einzelnen Beiträge bieten für die Bearbeitung und Interpretation der behandelten Werke interessante Perspektiven, je nach Bearbeiter/in von unterschiedlicher Qualität, mit ausführlicher Bibliographie vor allem zu dem dargestellten Text selbst. Die Beiträge informieren auch über den Kontext des jeweils behandelten Werks, entwerfen jedoch vor allem Überlegungen zu dessen Interpretation. Neben einem vertieften Zugang zu den Einzelwerken ermöglichen sie daher auch einen Einblick in unterschiedliche Vorgehensweisen und Verfahren bei der Textinterpretation.

Ralf Junkerjürgen (Hg.): *Spanische Romane des 20. Jahrhunderts in Einzeldarstellungen.* **Berlin 2009.** – Die Anlage des Bandes entspricht dem vorhergehenden Titel; die Beiträge behandeln in Einzelinterpretationen 17 spanische Romane von der Jahrhundertwende bis zum Ende des 20. Jh.s.

Volker Roloff/Harald Wentzlaff-Eggebert (Hg.): *Das spanische Theater.* **Dortmund 1988.** – Einzelinterpretationen zum spanischen Theater vom 16. Jh. bis zur Gegenwart. Entspricht in der Anlage der Publikation beider Herausgeber zum spanischen Roman.

Wilfried Floeck: *Spanisches Gegenwartstheater.* **Bd. 1:** *Eine Einführung,* **Bd. 2:** *Eine Anthologie.* **Tübingen 1997.** – In Bd. 1 kompakte Darstellung des spanischen Theaters seit dem Bürgerkrieg sowie Darstellung des Werks von acht Gegenwartsdramatikern, die in Bd. 2 mit jeweils einem Drama in deutscher Übersetzung vertreten sind. Der erste Band bietet einen ausgezeichneten Überblick über die jüngsten Tendenzen des Dramas sowie Informationen zu den Autoren und Interpretationen zu den Werken, die dann in Bd. 2 in deutscher Übersetzung abgedruckt werden.

Manfred Tietz (Hg.): *Die spanische Lyrik von den Anfängen bis 1870. Einzelinterpretationen.* **Frankfurt a. M. 1997.** – Sammlung von Interpretationen bedeutender Gedichte der spanischen Literatur bis zum Ende des 19. Jh.s, in der Anlage vergleichbar den Roman- und Theaterbänden von Roloff/Wentzlaff-Eggebert (s.o.).

Manfred Tietz (Hg.): *Spanische Lyrik der Moderne.* **Frankfurt a. M. 1990.** – Entsprechend dem vorherigen Band, Interpretationen von Gedichten seit dem Ende des 19. Jh.s.

Gustav Siebenmann/José M. López (Hg.): *Spanische Lyrik des 20. Jahrhunderts.* **Stuttgart** [5]**2003.** – Zweisprachige Textsammlung bedeutender Gedichte des 20. Jh.s, mit ausführlichen Erläuterungen, daher auch zum Einstieg in die Interpretation nützlich.

6. Anhang

6.1 | Personenregister

6.2 | Sachregister

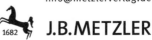